12496
C. 19.

ANNALES DRAMATIQUES,

OU

DICTIONNAIRE GÉNÉRAL DES THÉÂTRES.

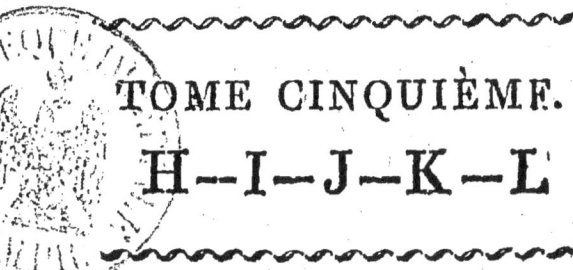

TOME CINQUIÈME.

H—I—J—K—L

Les Exemplaires, voulus par la loi, ont été déposés à la Bibliothèque Impériale.

Nota. *Tous les Exemplaires de cet Ouvrage seront signés par moi* BABAULT, *l'un des auteurs ; et je déclare que je poursuivrai tout Contrefacteur, conformément à la loi.*

Babault

ANNALES
DRAMATIQUES,
OU
DICTIONNAIRE GÉNÉRAL
DES THÉÂTRES.

CONTENANT :

1°. L'ANALYSE de tous les Ouvrages dramatiques; Tragédie, Comédie, Drame, Opéra, Opéra-Comique, Vaudeville, etc., représentés sur les Théâtres de Paris, depuis Jodelle jusqu'à ce jour; la date de leur représentation, le nom de leurs auteurs, avec des anecdotes théâtrales;

2°. Les Règles et les Observations des grands maîtres sur l'art dramatique, extraites des œuvres d'Aristote, Horace, Boileau, d'Aubignac, Corneille, Racine, Molière, Regnard, Destouches, Voltaire, et des meilleurs Aristarques dramatiques;

3°. Les Notices sur les Auteurs, Compositeurs, Acteurs, Actrices, Danseurs, Danseuses; avec des anecdotes intéressantes sur tous les Personnages dramatiques, anciens et modernes, morts et vivans, qui ont brillé dans la carrière du Théâtre.

PAR UNE SOCIÉTÉ DE GENS DE LETTRES.

TOME CINQUIÈME.
H -- I -- J -- K -- L

A PARIS,

CHEZ
- BABAULT, l'un des Auteurs, rue Sainte-Croix-de-la-Bretonnerie, n°. 38;
- CAPELLE et RENAND, Libr., rue J.-J. Rousseau, n°. 6;
- TREUTTEL et WURTZ, Libr., rue de Lille, n°. 17;
- ET LE NORMANT, Libr., rue des Prêtres-St.-Germ.-l'Auxer.

1810.

ANNALES DRAMATIQUES,

OU

DICTIONNAIRE GÉNÉRAL

DES THÉÂTRES.

O M

HOMME ET LE MALHEUR (l'), acte lyrique en vers libres, paroles de M. d'Avrigny, musique de M. Parenti, à l'opéra-comique, 1793.

Cet acte, dont les développemens font honneur à M. d'Avrigny, présente des détails et des vers heureux; mais devait-il être mis au théâtre, puisqu'il excite bien plutôt l'horreur que l'intérêt; ou, pour mieux dire, puisque l'horreur, qu'il fait naître et qui est beaucoup plus forte que l'intérêt qu'il peut inspirer, le neutralise et le fait totalement disparaître?

HOMME GÉNÉREUX (l'), drame, en cinq actes et en prose, par madame de Gougés.

Montalais, secrétaire du comte de Saint-Clair, en reçoit beaucoup de présens, et n'en a pas moins l'air malheureux. Dès qu'il a un instant de liberté, il s'échappe pour aller secourir une femme charmante, nommée Marianne, et un père dans le besoin. Lafontaine, vil complaisant du comte, calomnie le secrétaire, et a des vues criminelles sur la jeune personne. Instruit que le père est sur le point d'être arrêté pour dettes, il achète la créance, et fait continuer les poursuites, en proposant au Vieillard de les cesser, s'il veut lui livrer sa fille. Il détermine enfin Marianne à venir implorer des personnes bienfaisantes, et la conduit chez son maître. Le Comte, dont l'appartement est voisin, entend des cris. Malgré les efforts du vil complaisant qui calomnie le secrétaire, tout se découvre; Saint-Clair paye les dettes, et épouse la belle Marianne.

Cette pièce offre des caractères assez bien conçus, de l'action, du mouvement, mais un dialogue verbeux et négligé.

HOMME PERSONNEL (l'), comédie, en cinq actes et en vers, aux Français, 1778.

M. de Saint-Géran, oncle de *l'Homme Personnel*, nommé Soligny, est disposé à lui donner tout son bien, à condition qu'il prendra sa charge de président, et qu'il épousera une veuve jeune et jolie, appelée madame de Melson. Il n'est aucun obstacle à cet arrangement, puisque Soligny a du penchant pour la veuve; mais il est égoïste; et, par réflexion, il ne veut rien qui l'enchaîne : il forme le projet de faire épouser madame de Melson à l'un de ses amis, et de faire acheter la charge par un autre. Aux propositions qu'on lui fait, Saint-Géran croit son neveu trahi par un ami infidèle; mais Soligny entreprend de justifier cet ami, et saisit cette occasion d'étaler tous les avantages de l'égoïsme. L'oncle se met dans une si furieuse colère, que ses forces s'épuisent et qu'on craint pour sa vie. Alors, Soligny n'a rien de plus pressé que d'envoyer chercher un notaire; mais on découvre bientôt toutes ses manœuvres; madame de Melson épouse son ami, et l'oncle se sert du notaire pour donner son bien à sa nièce, après avoir réduit Soligny à deux mille écus de rente.

Cette comédie, d'ailleurs calquée sur celle de M. de Cailhava, intitulée l'*Égoïsme*, renferme beaucoup de petites actions épisodiques, qui servent bien à développer le caractère de *l'Homme Personnel*, mais qui ne sont pas assez liées à l'action principale. Le cinquième acte est très-bien conduit. La scène, où l'égoïste expose ses principes, en les mettant dans la bouche de son ami, est excellente: enfin, l'on trouve des détails brillans, et plusieurs traits vraiment comiques.

HOMME SINGULIER (l'), comédie, en cinq actes et en vers, par Destouches, 1747.

Cette pièce avait été lue aux comédiens, répétée, et sur le point d'être jouée, lorsque la maladie d'une actrice célèbre vint en interrompre la représentation. La partie fut remise à l'année suivante; mais, dans l'intervalle, Destouches changea de résolution, et se contenta de faire imprimer sa comédie, dont voici l'analyse.

L'*Homme Singulier* a la manie de fronder sans cesse les modes et les mœurs du tems. Du reste, il est doux et compâtissant, et n'a point d'autre défaut que son originalité. Le but de l'auteur est de prouver que la singularité est un vice de l'esprit, qui gâte les motifs et les sentimens les plus louables; et que tout ce qui est outré, même la vertu et la raison, devient plutôt un travers qu'un sujet d'admiration.

Sanspair s'était toujours fait une loi d'être insensible à l'amour, qu'il regardait comme une faiblesse: mais, ce que n'ont pu faire les charmes et les agrémens des femmes qu'il a rencontrées, un portrait l'opère. Une jeune comtesse, veuve d'un vieil époux, a conçu pour lui malgré sa singularité, les sentimens les plus tendres; et c'est elle qui a placé ce portrait sous les pas de Sanspair. Charmé de la copie, le philosophe veut en connaître l'original; et, pour y parvenir, il fait afficher le portrait, et promet de le rendre à la personne à qui il appartient, pourvu qu'elle vienne le chercher elle-même. Le marquis d'Arbois, père de la comtesse, vient le lui demander : mais, ainsi que l'avait prévu la comtesse, il essuie un refus. Alors elle vient le redemander elle-même à Sanspair. Dans cette première entrevue, elle veut combattre ses travers; et s'apperçoit que ses charmes et son esprit ont fait une vive impression sur l'âme de Sanspair, qui la prie de lui laisser son portrait. Toutefois il craint de s'expliquer avec elle; il craint surtout d'avoir à rougir de son amour : enfin, il se craint lui-même. D'un autre côté, il a une sœur, qu'il destine à un de ses cousins, le Baron de la Garouffière ; mais Julie n'est pas d'accord avec son frère sur ce point. Elle aime le comte d'Arbois, frère de la comtesse, et elle en est aimée : jusque-là les amans n'ont pu se parler que des yeux. Le comte, à l'aide de Pasquin son valet, s'introduit auprès de sa maîtresse; et, dans ce premier entretien, ils conviennent que le comte prendra un costume gothique, et le ton et les manières d'un grave personnage. Forcé pour son propre intérêt à ce déguisement, le comte se présente donc à Sanspair, et joue auprès de lui le rôle d'un homme singulier; mais l'arrivée du baron de la Garouffière, ses impertinences et ses manières tranchantes l'en font bientôt sortir. Cependant Sanspair a fait de mûres réflexions sur le caractère de la comtesse. Malgré sa philosophie, elle paie tribut à la mode. Ce travers l'effraie au point qu'il se résoud à lui rendre son portrait, et ne s'oppose plus à son mariage avec le marquis de Beaurang, son neveu et son pupille; mais il ne peut se résoudre à signer son contrat. La comtesse elle-même ne veut point signer, et préfère s'ensevelir dans un couvent. Touché de ce dernier trait d'amour, Sanspair fait tous ses efforts pour la retenir. Le marquis d'Arbois, d'abord très-irrité contre sa fille, de ce qu'elle a refusé d'accepter l'époux qu'il lui proposait, finit par s'appaiser, lorsqu'il apprend sa tendre inclination pour Sanspair. Elle lui dit qu'elle a déjà essayé de le corriger de sa singularité, et qu'elle n'a pu encore y réussir; mais que, loin de lui céder la victoire, elle prétend en triompher. Elle y parvient en effet. Sanspair devient son époux; et le marquis obtient la main de Julie, que le baron de la Garouffière se voit obligé de lui céder.

Cet ouvrage est rempli de morceaux heureux; la diction, en général, en est mâle et soutenue; malgré cela, nous doutons que cette pièce eût beaucoup réussi. Le caractère de l'*Homme Singulier* est peu saillant, peu fécond en singularités marquées et amusantes. Le comte de Sanspair porte un habit qui n'est plus de mode; il dit à Pasquin de se couvrir et de s'asseoir; il demande un valet-de-chambre à sa mère; il veut, il ne veut pas épouser la comtesse qu'il aime; voilà toutes les singularités qui lui échappent. Le baron est un original de la vieille comédie, l'intrigue est extrêmement nouée, les situations sont romanesques, etc.

HOMMES (les), comédie-ballet, et en un acte en prose, par Saint-Foix, au théâtre Français, 1753.

Prométhée avait dérobé le feu du ciel, pour animer des statues qui devaient remplacer les Titans. Mercure lui conseille de consacrer à quelques divinités plusieurs de ces statues animées. L'une est consacrée à Janus à double face, et c'est le courtisan : l'autre à Thémis, et c'est l'homme de robe : une autre à Plutus ; c'est le financier. Chacun paraît avec les attributs de son état. La Folie, qui s'était déguisée sous la figure d'une statue animée, vient critiquer l'ouvrage de Prométhée. Mercure et lui la reconnaissent ; elle reçoit le flambeau des mains de Prométhée ; elle anime les autres statues, et leur donne des loix, que les hommes ont assez bien suivies.

C'est une de ces pièces estimables surtout par la bonté du style, et l'agrément du dialogue. Ici, l'auteur a joint, à sa touche légère et brillante, un vernis philosophique analogue au sujet, qu'il assaisonne d'une foule de traits ingénieux : sa morale a tout le sel de la critique ; en un mot, il était difficile de tirer un meilleur parti du sujet, de faire passer en revue, dans un si court espace, un plus grand nombre de ridicules, et surtout de mêler plus ingénieusement les danses à l'action.

HONNÊTE CRIMINEL (l'.), drame en cinq actes, en vers, par M. Fénouillot de Falbaire, au théâtre de la nation, 1790.

Un trait historique a fourni le sujet de ce drame. C'est un fils qui prend la place de son père, condamné aux galères pour cause de religion. Quelle douce satisfaction pour les ames sensibles, de songer que cette anecdote n'est point due à l'imagination de l'auteur ; que ce héros de l'amour filial a existé ; et que c'est le cœur d'un français, qui a donné l'exemple de cet acte de vertu qui honore l'humanité.

Une pareille situation était difficile à exposer sur la scène ; mais, cette première difficulté vaincue, le sujet ne pouvait que vivement intéresser. Aussi l'auteur en a-t-il tiré des scènes du plus grand pathétique. Telles sont celles qui contiennent la reconnaissance d'André et de sa maîtresse, qui croyait l'avoir perdu ; le refus qu'il fait courageusement de déclarer le sujet de sa détention, parce que son aveu peut compromettre la liberté de son père ; le noble dévouement qui le fait consentir à passer pour coupable, même dans l'esprit d'une femme qu'il adore ; la pudeur qui le retient, au moment où il est prêt à tomber à ses pieds, dans ce costume humiliant, qui est l'effet et le triomphe de sa vertu, mais qui semble déposer contre elle ; l'héroïque désaveu dans lequel il persiste encore, même en présence de son père, qui vient réclamer ses chaînes. A l'intérêt de ces situations, l'auteur a su joindre le mérite de plusieurs caractères bien tracés, et tous intéressans. Aussi son succès a-t-il été complet : et quelques taches, que l'esprit a pu apperçevoir dans la contexture de cet ouvrage, n'ont pu nuire à l'impression qu'il a produite sur l'âme des spectateurs. Depuis les premières représentations, l'auteur a fait un grand nombre de corrections à cette pièce ; et les situations touchantes y produisent plus d'effet.

HONORINE, ou LA FEMME DIFFICILE A VIVRE, comédie-vaudeville, en trois actes, par M. Radet, au Vaudeville, 1795.

Le sujet de cette pièce a quelqu'analogie avec l'*Esprit*

de contradiction. En effet, *Honorine* est une femme qui contrarie sans cesse, et qui n'est jamais de l'avis de ceux qui l'entourent. Désespérant de pouvoir jamais changer son caractère, son époux prend le parti d'en venir au divorce. Cette menace seule la corrige ; elle reconnaît ses torts, se les fait pardonner, et se jette dans les bras de son mari, qui lui rend sa tendresse.

On trouve, dans cet ouvrage, des endroits faibles et languissans ; mais, en général, il offre des détails piquans, de jolis couplets, un dialogue spirituel, et surtout une morale excellente.

HONNÊTES-GENS (les), drame en un acte et en vers, par Ganeau, 1768.

Quatre arches du pont de Véronne sont entraînées par un débordement ; il n'en reste plus qu'une ; plusieurs infortunés, près de périr, implorent du secours. Un héros de l'humanité, Ambroise se présente avec une barque et les sauve. L'arche s'écroule un moment après. Le gouverneur avait proposé un prix ; mais Ambroise le refuse. Telle est l'action célébrée dans ce drame. L'exécution en est faible, mais il n'y a guères que les âmes honnêtes qui choisissent de pareils sujets.

HORACE, tragédie en cinq actes, par Corneille, 1639.

Lorsque Tullus-Hostilius régnait à Rome, il s'alluma une guerre, aussi longue que sanglante, entre les Albains et les Romains. Enfin les deux partis, fatigués de leurs pertes, convinrent de confier les destins d'Albe et de Rome à trois guerriers, choisis par les deux armées. Le choix des Romains tomba sur trois frères, nommés les Horaces ; et celui des Albains aussi sur trois frères, appellés les Curiaces. Le combat eut aussitôt lieu en présence des deux armées. D'abord la victoire sembla pencher pour les Curiaces ; car ils tuèrent deux des Horaces : mais ils étaient blessés tous les trois, tandis que l'Horace qui restait était sans blessure. Ce dernier alors eut recours à la fuite : chacun des Curiaces se mit à sa poursuite ; mais on sent que la vitesse de leur course dépendait du genre de leurs blessures, et de la quantité du sang qu'ils avaient perdu. Aussi, dès qu'Horace jugea qu'ils devaient être fort éloignés les uns des autres, il se retourna ; fondit sur ses ennemis, les tua facilement tous les trois ; et par cette mort, soumit les Albains aux Romains, et s'acquit une gloire immortelle. Il faut cependant avouer qu'il ne tarda pas à la ternir par une action barbare, que tout le patriotisme de ces tems guerriers ne peut qu'à peine excuser. Comme il revenait triomphant, Camille sa sœur, amante aimée d'un des Curiaces, désespérée de la mort de cet amant, chargea son frère d'imprécations ; et Horace furieux la poignarda de sa propre main. Ce ne fut que sa victoire qui parvint à le sauver du supplice, que réclamait le sang de sa victime.

Voilà ce que nous apprend l'histoire, et le sujet sur lequel Corneille a composé sa tragédie. On sent déjà qu'il s'est bien gardé d'introduire sur la scène les trois Horaces et les trois Curiaces : car l'intérêt eût été alors trop divisé : il en a donc supprimé deux de part et d'autre : mais, en revanche, il a fait paraître le père des Horaces, et l'on verra qu'il a su tirer un grand parti de ce personnage. Il a aussi introduit deux femmes, Sabine, femme d'Horace et sœur de Curiace, et Julie, dame romaine, confidente de Sabine et de Camille ; et un romain, nommé Valère, amoureux de Camille. Comme la tragédie est calquée sur l'histoire, nous nous dispenserons d'en tracer la marche, et nous ne discuterons que les caractères des différens personnages, et les pensées fortes ou les beaux vers que renferme la pièce. D'abord nous ne parlerons pas d'un Procule, soldat romain, ni d'un Flavian, soldat albain, qui ne sont, comme on dit, que de vrais bouche-trous. Sabine n'intéresse que dans un endroit ; c'est celui où elle s'écrie, dans la première scène :

> Je suis Romaine, hélas ! puisqu'Horace est Romain.
> Albe, où j'ai commencé de respirer le jour,
> Albe, mon cher pays, et mon premier amour,
> Lorsqu'entre nous et toi je vois la guerre ouverte,
> Je crains notre victoire autant que notre perte.
> Rome, si tu te plains que c'est-là te trahir,
> Fais-toi des ennemis, que je puisse haïr.

Valère, cet amant dédaigné de Camille, est encore plus inutile que la confidente Julie. Celle-ci, en effet, non-seulement paraît assez souvent ; mais elle donne même lieu au mot le plus sublime de la pièce : Valère, au contraire, ne paraît que dans les deux dernières scènes : encore est-il, à deux mots près, un personnage muet dans la dernière, et ne prononce-t-il dans l'autre qu'une tirade de vers assez faibles : pourquoi donc Corneille a-t-il introduit un pareil personnage ? C'était pour accuser Horace : car, sans lui, il ne se serait pas trouvé d'accusateur, et par conséquent pas de cinquième acte.

On pourrait dire à-peu-près du roi Tullus, ce qu'on vient de dire de Valère : en effet, il ne vient qu'au cinquième acte, pour juger Horace ; jugement qu'il fonde sur ces deux vers, dont le dernier nous paraît renfermer un principe très-dangereux : car il dit, en parlant des guerriers tels qu'Horace.

De pareils serviteurs sont les forces des rois;
Et de pareils aussi sont au-dessus des lois.

Il ne nous reste plus à parler que des autres personnages les plus brillans de la tragédie, savoir : Camille, les Horaces, père et fils, et Curiace. Les deux caractères d'Horace le fils et de Curiace sont très-bien contrastés. Horace, qui ne connaît que la voix de la patrie, parle en guerrier féroce ; Curiace, tout en aimant la sienne, est adouci par l'amour, qui cependant ne dompte pas son courage. Voici les vers où brille le plus vivement l'opposition de leur caractère. Horace vante l'honneur d'avoir été choisi pour le défenseur de sa patrie ; Curiace lui répond :

Ce triste et fier honneur m'émeut sans m'ébranler :
J'aime ce qu'il me donne, et je plains ce qu'il m'ôte;
Et, si Rome demande une vertu plus haute,
Je rends grâces aux dieux de n'être pas Romain,
Pour conserver encor quelque chose d'humain.

Voici un endroit encore plus frappant :

HORACE.

Rome a choisi mon bras, je n'examine rien :
Avec une allégresse, aussi pleine et sincère
Que j'épousai la sœur, je combattrai le frère :
Et, pour trancher enfin des discours superflus,
Albe vous a nommé, je ne vous connais plus.

CURIACE.

Je vous connais encore, et c'est ce qui me tue;
Mais cette âpre vertu ne m'était point connue :
Comme notre malheur, elle est au plus haut point.
Souffrez que je l'admire, et ne l'imite point.

Le caractère du vieil Horace est, sans contredit, le plus saillant. Il ne voit, n'entend, ne connaît que Rome.

L'amitié, la nature, tout disparaît devant l'image de sa patrie. Ecoutez ce qu'il dit, lorsque, paraissant pour la première fois sur la scène, il assiste aux adieux d'Horace et de Curiace à Sabine et Camille,

> Qu'est-ce ici, mes enfans ? Ecoutez-vous vos flammes,
> Et perdez-vous encor le tems avec des femmes ?
> Prêts à verser du sang, regardez-vous des pleurs ?....

Julie fait le récit du combat, jusqu'à l'instant où Horace a fui; Camille alors pleure ses frères. Le vieillard s'écrie :

> Ne les pleurez pas tous !
> Deux jouissent d'un sort, dont leur père est jaloux.
> Que des plus nobles fleurs leurs tombes soient couvertes ;
> La gloire de leur mort m'a payé de leur perte.
> Pleurez l'autre, pleurez l'irréparable affront,
> Que sa fuite honteuse imprime à notre front.
> Pleurez le déshonneur de toute notre race,
> Et l'opprobre éternel qu'il laisse au nom d'Horace.

JULIE.

Que vouliez-vous qu'il fît contre trois ?

HORACE.
> Qu'il mourût !

Enfin, quand Valère a demandé au roi la mort d'Horace, le père répond :

> Romains, souffrirez-vous qu'on vous immole un homme,
> Sans qui Rome aujourd'hui cesserait d'être Rome ?
> Et qu'un Romain s'efforce à tacher le renom
> D'un guerrier, à qui tous doivent un si beau nom ?
> Dis, Valère, dis-nous, si tu veux qu'il périsse,
> Où tu penses choisir un lieu pour son supplice.
> Sera-ce entre ces murs, que mille et mille voix
> Font résonner encor du bruit de ses exploits !
> Sera-ce hors des murs, au milieu de ces places,

Qu'on voit fumer encor du sang des Curiaces,
Entre leurs trois tombeaux, et dans ce champ d'honneur,
Témoin de sa vaillance, et de notre bonheur?
Dans les murs, hors des murs, tout parle de sa gloire.

Il ne nous reste plus que Camille. C'est dans sa bouche que Corneille a placé la plus belle tirade de sa tragédie. Cette amante, indignée que son frère veuille lui défendre de pleurer la mort de son amant, dit à ce frère, dont les mains lui semblent encore teintes du sang de Curiace :

Rome, l'unique objet de mon ressentiment,
Rome, à qui vient ton bras d'immoler mon amant,
Rome, qui t'a vu naître et que ton cœur adore,
Rome enfin que je hais, parce qu'elle t'honore,
Puissent tous ses voisins, ensemble conjurés,
Sapper ses fondemens encor mal assurés;
Et, si ce n'est assez de toute l'Italie,
Que l'Orient entier à l'Occident s'allie;
Que cent peuples unis, des bouts de l'Univers
Passent, pour la détruire, et les monts et les mers;
Qu'elle-même sur soi renverse ses murailles,
Et de ses propres mains déchire ses entrailles;
Que le courroux du ciel, allumé par mes vœux,
Fasse pleuvoir sur elle un déluge de feux!
Puissé-je de mes yeux y voir tomber la foudre,
Voir ses maisons en cendre, et tes lauriers en poudre;
Voir le dernier Romain à son dernier soupir,
Moi seule en être cause, et mourir de plaisir!

On ne connaît, a dit un auteur connu, rien de supérieur aux quatre premiers actes de cette tragédie. Le cinquième n'est qu'un long plaidoyer, qui tient même à une action : mais, que la férocité sublime, qui règne dans ce drame, caractérise bien les premiers siècles de Rome! Tout, jusqu'au genre d'éloquence que Corneille y déploie, a rapport au temps où vivaient ses héros ; mérite rare, et dont peu de nos poètes tragiques, excepté Voltaire, ont senti la nécessité.

Le bruit se répandit que l'Académie devait censurer *Horace*, comme elle avait censuré le *Cid*. Ce bruit donna lieu à ce bon mot de Corneille : « Horace fut condamné par les décemvirs, mais il fut absous par le peuple ».

Godeau exhortait un nouveau converti à quitter une Huguenotte qu'il aimait : alors celui-ci lui répondit par ces deux vers :

> Rome, si tu te plains que c'est-là te trahir,
> Fais-moi des ennemis que je puisse haïr.

HORACES (les), tragédie-lyrique, mêlée d'intermèdes ; paroles de M. Guillard, musique de Saliéri, 1787.

C'est la tragédie de Corneille, adaptée à la scène lyrique. Cet ouvrage n'a point eu de succès. Quelques vers trop familiers, quelques expressions, qu'un goût sévère aurait dû rejetter dans un drame lyrique, ont excité des murmures, et ont empêché de rendre justice au travail infini que l'auteur a dû faire, pour tirer parti de ce sujet. La musique, presque toute en récitatif, renferme cependant des expressions fortes, une harmonie savante, et des chants pleins de goût et de douceur.

HORATIUS-COCLÈS, opéra en un acte, en vers, par M. Arnaud, musique de M. Méhul, à l'opéra, 1794.

Cet opéra réunit le trait d'héroïsme d'Horatius-Coclès à celui de Mutius-Scévola ; ce qui produit un intérêt divisé. La musique est d'une couleur forte et d'un goût sévère.

HORDÉ (mademoiselle), auteur et actrice, 1809.

Elle a donné, au théâtre de la porte St.-Martin, un mélodrame en quatre actes, intitulé, *La Cause Célèbre*, ou *la Femme Enterrée Vivante*. Cette pièce a obtenu du succès. Admise à débuter au théâtre Français, elle parut sur celui de Versailles, de manière à faire désirer que son talent se fixât dans la capitale.

Nous avons encore de cette dame le roman historique de *Pugatschew* qui lui assure un rang honorable parmi les auteurs, qui se sont livrés à ce genre d'ouvrage.

HORMISDAS, tragédie en trois actes et en vers, par M. Luce de Lancival, 1796.

L'auteur nous apprend dans un avertissement que sa pièce était faite depuis cinq ans, lorsqu'il la présenta aux comédiens, qui la trouvèrent les uns au-dessus, les autres au-dessous des circonstances. Il ajoute qu'elle fut accueillie aux Français et au théâtre de la république, et qu'elle lui valut ses entrées aux Français. Quoiqu'il en soit, en voici le sujet.

Hormisdas, roi de Perse, est un despote sanguinaire, qui, sur le plus léger soupçon ou même par caprice, envoie un homme à la mort. Busurge qui l'a élevé a été sa première victime. Ce vieillard respectable gémit dans l'horreur des cachots. Le tyran n'épargne personne; et tous les Grands de sa Cour, ou souscrivent à ses attentats, ou sont proscrits. Varasme, général des ses armées, vient d'éprouver un échec en combattant les Romains. Pour l'en punir, il lui envoie des habillemens de femme. Mais ce guerrier, justement indigné de sa tyrannique insolence, lui renvoie ses présens avec une réponse fière et énergique. Je consens à porter ces vêtemens, lui écrit-il,

Si ma main dans trois jours ne t'en revêt toi-même :
Oui, je veux, dans trois jours, briser ton diadème.

L'officier, qui apporte cet écrit au tyran, est envoyé au supplice; mais Bindoès le sauve, et vient trouver Hormisdas, pour essayer de le ramener dans le sentier de la vertu, et lui remettre sous les yeux ses torts envers Varasme : mais il est lui-même envoyé en prison. Tandis que les gardes l'emmènent, il s'adresse au tyran, et lui dit :

Je voulais te donner un conseil salutaire ;
Tremble, c'est le dernier. Le peuple qui te hait,
Pour te punir enfin, n'attend que ce forfait.

La cause de Bindoès devient celle du peuple. Il se soulève, vient assaillir Hormisdas dans son palais, le renverse de son trône, le charge de chaînes, et le conduit dans ce même cachot rempli de ses victimes. Tout dans ces lieux d'horreur lui reproche son injustice et sa cruauté. Toutefois il conserve encore un espoir fondé sur l'arrivée de Varasme. Mais ce héros ne vient que pour achever ce que Bindoès a commencé. Hormisdas est mis en jugement, et paraît devant le peuple assemblé qui le condamne à la mort ; mais la mort elle-même est un supplice trop doux. On lui fait subir la peine du talion, et on lui crève les yeux. Enfin, sur les débris de son trône, on établit celui de la Liberté.

Tel est le sujet de cette pièce, que l'on pouvait croire, avec quelque raison, inspirée par la circonstance. Du reste, cet essai est heureux, et n'est pas indigne de l'auteur de *la Mort d'Hector*.

HOROSCOPE ACCOMPLI (l'), comédie en un acte,

en prose, avec un divertissement, par Gueulette, au théâtre Italien, 1727.

Pantalon est amoureux d'une jeune fille, appellée Sylvia, qu'il a fait enlever depuis l'âge de douze ans, et qu'il cache dans un appartement secret de sa maison. Il est fort inquiet de savoir s'il en est aimé; et, pour s'en éclaircir, il a envoyé prier le docteur Lanternon de tirer son *horoscope*; voici la réponse : « si tu penses au mariage, ton front est destiné à d'étranges aven- » tures; laisse à ton neveu le soin et la gloire de dé- » fricher le cœur de la jeune innocente que tu aimes ». Pantalon se moque de la prédiction, puisqu'il n'a point de neveu : il est bien vrai qu'il a eu autrefois une sœur; mais elle a péri fort jeune sur les côtes de Livourne. Cependant cette sœur, qu'il croit morte, ne l'est pas; elle a même épousé un homme, qui l'a rendue mère de Léandre. Celui-ci a eu occasion de voir Sylvia, qui en est devenue amoureuse. Les deux amans se voient à l'insu de Pantalon; et déjà Léandre se dispose à enlever sa maîtresse : c'est dans ces circonstances que Pantalon apprend que Léandre est son neveu : alors il consent à son mariage avec Sylvia, et l'oracle est accompli.

HORREUR (l'). L'intérêt, qu'inspirent la crainte et la pitié, doit être l'ame de la tragédie : on y a trop souvent substitué l'*horreur*. Les premières tragédies formèrent des spectacles plus horribles qu'intéressans. L'apparition des Furies qui poursuivaient un coupable, Prométhée attaché à un rocher, tandis qu'un vautour lui déchire le foie; voilà ce qu'Eschyle exposa sur la scène dans l'enfance de l'art dramatique; mais bientôt après Sophocle adoucit ces tableaux affreux; il fit de la terreur le ressort de la tragédie ; et, si l'*horreur* se montra quelquefois sur la scène, comme dans la tragédie d'*Œdipe*, où ce malheureux prince se fait voir aux spectateurs, le visage couvert de sang, l'auteur tempère cette cruauté par le pathétique qu'il y mêle.

Les atrocités ne produisent de l'effet au théâtre, que quand la passion les excuse; quand celui qui va commettre un meurtre, a des remords aussi grands que ses attentats : enfin, quand cette situation produit de grands mouvemens.

Il ne faut émouvoir les spectateurs, qu'autant qu'ils veulent être émus. Il est un point, au-delà duquel le spectacle est trop douloureux ; tel est pour nous peut-être celui d'Atrée, qui donne le *sang* d'un fils à boire à son père ; tel serait encore celui d'Œdipe, si l'on n'avait pas adouci le cinquième acte de Sophocle. Cela dépend du naturel et des mœurs du peuple à qui l'on s'adresse; c'est, par le degré de sensibilité qu'il apporte à ses spectacles, qu'on jugera du degré de force à donner aux tableaux qu'on expose sous ses yeux. On ne peut guères aller, en ce genre, au-delà du quatrième acte de *Mahomet*, du cinquième acte de *Rodogune*, et du cinquième de *Sémiramis*. Les auteurs semblent, depuis quelque tems, mettre le sentiment pénible de l'horreur, à la place de la terreur et de la pitié, qui seront à jamais les ressorts de la véritable tragédie.

HOTELLERIE (l'), ou LE FAUX AMI, drame en cinq actes, en vers, aux Français, 1785.

Cette pièce est imitée de l'Allemand ; c'est une fille que l'on veut marier contre son gré, et qui se laisse enlever par son amant, dont le père est tombé dans la disgrâce du Prince : le père de la jeune personne, irrité contre elle et contre son époux, cherche à se venger. Mais les deux pères, qui sont amis, se rencontrent dans *l'hôtellerie* qu'habitent leurs enfans ; tout le monde se reconnaît, et enfin l'on pardonne aux deux époux. Le héros de la pièce est le *Faux Ami*, qui a contrefait l'écriture de son rival, pour adresser des lettres injurieuses au père de son amant ; mais le traître est démasqué et puni.

Tel est à-peu-près le fonds de cet ouvrage, dont l'action est embarrassée par une foule d'incidens et de personnages qui lui sont étrangers. Le style, qui peut souvent racheter bien des défauts, est lâche, négligé et même incorrect.

HOTEL PRUSSIEN (l'), comédie en cinq actes, en prose, par Ponteuil, au théâtre Feydeau, 1791.

Un jeune homme, nommé Dorville, s'est marié avec la fille d'un officier, à l'insu de ses parens : réduit à l'indigence, il ne peut payer son hôte, et n'a de ressources que dans le produit d'une place qu'on lui a promise ; mais on lui manque de parole. Alors un faux ami profite de sa situation pour séduire sa femme par des offres, et tâche de l'éloigner par des impostures et des bassesses. Cependant, les pères des époux, qui se trouvent par hasard dans l'*hôtel Prussien*, découvrent les vils projets du faux ami, et s'empressent de ratifier le mariage de leurs enfans.

Tel est le fonds de cette espèce de drame, tiré de l'allemand, dans lequel on ne trouve qu'un mauvais rôle de niais, qui puisse justifier le titre de comédie qu'on lui a fort improprement donné.

HOUBRON (M.), auteur dramatique, a composé une comédie, intitulée *le Double Déguisement.*

HUBERT (André), acteur de la troupe de Molière.

Instruit par Molière, il réussissait parfaitement dans les pièces de son maître. Jamais acteur n'a peut-être porté si loin les rôles d'hommes en femmes. Il les jouait de manière à produire l'illusion la plus complète. Il s'est fait admirer surtout dans le rôle du Vicomte de l'*Inconnu*, ainsi que dans ceux de Médecins et de Marquis ridicules.

HUBERT (M.), auteur dramatique, 1809.

Il a fait jouer aux boulevards *Clara ou les Malheurs de la Conscience*, mélodrame en trois actes. Il a fait en outre un drame intitulé, *Charles ou les Dangers de l'Inconduite.*

HUET (M.), acteur du théâtre Feydeau, 1809.

Cet acteur, qui n'est pas sans quelque mérite, substitue trop souvent sa personne au personnage; il a une voix assez étendue, et dont le timbre est agréable; mais il fausse quelquefois dans les cordes élevées. Il double M. Elleviou; mais il ne le remplace pas, et il ne le remplacera jamais.

HUITRE ET LES PLAIDEURS (l'), ou LE TRIBUNAL DE LA CHICANE, opéra-comique en un acte, par Sédaine, musique de Philidor, à la Foire Saint-Laurent, 1759.

Deux voyageurs apperçoivent une *huître*, et tous deux se la disputent; mais le plus adroit s'en saisit : de-là naît une nouvelle dispute sur le droit de propriété. Un sergent, loin de les séparer, les irrite. La justice passe; et, tout en courant, juge deux autres causes. On fait des préparatifs pour juger la plus importante. Après des pour-parlers entre deux avocats, dont l'un bredouille, et l'autre a la pituite; après la déposition de l'huître et des nippes de nos deux voyageurs entre les griffes du greffier, la justice arrive, siège, écoute les deux bavards qui ne s'entendent pas eux-mêmes ; demande l'huître, la fait ouvrir, l'avale et s'en va. Alors s'élève un grand débat pour les frais; les hardes restent, et les deux voyageurs s'en vont nuds et bons amis.

Cette pièce a fait plaisir aux uns et a déplu aux autres, qui ont voulu crier à la personnalité; mais on ne les a pas crus. En effet on peut se moquer de la chicane, et conserver le respect qui est dû à nos tribunaux.

HULLA DE SAMARCANDE (le), ou LE DIVORCE TARTARE, comédie, en cinq actes et en vers, au théâtre de la République, 1793.

Une loi, observée dans plusieurs contrées de l'Asie, porte qu'un mari qui a répudié sa femme, ne peut la reprendre, que lorsqu'elle a contracté et consommé un nouveau mariage. Pour éluder cette loi, un époux qui, à la suite d'une querelle, a répudié sa femme le matin, et qui s'en repent le soir, engage un homme à passer la nuit avec elle, ensorte que le lendemain matin il puisse a reprendre. Celui qui lui a rendu ce singulier service, se nomme un *Hulla* : il existe beaucoup de ces Hullas qui en font un métier; car souvent on les paie très-généreusement. On lit, dans *la Bibliothèque des Romans*, l'histoire merveilleuse d'un voyageur, qui retrouva sa propre femme, en servant de Hulla au barbon, qu'elle venait d'épouser malgré elle. Cette histoire singulière a fourni plusieurs pièces au théâtre ; mais ce ne sont, pour la plupart, que des arlequinades : de ce nombre sont : *Arlequin Hulla* ou *la Femme répudiée*, opéra-comique en vaudevilles, par Lesage et Dorneval, joué à la foire Saint-Laurent, en 1716 ; *Arlequin Hulla*, comédie en un acte, en prose, de Dominique et Romagnési, jouée aux Italiens, en 1728 ; et *le Hulla*, comédie en trois actes, en vers, d'un anonyme, imprimée, mais non représentée. L'auteur de cette dernière pièce a suivi le roman à la lettre ; car, au second acte, le Hulla voit brûler sa femme devant lui : il est obligé lui-même de se jetter dans un précipice affreux ; et au troisième acte ces époux se retrouvent, après avoir essuyé une suite de malheurs très-étranges, mais encore plus invraisemblables. Cette pièce a été accompagnée jusqu'à la fin de huées et de sifflets.

HULLIN (Mlle), Danseuse de l'Opéra, 1809.

Jamais Terpsichore ne vit dans sa cour une élève aussi jeune et aussi distinguée : A-plomb, grâce, légèreté, expression, elle réunit tout. Chaque jour on la voit paraître avec un nouveau plaisir ; et chaque fois avec plus d'étonnement.

HUMBERT SECOND, ou LA RÉUNION DU DAUPHINÉ A LA COURONNE, tragédie en cinq actes et en vers, 1771.

Un vieux prince, amoureux et indécis, a cédé ses États, en a du regret, et est obligé de tenir parole. Ce caractère, à peu-près méprisable, n'est point du tout tragique ;

d'ailleurs, le style est plus que négligé. Ces deux vers surtout sont remarquables :

> Le fils arrache au père un mets vil, dégoûtant :
> Le père le maudit, et meurt en le mordant.

Une telle pièce ne vaut pas les honneurs d'une analyse.

HURON (le), comédie en deux actes, mêlée d'ariettes, par Marmontel, musique de M. Grétry, aux Italiens, 1768.

Mlle. de Kerkabon et Mlle. de Saint-Yves s'entretiennent du Huron, qui est parti de grand matin pour la chasse. Gilotin, fils du bailli, l'a vu chasser, et il en reste tout émerveillé. Bientôt le Huron vient lui-même offrir sa chasse aux demoiselles. Mlle. de Kerkabon remarque deux portraits, qui sont suspendus au col du Huron ; elle s'en saisit avec vivacité, et paraît dans la plus grande surprise. Tandis que le Huron fait une déclaration d'amour à Mlle. de Saint-Yves, Gilotin, amoureux de cette même demoiselle, trouve fort mauvais qu'un Huron ose être le rival du fils d'un Bailli. Cependant les deux portraits ont fait connaître que le Huron est neveu de M. de Kerkabon, mort en Canada. Soudain l'on vient avertir que l'ennemi menace le port ; on invite les Français à prendre les armes : le fils du Bailli recule ; le Huron saisit une épée, fait des merveilles contre l'ennemi, le force à se retirer ; et, par sa valeur, accélère son mariage avec Mlle. de Saint-Yves, qui congédie M. Gilotin.

HUS (Mme.), mère de l'actrice de ce nom, débuta dans les rôles de caractère ; mais elle ne fut pas reçue. Elle a donné aux Italiens une comédie intitulée : *Plutus rival de l'amour*, dont de Caux a fait les couplets.

HUS (Mlle), actrice de la comédie française, y a débuté, en 1751, par le role de Zaïre; d'Hermione dans la tragédie d'*Andromaque*, et par celui d'Agathe, dans *l'Ecole des Femmes*. Voici des vers qui lui furent adressés.

> Jeune actrice, à qui Melpomène,
> Sous la figure de Clairon,
> De l'art d'attendrir sur la scène,
> Donna la première leçon.
> Poursuis ta carrière nouvelle;
> J'ai vu tes yeux; ils sauront tout charmer.
> Pour y prétendre, il suffit d'être belle;
> Mais sois plus digne encor de ton modèle;
> C'est à la gloire à t'enflammer.
> Tes talens seuls te rendront immortelle.

HYLAS ET SILVIE, pastorale, par Rochon de Chabannes, à l'Opéra, 1768.

L'Amour ouvre la scène en habit d'Amazone, déguisement qu'il a pris pour s'introduire parmi les nymphes de Diane. Il vient servir particulièrement Silvie, qui fuit Hylas, et le prend pour un monstre. Un bruit de chasse lui fait abandonner la scène, et il court rejoindre la gouvernante qu'il a trompée, et qui doit le présenter aux nymphes Silvie fait part de l'état de son cœur à sa confidente: elle a trouvé dans les forêts un monstre qui l'intéresse beaucoup. Alors Céphise lui apprend que c'est un homme. Cependant une troupe de nymphes de Diane se dispose à partir pour la chasse. La gouvernante survient, et leur présente l'Amour. Ce Dieu est reçu parmi elles à titre d'Amazone, et l'on part pour la chasse; mais Silvie, occupée de son prétendu monstre, ne peut se résoudre à suivre ses compagnes. Bientôt Hylas arrive; elle le fuit, en lui laissant toutefois entrevoir qu'elle ne l'aime pas moins qu'elle ne le redoute. Resté seul, il déplorait son malheur, quand Doris, autre nymphe, vient chercher le monstre dont elle a entendu parler à Silvie. Elle l'apperçoit, prend plaisir à le voir, et l'appelle : mais l'Amour, tout occupé de Silvie, se retire, et laisse Doris bien étonnée de ce qu'il ne parle ni n'entend, quoique ce soit un homme. Elle en causait avec Silvie, quand l'Amour revient à l'improviste se placer entr'elles, et les assure qu'il a vu l'homme, et qu'il est fort doux. Son discours excite la curiosité de Doris et la jalousie de Silvie, qui finit par s'évanouir. L'Amour appelle à son secours le Sommeil et les Songes. Silvie s'endort; la perfide Amazone l'enchaîne, et l'abandonne à Hylas. Enfin, elle se réveille; mais qu'elle est sa terreur, quand elle voit un homme à ses pieds, et qu'elle se trouve dans les chaînes! Hylas la rassure et la délivre de ses fers, tout en se reprochant, à chaque lien qu'il détache, de rendre à sa maîtresse une liberté qu'elle va tourner contre lui. Mais Silvie, désarmée par sa délicatesse, finit par couronner sa constance.

Avant que cette pièce parût sur la scène Française, elle avait été représentée à Chilly, dans une fête que donna madame la duchesse de Mazarin au roi de Danemarck. On y trouva quelques expressions un peu trop libres, que l'auteur retrancha aux représentations qui s'en firent à Paris. Le jour de la fête dont on vient de parler, S. M. Danoise arriva sur les cinq heures; et, une demi-heure après, on commença le bal, où ce prince ne cessa de danser des contre-danses, jusqu'à huit heures, qu'on se rendit à la salle de spectacle, pour y entendre la comédie d'*Hylas et Sylvie*. Le souper suivit cette représentation; et, sur les onze heures, on passa dans une autre salle, où l'on avait préparé différentes scènes comiques, jouées par des acteurs et des actrices des comédies Française et Italienne, et qui parurent amuser beaucoup le jeune Monarque. M. Laujon et Poinsinet présidèrent comme auteurs à ces divertissemens, dans lesquels il y avait des couplets à la louange de l'auguste voyageur. La fête finit à deux heures du matin; et chacun en loua également le goût, la variété et l'ordonnance.

HYPERMNESTRE, tragédie, par Rimpéroux, 1704.

En conservant le fonds du sujet, l'auteur en a changé quelques circonstances. Lyncée avait quitté Memphis et son père, pour aller exercer son courage sous un nom supposé. Le hazard l'avait conduit près d'Argos, où, sans être connu, il avait sauvé la vie à son oncle Danaüs. Tous ses frères étaient arrivés à cette cour, pour épouser leurs cousines-germaines; et le roi, épouvanté par l'oracle, avait fait jurer à ses filles, qu'elles massacreraient leurs époux. Hypermnestre elle-même, quoique révoltée de cette horrible entreprise, avait cédé à la nécessité, et à l'oracle qui menaçait les jours de son père. Cependant Lyncée ignore l'affreux projet de Danaüs : il sait seulement qu'Hypermnestre se marie; il vient se plaindre à elle de son infidélité. La princesse s'excuse sur l'obéissance filiale, et tâche de le consoler, en disant que son futur époux, qui se nomme Lyncée, est plus malheureux que lui. A peine a-t-elle prononcé ce nom, que ce prince s'abandonne à la joie la plus vive. Il parle en faveur de ce Lyncée; et, au grand étonnement de la princesse, il la conjure d'avoir pour cet époux futur l'amour le plus constant et le plus tendre. Il la tire enfin d'erreur, en lui apprenant qu'il est lui-même ce Lyncée qu'elle doit épouser : mais quel coup de foudre pour Hypermnestre ! elle a juré d'immoler son amant sans le connaître ; et, dans l'horreur dont elle est saisie, elle s'écrie :

> Vous ! qu'ai-je entendu, grand dieu !
> Vous, seigneur ! quelle horreur vient frapper ma pensée !
> Je frémis..... Non, seigneur, vous n'êtes point Lyncée.

Danaüs arrive en ce moment, fait des reproches à Lyncée d'avoir déguisé son nom ; et, dès qu'il est retiré, remet un poignard dans la main d'Hypermnestre pour l'assassiner. Elle est long-tems incertaine entre ses sermens et son amour. L'amour enfin l'emporte : elle apprend à Lyncée le meurtre de ses frères, l'ordre cruel de Danaüs, et l'exhorte à prendre la fuite. Lyncée sort du Palais. Danaüs demande à sa fille si elle a obéi à son ordre : son trouble la trahit : le roi lui reproche son infidélité ; il envoie des satellites après Lyncée, qui est ramené dans le palais et condamné au supplice, comme ayant attenté à la vie du roi ; mais le peuple se soulève et sauve Lyncée. Danaüs est tué dans la sédition ; et l'époux d'Hypermnestre monte sur le trône d'Argos.

HYPERMNESTRE, tragédie de Lemière, 1758.

Danaüs et Egyptus étaient deux frères, qui régnaient ensemble à Memphis. Celui-ci, las de partager le trône, chassa Danaüs de l'Egypte. Ce prince fugitif vint dans Argos, et en usurpa le trône sur Sthénélée. Egyptus, au bout de plusieurs années, voulut se réconcilier avec son frère ; il lui proposa ses fils, qui étaient, dit la Fable, au nombre de cinquante, pour épouser leurs cousines-germaines, qui étaient en aussi grand nombre ; mais Danaüs, le cœur toujours ulcéré de l'injure qu'il avait reçue, refusa cette proposition. Egyptus irrité envoya ses cinquante fils mettre le siége devant Argos; et Danaüs, pour conserver ses États, fut forcé de consentir à leur donner ses filles. Mais, soit pour se venger de cette nouvelle violence, soit sur la foi d'un oracle, qui le menaçait de périr par la main de ses gendres, il ordonna à ses filles de massacrer leurs époux, la première nuit de leurs nôces; ce qu'elles exécutèrent toutes, à l'exception d'Hypermnestre, qui sauva Lyncée. Ce prince courut rejoindre ses troupes, et revint à Argos exciter une sédition, dans laquelle Danaüs fut tué.

Voilà le fonds de cette pièce; en voici les détails.

Lyncée déclare à Hypermnestre sa passion, et ses regrets d'avoir été forcé d'assiéger Argos. Hypermnestre le rassure, et croit devoir elle-même lui découvrir ses sentimens. Elle avoue qu'elle l'avait haï, mais que ses vertus l'ont touchée, et qu'elle se trouve heureuse d'être contrainte à l'épouser. Alors Danaüs vient leur annoncer que tout est prêt pour la cérémonie, et feint d'être sincèrement réconcilié avec Egyptus. Lyncée est sans défiance; et même, ne croyant pas devoir soupçonner la bonne foi de Danaüs, il a congédié l'armée avant l'accomplissement du traité. Danaüs, resté seul avec son confident, lui retrace les motifs de vengeance qu'il a contre son frère, et lui découvre tous ses projets. Il a engagé le grand-prêtre à rendre un faux oracle, qui le condamne à périr des mains de ses gendres. Il a eu, dit-il, besoin de cet artifice, pour rendre sa vengeance légitime aux yeux du peuple, qu'il faut tromper par la superstition. Il ordonne à son confident d'écarter Lyncée au sortir de l'autel, pendant l'entretien qu'il se propose d'avoir avec Hypermnestre.

Remarquons ici qu'en imaginant un faux oracle, Lemierre n'a pas, à la vérité, exactement suivi la fable; mais que ce trait peint mieux la méchanceté du tyran. Danaüs n'en devient que plus odieux, et Hypermnestre plus excusable, lorsqu'elle invective avec tant de force contre les augures, et en particulier contre l'ignorance, la superstition, ou la fourberie de quelques ministres des faux-dieux. Mais poursuivons notre analyse. Égine, confidente de cette princesse, lui montre les plus grandes inquiétudes sur les présages sinistres, qu'elle a cru voir au temple. Hypermnestre, pour la rassurer, lui dépeint la sainteté du mariage, la foi des traités, etc. Persuadée de la bonne foi de son père, Hypermnestre court au devant de lui, pour lui témoigner sa joie: il ne lui répond qu'en lui rappellant tous ses sujets de haine contre Egyptus. Qu'on juge de la situation de cette princesse, lorsqu'elle apprend les desseins du Roi, la vengeance affreuse qu'il veut exercer contre ses gendres, et surtout lorsqu'il exige d'elle la promesse d'assassiner son mari! Elle lui représente envain toute la cruauté de cette action: il lui oppose un oracle qu'elle croit faux, et qu'elle rejette comme tel. Enfin elle se borne à rassurer son père sur la vertu de Lyncée; mais Danaüs, qui se lasse de cette résistance, la prévient que Lyncée ne peut lui échapper, et qu'elle s'expose à la colère d'un père, sans pouvoir sauver son époux. Enfin, le cruel ne lui donne qu'un moment pour se décider, et la laisse anéantie sous le poids de son malheur. Cependant le tems presse: elle sort déterminée à tout entreprendre, pour assurer les jours de son époux. Cependant Lyncée, séparé de sa femme, est en proie à de mortelles inquiétudes. Tout-à-coup il apprend que tous ses frères ont péri de la main de leurs femmes, par l'ordre du tyran. Lyncée, furieux, ne respire que la vengeance, et veut aller tuer Danaüs. Comme il va sortir, il aperçoit Hypermnestre, une lance dans une main, un poignard dans l'autre; il court à elle et lui dit:

Ose trancher mes jours!

HYPERMNESTRE.

Je viens pour les venger.

A ces mots, Lyncée, confus et désespéré, rougit de son égarement : mais il ne quitte pas le dessein de se venger de Danaüs. Hypermnestre fait tous ses efforts pour le déterminer à sortir du palais et de la ville, et même se jette à ses pieds. Accablé de sa propre fureur et de la douleur de sa femme, Lyncée revient à lui, et s'obstine à vouloir attendre Danaüs. Hypermnestre, au contraire, l'exhorte à s'enfuir, et le menace de l'abandonner s'il se refuse à ses vœux. Enfin il part, résolu de revenir avec les troupes de son père, qui ne doivent pas être éloignées. Bientôt Hypermnestre est déchirée par les plus cruelles inquiétudes. Elle craint que Lyncée ne soit arrêté en chemin, et elle tombe dans un délire, où elle croit voir son mari sous le fer du tyran. Danaüs arrive; et, la trouvant dans cet état, il croit que c'est l'effet naturel de l'action qu'elle vient de commettre; car il ne doute pas qu'elle n'ait exécuté ses ordres. Il demande toutefois s'il est obéi; elle lui répond, en termes équivoques, qu'elle a perdu son époux, et sort dans la crainte de se trahir. Le roi s'applaudit d'avoir frappé sa dernière victime, et goûte une vengeance complette; mais, dans l'instant même, on vient l'avertir que Lyncée s'est enfui.

Aussitôt Danaüs furieux fait enchaîner Hypermnestre, qui lui représente qu'elle a fait son devoir, et que c'est à ses sœurs à se repentir du crime affreux qu'elles ont commis. Elle se flatte que son époux échappera à la poursuite des satellites de son père : mais bientôt ses espérances s'évanouissent; Lyncée reparaît chargé de chaînes; il n'en reproche pas moins au tyran toutes ses cruautés. Soudain l'on vient annoncer que le peuple est sur le point de se révolter. Danaüs ordonne qu'on fasse secrètement périr Lyncée dans sa prison. Alors Hypermnestre se jette aux genoux de son père, et le conjure, mais en vain, de lui rendre son époux. On entend des cris séditieux; Danaüs ordonne qu'on rassemble sa garde. Lyncée arrive à la tête du peuple, et redemande sa femme au tyran. Pour toute réponse, le roi fait avancer sa garde. Alors Lyncée, furieux, veut faire accabler Danaüs par le peuple ; mais le tyran l'arrête, en levant le poignard sur le sein de sa fille. Lyncée, poussant un cri de désespoir, tremble que le peuple n'avance malgré lui. Dans ce moment arrive, à pas précipités, un des confidens de Danaüs, qui l'avertit que sa garde est forcée. Danaüs, effrayé, fait un mouvement qui le sépare de sa fille. Lyncée en profite, se précipite sur Hypermnestre et la délivre de son tyran. Danaüs, entouré d'ennemis, se tue lui-même, pour se soustraire à la fureur du peuple.

A la première représentation de cette tragédie, l'acteur qui jouait le rôle de Danaüs, dans la vivacité de l'action, fut blessé au bras droit. Le sang coula aux yeux des spectateurs, et donna un air de vérité à la fiction de la catastrophe.

Au sortir d'une représentation de cette pièce, un

homme d'esprit, frappé des grands tableaux qui s'y trouvent en très-grand nombre, et d'une manière plus neuve que dans aucune tragédie, s'écria qu'Hypermnestre était une tragédie à peindre.

HYPERMNESTRE, opéra, par Lafont, avec un prologue, musique de Gervais, 1716.

Le poëte lyrique a pris de Gombaud l'idée de faire paraître une ombre, qui sort de son tombeau, pour prédire à Danaüs qu'un prompt trépas doit être la punition de ses crimes, et que le trône qu'il a usurpé va passer à l'un des fils d'Egyptus. Cette ombre paraît dans le prémier acte. Au second, Pollux suppose que Lyncée n'est point dans Argos avec ses frères. Cette absence inquiète Danaüs et Hypermnestre. On voit enfin paraître le vaisseau de Lyncée; et la joie du peuple éclate sur le rivage. Au troisième acte, Danaüs presse le mariage des deux amans, et se rend ensuite au temple, où le grand prêtre reçoit leurs sermens sur l'autel de l'hymen. Dans ce moment on avertit le Roi, que plusieurs de ses sujets viennent de se révolter: Lyncée court appaiser la sédition. Danaüs profite de son absence, pour mettre un poignard dans la main de sa fille, et l'oblige de jurer, sur ce même autel, qu'elle l'enfoncera dans le cœur de l'ennemi qui cause ses allarmes. Elle fait ce serment horrible, et elle apprend que cet ennemi est Lyncée. Cette situation est à peu près la même que celle de la tragédie de Riupéroux, où Hypermnestre apprend avec horreur que ce Lyncée, qu'elle a juré d'immoler à la sûreté de son père, est l'amant qu'elle adore, et qui s'était présenté à elle sous un nom emprunté. Au quatrième acte, Hypermnestre entre dans le palais, un poignard à la main.

la nuit est avancée, et n'est éclairée que par la sombre lueur de quelques lampes. Lyncée, inquiet, cherche son épouse; il l'apperçoit et lui demande avec étonnement pourquoi elle est armée d'un poignard : l'obscurité de ses réponses ne fait que redoubler ses allarmes; et il apprend enfin que tous ses frères viennent d'être égorgés. Ce prince ouvre le cinquième acte, l'épée à la main, et prêt à venger, par la mort du tyran, le meurtre de ses frères. Mais Hypermnestre, pour le déterminer à prendre la fuite, lui dit que le tyran en veut à ses jours. Danaüs fait courir après lui, et menace Hypermnestre d'une éternelle captivité, pour avoir manqué à son serment. Alors un bruit d'armes se fait entendre; le Roi croit qu'on lui amène Lyncée; il sort pour ordonner son supplice : mais Lyncée a enfin gagné le peuple, et se fait un parti, le combat s'engage, et Danaüs périt par la main de son gendre, qui cherchait au contraire à lui sauver la vie.

HYPOCONDRE (l'), ou LE MORT AMOUREUX, tragi-comédie de Rotrou, 1631.

Cloridan, jeune seigneur Grec, prend congé de Perside, sa maîtresse, et part pour Corinthe. Il se trouve, au second acte, dans une forêt, où il met à mort deux ravisseurs. Cléonice, qu'il vient de délivrer, se passionne pour lui, et le conduit au château de son père. Une fausse nouvelle de la mort de Perside lui cause un long évanouissement. Revenu enfin à lui-même, il croit être mort, méconnaît tout le monde, dit et fait mille extravagances, prend le château pour les enfers, et cherche partout l'ombre de sa maîtresse qu'il croit morte. De son côté, Perside, affligée de ne plus recevoir des nouvelles de son amant, consulte une magicienne, et arrive au château du père de Cléonice. Les idées folles de Cloridan se renouvellent : mais une excellente musique et la supposition de deux morts, ressuscités par un concert, le tirent enfin de son erreur.

L'auteur attribue, à sa grande jeunesse, le peu de mérite de cette pièce, si faible en effet que nous doutons même si cette excuse est suffisante.

IDA, ou QUE DEVIENDRA-T-ELLE ? comédie-vaudeville en deux actes, 1801.

Ida, seule dans le monde, sans parens, sans amis, en proie à tous les maux de l'indigence, à tous les dangers de la servitude, mérite, à force de vertu, qu'un homme riche et sensé lui offre sa fortune et sa main. Tel est le fonds de cette pièce. Quant aux détails, nous en ferons grâce au lecteur. On sent que ce ne peut être le résultat d'une seule action, ni l'affaire d'un moment ; et l'on juge déjà que le sujet d'*Ida ou que deviendra-t-elle ?* fort convenable peut-être pour un roman, est mal choisi pour le théâtre. Il ne fallait rien moins que le goût et les ressources de M. Radet, pour resserrer en deux petits actes ce fonds, beaucoup trop étendu pour la scène. Mais un style plus correct, des couplets plus élégamment faits que dans les autres pièces du Vaudeville, des caractères tracés, sinon avec force, du moins avec goût, et un ton de décence, qui devient chaque jour plus rare à ce théâtre, ont mérité à cette production le succès d'estime qu'elle a obtenu, et décèlent l'ouvrage d'un homme au-dessus du sujet et du genre qu'il a traité.

IDOMÉNÉE, tragédie de Crébillon, 1705.

La nécessité d'aller remplir un vœu barbare, est ce qui forme le nœud de cette tragédie : mais la rivalité d'Idoménée et de son fils n'ajoute rien à la force du sujet. Est-il naturel et vraisemblable qu'un roi, déjà vieux, parle d'amour à une jeune princesse dont il a fait mourir le père, tandis que lui-même il est obligé de sacrifier son fils pour sauver son peuple? Il est vrai que cette rivalité produit quelques scènes intéressantes : elle fournit à Idoménée un motif de plus pour se tuer lui-même; et c'était peut-être la seule manière de dénouer cette pièce : car, représenter Idoménée pressant l'accomplissement de son vœu, c'eût été l'avilir. Une telle cruauté n'eût passé que pour faiblesse. Il n'avait d'autre parti à prendre, que de se dévouer à la place de son fils. La mort de ce fils met fin à cette perplexité; mais cette mort, trop précipitée, ne produit que l'étonnement; et ce sujet, au fonds si tragique, n'inspire qu'une pitié momentanée : on en sort moins ému que surpris. Quant à la versification, elle est plus forte que brillante; mais elle est animée par cette chaleur que la force produit. Enfin, il fallait n'être pas un homme ordinaire et sentir toute sa force, pour choisir d'abord un sujet aussi difficile à bien traiter : c'est Hercule qui, dès son enfance, cherche à combattre des lions.

Cette tragédie est la première de l'auteur. Comme le cinquième acte n'avait pas été trouvé bon, l'auteur en refit un nouveau, qui fut composé, appris et joué en cinq jours.

A la première représentation de cette pièce, Boileau dit qu'il semblait qu'elle eût été composée par Racine, ivre.

IDOMÉNÉE, tragédie de Lemierre, 1764.
Idoménée, l'un des rois de la Grèce qui s'étaient ligués pour faire le siége de Troye, essuye à son retour une tempête terrible. Il fait vœu, s'il échappe au naufrage, d'immoler la première personne qui s'offrira à sa vue en abordant dans son île. Neptune exauce son vœu; les flots se calment; la mer est tranquille; et Idoménée, près d'arriver dans sa capitale, rencontre, dans le premier objet qui se pré-

sente à ses yeux, son fils Idamante. Le jeune prince, pendant la tempête, avait ordonné au Grand-Prêtre d'implorer les dieux pour la conservation de la flotte d'Idoménée, et de faire un nouveau sacrifice, qui procurât à son père un prompt et heureux retour. Il n'avait point quitté le rivage, dans l'espérance de le voir arriver. C'est dans ce moment même qu'arrive Idoménée, qui, d'abord, ne connaissant point Idamante, est prêt à le frapper pour accomplir son vœu; mais bientôt il reconnait que c'est son fils, jette son poignard et détourne la vue. Idamante, en apprenant le funeste serment de son père, se dévoue à la mort. En vain son épouse et le roi lui-même veulent le détourner de ce dessein; il va dans le temple se sacrifier, et meurt aux pieds des autels.

Les trois premiers actes de cette tragédie furent applaudis; mais le grand-prêtre et la peste, qui arrivèrent au quatrième acte, nuisirent beaucoup au succès de la pièce.

L'on avait affiché Ydoménée avec un *Y*. Mademoiselle Clairon se plaignit, de la part de l'auteur, de cette faute d'orthographe. Elle manda l'imprimeur, et le fit venir à la barre de sa cour. A l'assemblée des comédiens, l'imprimeur s'excuse, en lui disant que c'est le semainier qui lui a dit d'afficher Idoménée avec un *Y*. Cela est impossible, reprend l'actrice avec dignité; il n'y a pas un comédien parmi nous qui ne sache *orthographer*. Pardonnez-moi, mademoiselle, lui répliqua malignement l'imprimeur; il faut dire *orthographier*.

IDOMÉNÉE, tragédie-opéra, précédée d'un prologue, par Danchet, 1712.

Vénus, irritée contre le roi de Crète, vient trouver Eole, pour le prier de soulever les flots contre lui. Eole, sans s'informer si la déesse a raison ou tort, déchaine les Vents, qui dispersent les vaisseaux d'Idoménée et en jettent les débris sur le rivage. Pour récompenser ce dieu galant, Vénus ordonne à son fils de venir à sa cour et d'amener avec lui les Jeux et les Plaisirs. Ainsi, tandis que les Vents poursuivent le malheureux Idoménée, on danse à la Cour d'Eole. Tel est le sujet du prologue; Voici maintenant celui de la pièce.

Idoménée, malgré la fureur des vents conjurés contre lui, est parvenu à leur échapper; mais à quel prix! Ce malheureux roi a promis au Dieu des Mers, s'il pouvait se sauver sur le rivage, de lui sacrifier la première personne qui s'offrirait à ses yeux. Trop fatale promesse! Celui qu'il voit le premier est son fils; c'est Idamante, amant d'Ilione, princesse Troyenne, que le jeune prince a eu le bonheur de sauver d'un naufrage. Vénus s'obstine en vain à poursuivre le héros; en vain elle appelle la Jalousie à son secours : Idoménée triomphe de tout. Il fait plus, il veut remettre la souveraine puissance à son fils, vainqueur d'un monstre cruel, que Neptune avait suscité contre la Crète, pour se venger de ce qu'Idoménée n'avait point accompli son vœu. On pourrait croire alors que les amans seraient heureux. Point du tout : voilà que Némésis vient égarer le cerveau d'Idoménée, qui, dans sa fureur barbare, immole Idamante; mais cette fureur le quitte aussi promptement qu'elle l'a pris. Il reconnait son crime, et veut s'en punir; mais on arrête son bras; et la pièce se termine par ces deux vers, qu'Ilione adresse au peuple:

Pour l'en punir, laissez-le vivre;
C'est à moi seule de mourir.

IDYLLE DE LA PAIX (l'), ou L'ÉGLOGUE DE VERSAILLES, la première de Racine, et la seconde de Quinault; musique de Lully, 1685.

Ces deux opéras avaient été faits par ordre du roi, et Lully ne put se dispenser de les mettre en musique. Il les fit exécuter à Versailles, où ils eurent un grand succès. Lully, qui ne voulait rien perdre de ses ouvrages, les fit représenter à Paris; et, pour en composer un spectacle d'une durée ordinaire, il y joignit une scène du *Pourceaugnac* de Molière, dont il avait composé autrefois la musique. Ces trois divertissemens, joints ensemble, ne laissèrent pas de plaire dans leur nouveauté.

IL ÉTAIT TEMS, parodie en vaudevilles de l'acte d'*Ixion*, du *ballet des Élémens*, par Vadé, à la Foire Saint-Laurent, 1754.

Madame de Fierville dit en confidence à l'écuyer de son mari que celui-ci a une maîtresse, et le charge de parcourir le Boulevard, pour savoir si M. de Fierville ne serait pas avec elle. L'écuyer, qui a conçu une forte passion pour madame de Fierville, profite de cette confidence pour déclarer son amour. Il est vif, tendre et pressant; la dame s'en offense; l'écuyer persévère; madame de Fierville chancelle; et, dans ce moment, son mari arrive : *Il était tems*.

ILLUSION. On entend par ce mot le concours des apparences, qui peuvent servir à tromper le spectateur. La vraisemblance de l'action, la vérité des caractères, des sentimens, du dialogue, l'imitation de la nature, la peinture fidelle des passions, sont les moyens dont le poëte se sert pour opérer le charme de l'*Illusion*. Mais c'est le jeu de l'acteur, et une foule de convenances, telles que la décoration du lieu où se passe la scène, le costume et l'habillement, le ton propre à chaque personnage, qui achèvent de rendre l'illusion parfaite. Mais il faut éviter le défaut de certains auteurs, qui, pour produire une plus grande illusion, peignent la nature avec une fidélité trop puérile, et descendent dans des détails trop petits et trop minutieux.

ILLUSION (l'), comédie en cinq actes et en vers, par Pierre Corneille, 1636.

Fontenelle, après que Corneille eut fait paraître sa *Médée*, regardait cette comédie comme indigne de la réputation de son auteur. « Il retomba, dit-il, dans la
» comédie; et, si j'ose dire ce que j'en pense, la chûte fut
» grande. L'*Illusion* est une pièce irrégulière et bizarre,
» et qui n'excuse pas, par ses agrémens, la bizarre-
» rerie de son irrégularité. Il y domine un personnage
» de Capitan, qui abat d'un souffle le Grand Sophi de
» Perse, et le grand Mogol; et qui, une fois en sa vie,
» avait empêché le soleil de se lever à son heure ordi-
» naire, parce qu'on ne trouvait point l'Aurore, qui était
» couchée avec ce merveilleux brave. Ces caractères ou-
» trés ont été autrefois fort à la mode; mais qui repré-
» sentaient-ils, et à qui en voulait-on ? Est-ce qu'il faut
» outrer nos folies jusqu'à ce point-là, pour les rendre
» plaisantes ? En vérité, ce serait nous faire trop d'hon-
» neur. »

Corneille nous paraît avoir confirmé lui-même ce jugement sévère de Fontenelle : en effet, il avoue, dans l'examen de *l'Illusion*, que cette pièce n'est autre chose qu'une galanterie extravagante, qui ne vaut pas la peine d'être considérée.

ILLUSTRE BASSA (l'), ou IBRAHIM, tragédie de Scudéry, 1640.

On connaît le roman de l'*illustre Bassa*. Il se trouve ici mis en action, et donne son titre à cette pièce. Roxelane, pour perdre l'*Illustre Bassa*, s'épuise en intrigues; elle est au moment de triompher. Soliman revient à lui-même, s'occupe du soin de sa propre gloire, de la reconnaissance qu'il doit à un héros qui lui a sauvé sa couronne et sa vie, et met en liberté cet illustre bienfaiteur. Les caractères de cette pièce ressemblent à tout ce que nous connaissons en ce genre.

ILLUSTRES ENNEMIS (les), comédie, en cinq actes et en vers, par Thomas Corneille, 1624.

Enrique de Gusman, sur un faux rapport, a fait maltraiter un vieux gentilhomme de Madrid, appellé Don Sanche. Alonze de Roxas, ami d'Enrique et de Don Sanche, pour réparer l'honneur de ce dernier, lui propose le mariage de son ennemi avec Jacinte sa fille. Don Sanche accepte la proposition; mais il demande à connaître celui qui l'a fait maltraiter. Alonze, qui sait l'amour que Don Lope de Gusman, frère d'Enrique, ressent pour Jacinte, croit rendre à Don Lope un service important, en le chargeant du crime d'Enrique, crime qui le met en état de posséder Jacinte. Cependant Don Alvar, fils de Don Sanche, qui depuis plusieurs années avait quitté Madrid, et qu'on croyait avoir fait naufrage, revient inopinément : l'amour le rappelle auprès de Cassandre, sœur de Lope et d'Enrique. Cassandre apperçoit Enrique et se sauve ; Enrique, qui l'a reconnue, veut la suivre ; Don Alvar s'oppose à son dessein, et se voit forcé de mettre l'épée à la main. Enrique, suivi de trois braves, attaque Don Alvar, dont il reçoit une blessure. Don Lope, que le hazard conduit au lieu du combat, se range du parti de Don Alvar, et les braves s'enfuient. Don Alvar, sensible au service qu'il a reçu de Don Lope, lui apprend qu'il est obligé de venger son père d'un affront sanglant qu'on lui a fait. Don Lope se prête à ses vues d'honneur ; et, par une marque encore plus sensible de son estime, il l'accepte pour l'accompagner à un rendez-vous, qu'on vient de lui donner de la part de Jacinte : Don Alvar se trouve ainsi, sans le savoir, dans la maison de Don Sanche. Ce vieillard reconnait son fils, qui est resté seul en attendant Don Lope, qui est passé dans la chambre de Jacinte : il lui fait part de l'injure qu'il a reçue. Don Alvar demande le nom de son ennemi : Don Sanche, sur le rapport d'Alouze, lui nomme Don Lope de Gusman. Don Alvar promet de le venger, et fait sortir Don Lope, sans lui marquer son ressentiment ; mais, peu de tems après, il le rejoint, et lui demande raison de l'insulte faite à Don Sanche. Don Lope nie la lâcheté qu'on lui impute ; mais cependant il est forcé de mettre l'épée à la main : ce qui produit un éclaircissement, suivi d'une réconciliation sincère entre ces *illustres ennemis*, et du mariage de Jacinte avec Don Lope, et de Cassandre avec Don Alvar.

ILS SONT CHEZ EUX, ou LES ÉPOUX AVANT LE MARIAGE, opéra-comique en un acte, paroles de M. Desaugiers, musique de M. Alex. Piccini, au théâtre Feydeau, 1799.

Madame de Solange, jeune et jolie veuve, part de Brest pour Paris, où elle se propose d'oublier son amour pour Valsain. Elle descend à la Chaussée-d'Antin dans un hôtel garni, où se présente Valsain lui-même, qui est bien éloigné de se douter qu'il va rencontrer sa dame, et que bientôt il se trouvera dans le même appartement avec elle. Ce sont le valet de Monsieur et la soubrette de Madame qui ont ménagé cet arrangement. Dès que les amans se reconnaissent, chacun d'eux s'imagine qu'il est le maître de l'appartement, et en fait les honneurs à l'autre. Enfin Mde. de Solange, piquée de la hardiesse avec laquelle Valsain dispose de son logement, fait, mais en vain, tout ce qu'elle peut pour l'éconduire. Alors elle passe dans un cabinet, où elle se revêt d'un peignoir. Valsain lui-même passe dans une autre pièce, et s'affuble d'une robe de chambre. Qu'on se peigne la surprise de nos amans, lorsque, de retour au salon, ils se voient ainsi costumés : mais bientôt tout s'explique ; et un oncle de Valsain, qui se trouve-là par un heureux hasard, offre une dot à son neveu, et le mariage se conclud.

Cet opéra est sans action, sans intérêt et même sans comique. La seconde entrevue des amans, est cependant plaisante ; mais il n'y a que cette situation dans toute la pièce ; au surplus, la musique en est agréable.

IMAGINATION.

C'est la faculté de nous retracer en nous-mêmes les objets qui nous frappent au dehors, et de les peindre aux autres, tels que nous les avons dessinés dans notre cerveau. Cette faculté est dépendante de la mémoire. Ce n'est qu'en se rappellant les différens objets qu'il a vus dans la nature, que l'homme peut composer, arranger et embellir des tableaux. La mémoire lui en remet, pour ainsi dire, le modèle sous ses yeux, d'après lesquels son imagination travaille. Ce n'est pas néanmoins qu'elle ne puisse agir sans le secours de la mémoire, et créer d'après elle-même ; mais il est nécessaire que les portraits, qu'elle trace ainsi sur ses propres idées, ne répugnent point à la nature : le propre de l'*Imagination* est de rendre tout sensible par des images. On sent combien elle est indispensable dans les arts imitatifs de la nature, et surtout dans la poésie. Le poëte n'a que des idées et des mots pour peindre ; mais il les choisit si propres, si pittoresques, si énergiques, qu'on croit voir l'objet même qu'il représente. C'est ce talent rare et brillant, de pouvoir ainsi changer tout en image, qui fait le poëte. Ce que l'imagination doit éviter dans tous les genres de poésie, c'est de copier trop servilement la nature, comme aussi de la surcharger de trop d'ornemens. Au surplus, c'est le goût qui doit régler l'imagination. Cette faculté ne demande, pour ainsi dire, qu'à peindre, qu'à décrire, qu'à faire des tableaux. Mais il faut qu'elle emploie les couleurs propres à tous les genres : les descriptions sont différentes dans l'ode, l'épopée, le drame, etc. Dans ce dernier, ce n'est pas l'imagination du poëte qui doit peindre, c'est celle du personnage qui parle et qui agit ; et il doit peindre avec le ton qui lui est propre ; règle dont il est très-aisé de s'écarter, particulièrement dans les récits usités dans la tragédie, où souvent l'imagination du poëte ne se montre que trop. On a reproché à Racine l'oubli de cette règle dans ces vers, qui font partie du magnifique récit, que Théramène fait de la mort d'Hippolyte.

> Cependant, sur le dos de la plaine liquide,
> S'élève, à gros bouillons, une montagne humide :
> L'onde approche, se brise, et vomit à nos yeux,
> Parmi des flots d'écume, un monstre furieux.
> Son front large est armé de cornes menaçantes;
> Tout son corps est couvert d'écailles jaunissantes :
> Indomptable taureau, dragon impétueux,
> Sa croupe se recourbe en replis tortueux, etc.

Ces quatre derniers vers, et ceux qui les suivent, jusqu'à ceux-ci :

> Tout fuit; et, sans s'armer d'un courage inutile,
> Dans le temple voisin, chacun cherche un asyle.

Ces vers, disons-nous, appartiennent plus à l'imagination du poëte, qu'à celle du personnage qui les récite : Théramène effrayé, consterné de l'événement tragique qu'il racontait, ne se fût pas arrêté à la description du monstre, s'il n'eût parlé dans le moment que d'après lui. C'est l'observation de Marmontel.

En général, il faut éviter, au théâtre, de substituer son imagination à celle des personnages, dans les peintures, les descriptions, les portraits qu'on leur prête : par-là, l'on s'épargnera la peine de faire souvent en pure perte de superbes tableaux.

IMBERT, auteur dramatique, né à Nismes en 1747, mort à Paris, en 1790, à l'âge de 46 ans.

Ce poëte a donné au théâtre plusieurs pièces, parmi lesquelles on distingue le *Jaloux par amour*, comédie en cinq actes, en vers, et *Marie de Brabant*, tragédie en cinq actes et en vers, que M. Perrin a mise en prose. Nous avons en outre de lui un poëme, en quatre chants, intitulé : *le Jugement de Páris*, où l'on trouve des vers charmans et des images riantes. Nous lui devons encore un Recueil de *Fabliaux*, que l'on peut citer comme un modèle en ce genre.

IMOGÈNE, ou LA GAGEURE INDISCRÈTE, comédie, en trois actes et en vers, mêlée d'ariettes, par Dejaure, musique de Kreutzer, à l'opéra-comique, 1796.

Le fonds de cet ouvrage est tiré d'une tragédie de Shakespear, qui lui-même a puisé son sujet dans un roman très-ancien. Bocace a fait une nouvelle sur le même sujet; c'est le trait connu de ce mari, assez imprudent pour parier avec son ami, qu'il ne pourra séduire sa femme: l'ami accepte la gageure, et met tout en œuvre pour prouver à l'indiscret mari l'inconstance du beau sexe; mais la vertueuse Imogène résiste à toutes les séductions du perfide Ferdinand, qui, par amour-propre, se voit obligé de recourir au mensonge le plus bas, pour perdre Imogène et prouver à son époux Léon, qu'il a gagné la gageure. L'innocence d'Imogène est néanmoins reconnue; et c'est Ferdinand lui-même qui lui rend cette justice éclatante. Cet ouvrage offre des scènes hasardées, dont quelques-unes sont imitées de la tragédie anglaise. Les incidens y sont trop accumulés, sur-tout au troisième acte; et l'auteur n'en a pas assez préparé les événemens.

IMPATIENT (l'), comédie, en cinq actes et en vers, avec un prologue, par Boissy, au théâtre français, 1724.

Le premier défaut de cette pièce est d'être en cinq actes: ce sujet ne peut absolument fournir une si longue carrière. L'auteur fait souvent paraître son *Impatient* sur la scène, sans que ses impatiences dominent autant que le caractère l'exigeait, pour être bien établi et suffisamment développé. Les scènes ne sont point liées : ce sont bien des parties, des membres épars; mais qui ne constituent pas un tout. Il aurait fallu que, d'acte en acte, les impatiences de Clitandre eussent augmenté de chaleur; ce qui était fort difficile. Le trait de l'*Impatient*, qui perd son procès, pour avoir négligé d'écouter la lecture d'un papier, d'où dépendait la réussite de son affaire, est ingénieux et théâtral.

IMPATIENT (l'), comédie, en un acte et en vers, par Poinsinet, aux Français, 1757.

L'Impatient, sous le nom de Damis, ouvre la scène, et dit à Frontin qu'il adore Julie; que, pour se délivrer honnêtement de Clarice, qu'il n'aime point, et que son père veut lui faire épouser, il a été à la cour briguer un emploi en faveur d'un officier, que cette Clarice lui préfère au fond du cœur : enfin, il se plaint d'avoir été mal reçu de Julie. Frontin lui dit que, sans doute, il a mérité ce froid accueil. Lisette, de son côté, impatiente Damis; elle vient de la part de Julie, pour lui dire de l'attendre; et, comme si elle avait des affaires de la plus haute importance à lui communiquer, elle demande que Frontin se retire. Damis ne peut se contenir plus long-tems, et sort, sans vouloir rien apprendre. Lisette s'applaudit de l'avoir tourmenté; Frontin lui en fait des reproches : Lisette se justifie en disant que, puisqu'on a le malheur de servir, c'est bien la moindre des douceurs, que de se moquer de ses maîtres. L'impatience de Damis en donne à Dorimon, père de Clarice et oncle de Julie. Enfin Damis obtient Julie;

et, sur ce qu'on lui dit qu'il faudrait avertir un notaire, il s'écrie :

Un notaire! ah! grands Dieux! il n'en finira pas!
La sotte invention que celle des contrats.

Les deux premières scènes de ce petit drame furent vivement applaudies, et méritaient de l'être ; mais la prolixité des dernières, l'oubli trop long du sujet, des tirades de vers qui lui étaient étrangères, des personnages épisodiques autant qu'inutiles ; enfin, une trop faible esquisse de l'*Impatient*, qui, sans être assez mis en jeu, était trop autorisé à s'impatienter, refroidirent le spectateur. La pièce ne fut jouée que trois fois, et ne fut point imprimée.

IMPATIENT (l'), comédie, en un acte et en vers libres, par de Lantier, 1778.

Damon, le plus impatient des hommes, est amoureux de Julie, jeune veuve, qui ne veut pas se remarier sans l'aveu de M. de Borchamp son père. Comme il a un oncle président, et que le père de Julie a un procès, il est assez heureux pour se trouver à portée de lui rendre service : mais l'impatient Damon est obligé d'en écouter tous les détails. A cette première épreuve, qui fait ressortir son caractère, succède une autre épreuve, étrangère à l'action. Un peintre vient pour finir son portrait, et il ne peut rester un moment tranquille. Cependant il a écrit à son oncle, pour lui recommander l'affaire de M. de Borchamp; mais, comme il a omis ou estropié la moitié des mots, l'oncle entend tout le contraire de ce que son neveu veut lui mander, et agit contre le beau-père. Ce dernier plaidait pour des bois, sur lesquels une certaine comtesse d'Erolle prétendait avoir des droits. Pour terminer le procès, Damon achete la terre de la comtesse, et abandonne les bois au père de Julie, qui, vaincu par cette générosité, ne peut refuser son consentement au mariage de sa fille.

Cette pièce a eu peu de succès : on a trouvé le principal personnage, souvent plus étourdi et plus indiscret, qu'impatient ; et, si l'on a remarqué dans le cours de la pièce, des détails agréables, et des saillies heureuses qui ont été applaudis, on y a trouvé aussi des longueurs, surtout dans la scène où Damon se fait peindre. Le public partage, avec l'impatient, le juste ennui que lui cause le bavardage du peintre ; et ce défaut détruit tout l'effet de la situation.

IMPERTINENT MALGRÉ LUI (l'), comédie en cinq actes et en vers, par Boissy, au Théâtre français, 1729.

Il n'est point extraordinaire qu'un amant se conforme au goût, et même aux caprices de la personne qu'il aime ; mais est-il naturel qu'un magistrat sage et raisonnable devienne impertinent, grossier, querelleur, spadassin, pour plaire à une femme d'un caractère aussi bizarre que détestable ? N'est-il pas aussi étonnant, qu'un mousquetaire, vif et impétueux s'occupe sérieusement à jouer le rôle d'un Caton, pour s'insinuer dans les bonnes grâces d'une espèce de prude, qui moralise à perte de vue ? Voilà cependant les objets singuliers que présente cette comédie. On y voit aussi une fille de condition, qui prend plaisir à tourner sa mère en ridicule ; réduit deux intimes amis à se couper la gorge, et viole toutes les bienséances de son état et de son sexe. Il faut être bien déterminé, pour ne pas craindre d'épouser une pareille créature. Tout l'esprit et l'enjouement que l'auteur a répandus dans cet ouvrage, n'ont pu faire excuser des défauts capables de révolter les spectateurs les moins intelligens.

IMPLEXE.

C'est l'opposé du simple. Aristote divise les fables, en fables simples et en fables implexes. Voyez *Fables Simples*. Il appelle fables implexes, celles qui ont, ou la péripétie, ou la reconnaissance; celles où la fortune du Héros devient mauvaise, de bonne qu'elle était, ou, de mauvaise devient bonne. Le théâtre Grec s'est contenté souvent de fables simples; mais les modernes ont pensé que les sujets implexes sont plus propres à émouvoir les passions.

IMPORTANT (l'.), comédie en cinq actes, et en prose, par Bruéys, au théâtre Français, 1693.

Un gentilhomme verrier de Nevers, érige sa petite terre de Clincan en comté, et se donne les airs d'un grand seigneur; en un mot, il fait l'important et des dupes. Paris, en tous temps, nous a fourni de ces sortes d'intriguans. Celui-ci, comme tous les autres, a fait des dettes, qu'il voudrait payer, avec la dot de Marianne, fille d'une marquise de Province, venue à Paris pour solliciter un procès. Il s'est introduit chez la faible et crédule marquise, et est parvenu à lui persuader qu'il est très-puissant à la Cour et au Parlement. Il lui répond déjà du gain de son procès, donne des régimens à ses fils, lui promet de bien plus grandes faveurs, et tout cela, avec ce ton d'assurance qui en impose aux sots. Il est aidé, dans ses projets, par Labranche, son valet, et par Marton, soubrette entreprenante, qui, connaissant le caractère versatile de sa maitresse, parvient, par des demi-confidences, à ruiner les espérances de Dorante, amant aimé de Marianne ; mais la jeune personne n'est pas de l'avis de sa mère ; alors Marton brouille les amans, mais sans changer les dispositions de sa jeune maitresse, qui ne désespère pas de ramener Dorante. Cependant le comte de Clincan profite de l'éloignement de Dorante, et fait demander Marianne en mariage par M. de Cornichon, son oncle. Il lui recommande de ne pas oublier sa dignité de comte; mais M. de Cornichon, que la vérité presse, a beaucoup de peine à ne pas se trahir. Il réussit toutefois auprès de la marquise. Cependant M. de Vieusancourt, père de Dorante, et Dorante lui-même, ont été à la découverte ; ils viennent pour démasquer M. le comte de Clincan : ce dernier paye d'impudence, et M. de Vieusancourt et son fils, passent, aux yeux de la marquise, pour des calomniateurs ; cependant un banquier, chez lequel la marquise a deux cent mille livres à prendre, arrive pour la prévenir qu'il ne peut lui donner que cent mille livres en espèces, et pour lui demander si elle veut accepter le reste en billets. La marquise alors s'adresse à M. le comte de Clincan, et lui demande si cet arrangement peut lui convenir. Sur la négative, le banquier lui dit qu'il lui remettra ses propres billets, et fait connaître M. le comte de Clincan. Il est éconduit, et Dorante épouse sa maitresse.

Ce caractère est fort ordinaire. Le Héros de cette comédie se donne pour un homme de qualité, aussi puissant à la cour qu'à la ville : ce n'est pourtant qu'un fat, qu'un impertinent, qui ne connaît ni l'une ni l'autre.

aussi le punit-on de son importance, en le démasquant aux yeux de tous ceux qu'il voulait duper.

Cette pièce est restée au théâtre et on la jouée long-tems, quoique le caractère principal soit défectueux; car c'est plutôt un chevalier d'industrie, qu'un important: mais il y règne de l'invention, du feu, de l'action et du comique.

IMPRÉCATION. Les imprécations produisent un grand effet sur le théâtre, lorsqu'elles échappent à la passion, ou plutôt à une colère qui paraît juste, et qu'elles se réalisent sur un innocent. Elles jettent alors celui qui les a faites dans un désespoir accablant, qui fait qu'on le plaint d'autant plus, que son emportement indiscret le jette dans un malheur plus grand. Telles sont les imprécations terribles de Thésée contre son fils, qu'il croit coupable, et qui ne l'est pas :

> Et toi, Neptune, et toi, si jadis mon courage,
> D'infâmes assassins nettoya ton rivage,
> Souviens-toi que, pour prix de mes efforts heureux,
> Tu promis d'exaucer le premier de mes vœux.
> Dans les longues douleurs, d'une prison cruelle,
> Je n'ai point imploré ta puissance immortelle.
> Avare du secours, que j'attends de tes soins,
> Mes vœux l'ont réservé pour de plus grands besoins.
> Je t'implore aujourd'hui ; venge un malheureux père !
> J'abandonne ce traître à toute ta colère :
> Etouffe dans son sang ses desirs effrontés !
> Thésée, à tes fureurs, connaîtra tes bontés.

Cette horrible imprécation a son effet : aussi, quelle est la consternation de ce malheureux père, lorsqu'il apprend que Neptune a exaucé son vœu, et qu'il reconnaît en même-tems, l'innocence de son vertueux fils !

IMPRIMEUR (l'), ou LA FÊTE DE FRANKLIN, comédie en deux actes et en prose, par M. Desfontaines, au théâtre de Monsieur, 1791.

Un but utile, des intentions sages, une morale pure et des sentimens honnêtes, voilà ce qui distingue cette jolie bagatelle, où l'on remarque un dialogue rapide et précise et des traits d'un excellent comique.

INAUGURATION DU THÉATRE FRANÇAIS (l'), comédie en un acte, et en vers, par Imbert, 1782.

Cette pièce à tiroirs est composée de scènes épisodiques, où paraissent, tour-à-tour, Mercure, Apollon, Melpomène, Thalie, Molière, Corneille, un auteur comique, la Critique et même la Cabale. Le génie de Corneille, fut représenté par Brizard et celui de Molière, par Préville.

On trouve dans cette pièce, des longueurs, et peu d'action ; mais on y remarque aussi des morceaux d'une critique agréable, des contrastes saillans, et une idée heureuse, au sujet du Mauvais-Goût, qui rentre dans la terre, lorsqu'Apollon fait entendre un coup de son redoutable sifflet.

INCENDIE DU HAVRE (l'), fait historique, en un acte, en prose et en vaudevilles, aux Italiens, 1786.

Ce fait historique est la belle action des régimens de Picardie et de Poitou, qui, après avoir arrêté l'*Incendie du Havre*, cédèrent aux malheureux la récompense pécuniaire que la ville leur avait offerte. Cette pièce offre de plus, le tableau pittoresque d'une jeune fille, enlevée par son amant à travers les flâmes.

INCERTITUDE MATERNELLE (l'), ou LE CHOIX IMPOSSIBLE, comédie, en un acte et en vers, par Dejaure, au Théâtre Italien, 1790.

Deux enfans de deux mères différentes, confondus au moment de leur naissance, ont fourni le sujet de cette pièce. La mère qui en est l'héroïne, pour ne pas perdre un fils, en croyant renvoyer l'étranger, a fini par les adopter tous les deux. Mais dix-sept ans après, un financier avide, oncle du véritable fils, intente à sa mère un procès, pour ôter à son neveu, le droit d'hérédité: ni les efforts d'une mère, ni ceux des enfans, ne peuvent vaincre cet homme dur et impitoyable. La mère alors se prononce, et dit que, si les juges osent faire un choix, elle épousera celui des deux qui sera renvoyé. Ce moyen seul triomphe, et tous les juges, convaincus que le choix est impossible, laissent les choses *in statu quo*.

Ce sujet est traité avec beaucoup d'intérêt, et la pièce a obtenu un succès décidé.

INCIDENT.

On appelle ainsi un événement quelconque, lié avec l'action principale, et qui sert à en augmenter l'intérêt, à en embarrasser, ou en applanir l'intrigue. Toutes les pièces de théâtre ne sont qu'un enchaînement d'incidens, subordonnés les uns aux autres, et tendant tous à faire naître l'incident principal, qui détermine l'action. VOYEZ DÉNOUEMENT, CATASTROPHE. Les incidens qui le précèdent sont appellés aussi ÉPISODES. VOYEZ ce mot. Ce qu'on peut encore ajouter ici par rapport aux incidens, et aux épisodes, c'est qu'ils doivent naître du fonds du sujet; sans paraître forcés, ni amenés de trop loin: ils doivent suspendre le dénouement, avoir une raison qui satisfasse le spectateur; mettre le Héros dans des situations frappantes; et produire des coups de théâtre qui augmentent ses périls, et développent son caractère et ses sentimens. Ainsi, ils tiennent toujours l'attention du spectateur en haleine, et dans l'incertitude de ce qui arrivera. L'avantage des incidens bien ménagés, et enchaînés les uns aux autres avec adresse, est de promener l'esprit d'objets en objets, de faire renaître sans cesse sa curiosité, et d'ajouter, aux émotions du cœur, la nouvelle force que leur donne la surprise ; d'amener l'ame, par degrés, jusqu'au comble de la terreur ou de la pitié ; et, si l'action est comique, de pousser le ridicule ou l'indignation jusqu'où ils peuvent aller.

Il faut éviter la multiplicité trop grande des incidens, dont la confusion ne servirait qu'à fatiguer l'esprit du spectateur, et ne ferait que des impressions légères sur son cœur. Il est nécessaire que chaque incident ait le tems de produire son degré de crainte, de terreur ou de ridicule, avant que de passer à un autre, qui, à son tour, doit enchérir sur le précédent ; et ainsi de suite jusqu'au dénouement.

On demande, au sujet de l'incident principal de la tragédie, de quelle nature il doit être. On répond qu'il doit être terrible ou pitoyable ; c'est-à-dire, produire la terreur ou la pitié. En effet, tout ce qui arrive, à lieu ou entre des amis, ou entre des ennemis, ou entre des personnes indifférentes. Un ennemi, qui tue ou qui va tuer son ennemi, n'excite d'autre pitié que celle qui naît du mal même. Mais lorsque l'incident se passe entre des amis, lorsque, par exemple, un frère tue ou va tuer son frère, un fils son père, une mère son fils, ou un fils sa mère, ou qu'ils font quelqu'autre chose semblable, c'est ce qu'il faut chercher.

Voilà pourquoi il ne faut pas changer les fables déjà reçues : par exemple, il faut que Clytemnestre soit tuée par Oreste, et Eriphyle par Alcméon. Mais le poëte doit inventer lui-même, en se servant des fables reçues ; c'est-à-dire, qu'on peut représenter des actions, faites par des gens qui agissent avec une entière connaissance : c'était la pratique des anciens poëtes. Euripide l'a suivie, lorsqu'il a représenté Médée égorgeant ses deux fils.

On peut aussi faire agir des gens qui ne connaissent pas l'atrocité de l'action qu'ils commettent, et qui viennent ensuite à reconnaître la liaison, qui existait entr'eux et ceux sur qui ils se sont vengés, comme l'*Œdipe* de Sophocle. Il est vrai que cette action d'*Œdipe* est hors de la tragédie : en voici deux dans la tragédie même ; ce sont la mort d'Eryphile, tuée par Alcméon, et la blessure d'Ulysse, frappé par son fils Télégone.

Enfin, on peut faire qu'une personne, qui par ignorance va commettre un très-grand crime, le reconnaisse avant que de l'exécuter.

Si l'on y prend bien garde, il n'existe rien au-delà de ces trois manières, rien du moins qui soit propre à la tragédie ; car il faut qu'une action se fasse ou ne se fasse pas, et que l'un ou l'autre soit exécuté par des gens qui agissent, ou par ignorance, ou avec une entière connaissance de cause, ou de propos délibéré.

Il est vrai, que de ces trois manières, il résulte une quatrième ; elle a lieu, lorsqu'une personne, près de commettre un crime, le sait, le veut et ne l'exécute point. Mais cette manière est très-défectueuse ; car, outre que c'est horrible, il n'y a rien-là de tragique, parce que la fin n'a rien de touchant. Voilà pourquoi les poëtes n'ont presque jamais suivi cette quatrième manière. Sophocle s'en est servi une seule fois dans son *Antigone*, où Lémon veut tuer son père Créon. Dans ces occasions, il faut mieux que le crime s'exécute, comme dans la première manière.

La seconde manière est encore préférable à celle-là; car alors le crime n'a rien de révoltant, et la reconnaissance est très-pathétique.

La meilleure de toutes ces manières est la troisième, qu'Euripide a suivie dans son *Cresphonte*, où Mérope reconnaît son fils, lorsqu'elle va le tuer; et dans son *Iphigénie*, où elle reconnaît son frère, à l'instant où elle va le sacrifier : c'est encore ainsi dans *Hellé*, Phryxus reconnaît sa mère quand elle est sur le point de la livrer à ses ennemis.

On voit par-là, que peu de familles peuvent fournir de bons sujets de tragédie; la raison en est que les premiers poëtes, en cherchant des sujets, ne les ont pas tirés de leur art, mais les ont empruntés de la fortune, dont ils ont suivi les caprices dans leurs imitations. Voilà pourquoi les poëtes modernes sont forcés d'avoir recours à ces mêmes familles, dans lesquelles la fortune a voulu que tous ces grands malheurs fussent arrivés.

INCONNU (l') comédie héroïque en cinq actes, en vers, avec un prologue et des divertisemens, mêlée de danses et de musique, par Thomas Corneille et Visé, 1675.

Un marquis, galant et magnifique, aime passionnément une comtesse, jeune, belle et coquette. Las de soupirer pour elle, sans pouvoir la déterminer à lui accorder sa main, il prend le parti de jouer le rôle de rival de lui-même. Sous le nom d'un *inconnu*, il donne à la comtesse des fêtes brillantes. Deux personnages servent à compliquer l'intrigue. D'un côté, la jeune Olimpe, aimée d'un chevalier, lui préfère le marquis; et, pour parvenir à la possession de son cœur, elle prend les intérêts de l'inconnu. De l'autre part, la Montagne, valet du marquis, chargé par son maître de l'ordonnance des fêtes, y épuise son génie inventif; et vient, à chaque acte, surprendre la comtesse, et piquer de plus en plus sa curiosité. Mais c'est en vain qu'elle essaye de pénétrer le mystère, que lui cache l'inconnu. Ce n'est qu'au cinquième acte, lorsque le marquis est à-peu-près sûr de son triomphe; que, dans la dernière des fêtes, un Amour présente à la comtesse le portrait de l'Inconnu. Elle y reconnaît le marquis, et lui accorde sa main, pour le récompenser de sa constance et de sa galanterie.

Cette comédie eut un grand nombre de représentations, dont trente-trois consécutives furent taxées au double. Les fêtes galantes, qu'un grand prince donnait à la comtesse de . . . . , fournirent l'idée de cette pièce. Corneille trouva ces fêtes si ingénieusement imaginées, qu'en y mêlant une intrigue, il en composa cette comédie avec son associé. En 1679, on reprit cette même pièce, et l'on ajouta, dans le divertissement du cinquième acte, une chanson d'une paysanne, qui eut beaucoup de succès, et qu'on a conservée. Comme cette chanson ne se trouve point dans la nouvelle édition des œuvres de Thomas Corneille, et que l'éditeur s'est contenté d'en rapporter les premier vers, nous la mettrons ici toute entière.

Ne frippez poan mon bavolet;
C'est aujord'i Dimanche.
Je vous le dis tout net;
J'ai des épingles sur ma manche.

Ma main pèse autant qu'all'est blanche;
Et vous gagnerez un soufflet ;
Ne frippez poan mon bavolet,
C'est aujord'i dimanche.

Attendez à demain, que je vase à la ville,
J'aurai mes vieux habits;
Et les lundis,
Je ne sis pas si difficile ;
Mais à présent, tout frauc,
Si vous faites l'impertinent,
Si vous gâtez mon linge blanc,
Je vous barrai comme il faut de la hâte ;
Je vous battrai, pincerai, piquerai;
Je vous moudrai, grugerai, pilerai,
Menu, menu, menu, comme la chair en pâte.
Hom! voyez-vous, j'avons une tarrible tâte,
Que je cachons sous not'bonnet.
Ne frippez poan mon bavolet ;
C'est aujord'i dimanche.

La plus célèbre des reprises de l'INCONNU fut en 1703. Mlle. Desmares joua le rôle de la comtesse ; et Baron le fils, celui de marquis. La comédie eut vingt-neuf représentations. Gilliers en fit la musique, et, entr'autres, l'air de cette belle sarabande, sur ces paroles.

Un inconnu pour vos charmes soupire, etc.

En 1724, l'INCONNU fut représenté au palais des Thuileries, avec un ballet pour intermède, dans lequel dansèrent le roi et les jeunes seigneurs de la Cour. En 1728, elle fut encore représentée à la Cour avec tous ses agrémens.

INCONNUE (l') ou l'ESPRIT FOLLET, comédie en cinq actes, en vers, par Bois-Robert, 1646.

Dom Félix, gentilhomme de Séville, arrivé depuis peu de jours à Madrid, est logé chez un de ses amis, nommé dom Rémond. Climène, sœur de dom Rémond, devient amoureuse de Félix; et, sans le lui faire savoir, lui assure la même passion. Pour pouvoir entretenir son amant, Climène lui donne un rendez-vous chez une de ses amies, nommée Orante, qui aime Rémond, et qui en est aimée. Mais dans le moment où Félix cause avec Climène, arrive le père d'Orante. On fait cacher Félix dans un cabinet. Alors survient don Rémond qui, pour éviter le père de sa maîtresse, veut entrer dans le cabinet où est Félix. Il ne reconnaît pas ce dernier; mais sa vue excite sa jalousie, et il se retire fort piqué contre Orante. L'incognito de Climène dure jusqu'à la fin de la pièce, qui est terminée par l'aveu qu'elle fait de son amour pour Félix; alors ce cavalier l'épouse; et don Rémond, guéri de ses soupçons jaloux, épouse Orante.

Cette pièce, de même que celle des ENGAGEMENS DU HAZARD, de T. Corneille, est tirée de Caldéron. Cette ressemblance fit soupçonner Corneille d'avoir porté envie à la gloire de Bois-Robert. Cependant, il l'avait composée bien auparavant, et une forte raison l'avait obligé à la garder quelque-tems dans son porte-feuille.

INCONNUE PERSÉCUTÉE (l'), comédie-opéra en trois actes, parodiée sur la musique d'Anfossi, à l'Opéra, 1781.

Laurette, épouse de Florival, fils aîné du baron, s'est introduite dans le château de son beau-père, sans se faire connaître, et dans l'unique intention de lui inspirer de l'estime. Devenue la bru du baron, sans son consentement, elle a causé la disgrace de son mari ; et son but est de réparer, s'il est possible, le mal qu'elle a fait. Elle est assez malheureuse pour inspirer de l'amour, non-seulement au baron, mais encore au chevalier, son beau-frère, et à Fabrice, valet du chevalier. Laurette fuit auprès de Florival, qui, sous le nom de Germon, demeure dans une chaumière, qu'à la prière de Laurette, le baron lui a permis d'habiter. Pour comble d'infortune son mari la croit infidelle, parce qu'il sait qu'elle a inspiré de l'amour à Fabrice ; mais elle parvient à se justifier. Cependant, elle n'est pas à la fin de ses chagrins : en effet, à peine a-t-on appris le lieu de sa retraite, qu'elle est poursuivie par tous les gens du château ; on enfonce la porte de la chaumière, et le baron reconnaît son fils et Laurette ; alors les deux époux et leurs enfans se précipitent à ses genoux, et obtiennent leur pardon.

La musique de cet ouvrage est remplie de traits excellens ; mais, pour bien en juger, il faut consulter la partition d'Anfossi ; car, considéré dans l'ouvrage français, ce morceau peut être comparé à une faible gravure d'un bon tableau.

INCONSTANCE D'HYLAS (l'), tragi-comédie, en cinq actes et en vers, par Maréchal, 1635.

Hyllas, qui n'est constant que dans son inconstance, a déjà été l'amant aimé de plusieurs beautés, qu'il a séduites et quittées tour-à-tour ; et ses succès amoureux lui ont acquis un grand renom dans les sociétés de Lyon. Bientôt un nouvel amour l'attache à Florice, fille d'Alcambre, et recherchée en mariage par Théombre. Florice aime Hylas ; mais, craignant la colère de son père, elle conjure Hylas de feindre d'aimer Dorinde, qui est aimée de

Périandre, le plus intime ami d'Hylas, mais l'amitié ne peut empêcher Hylas de ravir à Périandre le cœur de sa maîtresse. Bientôt Périandre s'apperçoit de l'infidélité de Dorinde; mais ce héros de l'amitié sacrifie son amour à Hyllas, dit adieu à sa maîtresse, et se retire dans les bois, tant pour ne pas troubler son ami dans la possession des faveurs de Dorinde, que pour fuir les lieux témoins de son malheur. Cependant Dorinde, instruite de l'amour d'Hylas pour Florice, éclate en reproches contre lui. De son côté, Florice instruite par une lettre, qu'elle lui dérobe, de son amour pour Dorinde, se laisse marier à Théombre, dont elle n'avait feint jusqu'alors d'agréer la recherche, que pour réveiller, par la jalousie, l'amour de l'inconstant Hylas : mais, ni la colère de Florice, ni l'Hymen de Dorinde ne peuvent l'effrayer : il vient à bout, par diverses ruses, de rallumer l'amour de ces deux rivales : mais on sent bien que la préférence est toute pour Florice. Cette dernière, pour se venger de sa rivale, exige d'Hyllas qu'il fasse un affront à Dorinde : c'est ce qu'il fait en présence de son ami Périandre, qui, ne pouvant supporter les tourmens de l'absence, était déjà de retour à Lyon, et qui reçoit ainsi sa maîtresse de la même main qui la lui avait dérobée. Pour se venger de Florice, Dorinde fait tenir à Théombre une de ses lettres, qui allarme cet époux, au point qu'il amène Dorinde à la campagne. Hylas perd donc ses deux maîtresses, et quitte Lyon, dont le séjour lui est odieux, pour se rendre dans le Forèz. Sa route et son arrivée sont marquées par de nouvelles amours qui assurent à la pièce, la légitimité de son titre. Enfin, il termine le cours de ses amourettes, par les vœux qu'il adresse à Stelle, la plus volage des bergères du Forez. Ce couple inconstant s'engage dans les liens de l'amour; mais sous les conditions les plus favorables à leur légèreté. Dans la dernière scène, le théâtre représente la fontaine de l'amour: la propriété de cette fontaine est que chaque amant voit dans ses eaux, l'image de celle qu'il aime, ou dont il est aimé. Plusieurs bergers viennent tour-à-tour consulter les eaux, et se retirent plus ou moins satisfaits. Hylas y vient le dernier de tous: il est très-peu empressé de suivre l'exemple des autres: mais enfin, il consent à l'épreuve, et voit l'image de Stelle; il entend au moment même cet oracle que prononce l'amour:

> Que la fin de tes feux soit leur commencement.
> Stelle t'aime, Berger, rien ne t'en doit distraire.
> Pour le punir, ou pour salaire,
> Je veux qu'Hylas aime éternellement.

D'abord Hyllas ne veut point souscrire à accomplir cet oracle, qui semble fixer son inconstance; mais le Druide triomphe de sa résistance, en lui observant que l'oracle, loin de le gêner dans ses amours, leur donne au contraire la liberté la plus étendue; en effet, il lui fait entendre que ses feux ne s'éteindront que pour en faire rallumer d'autres; qu'ainsi il aimera éternellement, mais toujours de nouveaux objets; et que ces objets divers fourniront sans cesse de nouveaux alimens à *l'Inconstance d'Hylas*.

Nous ne dirons rien sur cette pièce où l'auteur a violé toutes les sortes d'unités. Nous en citerons cependant un vers, pour prouver à nos faiseurs de calembourgs, que ce noble genre était connu dès 1635.

Il s'agit d'un crime prétendu, que la nuit a vu commettre; et là-dessus l'auteur dit:

> L'action fut bien *noire*, étant faite la *nuit*.

INCONSTANT (l'), comédie, en cinq actes et en vers, par Collin d'Harleville, aux Français, 1786.

Florimond est l'inconstant, et il l'est dans toute l'étendue du mot : il change sans cesse d'états, de maîtresses, de domestiques et de lieux. Tour-à-tour, homme de robe, de finance, d'église et d'épée, il vient de quitter tout récemment l'état militaire, et voulons-nous en savoir la raison, écoutons-le parler :

> Mais ce qui m'a sur-tout dégoûté du service,
> C'est, il faut l'avouer, ce maudit exercice.
> Je ne pouvais jamais regarder sans dépit,
> Mille soldats de front, vêtus d'un même habit,
> Qui, semblables de taille, ainsi que de coëffure,
> Étaient aussi, je crois, semblables de figure.
> Un seul mot à la fois fait hausser mille bras;
> Un autre mot les fait retomber tout en bas.
> Le même mouvement vous fait, à gauche, à droite,
> Tourner tous ces gens-là comme une girouette.
> Mais enfin, à mon gré, je vais changer d'habit,
> Et ne te mettrai plus, uniforme maudit.

On sent bien que c'est sur-tout dans ses amours, que l'auteur s'est attaché à peindre toute son inconstance. Il aimait Léonor, fille du capitaine Kerbanton. Le contrat était signé de la veille; et, le jour même du mariage, Florimond était sur la route de Brest à Paris. Mais quelle était la cause de ce départ ? Car Léonor est jeune, belle enjouée, enfin, comme lui dit Crispin, son valet, c'était

> Un enfant de seize ans, riche, ayant mille attraits,
> Qui n'a pas un défaut, qui ne boude jamais.

Mais ce sont ces qualités mêmes qui déplaisent à Florimond : il la trouve trop jeune et trop belle ; car, dit-il,

> J'aime sur un visage à voir quelque défaut.

Il veut aussi qu'on boude par fois, et trop de gaieté le

fatigue et l'étourdit. Au reste, abandonnons comme lui cette Léonor, et voyons ce qu'il va faire d'une anglaise, nommée Eliante, veuve de qualité aussi riche que charmante, que Florimond avait connue à Brest avant Léonor. Déjà même il l'aimait et en était aimé, lorsqu'Eliante se vit forcée de faire un voyage à Paris. Florimond supporta son absence pendant quatre mortels jours. Enfin sa constance se trouva épuisée ; et ce fut alors qu'il vit, aima, et même allait épouser Léonor, lorsqu'il la quitta par les excellentes raisons que nous avons déduites plus haut, et qu'il se rendit à Paris, et vint descendre à l'*hôtel de Brest*, où tous les Bretons avaient coutume de loger. Florimond aurait pu habiter chez M. Dolban son oncle, qu'il aime et dont il est aimé. Mais chez cet oncle,

> C'est un ordre, une règle en toute sa conduite !
> Une assemblée hier, demain une visite.
> Ce qu'il fait aujourd'hui, toujours il le fera,

Au lieu que, comme il le dit ensuite,

> Dans un hôtel garni,
> Tout cérémonial en tout tems est banni :
> Je vais, je viens, je rentre et sors, quand bon me semble :
> Entière liberté.

Tels sont les traits d'inconstance, par lesquels Florimond s'est déjà signalé, avant de paraître sur la scène : il nous reste à présent à faire voir au lecteur les nouvelles couleurs, dont le poète a enrichi son portrait : mais avant tout, donnons une légère esquisse de l'intrigue, qui d'ordinaire, en de pareils sujets, ne peut et ne doit être que le cadre du tableau.

Eliante est descendue dans l'hôtel, où est venu loger Florimond ; et notre *Inconstant* sent se réveiller son ancien amour pour elle, et parvient aisément à reprendre son premier empire sur le cœur de cette amante trop fidelle. Florimond, tout plein de sa passion, revoit à peine son oncle, qu'il la lui peint avec toute la vivacité, avec toute la force de l'amant le plus épris; et lui exprime le plus ardent désir d'épouser sa charmante, sa divine Eliante. M. Dolban, ravi de voir enfin se fixer son inconstant neveu, court aux informations sur le compte d'Eliante ; et, muni des témoignages les plus flatteurs, il va lui-même lui demander sa main pour Florimond. Il l'obtient; et, enchanté de faire le bonheur de son neveu, il vient lui apporter cette agréable nouvelle. Mais, pendant son absence, Florimond a vu la sœur de son ami Valmont ; et, sans la connaître, il s'est épris pour elle d'une passion subite, et s'est même laissé engager à passer quinze jours à la campagne. C'est à son retour de chez Valmont, au moment où il s'est formé la plus délicieuse idée de son séjour à la campagne avec sa nouvelle conquête, que M. Dolban vient lui apprendre la réponse favorable d'Eliante. Mais Florimond, tout entier à son nouvel amour, l'écoute à peine; et M. Dolban indigné l'abandonne à son inconstance. Presque au même instant, il reçoit de Valmont une lettre, dont une phrase lui apprend que sa sœur est mariée; désespéré de cet obstacle invincible à son amour, Florimond veut renouer avec Eliante ; mais elle le reçoit avec le plus profond dédain, et part à l'instant pour Londres sa patrie. Il ne lui restait plus qu'une espérance. Kerbanton était logé dans le même hôtel que lui, et il pouvait encore en obtenir la main de sa fille Léonor. Mais leur entretien commence par des reproches amers et insultans, que

Kerbanton adresse à Florimond; et Florimond est trop brave pour les souffrir : ils mettent l'épée à la main ; mais Florimond parvient bientôt à désarmer le capitaine, lui accorde la vie, lui rend son épée, et se jette à ses genoux, pour lui demander la main de Léonor : Kerbanton, touché d'un côté de son courage et de sa générosité, mais de l'autre craignant son inconstance, exige de lui une épreuve de trois mois, et le quitte un instant, pour venir bientôt le ramener avec lui auprès de Léonor. Mais Florimond, resté seul, balance les raisons pour ou contre ce mariage, et enfin, ne suivant que son inconstance, mais dévoré de soucis, il s'en va et dit :

> Je ne vois rien de mieux, dans l'état où je suis,
> Que d'aller dans un cloître enterrer mes ennuis.

Cette intrigue est assaisonnée de traits de caractère, qui en relèvent l'agrément. Nous allons en passer quelques-uns en revue. Dès la première scène, Florimond, tout nouvellement arrivé à Paris, s'écrie dans son admiration :

> L'œil ravi, promené de spectacle en spectacle,
> De l'art, à chaque pas, voit un nouveau miracle.

Et au second acte, il dit à Crispin :

> Oui, d'abord cela séduit,
> J'en conviens : mais au fond, de la foule et du bruit,
> Voilà Paris.

Ensuite, il chasse son valet Crispin, parce qu'il est trop assidu auprès de sa personne, et qu'il ne veut plus voir la même figure. On lui propose bientôt plusieurs valets, et le dernier qu'on lui nomme est celui qu'il préfère. Ennuyé d'attendre Eliante, il veut lire : il tombe d'abord sur La Bruyère, dont il fait beaucoup de cas, et dont il veut lire un *caractère* : mais c'est celui de l'*homme inégal*, et il jette le livre. Il veut ensuite lire un poète : il rencontre un Boileau, l'ouvre au hazard, et tombe sur ce passage de la satire huitième.

Voilà l'homme en effet. Il va du blanc au noir.....

Il s'indigne contre le poète, et, pour se venger, fait la critique de la rime.

Nous bornerons ici nos citations; nous en avons assez dit, pour faire sentir le mérite de cette pièce, qui assigne à son auteur une place distinguée parmi les poètes favorisés de Thalie.

INCONSTANT (l') ou LES TROIS ÉPREUVES, comédie en trois actes, en vers, par Pellegrin, aux Italiens, 1727.

Dorimène, jeune veuve, qui a beaucoup à se plaindre de l'infidélité de son premier mari, voudrait s'assurer davantage du caractère de Valère, qui la recherche en mariage, et qui n'en est pas moins inconstant. Elle lui fait subir *trois épreuves*, dont aucune ne réussit; et chacun d'eux reste comme il est.

Cette pièce n'a pu soutenir l'*épreuve* de la publicité.

INDÉCIS (l'), comédie en cinq actes, en vers, par Dufaut, aux Français, 1759.

Deux amis de l'*indécis*, l'un Marquis, l'autre Chevalier, concertent entre eux le moyen de subjuguer Léonor et Araminthe. Le Comte, qui est l'indécis, doit épouser l'une de ces deux sœurs; mais il ne sait s'il doit aimer Araminthe ou Léonor. Il croit avoir adressé une lettre à cette dernière, et voudrait la retenir : son valet le rassure, en lui remettant cette lettre qui est sans adresse. Le Comte lui donne plusieurs ordres, qu'il révoque aussitôt. Le Baron, père d'Araminthe et de Léonor, le félicite sur son retour; mais il apprend qu'il n'est point parti. Le Comte apprend lui-même que la terre, qu'il se proposait d'acquérir depuis plusieurs mois, appartient depuis quatre jours au baron. On l'avertit que sa maison tombe en ruine; il ne la fait point réparer, parce qu'il ne sait s'il ne la fera point abbattre. Il est pressé de décider quelle sorte de voiture il fera faire, et ne peut se déterminer à se prononcer. On lui signifie une sentence, obtenue contre lui par défaut, parce qu'il n'a pu se résoudre à poursuivre un procès, ou à s'accorder avec sa partie adverse ; on lui propose par écrit une charge de Président à Mortier; il fait réponse, et déchire trois fois sa lettre. Il consulte Léonor et Araminthe sur le choix qu'il doit faire du rang de Colonel, ou de la charge de Président : les deux sœurs sont d'un avis contraire ; et il est moins décidé que jamais. Bientôt le Marquis vient lui apprendre qu'il est colonel ; et son régiment se trouve être celui qu'il avait en vue. Le Chevalier paraît en robe de président; et sa charge est encore la même que celle que le Comte devait acheter. Celui-ci prie le Baron de fixer son incertitude. Il est prêt à choisir celle de ses deux filles qu'il voudra lui accorder; mais il apprend qu'il n'est plus tems ; le Marquis et le Chevalier l'ont encore prévenu dans cette occasion. Le Baron avait fait venir chez lui, depuis quelques jours, une personne nommée Emilie, à qui il laissait ignorer son origine. Cette jeune personne est reconnue pour sa fille; et, comme elle a du goût pour le Comte, et le Comte pour elle, sa main le dédommage de celle d'Araminthe et de celle de Léonor.

INDES DANSANTES (les), parodie des *Indes Galantes*, en trois actes, en vaudevilles, par Favart, au théâtre Italien, 1751.

Dans la première entrée, Emilie se détermine à découvrir à un Bacha le feu qui la consume, et les regrets que lui cause la mort de son cher Valère; sa confiance est fondé sur ce qu'Osman est un turc débonnaire, qui ne se fâche de rien. Elle lui apprend donc comment elle a été séparée de lui, à l'instant ou l'hymen allait les unir; et Osman reçoit très-bien cette confidence. Soudain, l'on entend les cris des matelots, et l'on voit arriver un vaisseau battu par la tempête. Ceux qui composent l'équipage n'échappent à la fureur des flots, que pour tomber dans les fers du Bacha. L'un d'eux est Valère; et sa reconnaissance se fait avec Emilie; mais, lorsqu'elle lui apprend que le Bacha soupire pour elle, il se livre au désespoir le plus affreux; il craint qu'elle n'ait déjà reçu le mouchoir: mais Émilie le rassure. Bientôt il se fait encore une reconnaissance entre Valère et Osman, à qui Valère a autrefois rendu en France des services importans.

Dans l'acte des *Incas*, Carlos ouvre la scène avec Pharis; il lui reproche ses préjugés, et elle se détermine enfin à se laisser enlever. Carlos part pour tout disposer, et profite de la fête du soleil, que l'on doit célébrer le même jour. Cependant, l'Inca Huescar, vient annoncer à Pharis, que le soleil veut la marier; mais cette proposition est mal reçue: alors, il entre en fureur, et veut l'emmener malgré elle; mais Carlos arrive, et l'arrache à son rival.

Dans l'acte des *Fleurs*, Fatime, amante de Tacmas,

paraît en habit d'homme. Elle ne s'est ainsi déguisée, que pour épier Atalide, qu'elle soupçonne être sa rivale, mais qui lui paraît enfin n'être point aimée. Alors la fête des fleurs commence. Un jardinier s'approche en dansant d'un buisson de roses, pour en cueillir. Il en sort un serpent qui le poursuit jusque sur un arbre. Les Bostangis assomment ce reptile, et veulent cueillir des fleurs : alors un orage s'élève, et ravage le jardin. Pour réparer le dommage, ils arrosent ce jardin ; bientôt on voit naître une tige, qui produit successivement des fleurs, et enfin l'Amour qui les anime. Elles sortent des buissons, et deviennent autant de jeunes Odalisques, qui ont chacune à la main la fleur qui les caractérise. L'Amour forme un bouquet, et le présente à Tacmas, qui le reçoit et le donne à sa favorite.

INDES GALANTES (les), opéra-ballet, composé de trois entrées et d'un prologue, paroles de Fuzelier, musique de Rameau, 1735.

La première entrée est intitulée, *le Turc généreux* : la seconde, *les Incas du Pérou*; et la troisième, *les Fleurs*. En 1736, les auteurs y ajoutèrent une quatrième entrée ; sous le titre *des Sauvages*.

Montéclair, antagoniste de Rameau, dont il décriait la personne et les ouvrages, ne put s'empêcher, à la sortie d'une des représentations des *Indes galantes*, d'aller lui témoigner le plaisir qu'il avait éprouvé à un passage qu'il lui cita. Rameau, qui le voyait aussi mal-adroit dans sa louange, qu'il l'avait été dans ses critiques, lui dit : « L'endroit que vous louez est cependant contre les règles ; car il y a trois quintes de suite », ce qui, pour les compositeurs bornés, est une faute grave, que Monteclair avait souvent reprochée à Rameau.

Voici des vers qu'on adressa à Jéliotte qui jouait dans *les Indes galantes*.

> Il est, quand je me les rappelle,
> Certains momens, dieux ! quels momens !
> Entendit-on jamais une voix aussi belle ?
> Où suis-je ? et qu'est-ce que j'entends ?
> Ah ! c'est un dieu qui chante ; écoutons, il m'enflamme ;
> Jusqu'où vont les éclats de son gosier flatteur !
> Sur l'aile de ses sons, je sens voler mon âme ;
> Je crois des immortels partager la grandeur !
> La voix de ce divin chanteur,
> Est tantôt un Zéphir qui vole dans la plaine ;
> Et tantôt un volcan, qui part, enlève, entraîne,
> Et dispute de force, avec l'art de l'auteur.

INDIENNE (l'), comédie en un acte, mêlée d'ariettes, par M. Framery, musique de Cifolelli, aux Italiens, 1770.

Le grand Bramine est veuf d'une femme, dont il n'était pas aimé ; et une Indienne est veuve d'un mari, qu'elle n'aimait point. Ils sont condamnés, suivant l'usage du pays, à périr dans les flammes d'un bûcher. Il existe cependant une loi qui permet aux Bramines de se remarier, pourvu que ce soit à une veuve, et par-là de sauver du feu deux victimes. La jeune Indienne est fort de ce sentiment ; mais le Bramine croit qu'il est de son honneur de montrer du courage, et de donner l'exemple. On lui parle de la jeune veuve ; il désire la voir, et sa vue ne tarde pas à lui faire souhaiter de vivre avec elle. Aussi, au moment où tout le peuple est assemblé pour voir brûler le Bramine, il trompe la curiosité de la multitude, en choisissant la veuve pour sa femme.

INDIGENT (l'), drame en quatre actes et en prose, par M. Mercier, aux Italiens, 1782.

L'*Indigent* est, de tous les drames de M. Mercier, celui qui présente le but moral le plus vrai, le moins exagéré dans les moyens qui servent à l'établir, et le plus réellement intéressant. Ce drame a été joué sur tous les théâtres de la province avec beaucoup de succès ; il est trop connu, pour que nous entrions dans de grands détails sur l'intrigue, sur l'action, et sur les ressorts qui la font mouvoir. Nous rappellerons seulement à nos lecteurs que, dans cette pièce, un fat, nommé Delys, libertin par air, un peu par goût, et encore plus par habitude, cherche à débaucher une jeune fille nommée Charlotte ; que cette jeune fille, qui habite, avec un jeune homme qu'elle croit son frère, une salle basse de la maison où demeure Delys, n'est autre chose que la sœur de ce dernier. Sacrifiée par son père à l'orgueil et à l'intérêt, elle a été envoyée au village de Montboson en Franche-Comté, chez un oncle qui l'a élevée avec son fils. Elle y a été oubliée jusqu'au moment, où la mort, en fermant les yeux de son bourreau, l'a forcé de déclarer la vérité. La probité, les lumières, le courage d'un notaire, qui a reçu les dernières volontés du père de Delys, rétablissent Charlotte dans tous ses droits, et rendent son frère à la vertu.

Si l'on jugeait de cet ouvrage par le style et le dialogue, on pourrait lui faire de grands reproches. Mais le fond des caractères, les vérités fortes et intéressantes, les tableaux attendrissans que présente ce drame, sont dignes de beaucoup d'éloges. Plusieurs situations ont même arraché des larmes ; ce qui a donné lieu aux vers suivans :

>Paul s'écriait : la sensibilité
>A pour mon âme un attrait invincible.
>Ami, répond Guillaume ; en vérité,
>Non moins que vous, moi je suis né sensible.
>Mardi passé, j'eus un besoin urgent
>De m'attendrir ; j'allai voir l'*Indigent*:
>J'y versai tant de larmes, que ma nièce
>Crut, les voyant couler, que j'étais fou.
>— Moi j'ai pleuré ce jour-là tout mon sou,
>Rien qu'en lisant l'affiche de la pièce.

INDISCRET (l'), comédie, en un acte et en vers, par Voltaire, au théâtre français, 1725.

Damis est un de ces jeunes étourdis, dont la cour nous offre tant de modèles. Un secret est pour lui une chose incommode, et qu'il ne peut conserver. Depuis quelques jours seulement, Hortense a reçu l'aveu de sa tendresse. Il en est aimé, et déjà même Hortense a congédié pour lui un amant fidèle et discret, qui soupire depuis plus d'un an. Tout fier de son triomphe, Damis vient en faire part à sa mère, qui, de son côté, lui fait des reproches de son indiscrétion. Elle lui recommande surtout de ne parler à qui que ce soit de son bonheur. Mais le naturel l'emporte. Il ne le confiera qu'à une douzaine d'amis. Trasimon, et bientôt Clitandre lui-même, ce rival qu'Hortense a congédié pour lui, sont forcés d'apprendre son secret. Il leur dit qu'il a reçu un billet d'Hortense et son portrait; et leur fait voir l'un et l'autre. Il pousse l'indiscrétion jusqu'à leur faire part d'un rendez-vous qu'Hortense lui a donné pour le soir. Clitandre, en jettant les yeux sur le portrait, reconnaît Hortense. Il dissimule son dépit: mais Damis, qui en a perdu un des diamans, le lui laisse, et le prie de passer chez le jouaillier, pour le faire remplacer. Alors il sort pour faire sa toilette, et de-là aller au rendez-vous. Clitandre profite du peu d'instans qui lui restent, pour empêcher l'entrevue des amans. Il en charge son valet, à qui il remet le portrait: celui-ci s'en sert, et persuade à Hortense que Damis le lui renvoye. Mais Damis survient dans le moment; et Pasquin, fort embarrassé, lui remet le billet qu'Hortense écrivait à son maître; par ce moyen, il parvient à les brouiller un instant. Mais ils ne tardent pas à se raccommoder. Cependant Hortense, effrayée par le tableau que lui fait Trasimon du caractère de Damis, se rend au bal, pour éprouver son amant. Sous le masque et sous le nom de Julie, elle a une entrevue avec Damis: elle flatte sa passion, mais elle exige le sacrifice de ses conquêtes; il lui nomme quelques femmes légères, mais Julie veut un plus grand sacrifice. Il lui nomme Hortense, et pousse l'indiscrétion et la calomnie, jusqu'à lui dire qu'il a obtenu d'elle la dernière faveur; mais Julie n'en veut rien croire, et lui demande pour preuve le billet qu'il a dû recevoir d'elle. Il le lui remet. Alors Hortense se fait connaître, et accable l'indiscret Damis de reproches et de mépris. Ensuite elle appelle Trasimon et Clitandre, et accorde sa main à ce dernier.

On remarque, dans cette petite pièce, le portrait brillant et naturel d'un petit-maître de cour. Ce n'est guères qu'une mignature; mais les traits en sont ressemblans et faciles à distinguer.

INDISCRÈTE SANS LE SAVOIR (l'), comédie, en deux actes et en prose, aux français, 1787.

Madame Orphise est amoureuse d'un jeune chevalier, qu'elle veut épouser : le chevalier, de son côté, est aimé de Sophie, pupille d'un M. Osmond, qui a le projet d'en faire sa femme : tels sont les principaux personnages de cette pièce. Cette *indiscrète sans le Savoir*, qui, au contraire, l'est toujours de propos délibéré, est une certaine concierge nommée Mme. Allain, bavarde fieffée, qui n'a pas de plus grand plaisir que d'aller redire à droite ce qu'elle vient d'apprendre à gauche; et qui, par ce moyen, brouille et débrouille la petite intrigue de la pièce qui, comme on le voit, n'est qu'un lieu commun de comédie.

INÈS DE CASTRO, tragédie en cinq actes et en vers, tirée de l'histoire de Portugal, par La Motte, 1723.

Alphonse, roi de Portugal, a épousé en secondes noces la reine de Castille, mère de Ferdinand. Le même traité, qui lui a donné une épouse, engage à don Pèdre son fils la main de Constance, sœur du roi de Castille. Mais un obstacle s'oppose à l'accomplissement de ce traité; c'est l'amour de don Pèdre pour Inès de Castro, dame d'honneur de la reine, et son mariage secret avec cette princesse. Cependant, don Pèdre revient triomphant des Africains; et Alphonse, fidèle à sa promesse, ordonne des fêtes pour célébrer l'hymen de l'Infant : mais déjà la reine, piquée de la froideur du jeune prince, a cru entrevoir son amour pour Inès. Elle en fait part à son époux, qui lui promet de forcer don Pèdre à l'obéissance. Cette reine ambitieuse, cette mère jalouse, veut pénétrer les secrets d'Inès, et la menace d'une vengeance terrible, si elle ose disputer le cœur de l'Infant à sa fille. Elle veut plus, elle veut qu'Inès lui découvre l'objet de la tendresse de don Pèdre. Elle sort enfin en la menaçant de faire rejaillir sur elle les coups, qu'elle prépare à la rivale de Constance. Troublée par ce revers inattendu, Inès voit arriver don Pèdre, et lui fait part du projet du roi. Don Pèdre la rassure, et lui donne de nouvelles preuves de sa tendresse, et de sa fidélité. Il assure même que, si l'on ose troubler le repos d'Inès, il n'est rien que, dans son juste courroux, il n'entreprenne, pour la venger : la reine, son père lui-même deviendront ses victimes. Les voilà donc arrivés ces malheurs qu'avait prévus la vertueuse Inès ! Elle conjure son époux de se soumettre, et de ne point allumer une guerre criminelle. Enfin il n'est qu'un moyen de lui éviter ce crime; c'est de fuir, c'est de se mettre à l'abri de l'orage. Inès ne le peut faire sans s'exposer aux plus grands dangers. Dans cette conjoncture, il ne lui reste d'autre parti à prendre que celui de la dissimulation ; c'est du moins le conseil que donne Don Pèdre à son épouse, qu'il quitte pour aller trouver Alphonse. Le roi qui vient d'avoir un entretien avec Constance, déclare ses intentions à Don Pèdre, et fait valoir les maximes d'État, et le danger de voir s'allumer une guerre sanglante entre le Portugal et la Castille. Cette crainte, les raisons d'État, les ordres absolus d'Alphonse sont combattus tour-à-tour et ne sont point écoutés. Dans ce moment, arrive la reine, accompagnée d'Inès, qu'elle accuse d'être cause de la désobéissance de Don Pèdre. Elle en donne pour preuve la secrette entrevue des époux. Inès veut nier, mais le fier et généreux Don Pèdre ne peut supporter le discours insultant de la reine; et dit à Inès d'avouer son amour. Alors le roi la fait retenir dans son appartement, et en confie la garde à la reine. Cette dernière veut faire condamner Inès : mais Alphonse veut la voir, l'entendre et savoir enfin si elle est coupable, avant de rien prononcer. On la fait donc venir en sa présence; mais bientôt la reine accourt annoncer au roi, que Don Pèdre, à la tête du peuple, vient lui redemander Inès. En effet, on ne tarde pas à le voir paraître l'épée à la main; il engage son épouse à le suivre, mais Inès condamne sa rébellion, et veut rester pour lui servir d'ôtage. Cependant le roi s'est présenté au peuple, que sa seule présence a désarmé. Constance annonce cette nouvelle à Don Pèdre, et lui conseille de fuir, pour éviter le courroux d'un père irrité. Mais Alphonse, qui suit de près ses pas, trouve son fils aux pieds d'Inès, l'accable de reproches mérités, et le livre à la vengeance des lois. Bientôt il assemble les Grands de l'État, et les fait juges du crime de Don Pèdre. Don Rodrigue, prince du sang, malgré son amour pour Inès, excuse son rival, et fait voir dans sa mort la chûte du Portugal. Don Henrique parle après lui. Celui-ci doit la vie à Don Pèdre; mais l'intérêt de l'état l'emporte sur toute autre considération, et il le condamne. Enfin le conseil se range de son avis : c'est encore Constance qui apprend sa condamnation à la malheureuse Inès. C'est-elle, malgré son amour pour l'Infant, et malgré la reine elle-même, qui ouvre à sa rivale un chemin pour arriver jusqu'au roi. Non contente de servir Inès, la généreuse Constance, veut encore appaiser les fureurs de sa mère; mais rien ne peut suspendre sa vengeance. Toutefois Inès obtient une audience d'Alphonse. Elle cherche à excuser la rébellion de Don Pèdre, et enfin, elle lui déclare qu'il est son époux. Cet aveu, loin d'appaiser le roi, ne fait que l'affermir dans ses résolutions. Cependant ses deux enfans qu'elle a envoyé chercher arrivent, conduits par leur gouvernante. A leur vue, Alphonse est ému : Il voit ses enfans à ses genoux, leur accorde la grace de leur père, et confirme le mariage de son fils avec Inès. Ensuite, il ordonne qu'on fasse venir son fils, pour lui faire part de cet heureux changement. Don Pèdre arrive aussitôt; mais il n'est plus tems : le poison circule dans les veines d'Inès. Qu'on se peigne le désespoir de Don Pèdre, ce malheureux époux veut se frapper de son épée, mais le roi lui l'en empêche. Enfin, Inès expire, en lui recommandant ses enfans, et l'Infante qui lui a sauvé la vie.

On a tant écrit sur cette pièce, que nous appuierons peu sur ses défauts. Le plus considérable sans doute, est le silence de Don Pèdre et d'Inès sur leur mariage. Cet aveu, qui vient trop tard, pourrait leur épargner bien des malheurs; mais c'est à ce défaut même que nous devons cette tragédie, et toutes ses beautés.

La Motte, homme de beaucoup d'esprit, mais dépourvu d'imagination et de goût pour la poësie, prétendait que la prose était bonne à tout; et, pour le prouver, il fit une ode et une tragédie en prose, qu'il est impossible de lire. Sa tragédie d'*Inès de Castro*, qui a tant plu au théâtre, est écrite en vers tels qu'il les savait faire. Il disait un jour à Voltaire, à propos de son *Œdipe*, qui est son chef-d'œuvre de versification; « c'est le plus beau sujet du » monde; il faut que je le mette en prose. Faites cela, » répondit Voltaire, et je mettrai votre *Inès* en vers ».

On prétendit que La Motte, sans avoir des vues particulières, composa cette pièce, où il rassembla toutes les passions qui ont produit le plus d'effet, toutes les fois qu'elles ont paru sur le théâtre, et qu'ensuite il pria ses amis les plus érudits, de lui chercher dans l'histoire un évènement, qui eût rapport à l'action de sa tragédie : on ne trouva qu'*Inès de Castro* qui pût convenir ; et voilà pourquoi la tragédie de La Motte s'appelle de ce nom.

L'avocat Fourcroy plaidait pour un jeune homme, marié sans le consentement de son beau-père, qui demandait la cassation du mariage. Cet avocat, voyant que sa partie perdrait infailliblement sa cause, essaya de toucher les cœurs. Le jour qu'il devait plaider, il fait venir à l'audience deux enfans, nés de ce mariage; il tâche d'intéresser les juges en leur faveur ; et, sachant que le grand-père est présent, il se tourne pathétiquement vers lui, lui montre de la main ses deux enfans, et l'attendrit si fort, que celui qui demandait la cassation du mariage, déclara hautement qu'il l'approuvait. Ce trait fit naître à La Motte l'idée de ces deux enfans, qui, dans *Inès de Castro*, ont produit des impressions si touchantes.

La première fois qu'on représenta cette tragédie, lorsque les enfans parurent sur la scène, le parterre en plaisanta beaucoup. Mlle Duclos, qui jouait *Inès*, s'interrompit, en disant avec une sorte d'indignation : « ris donc, » sot parterre, à l'endroit le plus beau ! » Elle reprit son couplet, les enfans furent applaudis, et la tragédie eut le plus grand succès.

Jamais pièce ne se soutint si longtems, et avec une

affluence aussi constante de spectateurs : jamais aussi l'on ne vit s'élever contre un auteur une si grande foule de critiques. La Motte se trouva un jour au Café de Procope, entouré d'un cercle de jeunes étourdis, qui ne le connaissaient pas et qui déchiraient impitoyablement sa tragédie. Après avoir eu la patience de les écouter une demi-heure, et de garder l'*incognito*, il se lève ; et, adressant la parole à l'un de ses amis qu'il apperçoit dans le Café : « Allons donc, lui dit-il, nous ennuyer à la soixante-dou- » zième représentation de cette mauvaise pièce. »

Dans *Agnès de Chaillot*, parodie d'*Inès de Castro*, on trouve à la fin ces couplets, qui sont une critique de cette tragédie.

>Qu'un amant, perdant sa maîtresse,
>Au sort d'un rival s'intéresse,
> Je n'en dis mot ;
>Mais lorsque sa bouche jalouse,
>Prononce ce mot, *qu'il l'épouse*!
> J'en dis du mirlirot.
>
>Qu'en proie à sa juste colère
>Un fils soit condamné d'un père ;
> Je n'en dis mot :
>Mais, qu'un vieux conseiller barbare,
>Contre son ami se déclare,
> J'en dis du Mirlirot.

Outre la parodie d'*Agnès de Chaillot*, on en fit une sur l'air du *Mirliton*. L'auteur, persuadé que, la mettre sur ce ton, c'était assurer la réussite de la critique d'*Inès*, la fit chanter à la fin d'une pièce intitulée *Parodie*, qui attira la foule aux Italiens. On dit que les *Mirlitons* firent une si grande peur à la Motte, que ses amis envoyèrent un exprès à Bruxelles, pour arrêter l'édition.

Des personnes, scandalisées de la vanité extraordinaire, qui règne dans la préface d'*Inès*, ne virent qu'avec une espèce d'indignation, que la Motte promit en quelque sorte de frayer un nouveau chemin aux poëtes dramatiques.

Ce fut à lui qu'on appliqua ces trois vers, tirés de sa propre tragédie.

  C'est un premier Sujet qui doit donner l'exemple.
    Un Sujet, sur lequel se tournent tous les yeux,
    S'il n'est le plus soumis, est le plus odieux.

On fit aussi ce dialogue sur cette même tragédie :

  Combien dans cette Inès, que l'on admire tant,
    Trouvez-vous d'acteurs inutiles ?
  J'en trouve dix. — Quoi ! dix. C'en est trop. — Tout autant —
  Je hais les spectateurs qui sont si difficiles.
    De quel usage est don Fernand ? —
  A vous dire le vrai, ce muet confident
    Pourrait rester dans la coulisse. —
  Que sert l'Ambassadeur ? — sans lui faire injustice,
  On pourrait se passer de son froid compliment. —
  En voilà déjà deux ; passons donc plus avant.
  A-t-on plus de besoin de Rodrigue et d'Enrique ?
  L'un est un faux amant ; l'autre un faux politique.
    Et ces deux grands de Portugal ?
  Ce sont les deux acteurs qui parlent le moins mal. —
  Parlons des deux enfans et de la gouvernante ;
  Qu'en direz-vous ? — la scène est fort intéressante ;
  Mais on pourrait aussi les retrancher tous trois.
  Quand nous serons à dix, nous ferons une croix ; —
  Ce dixième à trouver sera plus difficile. —
  Et Constance à la pièce est-elle plus utile ?
    On sait fort peu ce qu'elle y fait. —
  Mais tout ce qu'elle dit, c'est le beau ; — c'est le laid.
    Fût-on cent fois plus idolâtre

>   Des ornemens ambitieux ?
> Tout auteur, qui s'en sert pour fasciner les yeux,
>   N'entendit jamais le théâtre :
> Et c'est bien insulter au goût des spectateurs,
>   Que leur offrir quatorze acteurs,
> Que Corneille ou Racine auraient réduits à quatre.

À côté de cette critique pleine d'art, plaçons un éloge dicté par la nature.

Un jeune homme, payé par les ennemis de la Motte pour siffler sa tragédie, fut si attendri à la scène des enfans, qu'il dit en pleurant à l'un de ses camarades du parterre : « Tiens, mon ami, siffle pour moi ; je n'en ai pas la force ».

INÈS ET LÉONOR, ou LA SŒUR RIVALE, comédie, en trois actes et en prose, par Gauthier, musique de Breval, aux Italiens, 1789.

L'auteur a puisé son sujet dans une pièce de Caldéron, intitulée, *on ne badine point avec l'amour*.

L'exposition en est faite avec beaucoup d'adresse, et elle répand une grande clarté sur l'intrigue. Les incidens sont bien ménagés ; ils sont amenés d'une manière vraisemblable dans le cours des deux premiers actes, et produisent des situations très-dramatiques. Le parti, que l'auteur a tiré de Caldéron, fait honneur à son intelligence. La musique a été favorablement accueillie.

INFANTE DE ZAMORA (l'), comédie en quatre actes, mêlée d'ariettes, parodiée sur la musique del signor Paësiello, par M. Frameri, au théâtre de Monsieur, 1789.

L'Infante de Zamora a vu, dans un tournois, le chevalier Monrose de Bretagne ; sa bonne mine, la noble audace qui régnait dans ses yeux, les preuves qu'il y a données de sa valeur, lui ont acquis le cœur de la Princesse qui veut encore lui accorder sa main. Pour l'empêcher de partir, elle lui a fait enlever tous ses équipages, de sorte qu'il est obligé de rester dans une auberge, pendant que son écuyer retourne sur ses pas pour lui trouver des fonds. Mais l'écuyer revient comme il est parti, c'est-à-dire sans un sol. Tel est la position du chevalier Monrose, lorsque l'Infante lui fait dire qu'il existe des Génies, qui habitent un vieux château situé au fond de la forêt, et qu'ils pourront lui donner des nouvelles de sa valise. Monrose, que rien ne saurait étonner, s'y rend; il y trouve en effet de prétendus Esprits, qui ne sont autres que les courtisans de l'Infante. Tous les prestiges, que celle-ci avait crus capables d'effrayer le chevalier français, n'ont pu ébranler sa fermeté; enfin, se croyant vainqueur d'un démon, il ordonne à l'Infante de le suivre et de lui servir de page. Alors elle lui fait donner un soporifique; et l'on profite de son sommeil, pour le ramener dans l'auberge, attenante au pavillon du jardin de l'Infante, et dans laquelle celle-ci a fait pratiquer une porte secrète. Cependant la Princesse a appris du chevalier qu'il se disposait à partir pour Tolède, où il devait épouser une certaine Olimpia. C'est ce départ qu'il s'agit d'empêcher. Pour y parvenir, la Princesse a mis dans sa confidence Doña Mendoça sa cousine, qui se présente au chevalier Monrose, sous le nom d'Olimpia. Cette dame lui ordonne de congédier son page. Alors Monrose, qui jusqu'ici avait regardé Blondine comme une fée, et qui a reconnu son erreur, lui déclare l'amour qu'elle lui a inspiré; il se plaint même de ce qu'il est forcé d'en épouser une autre. Cependant la fausse Olimpia a envoyé chercher un notaire pour le mariage de Blondin avec Juliette, fille de l'aubergiste ; et ce Blondin est la même personne que la princesse, qui est tour-à-tour Blondine pour Monrose qui connait son sexe, et Blondin pour les autres. Aussi, la fausse Olimpia est fort étonnée d'entendre Monrose, lui dire que le notaire, au lieu de faire le contrat de Blondin et de Juliette, va faire le sien. Alors, pour le détourner de sa résolution, la Princesse se fait enlever par des gens déguisés. Monrose s'arme aussitôt, et part pour aller délivrer sa chère Blondine. On lui en facilite les moyens. Il revient triomphant, lorsque tout-à-coup Olimpia, suivie de valets portant des torches allumées, lui reproche son infidélité et le menace de sa haine. Ce dernier obstacle le décide en faveur de Blondine, qui, contente de cette preuve d'amour et de sa générosité, se fait connaître et lui accorde sa main.

C'est une tâche difficile que celle d'adapter des paroles à de la musique ; et l'on ne trouve que peu d'exemples d'une parfaite réussite en ce genre. Au reste, c'est anticiper sur le domaine du compositeur, et l'on ne pourrait le faire souvent qu'aux dépens de l'art. Quoi qu'il en soit, cet ouvrage a fait long-tems les délices de la province ; mais, à Paris, il n'a pas été aussi bien accueilli qu'on l'espérait. Il a excité tour-à-tour des applaudissemens et des murmures ; mais, ce qui semble avoir, en grande partie, causé ce mécontentement, est, indépendamment des longueurs qui se trouvent dans le dialogue, le peu d'ensemble qu'on a remarqué dans l'exécution de quelques morceaux. Cette pièce paraît avoir été, en général, établie trop à la hâte ; ce qui a nui à l'action, et à la charmante musique de Paësiello. Heureusement pour celle-ci, l'on s'est rappellé l'enthousiasme qu'elle avait produit à l'opéra, en 1778, sous le titre de la *Frascatana*.

INFIDELLE CONFIDENTE (l'), tragi-comédie, en cinq actes, par Pichoud, 1631.

Deux des plus puissantes familles de Tolède, nourrissent dans leur sein, une haine héréditaire : don Fernand et don Pedro de la famille des Palamecques, cherchent à assouvir leur vengeance sur Lisanor, seul défenseur de la famille des Pacheques : ce Lisanor est amoureux de la belle Lorise, fille d'un bourgeois de Tolède, et a trouvé le moyen de la cajoler, pour nous servir des expressions de l'auteur ; mais son bonheur n'a pas été de longue durée. Le père de la fille, redoutant les suites de cette intrigue amoureuse, veut se venger, et se jette dans le parti des Palamecques, chez lesquels il envoye sa fille. Lisanor est au désespoir de l'absence de son amante ; mais Lorise trouve le moyen de lui faire parvenir une lettre, qui l'instruit du lieu de sa retraite : dans l'excès de sa joie, Lisanor raconte ses amours à son écuyer, et lui dit :

Enfin le Sort, jaloux des douceurs de mon aise,
Voulut faire un effort pour éteindre ma braise.

Il vole au rendez-vous que lui assigne son amante ; mais il n'arrive pas assez tôt : en voici la preuve.

LORISE.

Paresseux, que fais-tu ? tout le monde sommeille,
Et tu diffère encor un fidèle secours,
Que ma fièvre amoureuse attend de ton discours.

LISANOR.

Ma belle, c'est trop-tôt accuser ma paresse ;
Ma présence accomplit le vœu de ma promesse.

Lorise ne peut renfermer dans son sein toute la joie dont elle est transportée. Déjà elle a fait à Céphalie, sœur des

Palamecques, un portrait si séduisant de son amant, que celle-ci en est devenue tout-à-coup amoureuse : cependant, sur la nouvelle d'un voyage que doit entreprendre Lisanor, Lorise tombe malade, et charge son amie de faire passer ses lettres, à la faveur d'un filet; mais celle-ci profite de ce moyen, pour déclarer son ardeur à l'amant de Lorise. Elle renferme son portrait dans sa lettre, et le fait parvenir ainsi dans les mains de Lisanor, à qui elle donne un rendez-vous sous la même fenêtre : malgré la juste défiance que doit lui inspirer la sœur de ses ennemis, il s'y rend et y trouve l'amoureuse Céphalie, qui lui confirme ce qu'elle lui a écrit. Déjà depuis deux heures ces deux nouveaux amans s'entretenaient, quand Francisque vient dire à son maître qu'il court les plus grands dangers, et qu'il ne voit de salut pour lui que dans une prompte fuite; qu'enfin ses ennemis se sont introduits dans sa maison, et y ont mis tout à feu et à sang. Etonné de l'audace des Palamecques, et trop certain du danger qui l'environne, Lisanor cherche et trouve un azyle chez un de ses amis. Il en sort au bout de vingt-quatre heures, pour se rendre sous les fenêtres de Céphalie, et avoir enfin de ses nouvelles. Il la voit, lui raconte les excès auxquels ses frères se sont portés, et lui conseille de fuir avec lui. Elle lui répond :

Ne veux-tu que cela de mon obéissance ?
Tu vois ma liberté remise en ta puissance.

Et aussitôt elle saute par la fenêtre, et se jette dans les bras de son amant. Cependant, Lorise, qui s'était approchée de la fenêtre, a reconnu l'*infidélité de sa confidente*: elle fait part à la mère de Céphalie de l'évasion de sa fille, et de son départ avec Lisanor. Celle-ci en prévient à l'instant ses fils, qui courent sur les traces du ravisseur. Ainsi voilà le spectateur à la poursuite de Lisanor et de son amante: enfin, après bien des recherches, Lisanor est rencontré; mais, à l'approche de l'ennemi, il a fait cacher Céphalie. Il se défend courageusement, et renverse plusieurs des gens des Palamèques : enfin il succombe. Il est pris, enchaîné, et conduit en cet état dans un vieux château, voisin du lieu où la scène se passe; Cephalie elle-même ne tarde pas à être découverte. On la conduit prisonnière dans ce même château, où elle trouve *heureusement* son cher Lisanor. Après le départ des Palamecques, les amans, ne voyant pas d'autre ressource, s'adressent au concierge qu'ils séduisent par des présens, et prennent avec lui la route du Portugal. Peu de tems après, les Palamecques, accompagnés de leur mère et de Lorise, reviennent au château, pour y exercer leur vengeance : mais ils n'y trouvent point leurs prisonniers; et, dans l'excès de sa rage, don Fernand, l'un d'eux, donne un coup de poignard à Lorise, qu'il croit avoir tué. Les Palamecques s'éloignent de ce lieu d'horreur, et laissent la malheureuse Lorise évanouie. Après sa guérison, Lorise s'habille en pélerin; et, sous ce déguisement, cherche des déserts, où elle puisse déplorer son infortune. Un jour, dans un chemin écarté, elle rencontre Francisque, et apprend de lui que les Palamecques répandent le bruit qu'elle a été assassinée par Lisanor. Il lui apprend encore que Lisanor, au désespoir d'être accusé d'un aussi grand crime, a sollicité et obtenu du roi de Portugal la permission d'appeller ses ennemis en champ-clos dans la ville de Tolède; et qu'enfin, il va de sa part leur porter un cartel. Lorise alors dirige ses pas vers le Portugal, et se présente armée pour soutenir la cause de Lisanor.

Déjà les champions se mesurent de l'œil et vont fondre l'un sur l'autre, lorsqu'un ordre exprès du roi les empêche de combattre. Il faut dire ici que le roi avait défendu à ses chevaliers d'embrasser la querelle de Lisanor, et qu'offensé de l'audace du chevalier aux armes noires, il veut le connaître pour le punir. On lui délace donc son armet, et bientôt Lisanor reconnaît Lorise, à qui il demande pardon de son infidélité. Lorise se flatte déjà du retour de son amant; mais il lui apprend qu'il est uni à Céphalie. Pour les sortir d'embarras, le roi se charge d'arranger le tout pour le mieux. Il propose à Lorise d'accepter la main de don Fernand, et à don Pedro d'accepter celle de la fille de Don Ferdinand. Ainsi s'opère la réconciliation des deux familles et le bonheur de trois couples amoureux.

Venez, leur dit le roi,

> Venez, heureux amans, moissonner les plaisirs,
> Que respire l'ardeur de vos justes désirs.
> . . . .
> Mon Palais vous sera quelqu'autel de Cythère,
> Où vous accomplirez cet amoureux mystère.

INFIDÉLITÉS IMAGINAIRES (les), opéra en trois actes, paroles de M. ***., musique parodiée de Piccini, au théâtre Louvois, 1792.

Quiconque a lu tous les jaloux, depuis *Don Garcie de Navarre*, jusqu'à la comédie de Rochon de Chabannes, et qui connaît la complication des intrigues espagnoles, est suffisamment au fait de cette comédie lyrique. On y trouve deux actions: l'une présente un mari, sans cesse trompé par les apparences, détrompé sans cesse, et cependant toujours tourmenté par la jalousie. L'autre offre un amant qui, ne pouvant venir à bout de plaire, emploie tout, jusqu'à des artifices honteux, pour noircir aux yeux de sa maîtresse, son trop heureux rival ; et qui, finissant par ouvrir les yeux sur les bassesses, que lui a suggérées une passion désordonnée, devient le plus grand protecteur de celui-là même qu'il voulait supplanter.

Ces deux actions, délayées dans un déluge de mots et de scènes interminables, ont fait bailler le public, qui n'a pas été beaucoup dédommagé de son ennui dramatique par la musique de Piccini. Les paroles y tourmentent presque toujours les modulations du compositeur, et sont souvent en contradiction avec les intentions musicales. Les deux premiers actes néanmoins marchent assez bien. On trouve de la gaieté dans plusieurs situations ; mais l'ensemble de l'action offre des longueurs, qui nuisent beaucoup au comique et à l'intérêt de quelques personnages.

INGRAT (l'), comédie en cinq actes, en vers, par Destouches, aux Français, 1712.

Géronte, vieillard obstiné, se croit obligé par la reconnaissance de donner la main de sa fille Isabelle à Damis, fils d'un de ses anciens amis. Ce Damis est un monstre d'ingratitude. Sous des dehors trompeurs il abuse Géronte, il trompe Cléon, amant aimé d'Isabelle ; il feint même de faire à ce dernier le sacrifice de ses droits, et d'engager Géronte à couronner son amour, tandis qu'au contraire, il trahit son bienfaiteur. Mais Pasquin, valet de Damis, las de servir la cause d'un *ingrat*, l'abandonne à lui-même, et, d'intelligence avec Lisette, suivante d'Isabelle, parvient à le démasquer. Orphise, jeune personne qu'il a sacrifiée, parcequ'elle avait perdu sa fortune, et qu'il voudrait maintenant épouser, parcequ'elle l'a recouvrée, convaincue de sa scélératesse et de son ingratitude, l'abandonne à ses remords. Mais un homme de son caractère est-il capable d'en sentir? Cette pièce est écrite avec beaucoup de soin; le dialogue en est vif et serré; enfin les caractères en sont soutenus; ceux du vieillard et du valet surtout, sont parfaits; l'intrigue même est bien nouée et bien déliée; mais le premier personnage n'est point théâtral. Molière avait beaucoup risqué, en mettant le *Tartuffe* sur la scène; encore le vice de l'hypocrisie, sous la main de ce grand peintre, a-t-il des côtés susceptibles de ridicule et de comique; au lieu que, dans *l'ingrat*, on ne voit qu'une âme noire, dont le spectacle et le développement blessent les yeux, et révoltent la nature. Lorsqu'on veut traiter de pareils sujets, il faut les présenter avec beaucoup d'adoucissement. L'ingrat aurait dû, à notre avis, animer la pièce, et la dominer pour ainsi dire, sans se montrer souvent; précepte qui convient à la comédie comme à la tragédie. Enfin, le rôle de Géronte approche un peu trop de celui d'Orgon dans le *Tartuffe*. Au reste, si *l'Ingrat* n'a pas beaucoup réussi, c'est moins la faute de l'auteur, que celle du sujet: il est des objets, que les pinceaux des plus grands maîtres ne doivent ni ne peuvent représenter. Et cependant quel homme était plus en droit de traduire sur le théâtre ce vice odieux que Destouches, qui envoya de Londres quarante mille livres à son père, chargé d'une nombreuse famille.

INNOCENS COUPABLES (les), comédie en cinq actes, en vers, par Brosse l'aîné, 1645.

Cette comédie tirée d'une pièce espagnole, est semblable, pour le fonds et même pour l'intrigue, à la comédie de Lesage, intitulée, *César Ursin*. (Voyez cette pièce). Voici un morceau qui pourra donner une idée du style de l'auteur. Don César déclare son amour à Lucinde qui *entre masquée*. La scène est dans un jardin.

>Je demeure ébloui devant tant de lumière :
>Bel astre, vrai soleil, vous rendez à ces fleurs,
>Par vos divins rayons, la vie et les couleurs.
>Vrai soleil, c'est trop peu, vos beautés que j'adore
>Méritent un surnom plus excellent encore.
>L'office du soleil est de donner le jour;
>Mais il ne saurait pas inspirer de l'amour,
>Je puis penser à lui, sans qu'il m'échauffe l'âme ;
>Et, quand je pense à vous, je deviens tout de flâme.

INNOCENTE INFIDÉLITÉ (l'), tragi-comédie, en cinq actes, en vers, par Rotrou, 1635.

C'est le triomphe de la fidélité d'un Sujet envers son Prince. Félismond, roi d'Epire, conçoit une aversion mortelle pour la reine, son épouse, confie à Evandre l'ordre de la faire périr, et promet à Hermante, sa maîtresse, d'ajouter, au don de son cœur, celui de sa main et de sa couronne. Le confident conduit la reine dans un château isolé, et répand à la cour la nouvelle de sa mort. Une bague enchantée avait causé cette haine : Evandre arrache cette bague à Hermante : le charme cesse, et le roi pleure sincèrement une mort dont il est l'auteur.

La reine reparaît, et retrouve dans Félismond les remords les plus touchans, et l'amour le plus tendre. Le caractère d'Hermante, et les scènes trop multipliées où elle se trouve seule avec le roi, déparent ce drame très-peu comique, mais où l'on trouve d'assez bons vers et quelques scènes singulières.

INNOCENTE SUPERCHERIE (l'), comédie en trois actes, en prose, mêlée d'ariettes, par Laval, aux Italiens, 1760.

Le vieux concierge d'un château, homme riche et veuf est devenu amoureux de Florette, villageoise jeune et orpheline, qui a été élevée chez M. et Mde. Cadeau. Cette Florette aime Colin, fils du concierge, et en est aimée ; d'un autre côté, le seigneur du lieu, à qui le concierge est redevable de sa fortune, veut le marier à la veuve Thomas, sa femme de confiance. Le concierge, qui ne se sent plus aucun goût pour Mde. Thomas, et qui doit user de ménagement envers son seigneur, veut faire en sorte que la coquetterie de cette veuve lui serve à lui-même de prétexte, pour éluder son mariage avec elle. Afin d'arriver à ce but, il propose à la jeune Florette de déguiser son sexe, et Florette y consent. D'abord Colin est désolé de l'amour que son père a pour elle ; mais bientôt elle le console. Ensuite, habillée en homme, elle est présentée par le concierge, à Mde. Thomas, qui en devient aussitôt amoureuse ; et, comme il n'y a point de chambre vide dans le château, elle se propose de faire coucher cette Florette, qui a pris le nom de Finet, dans la chambre de Colin. Cette proposition ne plaît point au concierge ; mais elle est fort du goût de son fils. En vain le père veut que ce Finet aille coucher au Donjon; Mde. Thomas lui répond, que ce donjon est si haut et si éloigné, que, lorsqu'elle aura besoin de Finet, elle ne pourra s'en faire entendre. La contestation finie, Mde. Thomas, seule avec Finet, lui déclare son amour, et lui donne une bourse de louis. Le concierge, revenu sur la scène avec Finet, lui donne à son tour le contrat d'un bien, qu'il vient d'acheter pour sa chère Florette. Munie de ces deux présens, elle les montre à Colin, dont elle rassure la tendresse alarmée. Cependant le concierge a une affaire pressante, qui l'appelle à Paris; et il veut y envoyer son fils à sa place; mais Colin s'en défend. Mde. Thomas s'oppose aussi à ce départ; elle veut auparavant lui donner quelques leçons de politesse; elle ajoute même qu'elle a des droits sur lui; à ce mot, Finet lui rend la bourse qu'elle lui a donnée, en lui disant que c'est un bien mal acquis de sa part. Le concierge triomphant fait des reproches à Mde. Thomas, et la menace de s'en plaindre à son protecteur. Mais, au même instant, Finet lui rend aussi, à lui-même, le contrat dont il lui a fait présent; et Mde. Thomas triomphe à son tour. Florette alors ne se déguise plus; elle avoue qu'elle aime Colin, et qu'elle ne s'est prêtée à l'*Innocente supercherie*, que pour parvenir à lui donner sa main. Mde. Thomas et le concierge renouent leurs premières amours, font leur paix et unissent les jeunes gens.

INNOCENT EXILÉ (l') tragi-comédie en cinq actes, en vers, par Chevreau, 1640.

Hermodante, favori du roi de Perse, a été accusé par Artabaze d'avoir favorisé, par amour pour sa fille;

le commandant d'une province révoltée; et, sans l'entendre, sans lui accorder une minute pour sa justification, le Roi l'a exilé. Sa disgrâce, loin de diminuer les feux d'Arthénice son amante, n'a fait que les accroître; mais la mère d'Arthénice qui n'accordait sa fille qu'à la faveur, la lui refuse dès qu'elle l'en sait privé. Alors Hermodante s'éloigne d'Amathonte, où il croyait trouver un asyle, et revient en Perse, où le hasard le conduit sous le murs de Scéiras, ville rebelle qu'assiége Astramond, généralissime des armées du roi de Perse. Arthénice elle-même a quitté le toit paternel, pour courir sur les traces de son amant. Après avoir échappé à un naufrage, elle vient tomber dans les mains d'Amintas, chef des rebelles. Hermodante, d'un autre côté, a été rencontré par un des chefs de l'armée du roi de Perse qui le présente à Astramond. Ce général, bien convaincu de son innocence, le flatte de lui faire recouvrer la faveur du roi, et lui accorde d'avance celle de combattre les rebelles. Hermondante se met à la tête de l'armée, emporte la ville d'assaut et tue Amintas. Il pénètre dans le palais du prince, rebelle et y trouve Arthénice. Ainsi voilà les deux amans réunis. Mais ils sont loin encore du bonheur auquel ils aspirent. En effet le roi de Perse arrive, et devient amoureux d'Arthénice. Malgré la victoire que vient de remporter Hermodante, il ne lui dissimule point son indignation. Astramond plaide la cause de son ami, rappelle au roi les services qu'Hermodante lui a rendus, et parvient à suspendre son courroux. Mais à quel prix! il faut qu'Hermodante renonce à Arthénice; il faut de plus qu'il dispose son amante à recevoir la main du Monarque. Hermodante s'en acquite en sujet fidèle, en amant qui sait sacrifier son amour à son devoir; mais Arthénice blâme sa faiblesse et sa coupable condescendance, et rejette les vœux du roi. Cependant Fénice, Infante de Perse, promise à Astramond, devient amoureuse d'Hermodante et lui déclare sa passion; mais cet amant fidèle, après avoir immolé son amour à son roi, n'a plus d'autre dessein que celui de se donner la mort, et de se délivrer par-là d'une existence importune. Offensée de son refus, l'Infante forme le projet de s'en venger, et va le dénoncer au roi, qui, persuadé qu'Hermodante a trahi ses feux auprès d'Arthénice, le condamne à mort. Bientôt on vient apprendre au roi que le peuple se soulève en faveur d'Hermodante; mais, ni le danger, ni les prières d'Astramond ne peuvent le détourner de son dessein. Quoi qu'il en soit, l'Infante, ayant entendu Artabaze se féliciter de son triomphe, et d'avoir causé les malheurs d'Hermodante, oublie son amour, et vient démasquer le traître aux yeux du roi; Artabaze confesse son crime et est exilé; le roi renonce à ses prétentions sur le cœur d'Arthénice, rend à Hermodante son amitié, réunit les deux amans et donne la main de sa fille à Astramond.

Cette pièce est assez régulière, et assez bien écrite pour le tems; mais elle est loin de mériter l'éloge qu'en ont fait plusieurs auteurs, entr'autres Gillet. Nous allons citer une des stances, qu'il adresse au *censeur médisant*. Il vient de dire qu'il faut avouer que l'auteur tient de la divinité; il ajoute :

> Dis que, parmi tous ceux que l'antiquité vante,
> Et tous ceux qu'environne une gloire esclatante,
> L'on n'en saurait trouver qui soit aussi parfait.
> Puisque ce jeune auteur, en la fleur de son aage,
> A bien plus fait lui seul, par son premier ouvrage,
> Qu'ils n'ont faict tous ensemble en tout ce qu'ils ont faict.

INO ET MÉLICERTE, tragédie, par Lagrange-Chancel, 1713.

Mélicerte est un prince charmant, un héros à la fleur de l'âge. L'amour qu'Eurydice a pour lui est peut-être trop romanesque; cependant, l'expression en est tendre et naturelle, mais plus analogue au ton de la comédie moderne, qu'à celui de la tragédie. Le caractère d'Athamas est manqué; celui de Clarigène est admirable. Ino, toujours tendrement affligée, suffirait seule pour rendre cette pièce attendrissante. Les scènes de reconnaissance, ménagées adroitement et heureusement amenées, sont dignes des applaudissemens qu'elles ont reçus, et des larmes qu'elles ont fait répandre.

IN-PROMPTU DE GARNISON (l'), comédie en un acte et en prose, par un anonyme, retouchée par d'Ancourt, 1692.

Cette petite pièce n'est pas entièrement de d'Ancourt. Elle avait été envoyée de Namur aux comédiens français; mais, comme elle n'était pas en état de paraître avec succès sur leur théâtre, d'Ancourt, pour faire plaisir à la troupe et à l'auteur, la retoucha, et la remit comme elle est actuellement.

IN-PROMPTU DE LA FOLIE (l'), comédie, composée d'un prologue et de deux comédies d'un acte, en prose, par Legrand, au théâtre Français, 1725.

Dans un long prologue, l'auteur se propose de faire agréer une idée qu'il prétend devoir à la Folie, et qu'il remplit, au moyen de deux petits drames intitulés : les *Nouveaux débarqués*, et la *Française Italienne*.

Tome *V*. G

Dans l'un, deux provinciaux, un père et son fils, arrivent à Paris, et tombent entre les mains d'un intrigant qui les dupe. Ces sortes d'originaux, si connus au théâtre depuis *M. de Pourceaugnac*, plaisent toujours par leurs ridicules. Nos deux nigauds deviennent amoureux de la même personne, et sont rivaux sans le savoir; circonstance que met à profit le fripon qui les trompe. On découvre, à la fin, qu'ils avaient eux-mêmes usurpés, dans leur pays, le bien d'une orpheline, qui se trouve être la soubrette, et qui retient, à titre de restitution, l'argent qu'on leur a dérobé.

La seconde pièce est une de ces intrigues, où une suivante et un valet rompent un mariage arrêté, et sur le point d'être conclu. Tout cela, comme on voit, n'est pas neuf à la scène. Une Française, que l'on fait passer pour une Italienne, a fourni le titre de l'ouvrage, où l'on trouve quelques scènes assez comiques.

Danchet avait été censeur de cette comédie, dédiée au seigneur Aymon, général de la calotte. L'approbation est conçue en ces termes : « cette comédie a diverti le public dans les représentatations, et je ne doute pas que, dans l'impression, elle ne lui fasse un nouveau plaisir, étant accompagnée d'une épitre dédicatoire, où l'auteur ne montre pas moins d'esprit que de *reconnaissance* ». Selon nous, cette dernière phrase renferme une maligne amphibologie : ne dirait-on pas, en effet, que Legrand avait des obligations essentielles à la Folie ?

IN - PROMPTU DE L'AMOUR (l'), comédie en un acte, en prose, par Moissy, au théâtre Italien, 1759.

Une jeune Américaine, nommée Agathine, et nouvellement arrivée en France, inspire de l'amour à Cliton, frère de Bélise, qui s'est chargée d'Agathine. Cliton, pour se faire aimer d'Agathine, se travestit en jardinier, et prend le nom de Lucas; sous ce déguisement, il plaît à sa maîtresse, qui lui avoue naïvement son penchant pour lui. Cliton a déjà formé le dessein de l'épouser; mais il craint que cette jeune Américaine ne lui refuse sa main. En effet, il est riche, et elle a, depuis long-tems, remarqué qu'en France, l'amour n'habitait guère chez les époux opulens. Cliton, pour détruire cette opinion, imagine de faire venir de Paris des acteurs qui exécuteront, entre l'*Amour* et la *Sagesse*, une scène dont l'effet doit faire revenir Agathine de sa prévention. On lui fait croire que l'*Amour* doit venir dans ce lieu, pour se justifier aux yeux de la *Sagesse* de tous les torts qu'on lui impute : elle se prête docilement à ce stratagême, et, après avoir écouté la justification de l'*Amour*, elle consulte ce Dieu sur le parti qu'elle doit prendre. Elle aime Lucas, dit-elle; mais elle lui trouve une ame trop ambitieuse; il veut devenir riche; et elle craint que l'amour ne puisse subsister avec la richesse. L'*Amour* la rassure, et lui dit qu'il veut faire leur fortune; qu'elle peut l'accepter de lui sans crainte, et que la tendresse de Cliton n'y perdra rien. Agathine se rend, et donne sa main à Lucas, qu'elle reconnait ensuite pour Cliton.

IN-PROMPTU DE L'HOTEL DE CONDÉ (l'), comédie en un acte, en vers, par Montfleury, 1664.

Cette pièce était une réponse à la critique que Molière

avait faite des comédiens de l'hôtel de Bourgogne, dans son *In-promptu de Versailles*. Beauchâteau et de Villiers y jouaient des rôles sous leurs noms propres.

IN-PROMPTU DE LIVRY (l'), comédie-ballet en un acte, en vers, par d'Ancourt, musique de Gilliers, 1705.

Voyez l'*In-promptu de Surène*.

IN-PROMPTU DES ACTEURS (l'), comédie en un acte, en vers libres, avec un divertissement, par Panard et Sticotti, au théâtre Italien, 1754.

Une actrice ouvre la scène, et fait ainsi l'exposition de la pièce :

 Sachant que le public ne va qu'aux nouveautés,
  Et n'ayant rien pour l'ouverture,
  Dans cette triste conjoncture,
 La plupart des acteurs étaient déconcertés :
  Je leur dis : Amis, écoutez.
 Un projet singulier, que j'ai dans la cervelle,
 Pourra vous tenir lieu d'une pièce nouvelle ;
 Mais, pour l'exécuter, il faut des gens hardis.
  Voici le fait : je suis d'avis
 Que chacun d'entre nous, au gré de son envie,
  Donnant l'essor à son génie,
  Fasse une scène à l'*in-promptu* :
 De manière que l'une à l'autre réunie
 Forme un acte, à-peu-près, sous le nom d'ambigu.

IN-PROMPTU DE SURÈNE (l'), comédie-ballet en un acte, avec un prologue et des divertissemens, par d'Ancourt, aux Français, 1713.

Cette pièce doit son titre au village où elle fut d'abord représentée. Le duc de Bavière y assista, et était l'objet de la fête. Cette comédie tient de plusieurs genres; il est assez singulier d'y voir Bacchus, l'Amour, Silène et la Folie, figurer avec des villageois, qui les connaissent tous par leurs noms.

Cet in-promptu est suivi de ceux de *Livry* et de *Sceaux*. Ces sortes de fêtes n'ont guère d'autre mérite que l'à-propos. Elles doivent tout leur prix à la circonstance qui les fait naître; et ce prix passe avec elle.

IN-PROMPTU DE THALIE (l'), ou LA LUNETTE DE VÉRITÉ, comédie en un acte, en vers libres, par Sedaine, 1752.

Thalie, pour s'être permis une plaisanterie piquante, est reléguée sur la terre par l'ordre du maître des Dieux, qui, pour la consoler de son exil, lui donne une lunette, au moyen de laquelle chacun peut lire au fond des cœurs. Un grand nombre de personnes viennent la consulter. On voit d'abord un procureur et sa chère moitié, qui prétendent être des modèles de l'amour conjugal. La lunette fait voir à M. le procureur, que cette épouse si fidèle, est la maîtresse de ses deux clercs. On voit ensuite deux amis, qui viennent pour savoir lequel des deux aime plus sincèrement l'autre. La lunette met fin à leurs combats d'amitié, et leur prouve que, loin de s'aimer, ils se trahissent mutuellement. Enfin, arrive Colette, jeune villageoise, qui croit ne plus aimer le berger Colin. La lunette lui démontre le contraire, et les amans se marient. Alors Mercure vient annoncer à Thalie que les Dieux, ennuyés de son absence, ont sollicité et obtenu son rappel.

Elle assiste aux noces de Colette, et remonte dans les cieux.

IN-PROMPTU DE VERSAILLES (l'), comédie en un acte, en prose, par Molière, 1663.

Cette pièce est une conversation satirique, dans laquelle Molière se donne carrière contre les comédiens de l'hôtel de Bourgogne, et Boursault, qui avait fait contre lui la comédie du *Portrait du Peintre*. Ce dernier sur-tout n'est pas épargné. Il est nommé avec le plus grand mépris; mais ce mépris ne tombe que sur l'esprit et sur les talens, au lieu que Boursault avait attaqué Molière dans un endroit plus sensible. Ce qui regarde les comédiens de l'hôtel de Bourgogne, peut avoir été dicté par l'esprit de vengeance; mais du moins le bon goût l'a-t-il réglé, et l'utilité publique en pouvait être l'objet, puisque, dans l'imitation chargée du jeu de ces acteurs, on découvrait le ton faux et outré de leur déclamation chantante.

IN-PROMTU DU SENTIMENT (l'), comédie en un acte et en prose, par ***, 1778.

Un auteur, M. Brochon, cherche dans son imagination un divertissement pour un mariage. Mercure lui apparaît, et lui reproche sa stérilité. Les trois Parques viennent aussi, et se plaignent que les Plaisirs leur ont volé tous leurs attributs. Brochon dit que leur nombre lui rappelle les trois Grâces, et qu'elles pourraient bien servir à son divertissement : l'une des trois lui donne un bon soufflet. *Excellent augure pour le succès de ma pièce*, s'écrie-t-il, *puisque le beau sexe me claque d'avance!* Enfin, M. Brochon trouve que les trois Princesses sont les trois Grâces ; qu'elles étaient dispersées, et que, maintenant, elles se réunissent.

INQUIET (l'), comédie en un acte, par Fagan, au théâtre Français, 1736.

Timante, que la moindre des choses inquiète, est aimé de Lucile, jeune veuve, qui consent même à l'épouser ; mais il craint de l'avoir offensée par un mot dit sans intention, et qu'elle ne peut s'appliquer. Il charge Damis, son ami intime, de l'excuser auprès d'elle ; bientôt il s'y rend lui-même, s'excuse mal, et craint d'avoir fait une faute nouvelle en se justifiant. Il donne une boëte d'or à une soubrette, et craint encore qu'elle n'en soit offensée. Il ne peut se croire aimé, parce que Lucile ne lui a point dit en termes exprès, « Timante je » vous aime ». Il sollicite vivement cet aveu ; et, près de l'obtenir, il se persuade qu'une femme qui aime réellement, n'a point assez de présence d'esprit, pour entrer dans ces détails.

INTÉRET.

C'est ce qui attache, excite la curiosité, soutient l'attention, et produit dans l'âme les différens mouvemens qui l'agitent ; la crainte, l'espérance, l'horreur, la joie, le mépris, l'indignation, le trouble, la haîne, l'amour, l'admiration, etc. Voyons d'abord qu'elles sont les sources de l'intérêt théâtral.

L'intérêt, dans un ouvrage de théâtre, naît du sujet, des caractères, des incidens, des situations, de leur enchaînement, de leur vraisemblance, du style et de la réunion de toutes ces parties. Si l'une manque, l'intérêt cesse ou diminue. Imaginez les situations les plus pathétiques; si elles sont mal amenées, vous n'intéresserez pas. Conduisez votre poëme avec tout l'art imaginable; si les situations en sont froides, vous n'intéresserez pas. Sachez trouver des situations et les enchaîner; si vous manquez du style qui convient à chaque chose, vous n'intéresserez pas. Sachez trouver des situations, les lier, les colorer; si la vraisemblance n'est pas dans l'ensemble, vous n'intéresserez pas. Or, vous ne serez vraisemblant qu'en vous conformant à l'ordre général des choses, lorsqu'il se plaît à combiner des incidens extraordinaires. Si vous vous en tenez à la peinture de la nature commune, gardez partout la même proportion qui y règne. Faisons à présent quelques observations sur l'intérêt propre à la tragédie. Une pièce de théâtre est une expérience sur le cœur humain. Tout personnage principal doit inspirer un degré d'intérêt; c'est une des règles inviolables. Elles sont toutes fondées sur la nature. Tout acteur qui n'est pas nécessaire gâte les plus grandes beautés. Il faut, autant qu'on le peut, fixer l'attention sur les grands objets, et parler peu des petits, mais avec dignité. Quand vous voulez toucher, préparez, et n'interrompez jamais les assauts que vous livrez au cœur. Les plus beaux sentimens n'attendrissent jamais, quand ils ne sont pas amenés, préparés par une situation pressante; par quelque coup de théâtre, par quelque chose de vif et d'animé. Il faut toujours, jusqu'à la fin, de l'inquiétude et de l'incertitude au théâtre. Nous remarquerons que, toutes les fois qu'on cède ce qu'on aime, ce sacrifice ne peut produire aucun effet, à moins qu'il ne coûte beaucoup;

ce sont ces combats du cœur, qui forment les grands intérêts : de simples arrangemens de mariage ne ͏ ͏ ͏ ͏ nt jamais tragiques, à moins que, dans ces arrangemens mêmes, il n'y ait un péril évident, et quelque chose de funeste. Le grand art de la tragédie est que le cœur soit toujours frappé des mêmes coups, et que des idées étrangères n'affaiblissent pas le sentiment qui domine. Toutes les fois qu'il n'y a ni crainte, ni espérance, ni combats du cœur, ni situation attendrissante, il n'y a point de tragédie. C'est une loi du théâtre qui ne souffre guère d'exception ; ne faites jamais commettre de grands crimes, que quand de grandes passions en diminueront l'atrocité, et vous attireront même quelque compassion des spectateurs. Cléopâtre, à la vérité, dans la tragédie de *Rodogune*, ne s'attire nulle compassion : mais songez que, si elle n'était pas possédée de la passion forcenée de régner, on ne la pourrait pas souffrir ; et que, si elle n'était pas punie, la pièce ne pourrait être jouée. C'est une règle puisée dans la nature, qu'il ne faut point parler d'amour, quand on vient de commettre un crime horrible, moins par amour que par ambition. Comment le froid amour d'un scélérat pourrait-il produire quelqu'intérêt ? Que le forcené Ladislas, emporté par la passion, teint du sang de son rival, se jette aux pieds de sa maîtresse, on est ému d'horreur et de pitié. Oreste produit un effet admirable dans *Andromaque*, quand il paraît devant Hermione, qui l'a forcé d'assassiner Pyrrhus. Point de grands crimes, sans de grandes passions qui fassent pleurer pour le criminel même. C'est-là la vraie tragédie. Le plus capital de tous les défauts dans la tragédie, est de faire commettre de ces crimes qui révoltent la nature, sans donner au criminel des remords aussi grands que son attentat, sans agiter son âme par des combats touchans et terribles, comme on l'a déjà insinué.

L'importance de l'action, dans la tragédie, se tire de la dignité des personnes, et de la grandeur de leurs intérêts. Quand les actions sont de telle nature, que, sans rien perdre de leur beauté, elles pourraient se passer entre des personnes peu considérables, les noms des princes et des rois ne sont qu'une parure étrangère, que l'on donne aux sujets ; mais cette parure, toute étrangère qu'elle est, est nécessaire. Si Ariane n'était qu'une bourgeoise, trahie par son amant et par sa sœur, la pièce qui porte son nom ne laisserait pas que de subsister toute entière ; mais cette pièce si agréable y perdrait un grand ornement. Il faut qu'Ariane soit princesse ; tant nous sommes destinés à être toujours éblouis par les titres. Les Horaces et les Curiaces ne sont que des particuliers, de simples citoyens de deux petites villes ; mais la fortune de deux états est attachée à ces particuliers ; l'une de ces deux petites villes a un grand nom, et porte toujours dans l'esprit une grande idée : il n'en faut pas davantage pour ennoblir les Horaces et les Curiaces. Les grands intérêts se réduisent à être en péril de perdre la vie, ou l'honneur, ou la liberté, ou un trône, ou son ami, ou sa maîtresse.

On demande ordinairement si la mort de quelqu'un des personnages est nécessaire dans la tragédie. Une mort est, à la vérité, un événement important : mais souvent il sert plus à la facilité du dénouement, qu'à l'importance de l'action ; et un danger mortel n'y sert pas quelquefois davantage. Ce qui rend Rodrigue si digne d'attention, est-ce le péril qu'il court en combattant le comte, les Maures ou Don Sanche ? Non. C'est la nécessité où il est de perdre l'honneur ou sa maîtresse ; c'est la difficulté d'obtenir sa grâce de Chimène, dont il a tué le père. Les grands intérêts sont tout ce qui remue fortement les hommes ; et il est des momens où la vie n'est pas leur plus grande passion. Il semble que les grands intérêts se peuvent partager en deux espèces ; les uns plus nobles, tels que l'acquisition ou la conservation d'un trône, un devoir indispensable, une vengeance, etc. ; les autres, plus touchans, tels que l'amitié. L'une ou l'autre de ces deux sortes d'intérêts donne un caractère aux tragédies où elle domine. Naturellement le noble doit l'emporter sur le touchant ; et *Nicomède*, qui est entièrement du genre noble, est d'un ordre supérieur à *Bérénice*, qui n'est partout que touchante. Mais, ce qui est incontestablement au-dessus de tout le reste, c'est le noble et le touchant réunis ensemble. Le seul secret qu'il y ait pour les réunir, est de mettre l'amour en opposition avec le devoir, l'ambition, la gloire ; de sorte qu'il les combatte avec force, et qu'ils en triomphent à la fin. Alors ces actions sont véritablement importantes, par la grandeur des intérêts opposés.

Les pièces sont en même tems touchantes par les combats de l'amour, et nobles par sa défaite. Pour la grandeur d'une action, voici les idées que l'on peut s'en faire. Elle doit se mesurer à l'importance des sacrifices, et à la force des motifs, qui engagent à les faire. On croirait d'abord que le courage serait d'autant plus digne d'admiration, qu'il se résoud à un plus grand mal pour un plus petit avantage ; mais il n'en est pas ainsi : quand nous sommes exempts d'intérêt, nous voulons de l'ordre et de la raison partout ; le courage ne nous paraît qu'aveuglement et folie, s'il n'est appuyé sur des raisons proportionnées à ce qu'il souffre, ou à ce qu'il ose. Ainsi, les héros, qui s'immolent pour leur patrie, sont sûrs de notre admiration ; parce que, au jugement de la raison, le bonheur de tout un peuple est préférable à celui d'un homme, et que rien n'est plus grand que de pouvoir porter ce jugement contre soi-même, et agir en conséquence ; ainsi le courage des ambitieux nous en impose, parce que, au jugement de l'orgueil humain, l'éclat du commandement n'est pas trop acheté par les plus grands périls. Nous allons même jusqu'à trouver de la grandeur dans ce que la vengeance nous fait entreprendre ; parce que, d'un côté, le préjugé attachant l'honneur à ne pas souffrir d'outrages, et de l'autre, la raison faisant préférer l'honneur à la vie, nous jugeons qu'il est d'une âme forte d'écouter, au péril de ses jours, un juste ressentiment.

Les vengeances, sans danger et sans justice apparente, ne nous laissent voir que la bassesse et la perfidie. Si quelquefois les amans obtiennent nos suffrages, parce qu'ils tentent quelque chose d'héroïque pour une maîtresse, c'est quand ils regardent, et que nous regardons avec eux, leurs entreprises comme des devoirs. Ils se sentent liés par la foi des sermens ; ils se reprocheraient, en osant moins, une espèce de parjure ; et ils paraissent alors autant animés par la vertu, que par la passion même ; ils deviennent des héros par leur objet : si au contraire, ils ne sont entraînés que par l'ivresse de la passion, ils ne nous paraissent alors que des furieux, plus dignes de nos larmes que de notre estime ; et, loin qu'ils nous élèvent le courage, ils ne nous attendrissent que parce que nous sommes faibles comme eux. Passons maintenant aux différentes unités d'intérêt.

Nous hasarderons ici un paradoxe ; c'est qu'entre les premières règles du théâtre, on a presque toujours oublié la plus importante. On ne traite d'ordinaire que des trois unités, de tems, de lieu et d'action. Nous croyons devoir leur en ajouter une quatrième, sans laquelle les trois autres sont inutiles, et qui, toute seule, pourrait encore produire un grand effet ; c'est l'unité d'intérêt, qui est la vraie source de l'émotion continue ; au lieu que les trois autres conditions, quoique exactement remplies, ne sauveraient néanmoins pas un ouvrage de la langueur.

On peut ajouter aux réflexions ci-dessus que, pour produire l'intérêt nécessaire à la tragédie, les moyens les plus propres sont premièrement de choisir un héros, dont le sort puisse nous attendrir et nous toucher. Pour cela, il ne faut pas choisir un homme tout-à-fait scélérat. Ses prospérités nous causeraient de l'indignation, et ses malheurs n'exciteraient en nous aucune compassion. Il faut donc le choisir bon, aimant la vertu, mais sujet aux faiblesses attachées à la nature humaine, et soumis, comme les autres hommes, au pouvoir et à la tyrannie des passions. Il faut qu'il ne mérite pas d'être aussi malheureux qu'il l'est, ou que ses malheurs soient la punition de ses fautes. S'il tombe dans quelques grands crimes, il faut que ce soit involontairement ; qu'il y soit poussé par la violence de sa passion, ou par la force des mauvais conseils, et que nous puissions le plaindre, quoique coupable.

Secondement, c'est de lui faire éprouver ces grands combats, qui déchirent le cœur, en le tenant suspendu entre deux intérêts opposés, et dont le sacrifice lui est également coûteux. Rien de si attachant pour le spectateur que ces sortes de situations. Il se met à la place du héros, et éprouve les mêmes déchiremens. C'est de le mettre dans de grands périls, qui nous fassent trembler pour lui. Voilà ce qui allarme, ce qui attache : ce n'est pas le meurtre qui touche, c'est l'intérêt qu'on prend au malheureux qui le commet, ou à celui qui en est l'objet, et quelquefois à tous les deux ensemble.

Troisièmement, c'est de tenir le fil du dénouement, soigneusement caché jusqu'à la fin. L'intérêt ne peut se soutenir que par l'incertitude de ce qui doit arriver; et il s'augmente par le désir et l'impatience qu'on a de l'apprendre. L'art est de faire toujours croître l'intérêt : mais la première règle, c'est de choisir un sujet, une action déjà capable d'intéresser par elle-même, et propre à fournir de grands mouvemens, de belles situations, et de grands sentimens, etc. Un poëte, qui traite un sujet sans intérêt, n'en peut vaincre la stérilité. Il ne peut jetter du pathétique dans l'action qu'il imite, qu'en deux manières ; ou bien il embellit cette action par des épisodes, ou bien il change les principales circonstances de cette action. S'il adopte le premier parti, l'intérêt qu'on prend à ces épisodes, ne sert qu'à mieux faire sentir la froideur de l'action principale; et il a mal rempli son titre. Si le poëte change les principales circonstances de l'action, que l'on suppose être un événement connu, son poëme cesse d'être vraisemblable. Nous allons finir cet article, en parlant de l'intérêt propre à la comédie.

Il faut attacher dans la comédie, comme dans la tragédie ; ce qui ne peut se faire sans intérêt : mais il n'est pas le même que dans la tragédie. Là, c'est le cœur tout seul qu'il faut intéresser, toucher, émouvoir et attendrir. Dans la comédie, c'est l'esprit, pour ainsi dire, seul qu'il faut attacher et amuser, ce qui est peut-être plus difficile encore, à cause de sa légèreté et de son inconstance. Pour fixer son attention, on se sert d'ordinaire d'une petite intrigue, qui est communément un mariage : mais ce n'est point assez ; il faut encore le réveiller sans cesse, et l'attacher par des traits piquans, des scènes vives, des peintures brillantes, et des incidens nouveaux : l'intrigue est souvent ce qui l'intéresse le moins.

INTERMÈDES.

C'est ce qu'on donne au spectacle, entre les actes d'une pièce de théâtre, pour amuser le peuple, tandis que les acteurs reprennent haleine ou changent d'habits, ou pour donner le loisir de changer de décorations. Dans l'ancienne tragédie, le chœur chantait dans les *intermèdes*, pour marquer les intervalles entre les actes. Chez nous les intermèdes consistent, pour l'ordinaire, en chansons, danses, ballets, chœurs de musique, etc. Aristote et Horace donnent pour règle, de chanter pendant ces intermèdes des chansons, qui soient tirées du sujet principal ; mais, dès qu'on eut ôté les chœurs, on introduisit les mimes, les danseurs, etc., pour amuser les spectateurs. En France, on y a substitué une symphonie de violons et d'autres instrumens.

M. la Combe, auteur du *Spectacle des Beaux-Arts*,

fait une observation très-judicieuse au sujet des intermèdes qui coupent les actes de nos tragédies. « N'est-il
» pas ridicule, dit-il, que nos tragédies soient coupées
» et suspendues par des sonates de musique instrumen-
» tale, et que le spectateur, qui est supposé occupé par
» les plus grands intérêts, ou ému par les plus vives pas-
» sions, tombe dans un calme soudain, et fasse ainsi di-
» version avec le pathétique de la scène, pour s'amuser
» d'un menuet ou d'une gavotte? Rien de plus propre
» en effet à faire revenir l'esprit du trouble où il était. Ces
» sortes d'intermèdes nuisent, peut-être plus qu'on ne
» pense, aux succès de ces tragédies. A chaque acte,
» l'auteur est, pour ainsi dire, obligé de travailler sur
» de nouveaux frais, pour faire illusion et pour tou-
» cher. »

INTERROGATION.

C'est une figure de style, très-propre à peindre les divers mouvemens du cœur, et à les rendre plus pathétiques. Elle consiste dans les différentes interrogations qu'on se fait à soi-même ou aux autres. Elle se fait souvent par exclamation, et n'en devient que plus vive et plus animée. Cette figure est du plus grand usage au théâtre. Voyez Mithridate, quand il dit :

> Elle me quitte : et moi, dans un lâche silence,
> Je semble de sa fuite approuver l'insolence :
> Peu s'en faut que mon cœur, penchant de son côté,
> Ne me condamne encor de trop de cruauté.
> Qui suis-je? est-ce Monime? et suis-je Mithridate?

Voyez Roxane dans *Bajazet*, lorsqu'elle se dit à elle-même :

De tout ce que je vois que faut-il que je pense ?
Tous deux, à me tromper, sont-ils d'intelligence !
Pourquoi ce changement, ce discours, ce départ ?
N'ai-je pas même entr'eux surpris quelque regard ?
Bajazet interdit ! Atalide étonnée !
O ciel ! à cet affront m'auriez-vous condamnée ?
De mon aveugle amour seraient-ce là les fruits ?
Tant de jours douloureux, tant d'inquiètes nuits,
Mes brigues, mes complots, ma trahison fatale,
N'aurais-je tout tenté que pour une rivale ?

Voyez encore Phèdre, quand elle s'écrie :

Que fais-je ? où ma raison se va-t-elle égarer !
Moi jalouse ! et Thésée est celui que j'implore !
Mon époux est vivant, et moi je brûle encore !
Pour qui ? quel est le cœur où prétendent mes vœux ?
Chaque mot, sur mon front, fait dresser mes cheveux.

INTRIGANT DUPÉ (l'), comédie en quatre actes, en prose, par M. Richaud Martelly, aux Français, 1801.

C'est un imbroglio, où un intrigant, qui s'est chargé d'éconduire un amant pour favoriser les vœux d'un autre, se trouve pris dans ses propres filets. Cette pièce a eu peu de succès. Le sujet principal et les accessoires en sont empruntés de plusieurs pièces connues ; et, de plus, elle pèche contre les vraisemblances. En voilà, selon nous, plus qu'il n'en fallait pour légitimer le peu de succès qu'elle a obtenu, et plus qu'il n'en faut pour motiver la briéveté de cet article.

INTRIGUE.
C'est un assemblage de plusieurs événemens ou circonstances, qui se rencontrent dans une affaire, et qui embarrassent ceux qui y sont intéressés. Ce mot vient du

mot latin, *intricare*. L'intrigue est la partie la plus essentielle, pour entretenir l'attention et soutenir la curiosité. Elle forme le nœud ou la conduite d'une pièce dramatique ou d'un roman, c'est-à-dire, le plus haut point d'embarras où se trouvent les principaux personnages, par l'artifice ou la fourberie de certaines personnes, et par la rencontre de plusieurs événemens fortuits, qu'ils ne peuvent débrouiller. Il existe toujours deux desseins dans la tragédie, la comédie ou le poëme épique. Le premier, et le principal, est celui du héros; le second comprend tous les desseins de ceux qui s'opposent à ses prétentions. Ces causes opposées produisent aussi des effets opposés; savoir, les efforts du héros pour l'exécution de son dessein, et les efforts de ceux qui lui sont contraires. Comme ces causes et ces desseins font le commencement de l'action, de même, ces efforts contraires en font le milieu, et forment une difficulté et un nœud, qui font la plus grande partie du poëme : elle dure tout le tems que l'esprit du lecteur est suspendu sur l'événement de ces effets contraires. La solution ou le dénouement commence, lorsque l'on commence à voir cette difficulté vaincue et les doutes éclaircis. Homère et Virgile ont divisé en deux parties, chacun de leurs trois poëmes, et ils ont appliqué, à chaque partie, un nœud et un dénouement particulier. La première partie de l'*Iliade* est la colère d'Achille, qui veut se venger d'Agamemnon, par le moyen d'Hector et des Troyens. Le nœud comprend le combat qui se donne en l'absence d'Achille, et consiste, d'une part, dans la résistance d'Agamemnon et des Grecs, et de l'autre, dans l'humeur vindicative et inexorable d'Achille, qui ne lui permet pas de se reconcilier avec Agamemnon. Les pertes des Grecs et le désespoir du roi, en vengeant Achille, disposent au dénouement.

La mort de Patrocle, jointe aux offres d'Agamemnon, qui seules avaient été sans effet, lèvent cette difficulté, et font le dénouement de la première partie. Cette même mort est aussi le commencement de la seconde partie, puisqu'elle inspire à Achille le dessein de se venger d'Hector ; mais ce héros s'oppose à ce dessein, et cela forme la seconde intrigue, qui comprend la mort d'Hector et le dernier combat.

Virgile divise son poëme absolument comme Homère. La première partie est le voyage et l'arrivée d'Énée en Italie ; la seconde, est son établissement dans cette contrée. L'opposition qu'il essuie de la part de Junon, dans ces deux entreprises, est le nœud général de l'action entière. Quant au choix du nœud et à la manière d'en faire le dénouement, il est certain qu'ils devaient sortir naturellement du fond du sujet.

Le P. Lebossu donne trois manières de former le nœud d'un poëme : la première est celle dont nous venons de parler ; la seconde est prise de la fable et du dessin du poëte ; la troisième consiste à former le nœud, de telle sorte que le dénouement en soit une suite naturelle.

Dans le poëme dramatique, l'intrigue consiste à jeter les spectateurs dans l'incertitude sur le sort qu'auront les principaux personnages introduits dans la scène. Pour cela, elle doit être naturelle, vraisemblable, et prise, autant qu'il se peut, dans le fond même du sujet. 1.º Elle doit être naturelle et vraisemblable ; car, une intrigue forcée ou trop compliquée, au lieu de produire dans l'esprit ce trouble qu'exige l'action théâtrale, n'y porte, au contraire, que la confusion et l'obscurité ; et c'est ce qui arrive immanquablement, lorsque le poëte multiplie trop les incidens ; car, c'est moins le merveilleux que le vraisemblable qu'on doit chercher dans ces occasions. Or, rien n'est plus éloigné de la vraisemblance, que d'accumuler dans une action, dont la durée n'est tout au plus supposée que de vingt-quatre heures, une foule d'actions qui pourraient à peine se passer en une semaine ou un mois. Dans la chaleur de la représentation, ces surprises multipliées plaisent pour un moment; mais, à la discussion, on sent qu'elles accablent l'esprit, et, qu'au fond, le poëte ne les a imaginées que faute de trouver dans son génie les ressources, propres à soutenir l'action de sa pièce, par le fond même de la fable. De là, tant de reconnaissances, de déguisemens, de suppositions d'état, dans les tragédies de quelques modernes, dont on ne suit les pièces qu'avec une extrême contention d'esprit : le poëte dramatique doit, à la vérité, conduire son spectateur à la pitié par la terreur, et réciproquement à la terreur par la pitié. Il est également vrai que c'est par les larmes, par l'incertitude, par l'espérance, par la crainte, par les surprises, et par l'horreur qu'il doit le mener jusqu'à la catastrophe; mais tout cela n'exige pas une intrigue pénible et compliquée. Corneille et Racine prodiguent-ils à tout propos les incidens, les reconnaissances, et les autres machines de cette nature, pour former leur intrigue ? L'action de *Phèdre* marche sans interruption, et roule sur le même intérêt, mais infiniment simple jusqu'au troisième acte, où l'on apprend le retour de Thésée. La présence de ce prince, et la prière qu'il fait à Neptune, forment tous les nœuds, et tiennent les esprits en suspens. il n'en faut pas davantage pour exciter l'horreur pour Phèdre, la crainte pour Hippolyte, et ce trouble inquiétant dont tous les cœurs sont agités, dans l'impatience de découvrir ce qui doit arriver. Dans *Athalie,* le secret du grand-prêtre sur le dessein qu'il a formé de proclamer Joas roi de Judas, l'empressement d'Atalie à demander qu'on lui livre cet enfant inconnu, conduisent et arrêtent comme par degrés l'action principale, sans qu'il soit besoin de recourir à l'extraordinaire et au merveilleux. On verra même dans *Cinna*, dans *Rodogune*, et dans toutes les meilleures pièces de Corneille, que l'intrigue est aussi simple dans son principe, que féconde dans ses suites. 2°. Elle doit naître du fond du sujet autant qu'il se peut; car, lorsque la fable ou le morceau d'histoire que l'on traite, fournit naturellement les incidens et les obstacles, qui doivent contraster avec l'action principale, qu'est-il besoin de recourir à des épisodes qui ne font que la compliquer, ou du moins partager et refroidir l'intérêt. Observons que le poëte dramatique, qui s'engage à mener deux intrigues à la fois, s'impose la nécessité de les dénouer dans le même instant. Sans cela, si la première qui s'achève est la principale, celle qui reste n'est plus supportable. Si au contraire l'intrigue épisodique fait perdre de vue la principale, il en naît un autre inconvénient. Les personnages disparaissent tout-à-coup, ou se rencontrent sans raison; ce qui mutile et refroidit l'ouvrage.

INTRIGUE AUX FENÊTRES (l'), opéra-bouffon en un acte, paroles de MM. Bouilly et Dupaty, musique de M. Nicolo, à l'Opéra-comique, 1805.

Monsieur Renardin, ancien officier d'infanterie, aussi versé dans les ruses de guerre que dans celles d'amour, veut marier sa fille à M. Satiné, son parent, marchand de papiers du faubourg Saint-Antoine; mais Clémence aime Floricourt, jeune capitaine de cavalerie, et en est aimée. Celui-ci, accompagné de Lorange, son valet, quitte son régiment, et accourt pour fléchir le père de sa maîtresse, ou le forcer à lui être favorable. Arrivé à Paris, il trouve M. Renardin délogé : il s'informe, et après bien des recherches, il apprend que M. Renardin, sous le nom de la Pallissade, est venu se loger dans la rue du Petit-Musc ; il y vole à l'instant, frappe à toutes les portes, et ne peut trouver la demeure de M. Renardin. Comment faire ? Lorange, qui voit les choses de sang-froid, conçoit en un clin-d'œil un plan d'attaque infaillible ; et Floricourt, se reposant sur la tactique de son valet, lui abandonne le commandement. Lorange va au coin de la rue ; et, au moyen de la bourse de son maître, amène tous les commissionnaires qu'il peut trouver, et leur ordonne de crier au feu. A ce cri d'allarme, tout le monde se met à la fenêtre : Lorange et Floricourt, tapis dans un coin de la rue, apperçoivent enfin M. Renardin, mademoiselle de la Girondière, sa sœur, et la belle et intéressante Clémence. Il ne s'agit plus maintenant que de reconnaitre la place, et de la prendre par adresse ou par force. Ils la trouvent dans un état de défense vraiment inquiétant pour tout autre qu'un Lorange ; mais, loin de l'allarmer, ces manœuvres de l'ennemi ne font qu'accroître son audace et stimuler son génie. Il faut d'abord chasser M. Satiné : Lorange, sans beaucoup d'efforts, se débarrasse de ce rival incommode. Sous le prétexte d'un achat de papier pour la sous-préfecture de Villers-Côterets, il le retient chez lui, et profite de son absence pour avancer ses affaires ; ensuite, croyant avoir des intelligences dans la place, Floricourt s'y introduit ; mais il est fait prisonnier. Vain obstacle ! Lorange vole chez Satiné, prend des papiers, se présente comme son envoyé, et parvient ainsi à s'introduire dans la maison. Enfin il délivre son maître, force le capitaine Renardin de s'avouer vaincu, et d'accorder à Floricourt la main de Clémence.

INTRIGUE DES FILOUX (l'), comédie, en cinq actes, en vers, par Létoile, 1647.

Trois filoux veulent voler une veuve, qui passe pour avoir de l'argent, et qui occupe seule une maison avec sa fille, qu'elle avait promise à un aventurier. La fille ne veut point consentir à la volonté de sa mère, parce qu'elle aime un officier depuis assez long-tems. Cet officier se trouve dans la maison, au moment où les trois filoux s'y introduisent, et fait avorter leur projet. La veuve, pour payer à l'officier le service qu'il vient de lui rendre, lui accorde sa fille en mariage ; mais elle apprend que celui, dont elle avait fait choix pour gendre, vient d'être arrêté pour avoir fabriqué de la fausse monnaie.

INTRIGUE EN L'AIR (l'), comédie en un acte, mêlée de vaudevilles, par MM. Sewrin et Chazet, au théâtre des Variétés, 1807.

Jean et Justin prétendent à la main de Fanchette, fille de Bontems. Jean est riche et convient au père de Fanchette ; Justin est pauvre, mais il est aimable, mais il est aimé de la jeune personne, et devient son époux. Tel est le fond de cette petite pièce, en voici l'intrigue. Bontems est occupé, avec ses ouvriers, à construire une maison pour le parrain de sa fille. Il se plaint à Jean de ce qu'une pièce de bois, qui devrait être placée, n'est pas encore sciée. Jean, à son tour, rejette la faute sur le scieur-de-long ; mais son excuse n'est pas admise. Après son dîner, Bontems retourne au travail ; il recommande à Fanchette de fermer la porte aux galans, et de leur dire, par la fenêtre, que son père reviendra dans une heure. Bientôt Justin arrive; mais Fanchette lui ferme sa porte. Jean lui-même vient trouver Justin, qui lui a promis de lui aider à scier son bois. Justin, croyant que Jean est la cause du mauvais traitement que lui fait éprouver Fanchette, se dispose à l'en punir. Les réponses de Jean ne font qu'augmenter sa fureur; mais le quiproquo s'éclaircit, et Justin s'apperçoit qu'il ne s'agit que de la pièce de bois : aussitôt il grimpe sur l'établi, qui se trouve placé sous la fenêtre de Fanchette. Jean, sans doute pour favoriser son rival, lui demande une chanson. Alors Justin saisit l'occasion, et lui en chante une, dans laquelle il retrace l'inconstance des amans. Son premier couplet est achevé, et il ne voit pas venir Fanchette; fâché que le second n'ait pas eu plus d'effet, il s'emporte; et, dans un moment où il peint son impatience, il fait remuer l'établi; alors Fanchette ouvre sa fenêtre. Les amans se témoignent leur amour par de tendres caresses, sans que Jean, que le son de scie incommode, s'apperçoive de rien; mais Bontems arrive et les surprend; il veut conclure, malgré sa fille, son mariage avec Jean; mais le parrain de Fanchette s'y oppose, et la marie à Justin.

Cette pièce renferme un dialogue aisé, et quelques jolis couplets; mais les auteurs y ont semé des calembourgs qui nuisent à l'intérêt. On peut amuser et faire rire le public par des moyens plus naturels.

INTRIGUE ÉPISTOLAIRE (l'), comédie en cinq actes, en vers, par Fabre-d'Eglantine, aux Français, 1791.

C'est ici, comme dans un grand nombre de comédies

un tuteur avare et jaloux, qui veut épouser sa pupille, pour s'emparer de sa fortune. Mais la jeune personne déteste son tyran, et veut s'affranchir d'un joug odieux; cependant, il faut convenir que Cléri, amant aimé de Pauline, trouve un terrible adversaire dans le procureur Clénard. Non seulement il tient sa pupille étroitement enfermée et lui donne des surveillans incorruptibles; mais encore il met, à la poursuite de l'amant, un huissier et toute sa sequelle. Toutes ses portes et toutes ses fenêtres sont fermées; ainsi, à moins de les enfoncer, ou de mettre le feu à la maison, il n'y a pas de moyens de lui enlever sa pupille. Malgré toutes ces précautions, les amans ne désespèrent pas de sortir vainqueurs de cette lutte difficile. Ils mettent en jeu toutes sortes de ruses, pour dérouter le vieux procureur et ses agens; mais, pour agir de concert et se rendre compte de leurs opérations, ils n'ont que la ressource des lettres: comment se les faire parvenir? Ce sont les différens moyens qu'ils emploient qui forment l'intrigue, et donnent le titre à la pièce. Du reste, après une vigoureuse résistance, le vieux procureur finit par succomber, et se voit forcé de convenir que, celui qui se met en tête de garder une femme malgré elle, n'est qu'un sot.

Cette pièce a eu le plus grand succès. La conduite d'un ouvrage, si différent de couleur du *Philinte* de Molière, prouve infiniment de ressources et de talens comiques dans l'esprit de l'auteur. L'imbroglio est bien tissu, la marche en est vive et pleine de feu, et les incidens en sont bien ménagés. Enfin on y rit, et de ce rire franc et vrai, que depuis long-tems Thalie ne connaît plus.

INTRIGUES AMOUREUSES (les), comédie en cinq actes, en vers, par Gilbert, 1666.

Ces intrigues amoureuses sont un tissu d'invraisemblances, un ramas de situations forcées et ridicules. En voici le fond : Yante ayant perdu son frère, à qui Damon, son oncle, destinait ses grands biens, vient à Paris pour tâcher, avant que la nouvelle de sa mort y soit parvenue, de décider l'oncle à lui en faire donation. Un valet, nommé Marot, est à la tête de toutes ces intrigues; et, de concert avec Lisandre, amant aimé d'Yante, ils parviennent à tromper l'oncle. Leurs ruses, quoique fort grossières, se trainent jusqu'au dénouement, sans qu'aucun des personnages forme le plus léger soupçon. Tantôt Yante se présente sous des habits d'homme et sous le nom de son frère, et tantôt en habit de femme : ainsi, elle est tout-à-la-fois et le frère et la sœur. Sous le nom de son frère, elle est fiancée à la nièce d'un certain Clindor, et touche la dot; et, sous celui d'Yante, elle épouse Lisandre. Plusieurs fois l'intrigue est en danger de se rompre; mais Yante et Marot la renouent, à l'aide de plaisanteries que les deux oncles, Damon et Clindor, écoutent avec la plus grande docilité. Nous allons en citer plusieurs exemples : Yante, sous le nom de son frère, fait la cour à Séline, nièce de Clindor, et lui demande un baiser, qu'elle lui refuse; alors il lui dit :

Vous êtes trop sévère :
Loin de me refuser une faveur légère,
Séline, vous pourriez, ayant reçu ma foi,
Sans blesser votre honneur, coucher avecque moi.

Damon veut voir son neveu et sa nièce réunis chez Clindor. Les vieillards reviennent de chez le notaire, où ils ont fait rédiger les articles du contrat; ils demandent à voir Yante : celle-ci, sous ses habits d'homme, leur dit que sa sœur est indisposée, et qu'elle a la migraine.

INT

DAMON.

Son mal est sans péril :

CLINDOR.

Mais elle a besoin d'aide.
Allons la visiter.

YANTE.

Elle a pris un remêd'....

Dans une autre circonstance, où les deux oncles s'entretiennent d'Yante et de son frère, Marot vient leur proposer de leur faire connaître les mœurs des provinces de France où il a voyagé; la proposition est acceptée. Voici une idée de cette scène bisarre :

CLINDOR.

Que dis-tu des Normands, dont chacun parle assez?

MAROT.

Ils sont grands chicaneurs, et fort intéressés.

DAMON.

Les Picards?

MAROT.

Ils sont francs, ardens après la gloire;
J'entends de celle-là, qu'on acquiert à bien boire.

CLINDOR.

Les Bourguignons?

MAROT.

Salez.

CLINDOR.

Le proverbe le dit;
Mais je ne l'entends pas, si l'on ne l'éclaircit.

MAROT.

C'est-à-dire, des gens corrompus de nature;
Car, l'on sale la chair sujette à pourriture.

INTRIGUES DE LA LOTERIE (les), comédie en trois actes, en vers, par Visé, 1670.

Céliane a fait une loterie, qui doit être tirée le soir même. Cette circonstance attire chez elle un grand nombre de personnes, qui entrent, sortent et reviennent, sans que l'on comprenne bien leur dessein. Valère, amant de Clarice et de Mélisse, la première, fille, et l'autre, nièce de Céliane; et Cléonte, amant de Mélisse et de Clarice, profitent de cette occasion pour voir leurs maîtresses, et se déterminer sur le choix. Clidamis, plus heureux qu'eux, se fait introduire hardiment par une intrigante, et gagne le cœur de Clarice, dont il est amoureux. Les deux autres amans se consolent, dans l'espérance que la fortune les favorisera, dans la nouvelle loterie qu'on leur vient d'annoncer.

Le sujet de cette pièce est semblable, pour le fond, à la comédie d'*Aimer sans savoir qui*, de Douville, et à la *Belle Invisible*, de Boisrobert.

IPHIGÉNIE EN AULIDE, tragédie d'Euripide.

Nous allons entrer dans quelques détails sur la tragédie d'Euripide, afin de nous dispenser d'analyser toutes celles qui ont été faites sur le même sujet. On sait que les Grecs, prêts à partir pour Troie, furent arrêtés en Aulide, par un calme qui ne devait cesser qu'après avoir sacrifié Iphigénie à Diane, à qui Clytemnestre l'avait dévouée en naissant : telle est la voix de l'oracle. Ce n'est qu'à ce prix que les vents seront favorables. Agamemnon, pressé par les Grecs, a eu la cruauté d'écrire à Clytemnestre, qu'il a laissée dans Argos, de lui amener sa fille Iphigénie. Mais ce malheureux père ne tarde pas à changer de résolution : enfin, la nature l'emporte sur un funeste devoir; et, sans en expliquer les raisons, il trace quelques mots pour empêcher le départ de la reine, et confie ce message important à un vieillard. Ménélas surprend ce vieillard, et s'empare de ses dépêches. Après s'être injustement emporté contre lui, il vient trouver son frère, et lui reproche sa faiblesse et sa perfidie. Ici, les deux frères ont une altercation assez vive, qui cesse par la nouvelle, que vient leur apporter un envoyé, de l'arrivée de la reine et de sa fille. Entendez Agamemnon dans Racine :

Juste ciel, c'est ainsi qu'assurant ta vengeance,
Tu romps tous les ressorts de ma vaine prudence.
Encor, si je pouvais, libre dans mon malheur,
Par des larmes au moins soulager ma douleur !

C'est ainsi qu'Euripide le fait parler. Ménélas, ému, attendri par les larmes de son frère, ne peut lui-même retenir ses pleurs. Non, dit-il, « je ne suis plus ce cruel » Ménélas, qui voulait vous persuader d'immoler votre » fille.... Ne la sacrifiez point à mes intérêts. Qu'a cette » princesse à démêler avec Hélène ? Congédions l'ar- » mée. » Hélas ! lui répond Agamemnon, ce changement ne me rend point ma fille : Calchas, Ulysse, les Grecs, toute l'armée enfin va savoir l'arrivée de la princesse.

Alors Ménélas lui conseille de faire périr Calchas; il pense qu'ils n'ont rien à craindre d'Ulysse; mais Agamemnon est bien d'un autre avis. Euripide met ici dans la bouche d'Agamemnon à-peu-près le langage que Racine fait tenir à Ulysse, acte 1er., scène III.

> Pensez-vous que Calchas continue à se taire,
> Que ses plaintes, qu'envain vous voudrez appaiser,
> Laissent mentir les Dieux, sans vous en accuser?
> Et qui sait ce qu'aux Grecs, frustrés de leur victime,
> Peut permettre un courroux, qu'ils croiront légitime:
> Gardez-vous de réduire un peuple furieux,
> Seigneur, à prononcer entre vous et les Dieux.....

Ces deux actes sont terminés par des intermèdes à la manière des anciens. Le chœur ouvre le troisième acte par des chants en l'honneur de Clytemnestre, qui arrive sur un char, avec Iphigénie et le jeune Oreste; après l'avoir remercié, la reine ordonne aux femmes de tirer du char les présens qu'elle destine à sa fille. Elle trouve Oreste endormi, et lui dit: Quoi! cher enfant, tu dors! Réveille-toi pour être témoin de l'himen de ta sœur. Qu'on nous passe cette réflexion; mais ces détails sont un peu trop bourgeois Tout ce que l'on pourrait dire en faveur d'Euripide, c'est que la plupart de ces rois de la Grèce n'étaient pour ainsi dire que des gouverneurs d'une faible contrée, et que, par conséquent, il n'est point étonnant que leurs femmes descendissent à ces détails de ménage. Mais, tout ce que l'on pourrait ajouter de semblable ne pourrait l'excuser; car cet enfant est absolument étranger à l'action et à l'intérêt de la pièce; mais revenons à notre analyse.

Agamemnon arrive. Comme Racine a imité le poëte Grec dans cette scène, nous renvoyons à la scène II, de l'acte II de la tragédie de Racine.

Seigneur, où courez-vous ? et quels empressemens
Vous dérobent sitôt à mes embrassemens, etc.

Iphigénie se retire. Clytemnestre vient d'apprendre que sa fille est destinée à l'himen d'Achille ; elle prie Agamemnon de lui faire connaître la naissance et le pays de ce héros ; alors il lui fait un long détail généalogique qui satisfait Clytemnestre ; et elle convient qu'Achille n'est point à dédaigner ; enfin elle consent à cet himen, et demande l'époque à laquelle il sera célébré ; Agamemnon le lui dit, et tâche de lui persuader de n'y pas assister. Voyons le parti qu'en a tiré le poëte Grec, et comment Racine s'en est tiré d'après lui.

AGAMEMNON.

Vous voyez en quels lieux vous l'avez amenée :
Tout y ressent la guerre, et non pas l'himénée ;
Le tumulte d'un camp, soldats et matelots
Un autel hérissé de dards, de javelots,
Tout ce spectacle enfin, pompe digne d'Achille,
Pour attirer vos yeux, n'est point assez tranquille ;
Et les Grecs y verraient l'épouse de leur roi,
Dans un état indigne, et de vous et de moi.
M'en croirez-vous, laissez, de vos femmes suivie,
A cet himen, sans vous, marcher Iphigénie.

CLYTEMNESTRE.

Qui moi ? que, remettant ma fille en d'autres bras,
Ce que j'ai commencé, je ne l'achève pas ?
. . . .

AGAMEMNON.

Vous avez entendu ce que je vous demande,
Madame ; je le veux et je vous le commande :
Obéissez !

Voilà des raisons, qui peuvent colorer le refus d'Agamemnon. Tout cet appareil d'un camp dont Racine nous fait le tableau, et les motifs qu'il y ajoute, semblent, au premier coup-d'œil, assez forts pour éloigner Clytemnestre ; cependant elle veut conduire sa fille à l'autel : alors Agamemnon lui commande de s'éloigner. Euripide, au contraire, nous peint ici Agamemnon comme un tyran. La bienséance, dit-il à Clytemnestre, vous défend de paraître au milieu d'une armée ; elle veut que vos filles, qui sont dans Argos, ne restent pas plus long-tems sans vous. Beau sujet, s'écrie cette tendre mère, de précipiter mon retour ! Ne sont-elles pas renfermées dans le palais ? Quelle autre qu'une mère doit conduire sa fille à l'autel !.... Les droits d'une mère, en pareil cas, sont incontestables ; il fallait les affaiblir par le raisonnement ; c'est ce qu'a fait Racine. Chez lui, Clytemnestre n'oppose que sa volonté aux raisons d'Agamemnon ; enfin, elle a tort. Chez Euripide, son raisonnement l'emporte et elle a raison. Enfin, Agamemnon, désespérant de vaincre son épouse, se propose d'aller trouver Calchas, pour conférer avec lui sur le remède, que l'on doit apporter aux maux de la Grèce ; et finit son monologue par cette moralité : *Tout homme sensé doit choisir une épouse docile, ou n'en point avoir.* Ce troisième acte se termine, comme les précédens, par un intermède. Achille ouvre le quatrième par un monologue, dans lequel il se plaint des Atrides, et de leurs délais qui l'arrêtent au rivage de l'Euripe; il va s'en retourner avec ses Thessaliens. Telle est la disposition du fils de Pélée, lorsque Clytemnestre vient à sa rencontre. Achille s'étonne de ce qu'au mépris des saintes lois de la pudeur, une femme, de la plus rare beauté, ose s'offrir à ses yeux. Clytemnestre se fait connaître, lui explique le sujet de sa démarche, et lui dit qu'elle lui apporte le gage de l'Himen; mais Achille, par une étrange méprise, lui proteste de son respect pour Agamemnon. Alors elle s'exprime d'une manière plus claire, et lui dit qu'autorisée par l'usage, et devant épouser sa fille, elle doit lui présenter ce gage : ils se témoignent réciproquement leur surprise, Achille, de ce qu'on lui parle d'un hymen qu'il n'a point recherché, et Clytemnestre, de ce qu'on l'a abusée. L'un et l'autre vont se retirer, lorsque le vieillard, confident d'Agamemnon, vient leur apprendre le funeste sacrifice, et dissiper leur erreur commune. Clytemnestre alors se jette aux pieds d'Achille, et implore son secours. Entendez cette mère infortunée dans la tragédie de Racine, acte III, scène V.

> Oubliez une gloire importune :
> Ce triste abaissement convient à ma fortune, etc.

Voyez encore la réponse d'Achille dans ce même acte, scène VI. Mais, dans Euripide, Achille n'a point encore vu Iphigénie; il ne veut pas même la voir, dans la crainte de s'attirer des reproches. Au lieu de prendre un parti digne de son caractère, il conseille à Clytemnestre d'aller trouver son époux, et de tâcher de l'attendrir par ses pleurs : dans le cas seulement, où Agamemnon serait insensible à ses prières, il s'oblige à défendre les jours de sa fille. Mais ne croiriez-vous pas entendre Achille lui-même, dans ces beaux beaux vers de Racine?

> Enfin vous le voulez : il faut vous complaire ;
> Donnez-lui l'un et l'autre un conseil salutaire,
> Rappelez sa raison, persuadez-le bien
> Pour vous, pour mon repos, et surtout pour le sien.
> Je perds trop de momens en des discours frivoles ;
> Il faut des actions, et non pas des paroles.

Quelle noble fierté ! Quelle énergie dans ce dernier vers surtout ! Ils sortent, et le chœur s'empare de la scène. Nous voyons, au cinquième acte, Clytemnestre dans la plus grande agitation se plaindre des efforts qu'elle a faits, pour rencontrer son époux. De son côté, Agamemnon la cherchait, pour tâcher de l'abuser par un nouveau prétexte : mais c'en est fait, le fatal secret est su et de la mère et de la fille. Alors Iphigénie arrive elle-même, les yeux baignés de larmes. Dans Euripide, ce n'est qu'après une longue série de questions qu'Agamemnon s'apperçoit qu'il est trahi ; dans Racine, au contraire, il le voit tout de suite. En effet, les larmes d'Iphigénie, la fureur concentrée de la reine ne le lui disent-elles pas assez ?

> Quel trouble ! mais tout pleure, et la fille et la mère,
> Ah ! malheureux Arcas, tu m'as trahi, etc.....

Mais il est tems d'arriver à la catastrophe. Iphigénie, après avoir long-tems gémi du coup qui la menace, finit par s'y résigner. Achille lui-même y souscrit, et promet de défendre Iphigénie, dans le cas où elle viendrait à changer de résolution. Enfin la victime est conduite à l'autel ; mais, au lieu de la Princesse, Calchas frappe une biche que Diane lui a substituée. Contente de leur soumission, la Déesse promet aux Grecs de favoriser leur navigation. Alors un envoyé vient faire à Clytemnestre le détail de la cérémonie; et Agamemnon lui-même vient confirmer cette heureuse nouvelle, et faire ses adieux à son épouse.

Telle est l'*Iphigénie* d'Euripide. Nous aurons occasion d'y revenir, en parlant de la pièce de Racine et de celle de Rotrou.

IPHIGÉNIE, tragédie de Rotrou, 1640.

Cette pièce de Rotrou, bien inférieure à celle de Racine, n'est cependant pas indigne de l'auteur de Venceslas. Il a suivi Euripide pas à pas; il a même enchéri sur le poëte grec dans quelques endroits. On y remarque entr'autres un discours qu'adresse Ménélas à Agamemnon. Le voici:

 Ne vous souvient-il pas, avec combien d'adresse
 Vous vous êtes fait chef des troupes de la Grèce.
 Ah! comme ce grand cœur se savait abaisser!
 Le front ne portait pas l'image du penser;
 Et votre modestie, alors incomparable,
 Fut un adroit chemin à ce rang honorable.
 Jamais, pour s'élever, on ne se mit si bas.
 Vous offriez à l'un, à l'autre ouvriez les bras,
 Serriez à l'un la main, jettiez les yeux sur l'autre,
 Portiez votre intérêt beaucoup moins que le nôtre.
 De qui vous demandait, vous préveniez les pas;
 Parliez à qui voulait et qui ne voulait pas.
 Et lors votre maison, à tout le monde ouverte,
 Jusques aux basses-cours n'étoit jamais déserte;
 Mais, quand cette affectée et fausse humilité
 Vous eut, de notre chef, acquis la qualité,
 Un soudain changement de mœurs et de visage
 Fut de cet artifice un trop clair témoignage.

IPHIGENIE, tragédie de Racine, 1674.

Racine, comme on l'a vu plus haut, n'avait pu se dispenser de suivre Euripide; mais, en avouant qu'il lui est redevable des plus grandes beautés de sa pièce, il s'est réservé l'honneur de le surpasser par la noblesse des sentimens et de l'expression. Quels ressorts puissans font naître les irrésolutions d'Agamemnon, les inquiétudes de Clytemnestre, leur douleur poussée jusqu'à l'excès! Achille, ce héros insignifiant chez le poëte grec, chez lui intéresse également, soit qu'il se livre à son amour, soit qu'il suive les sentimens que la gloire lui inspire; il pouvait même ne pas le rendre amoureux; mais il maniait cette passion en maître, de quelque façon qu'il voulut la peindre. Combien Iphigénie est grande et digne de pitié chez Racine! Combien elle est pitoyable chez Euripide! Comme la catastrophe d'Euripide est tout-à-fait différente de celle de Racine, et que tout le monde connaît le dénouement de la tragédie de ce dernier, nous n'en dirons rien ici.

Louis XIV, à son retour de la Franche-Comté qu'il venait de conquérir, donna des divertissemens à toute la cour. Pour qu'il ne manquât rien à cette fête, on avait dressé, à grands frais, dans le parc de Versailles, un théâtre magnifique. L'Iphigénie de Racine fut la pièce qui fut choisie pour y être représentée; ce chef-d'œuvre réussit à la cour, comme il avait réussi à la ville; c'est-à-dire, qu'il y reçut l'applaudissement le plus flatteur et le moins suspect, celui des larmes; ce qui a fait dire à Boileau:

> Jamais Iphigénie, en Aulide immolée,
> N'a coûté tant de pleurs à la Grèce assemblée;
> Que dans l'heureux spectacle, à nos yeux étalé,
> En a fait, sous son nom, verser la Champmêlé.

Les ennemis de Lully l'accusaient de devoir le succès de sa musique à Quinault. Ce reproche lui fut fait un jour par ses amis mêmes, qui lui disaient, en plaisantant, qu'il n'avait pas de peine à mettre en chant des vers faibles; mais qu'il éprouverait bien plus de difficulté, si on lui donnait des vers pleins d'énergie. Lully, animé par cette plaisanterie, et comme saisi d'enthousiasme, court à son clavessin; et, après avoir cherché un moment ses accords, chante ces quatre vers d'Iphigénie, qui sont des images, ce qui les rend plus difficiles pour la musique que des vers de sentiment.

> Un prêtre, environné d'une foule cruelle,
> Portera sur ma fille une main criminelle,
> Déchirera son sein ; et, d'un œil curieux,
> Dans son cœur palpitant, consultera les Dieux.

Un des auditeurs raconta à M Racine, fils, qu'ils se crurent tous présens à cet affreux spectacle, et que les tons que Lully ajoutait aux paroles, leur firent une impression profonde.

En 1718, les comédiens annoncèrent sur leurs affiches, pendant quatre ou cinq jours, qu'ils représenteraient la tragédie d'Iphigénie, où l'on verrait quelque chose d'extraordinaire, qu'on n'avait pas encore vu, et qu'on ne verrait peut-être jamais. Le jour arrivé, que l'on devait voir cette chose extraordinaire, il y eut un concours de monde prodigieux. On excita l'impatience du public jusqu'au quatrième acte; enfin, l'on vit paraître la Thorillière représentant Agamemnon, et Poisson représentant Achille. Cette mascarade fit d'abord rire les spectateurs; mais les éclats de rire dégénérèrent bientôt en hulemens ; et les huées allaient succéder aux claquemens de mains, lorsque les comédiens prévinrent l'orage, et empêchèrent de jouer le cinquième acte. Tel fut le succès de cette plaisanterie.

Quinault du Fresne, jouant Achille dans Iphigénie, s'irritait dans le cours précipité des reproches qu'il faisait à Agamemnon.

Vous, que mon bras vengeait dans Lesbos enflammée,

Et reprenait avec dédain :

Avant que vous eussiez rassemblé votre armée.

On sent tout l'effet que devait produire cette heureuse interruption.

En 1769, avant la représentation d'Iphigénie, un acteur prononça ce petit discours; « Messieurs, nous allons vous présenter le dénouement d'Iphigénie en action : nous souhaitons que ce soit varier vos plaisirs, puisqu'on a employé et conservé, avec le respect le plus scrupuleux, les mêmes vers de M. Racine, et que l'unique changement consiste à mettre en spectacle, et sous les yeux, ce qui était en récit». Ce changement ne réussit point. On aurait dû sentir, avant que de le tenter, que cette action était trop confuse, pour l'exposer aux yeux des spectateurs ; que cinq ou six acteurs se trouvent dans une situation trop vive, pour que leurs mouvemens, qui doivent se choquer avec rapidité, puissent se développer naturellement sur la scène. Dans un moment pareil, on ne peut entendre que des cris confus ; et Racine connaissait trop bien son art, pour ne pas écarter du théâtre une action, qu'il lui était plus facile d'embellir dans un récit.

Un mathématicien savant et rigide n'avait jamais lu Racine. Quelqu'un lui en ayant fait l'éloge, il se laissa persuader de lire Iphigénie. Mais à peine eut-il parcouru trois ou quatre scènes, qu'il jetta le livre, en disant : qu'est-ce que cela prouve ?

IPHIGÉNIE, tragédie de Leclerc et de Coras, 1675.

Si nous en croyons l'auteur, il n'a fait imprimer sa tragédie, qu'afin qu'on puisse en faire la comparaison avec celle de Racine : ou cet auteur est de mauvaise foi, ou il s'abuse étrangement sur le mérite de son ouvrage; car il n'y a aucun terme de comparaison entre ces deux pièces. Il a, dit-il, suivi Euripide quand Racine s'en est écarté, et il l'a quitté, quand il l'a suivi. Nous n'examinerons point s'il a eu tort ou raison, mais il a eu tort évidemment, puisque la tragédie de Racine est un chef-d'œuvre, et que la sienne est une pièce détestable, où sont défigurés tous les caractères que les anciens nous ont transmis. Ulysse, qui est ici sur le premier plan, n'est point le rusé, l'adroit Ulysse, mais un profond scélérat, un faussaire qui contrefait le seing d'Agamemnon, et qui abuse du nom d'Achille, pour amener Iphigénie en Aulide, où Calchas doit l'immoler. Ménélas est un personnage méprisable. Enfin cet Achille, si beau dans Racine, est, pour ainsi dire, un personnage postiche. Quant au style, on peut en juger par ces vers. Achille vient d'apprendre le sort réservé à son amante, il s'adresse à Clytemnestre et lui dit :

> Ne croyez pas qu'en paix, je laisse Agamemnon
> Pour perdre Iphigénie, abuser de *mon nom*;
> *Non* de cet attentat, etc., etc.

Au reste il est lâche, prosaïque, incorrect et diffus.

Cette pièce n'eut que cinq représentations; la première est du 24 mai, et la dernière du 9 juin, parce que le théâtre, dans ce tems, n'était ouvert que trois fois la semaine, savoir le dimanche, le mardi et le vendredi. Leclerc dit encore dans sa préface, que l'ouvrage est entièrement à lui; il n'en excepte que cent vers épars çà et là, qu'il reconnaît devoir à Coras; malgré cet aveu authentique, Racine les affubla tous deux à-la-fois de l'épigramme suivante, la meilleure, peut-être, qui ait été faite en ce genre.

> Entre Leclerc, et son ami Coras,
> Tous deux auteurs rimans de compagnie;
> N'a pas long-tems s'ourdirent grands débats;
> Sur le propos de leur Iphigénie.
> Coras lui dit : la pièce est de mon cru;
> Leclerc répond : elle est mienne, et non vôtre ;
> Mais, aussitôt que l'ouvrage eut paru,
> Plus n'ont voulu l'avoir fait l'un ni l'autre.

IPHIGÉNIE EN AULIDE, opéra, en trois actes, par le Bailli Durolet, musique de Gluck, à l'opéra.

L'auteur a suivi le plan de la tragédie de Racine; mais il a beaucoup abrégé l'action, en retranchant l'épisode d'Eriphile. Au lieu d'Arcas, il a introduit Calchas dès le premier acte, ce qui donne du mouvement et de l'intérêt à l'exposition. Le poëte a su mettre presque toutes les scènes et les personnages en opposition, ce qui soutient l'intérêt. Cet ouvrage eut un très-grand succès lors de ses représentations. La musique obtint les suffrages de tous les connaisseurs.

IPHIGÉNIE EN TAURIDE, tragédie d'Euripide.

Cette pièce fait suite à l'*Iphigénie en Aulide* du même poëte ; mais on le croirait difficilement, si l'on s'en tenait précisément à la fable de cette dernière, dans laquelle l'auteur feint, qu'après la substitution d'une biche à la princesse, Iphigénie s'envola parmi les Dieux. Euripide suppose qu'Iphigénie a été transportée en Tauride, pour y être prêtresse de Diane : selon lui, tous les Grecs et Oreste lui-même la croyent tombée en Aulide, sous le fer de Calchas. Enfin, après avoir tué Clytemnestre, Oreste tourmenté par les Furies, va dans la Tauride par ordre d'Apollon, pour enlever la statue de Diane, et la transporter dans l'Attique.

Comme nous allons donner l'analyse de plusieurs pièces sur le même sujet, nous y renvoyons le lecteur qui y trouvera, à quelques détails prés, la tragédie d'Euripide.

IPHIGÉNIE EN TAURIDE, tragédie-opéra, par Duché et Danchet, musique de Desmaret et Campra, 1704.

Électre, sœur d'Oreste et d'Iphigénie, et amante de Pylade, arrive en Tauride avec son frère et son amant. Thoas en devient amoureux, et promet la vie à Pylade et à Oreste, si elle veut répondre à son amour ; il n'ignore cependant pas qu'un oracle a prononcé contre lui l'arrêt de mort, s'il laisse vivre ces deux Grecs ; mais sa passion l'emporte sur la crainte de mourir. D'un autre côté, la vue d'Oreste fait sur le cœur d'Iphigénie une impression vive et tendre, qu'elle prend d'abord pour de l'amour.

Thoas n'éprouve, de la part d'Électre, que des mépris qui l'irritent. Il veut bien remettre encore une fois, dans les mains de cette Grecque captive, le sort des deux étrangers; ils vivront, si elle consent à régner avec lui; ils mourront, si elle le refuse. Cette alternative la jette dans le plus cruel embarras. Elle ne peut sauver son frère sans manquer à la fidélité qu'elle doit à son amant: et elle les perd l'un et l'autre, et se perd avec eux, si elle reste fidelle à Pylade. Électre feint de vouloir épouser le tyran, résolue à se donner la mort, quand elle aura procuré la liberté à son frère et à son amant. Oreste qui ne pénètre pas ce dessein, refuse la vie qu'on lui accorde, plutôt que de la devoir à un himen qu'il déteste. Ce mépris de la mort, joint aux paroles de l'Oracle, qui menace les jours de Thoas, rend à ce prince ses premières inquiétudes. Il craint également de hasarder sa vie et son empire, ou de renoncer à son amour. Dans cette irrésolution, il invoque les dieux de la mer. L'Océan lui apparaît au milieu des flots, et lui annonce une mort funeste, pour peu qu'il néglige de s'opposer aux desseins de ses ennemis. Ces paroles animent le courage de Thoas; la mort des captifs grecs est résolue pour le jour même; et Iphigénie a ordre de se tenir prête pour le sacrifice. Celle-ci aime mieux mourir, que de se prêter à cette cruauté; et, pour prix de ce service, elle engage Oreste par un serment de porter de ses nouvelles dans sa patrie. C'est le moment de la reconnaissance d'Oreste et d'Iphigénie. Après être convenus ensemble des moyens et du tems de leur départ, Oreste la quitte pour aller enlever la statue de Diane. Thoas, qui en est instruit, veut en vain s'opposer à leur fuite: la Déesse protége les Grecs, et le Tyran meurt dans le combat. Diane vient elle-même annoncer sa défaite: on célèbre l'himen d'Électre et de Pylade. Oreste est délivré de ses Furies, et le vaisseau se dispose à partir pour Argos.

Les auteurs de cet opéra ont sagement omis le combat d'amitié entre Oreste et Pylade. La Poësie lyrique se serait prêtée difficilement à cette espèce de plaidoyer. La reconnaissance du frère et de la sœur est une des plus belles, des mieux préparées et des plus touchantes qu'il y ait au théâtre. Nous en exceptons pourtant celle qui est rapportée dans la poëtique d'Aristote. Lorsqu'Iphigénie, armée du couteau sacré, a le bras levé pour immoler son frère, qu'elle ne connaît point. « Hélas! dit Oreste en » regardant Pylade, c'est ainsi que ma sœur Iphigénie a » perdu la vie en Aulide. » Ces paroles font tomber le couteau des mains de la prêtresse; et cette situation frappante, dont M. Guillard a tiré le plus grand avantage, comme on le verra par la suite, produit le plus touchant effet sur le cœur des spectateurs.

Cet opéra fut commencé huit ans avant d'être représenté. Duché en faisait les vers, et Desmarets la musique; il restait encore le cinquième acte à finir, et le prologue à composer, lorsque ce musicien, obligé de quitter la France pour une affaire de galanterie, dont les suites lui devinrent funestes, laissa l'ouvrage imparfait. Quelque tems après, Danchet et Campra se chargèrent de l'achever.

IPHIGÉNIE EN TAURIDE, par Guimond de la Touche, 1757.

Iphigénie raconte à sa confidente un songe dans lequel, transportée à Argos, après plusieurs phénomènes effrayans, elle a vu sortir d'un tombeau un jeune homme, qu'on la forçait de sacrifier à Diane. Ce rêve est pour elle un triste présage, qu'Oreste ne vit plus, et lui fourn un nouveau motif pour gémir sur sa qualité de ê-tresse, qui l'oblige à verser le sang humain. A l'instant, un esclave annonce qu'un étranger furieux vient d'arriver en Tauride, et que sur-le-champ on l'a mis dans les fers. Thoas survient, et lui fait part des songes affreux qui troublent son sommeil. Il veut que la prêtresse interroge les entrailles du malheureux jetté sur ses bords. Iphigénie fait éclater l'horreur qu'elle a pour cet usage barbare. Thoas se retranche sur les oracles, et finit par donner des ordres absolus pour le sacrifice. Cet étranger, qui est Oreste, instruit du sort qui l'attend, est seulement inquiet de celui de Pylade, dont une tempête l'a séparé. Bientôt Pylade arrive lui-même chargé de fers, et les deux captifs commencent à déployer ici les plus beaux sentimens. Iphigénie les trouve ensemble, interroge Oreste, et apprend tous les malheurs de sa maison, sans reconnaître son frère. Une compagne de la prêtresse va trouver son père, pour l'engager à sauver les deux amis, et revient annoncer qu'on ne peut en dérober qu'un au couteau sacré. Oreste et Pylade s'animent à subir courageusement la mort. Iphigénie leur dit qu'elle ne peut les sauver tous deux. Elle veut que celui dont on va ménager la fuite, se charge d'une lettre pour Argos; et son choix tombe sur Oreste. C'est ici le plus bel endroit de la pièce. Oreste et Pylade, restés seuls, se livrent ce touchant combat d'amitié, si souvent célébré par les poëtes; enfin Pylade est obligé de céder à Oreste l'honneur de mourir pour son ami. Iphigénie revient apporter la lettre dont elle voulait charger Oreste, et presse Pylade de profiter de son choix. Pylade consent à s'éloigner, à condition que le sacrifice sera remis au lendemain; le délai qu'il demande n'est que pour sauver Oreste ou périr avec lui. L'esclave, qui a dû faire embarquer Pylade, fait entendre à Iphigénie qu'il a péri avec sa lettre. Iphigénie, dans sa douleur, craint que les Dieux ne l'aient punie d'avoir voulu leur soustraire une de leurs victimes, et se détermine à immoler l'autre. Oreste se présente alors, et les questions que lui fait sa sœur amènent la reconnaissance. Ils sortent, et l'on instruit Thoas de l'évasion d'un des captifs qu'on croit englouti dans les flots. Thoas, irrité, ne respire plus que le sang de celui qui lui reste. Il ordonne à la prêtresse d'immoler sur-le-champ Oreste. En vain elle lui déclare qu'il est son frère, il veut qu'elle verse son sang. Indigné de sa résistance, il ordonne à ses gardes de frapper Oreste; mais Iphigénie se jette entr'eux et son frère. On entend un bruit d'armes; Thoas tire un poignard pour frapper Oreste; à l'instant Pylade, suivi des Grecs, fond sur lui, et lui porte un coup mortel. Il raconte ce qu'il est devenu depuis sa fuite; et l'action est terminée par l'enlèvement de la statue de Diane.

Parmi quelques beautés de détail, on a remarqué de grands défauts dans cette tragédie. Les rôles d'Iphigénie et d'Oreste ont paru assez bien soutenus; on y a loué aussi quelques situations intéressantes, et des endroits bien versifiés; mais on en a critiqué le plan, qui a paru faible, et la fable qui est mal imaginée. On a trouvé les deux premiers actes languissans, et le cinquième absolument défectueux. Les caractères sont manqués totalement. Thoas y est sans cesse traité de tyran; et c'est le personnage le plus pacifique de la pièce. Thomiris, sans amour pour Thoas, sans intérêt pour Oreste, et sans un désir bien vif de régner, met tout le monde en mouvement, et forme seule toute l'intrigue.

Si l'on en croit Racine, il balança long-tems entre *Iphigénie en Aulide* et *Iphigénie en Tauride*. Il ne se décida pour la première, que par la difficulté de trouver un beau cinquième acte à la seconde. Son génie dans la suite leva sans doute cet obstacle, car il nous reste de lui le plan en prose d'un premier acte d'*Iphigénie en Tauride*, imprimé dans les Mémoires sur sa vie, donnés au public par Racine son fils. Quel dommage que nous n'ayons pas ce plan en entier, et surtout que ce poëte inimitable ne l'ait pas exécuté! personne du moins ne se serait avisé de le traiter après lui.

La Grange-Chancel fit paraître en 1697, une Iphigénie en Tauride, sous le titre d'*Oreste et Pylade*. Ce drame réussit et fut repris avec succès. L'amour, que l'auteur prête à Iphigénie pour Pylade, dont elle retarde le supplice, sous différens prétextes, produit un grand effet; mais le reste de la pièce n'y répond pas. Le cinquième acte en est détestable; le style est sans poësie, sans correction même; en un mot, c'est un ouvrage médiocre.

Guimond de la Touche était ami de feu Mme de Graffigny, à laquelle il lut sa pièce devant Collé. Ce dernier risqua de lui faire la critique suivante. La voici : Guimond de la Touche avait donné un fils à Thoas; ce fils était amoureux d'Iphigénie, et ces scènes d'amours dans un sujet aussi tragique, parurent à Collé réfroidir prodigieusement la chaleur du reste de la pièce. Il le dit franchement à l'auteur, qui, en huit jours de tems, supprima ce personnage inutile, et cet amour déplacé. C'était pourtant une besogne très-considérable. Cette critique dérangeait nombre de scènes de cette tragédie; mais il ne fut point effrayé du travail, et il s'en trouva bien.

IPHIGÉNIE EN TAURIDE, tragédie lyrique, en quatre actes, paroles de M. Guillard, musique de Gluck, à l'opéra, 1778.

La scène s'ouvre par un orage. Iphigénie et les prêtresses de Diane se répandent dans le portique du temple, pour implorer la clémence des Dieux. La tempête ayant jetté Oreste et Pylade sur les côtes de la Tauride, Thoas tourmenté par des frayeurs superstitieuses, ordonne à Iphigénie d'immoler, suivant l'usage, ces deux étrangers sur l'autel de Diane. La prêtresse interroge l'un d'eux sur son nom et sa patrie; elle apprend qu'il est d'Argos; qu'Agamemnon est mort égorgé par Clytemnestre; qu'Oreste, après avoir vengé, sur sa propre mère, le meurtre de son père, a trouvé la mort qu'il cherchait, et qu'il ne reste plus qu'Electre de cette famille infortunée. Elle déplore la destruction de toute sa famille, qu'un songe lui avait déjà annoncée. L'humanité l'intéresse au sort des deux captifs, et elle prend le parti de sauver l'un des deux. Un penchant secret fait tomber son choix sur Oreste : elle le charge de porter une lettre à Electre sa sœur, et Pylade est condamné à périr. Oreste, poursuivi sans cesse par les Euménides, et ne désirant que la mort, refuse la vie qu'on lui offre, et demande que son ami soit sauvé. La prêtresse est obligée de céder; et Pylade, n'ayant pu vaincre sa résistance, n'accepte la liberté que dans l'espérance de venir bientôt délivrer son ami. Au moment où Iphigénie s'approche de l'autel, le couteau levé sur Oreste, il s'écrie : ainsi tu péris en Aulide, ma sœur Iphigénie. Ce mot indiqué par Aristote, produit la reconnaissance du frère et de la sœur. Mais dans le moment où ils se livrent à cette joie inattendue, Thoas arrive; il presse le sacrifice. Iphigénie nomme son frère. Thoas, furieux, veut l'égorger lui-même; mais il est prévenu par Pylade, qui arrive à la tête des Grecs, et plonge un poignard dans le sein du tyran. Les Grecs et les Scythes commencent un combat, interrompu par l'apparition de Diane, qui ordonne aux Scythes de remettre sa statue entre les mains des Grecs, et qui annonce à Oreste la fin de ses tourmens.

Cet ouvrage a été reçu du public avec enthousiasme. Jamais opéra n'a fait une impression si vive, si générale. Le poëte et le musicien en ont partagé la gloire.

Un connaisseur, qui venait d'entendre *Iphigénie en Tauride*, dit qu'il y trouvait plusieurs beaux morceaux de musique. *Il n'y en a qu'un*, lui dit un homme de goût. Lequel, demanda le premier ? *L'ouvrage entier*, répondit celui-ci.

IPHIS ET IANTE, comédie en cinq actes, en vers, par Benserade, 1636.

Ce sujet est tiré des Métamorphoses d'Ovide. Il est curieux de voir comment Benserade a ajusté cette fable pour en faire une comédie. En voici le fonds. Quant à l'intrigue, nous en faisons grace au lecteur.

Téléthuse a été obligé d'élever Iphis sous les habits de

garçon, pour la soustraire au barbare projet qu'avait formé Ligde, son mari, de faire périr l'enfant, si c'était une fille; mais, avant de prendre ce parti, elle invoqua la déesse Isis, qui lui promit de lui être favorable. Vingt ans se sont écoulés, et Iphis, malgré son sexe, brûle d'amour pour Iante; de son côté, Ligde veut unir son fils à la belle Iante; en vain Téléthuse, son épouse, vient combattre sa résolution; il ordonne à Iphis de faire préparer le banquet nuptial, et d'aller trouver son amie; après quoi il ajoute :

> Je vous irai trouver le soir chez son père,
> Où nous achèverons le reste de l'affaire.
> Afin qu'un chaste himen vous donne cette nuit,
> Le moyen de goûter les douceurs de son fruit.

Bientôt Iphis et Iante sont mariés; de plus, ils couchent ensemble. Les deux pères viennent trouver la jeune mariée, à son lever, et la plaisantent, comme il est d'usage en pareil cas. Ligde trouve extraordinaire qu'elle se soit levée si matin, et lui dit :

> Vous deviez prolonger une si douce nuit,
> Pour jouir plus long-tems du bien qu'elle produit.

Voici le détail qu'il fait de ce qui s'est passé durant la nuit. Au reste, ce morceau peut faire voir que les poètes de ce tems n'étaient pas scrupuleux sur les bienséances. Nous allons le transcrire.

> Ce que le jour cachait, la nuit l'a découvert.
> Nous eussions bien voulu contenter notre envie,

Et je ne fus jamais si triste et si ravie ;
Son mescontentement me donnait du soucy ;
Mais la possession me ravissait aussy,
Et, quoique mon ardeur nous fut fort inutile,
J'oubliais quelque tems que j'étais une fille.
Je ne reçus jamais tant de contentemens ;
Je me laissais aller à mes ravissemens,
D'un baiser, j'appaisais mes amoureuses fièvres,
Et mon âme venait jusqu'au bord de mes lèvres.
Dans le doux sentiment de ces biens superflus,
J'oubliais celui même où j'aspirais le plus ;
J'embrassais ce beau corps, dont la blancheur extrême
M'excitait à lui faire une place en moi-même ;
Je touchais, je baisais, j'avais le cœur content, etc.

Iphis, obligée de céder son épouse à un autre, est en proie au plus violent désespoir ; elle veut s'enfoncer un poignard dans le cœur : enfin tout le monde se rend au temple. Iphis y implore la Déesse qui accomplit ses vœux, et opère en lui la métamorphose. Les spectateurs doutent encore de la réalité du prodige ; mais, leur dit-il :

Je vous en ferai voir des effets bien palpables,
Et ma chère moitié, d'une bonne façon,
Prouvera, dans neuf mois, qu'Iphis est un garçon.

IRÈNE, tragédie de Boistel, 1762.

Irène, épouse supposée de l'empereur Comnène, avait reçu avec dédain, les vœux de Vodemar, premier ministre de l'Empereur. Alors, pour se venger de son refus, le monstre avait accusé l'Impératrice d'infidélité, et avait obtenu un ordre de la faire mourir secrètement, après qu'elle aurait mis au monde, l'enfant qu'elle portait dans son sein, et qui devait être l'héritier de l'empire. Irène, reléguée dans une isle, y était accouchée d'un prince; mais Vodemar, qui avait un fils nouvellement né, l'avait substitué au jeune prince, pour mettre son propre sang sur le trône. Déjà plusieurs années s'étaient écoulées, lorsqu'un naufrage jetta l'Empereur, Vodemar et le jeune prince dans cette même isle qu'habite Irène. Là, se forme une tragédie, dans laquelle Irène est reconnue par l'Empereur. Vodemar confesse son crime, et fait connaître le vrai successeur au trône impérial; enfin il est puni de ses forfaits, et Irène est ramenée triomphante à la cour de Comnène.

Les trois premiers actes de cette pièce furent fort applaudis; mais le quatrième et le dernier furent sifflés. Quoiqu'il en soit, à la seconde représentation, la pièce fut accueillie avec plus d'empressement, qu'elle n'avait essuyé de huées, et l'auteur fut demandé, à grands cris, par le parterre. Cette tragédie obtint sept représentations, peu de spectateurs, mais des amis qui battaient toujours des mains.

Boistel avait donné, en 1741, *Cléopâtre*, tragédie Ainsi, il a laissé un espace de vingt-un ans entre ces deux poëmes de sa façon.

IRÈNE, tragédie en cinq actes, en vers, par Voltaire, 1778.

Nicéphore, empereur de Constantinople, s'est emparé d'un trône qui était le partage d'Alexis de Commène, prince de Grèce; de plus, il lui a ravi la main d'Irène, son amante. Pour écarter Alexis de Bysance, l'empereur lui a donné le commandement d'une de ses armées, à la tête de laquelle il a conquis Trébisonde, la Tauride, et triomphé des Scythes. Mais bientôt, ennuyé de son exil, et impatient de revoir son amante, il revient dans Bysance, où la seule nouvelle de son retour fait fermenter les esprits. Il arrive, et s'empresse de voir Irène, qui veut lui interdire sa présence; mais ce jeune prince, loin de souscrire à ses ordres, s'en indigne.

Quoi donc, lui dit-il,
> Vos derniers sujets,
> Vers leur impératrice, auront un libre accès;
> Tout mortel jouira du plaisir de sa vue;
> Nicéphore, à moi seul, l'aurait-il défendue? etc.

Non, ajoute-t-il?
> Il n'était pas né
> Pour me ravir le bien qui m'était destiné.

Cependant, Nicéphore, allarmé du retour d'Alexis, fait assembler son conseil, qui prononce la mort de ce prince. Toutefois, avant de rien entreprendre contre lui, il vient le trouver, et lui commande de retourner à son poste. Mais Alexis méprise ses ordres, et refuse de les exécuter. Alors l'empereur fait un signe de tête à Memnon, commandant de ses gardes, et lui remet un billet, que celui-ci s'empresse de communiquer au prince. Alexis y voit que sa mort était signée, avant que le tyran s'offrît à sa vue. Mais ce qui redouble son courroux, c'est d'apprendre qu'Irène est prisonnière : plus de ménagemens, plus de délais! Memnon, fidèle au sang de Commène, jure de venger Alexis, et de renverser l'usurpateur de son trône. Bientôt Nicéphore, instruit du danger qui le menace, s'entoure de ses partisans, se met à leur tête, et marche contre les révoltés. Après un long combat, Alexis triomphe et revient déposer, aux pieds d'Irène, sa couronne et sa vie. Cependant, Léonce, père d'Irène, est venu trouver sa fille dans le palais, où elle attendait l'issue du combat; il se dispose à l'en faire sortir, pour la soustraire à Alexis, dans le cas où il serait vainqueur; mais que peut la volonté d'un père et d'un sujet, contre les ordres absolus d'un monarque vainqueur! La politique, la religion elle-même ne sont point écoutées. Alexis ne peut supporter l'idée qu'on veuille lui ravir son amante. Partagée entre son amour et son devoir, entre Alexis et son père, Irène toujours flottante, prend enfin la funeste résolution de se donner la mort, et se punit ainsi de son fatal amour pour Alexis.

Cette pièce est tirée de l'histoire du Bas-Empire. Voltaire, alors âgé de quatre-vingt-quatre ans, assista à l'une des représentations. Après avoir percé, avec beaucoup de peine, la foule qui s'empressait autour de lui, pour jouir du bonheur de le voir, il entra dans sa loge au milieu des cris de joie et des acclamations de toute la salle. Brizard parut alors, et voulut placer une couronne sur sa tête; mais Voltaire l'en arracha, en disant avec l'accent du sentiment: *Vous voulez donc me faire mourir!* La tragédie fut jouée et plus applaudie qu'elle ne l'avait encore été. A peine était-elle achevée que la toile se leva, et laissa voir aux spectateurs le buste de Voltaire, placé au milieu de la scène, entouré de tous les comédiens, venant y placer tour-à-tour des couronnes de laurier. Enfin, Mme. Vestris s'avança et eut bien de la peine à faire écouter les vers suivans, que le marquis de Saint-Marc venait d'improviser :

>Aux yeux de Paris enchanté,
>Reçois, en ce jour, un hommage,
>Que confirmera d'âge en âge,
>La sévère postérité.
>Non, tu n'as pas besoin d'atteindre au noir rivage,
>Pour jouir des honneurs de l'immortalité.
>Voltaire, reçois la couronne
>Que l'o... vient de te présenter ;
>Il est beau de la mériter,
>Quand c'est la France qui la donne.

Les applaudissemens, l'enthousiasme, l'ivresse du public, confirmèrent ces hommages extraordinaires, s'ils eussent été rendus à tout autre qu'à Voltaire.

IRONIE. C'est une figure de rhétorique dont Corneille a fait un fréquent usage. Racine lui-même s'en servit dans ses premières pièces, comme on le voit dans *Andromaque*; mais dans ses autres tragédies, il ne l'employa que fort rarement. En général, dit Voltaire, l'Ironie ne convient point aux passions ; elle ne peut aller au cœur.

Il y a une espèce d'ironie qui est un retour sur soi-même, et qui exprime parfaitement l'excès du malheur. C'est ainsi qu'Oreste dit, dans *Andromaque* :

>Oui, je te loue, ô ciel ! de ta persévérance !

C'est ainsi que Gatimozin disait au milieu des flammes :

>Et moi, suis-je sur un lit de rose ?

Cette figure est très-noble et très-tragique dans Oreste ; mais dans Gatimozin, elle est sublime.

IRRÉSOLU (l'), comédie en cinq actes, en vers, par Destouches, aux Français, 1713.

On fit à Destouches le reproche de n'avoir pas suffisamment rempli le rôle de l'irrésolu ; parce que les irrésolutions de Dorante ne roulent que sur l'embarras de choisir entre trois femmes qui s'offrent à lui. Ces critiques nous semblent fondées; c'est plutôt l'*Amant incertain :* on trouve même, dans ce caractère, un air de folie, qui le rend impraticable au théâtre ; et d'ailleurs il n'est pas naturel, que, dans l'espace de vingt-quatre heures, l'esprit humain puisse changer aussi souvent. Ce sont de ces sujets, tout au plus propres au roman, dans lequel toutes les variétés, que produit l'irrésolution, peuvent se montrer, et se succéder avec beaucoup plus de vraisemblance. Nos auteurs dramatiques ne prennent pas garde à cette erreur, dans laquelle ils tombent tous les jours : la règle tyrannique des vingt-quatre heures doit les empêcher de traiter des sujets, qui ne se développent que par degrés. L'irrésolution de Dorante est bientôt épuisée, et ne présente plus que le même tableau ; il va et revient continuellement de Julie à Célimène, de Célimène à Julie. Il fallait d'autres traits marqués du caractère de l'irrésolu, pour amuser le spectateur, et remplir ce sujet qui nous paraît manqué, et que nous croyons au surplus très-difficile à manier. Quoiqu'il en soit, la pièce est remplie d'un très-bon comique ; le caractère de Julie est neuf et agréable ; celui de la veuve Argante est d'un ridicule un peu trop chargé ; mais ceux des vieillards sont dans le vrai goût, dont Destouches s'écarte rarement.

ISABELLE-ARLEQUIN, opéra comique en un acte,

par Panard, Ponteau et Fagan, à la foire Saint-Germain, 1731.

Eraste, dans un moment de dépit, quitta sa maîtresse Isabelle, et se retira chez Léonore, sa tante, à une maison de campagne peu éloignée de Paris. Les amans ne tardent pas à se repentir de cette démarche; ils brûlent du desir de se revoir; alors Isabelle prend le parti de se rendre chez Léonore, accompagnée de son valet Arlequin. Ne sachant comment faire pour voir son cher Eraste, sans être connue, elle se revêt de l'habit d'Arlequin, pour parler à Eraste, et pour savoir, par cette ruse, si elle en est toujours aimée; Isabelle a lieu de s'applaudir de son travestissement, puisqu'il sert à lui faire connaître le cœur de son amant, qu'elle retrouve plus amoureux que jamais.

ISABELLE DE SALISBURY, comédie-héroïque et lyrique en trois actes, en prose, par Fabre-d'Eglantine, musique de Mengozzi, au théâtre Montansier, 1791.

Cette pièce est tirée des Nouvelles de d'Arnaud. C'est l'institution de l'ordre de la Jarretière par Edouard III, roi d'Angleterre. On sait que la comtesse de Salisbury, laissant tomber sa jarretière dans un bal, le roi s'empressa de la ramasser. Cette action fit rire quelques courtisans. Edouard s'écria alors : *Honny soit qui mal y pense* ; et sur ce mot, sur cette jarretière, le roi fonda un ordre de chevaliers, qui fut toujours rempli depuis par les plus grands du royaume. L'auteur a fondé, sur ce trait principal, une intrigue qui a quelqu'intérêt, sans doute;

mais qui blesse un peu les vraisemblances. Edouard, déguisé en Troubadour, va se présenter chez le comte de Salisbury, au moment où ce seigneur donne un bal pour le mariage de sa fille, avec Strafford qu'elle n'aime point. Edouard chante, et demande la permission de danser avec Isabelle : on la lui accorde. La jeune personne laisse tomber son écharpe, que l'auteur a substituée adroitement à la jarretière d'Isabelle; Edouard la ramasse avec transport, la baise et la passe autour de son corps. De-là naissent la jalousie de Strafford, l'emportement du père, la fierté du faux troubadour et le désespoir d'Isabelle, qui commence à aimer l'inconnu. Cependant on l'enferme dans une tour; mais le roi fait gagner le geolier, et transporter la comtesse dans le palais d'un de ses confidens. Il se présente à la belle affligée, qui lui reprend, puis lui rend sa fatale écharpe : enfin les deux amans finissent par être d'intelligence. Le roi sort pour aller se battre, dit-il, avec Strafford. On donne à Isabelle une fête, dans laquelle on voit paraître les neuf Muses, les trois Grâces, etc. Mais le père force la porte du palais, retrouve sa fille, et la fait enlever. Enfin, après mainte et mainte épreuves du roi, il se présente, se fait connaître pour le faux troubadour, et épouse la jeune comtesse, à laquelle il a fait verser tant de larmes. Malgré quelques invraisemblances, et surtout quelques négligences de style, cette pièce a réussi.

ISABELLE ET FERNAND, comédie en trois actes, en vers, mêlée d'ariettes, musique de M. Champein, au théâtre Italien, 1783.

Voici l'analyse de cette pièce imitée de *Caldéron*.

Isabelle, fille d'un riche fermier, est aimée de Fernand, qu'elle aime. Un officier d'un régiment, qui passe par le bourg qu'elle habite, devient amoureux de ses charmes, et montre d'abord des vues honnêtes : mais bientôt de mauvais conseils le déterminent à enlever la jeune personne. Cependant le père d'Isabelle est nommé Alcade, et le ravisseur est arrêté. Il offre alors de réparer son crime en épousant Isabelle ; mais comme l'honneur de celle-ci n'a souffert aucune atteinte, on trouve qu'il n'est pas juste de la punir, ainsi que Fernand, de l'attentat d'un étourdi, et la pièce finit par leur mariage.

On trouve de la lenteur dans la marche de l'ouvrage ; mais on y remarque plusieurs scènes intéressantes, et des détails fort agréables.

ISABELLE ET GERTRUDE, ou LES SYLPHES SUPPOSÉS, comédie en un acte, mêlée d'ariettes, par Favart, musique de Blaise, au théâtre Italien, 1765.

Gertrude, veuve aimable, mais prude, a une fille nommée Isabelle, qu'elle a élevée dans l'innocence et qu'elle a pris soin de soustraire à tous les yeux ; mais, malgré sa froideur apparente, Gertrude aime et est aimée de Dupré, qui lui fait une cour assidue. De son côté, Dorlis, neveu de Dupré, aime Isabelle, fille de Gertrude ; mais il lui est très-difficile de la voir, tant elle est observée par sa mère. Dupré lui-même ne voit Gertrude que mystérieusement, dans un jardin dont il a la clef. Dorlis entre dans ce jardin, par le moyen de cette même clef, qu'il a dérobée à son oncle. L'oncle et le neveu s'étant rendus chacun séparément, dans le jardin, s'y rencontrent, et s'avouent mutuellement qu'ils aiment, l'un Gertrude, l'autre Isabelle. Ils se séparent à l'arrivée de la mère, qui est jointe par Dupré. Celui-ci lui propose de l'épouser, mais elle veut s'en tenir à l'union des ames; alors l'amoureux Dupré lui baise tendrement les mains. Enfin Gertrude convient que Dupré fait son bonheur; cependant Isabelle, qui l'observe de loin, qui la voit, qui l'entend, est bien contente de savoir que sa mère est heureuse. Dorlis, qui rôde dans le jardin, apperçoit Isabelle, et la tire doucement par sa robe; mais Isabelle a peur, et fait un cri : Dupré se sauve aussitôt; et Gertrude seule se tient sur la porte, pour masquer sa retraite. Elle veut renvoyer sa fille à sa chambre; mais avant que d'y monter, Isabelle voudrait savoir quel est celui qui rend sa mère si heureuse. Gertrude lui répond qu'une conduite sans reproche, élève l'ame au-dessus d'elle-même, et la rend digne d'un commerce intime avec les intelligences supérieures à notre être. Elle parvient ainsi à persuader à sa fille, qu'elle s'entretenait avec un esprit aërien qui avait pris la figure et la voix de M. Dupré. Elle se retire, sous prétexte qu'elle n'a pas fait sa ronde, et ordonne à sa fille de l'attendre. Dorlis profite de cette absence pour s'offrir à Isabelle, qui, remplie des idées que vient de lui donner sa mère, le prend aussi pour une intelligence, et le remercie de l'honneur qu'il lui fait de s'attacher à elle. Dorlis n'entend rien à ses discours; mais il est enchanté : il prend la main d'Isabelle, la serre et se livrerait volontiers aux transports qu'il éprouve, si l'innocence de sa jeune amante ne lui en imposait. De son côté, elle est au comble de la joie et veut appeler sa mère, pour la rendre témoin de son bonheur. Gertrude apprend qu'Isabelle a trouvé une intelligence; mais l'arrivée de Mme. Forêt, sa voisine, femme acariâtre et méchante, et d'un grand nombre de paysans, met fin à la conversation de la mère et de la fille. Mme. Forêt crie au scandale de trouver des hommes pendant la nuit chez ses voisins; alors Dupré arrive lui-même, et, pour sauver l'honneur de Gertrude et d'Isabelle, dit qu'il est marié avec la première, et que son neveu va épouser la seconde. Il n'y a plus moyen de s'en dédire, et ce double mariage finit la pièce.

Cette comédie fut attribuée à l'abbé de Voisenon. Favart la dédia à celui même à qui on l'attribuait. Sensible à l'injustice dont il était la cause innocente, l'abbé de Voisenon y répondit par ces vers.

A mon cher Favart.

Je sens le prix de ton hommage,
Quelque dieu de la terre en eût été flatté;
Mais tu penses en homme sage,
Dans l'amitié, tu vois la dignité,
Tu réunis tous les suffrages;
Et le public, tiré de son erreur,
Te rend ta gloire et tes ouvrages.
Rien ne peut à présent altérer ton bonheur;
Tes succès sont à toi, j'en goûte la douceur,
Et n'ai jamais voulu t'en ravir l'avantage.
Ton esprit en a tout l'honneur;
C'est mon cœur seul qui les partage.

Nous ajouterons ici les vers de Voltaire à l'abbé de Voisenon, et la réponse de celui-ci sur la même pièce.

J'avais un arbuste inutile,
Qui languissait dans mon canton;
Un bon jardinier de la ville,
Vient de greffer mon sauvageon.
Je ne recueillais de ma vigne,
Qu'un peu de vin grossier et plat;
Mais un gourmet l'a rendu digne
Du palais le plus délicat.

Ma bague était fort peu de chose ;
On la taille en beau diamant :
Honneur à l'enchanteur charmant,
Qui fit cette métamorphose.

» Vous sentez, M. l'évêque de Montrouge, à qui
» sont adressés ces mauvais vers; je vous prie de pré-
» senter mes complimens à Favart, qui est l'un des deux
» conservateurs des grâces et de la gaieté française. Comme
» il y a dix ans que vous ne m'avez pas écrit, je n'ose
» vous dire, *ô mon ami*, écrivez-moi; mais je vous dis :
» *Ah ! mon ami*, vous m'avez oublié net ».

Voici la réponse de l'abbé de Voisenon à Voltaire :

Vos jolis vers à mon adresse :
Immortaliseront Favart.
C'est Appollon qui le caresse,
Quand vous lui jettez un regard ;
Ce dieu l'a placé dans la classe
De ceux qui parent ses jardins ;
Sa délicatesse ramasse,
Les fleurs qui tombent de vos mains.
Il vous a choisi pour son maître,
Vos richesses lui font honneur :
Il vous fait respirer l'odeur
Des bouquets que vous faites naître.

« Il n'aurait pas manqué de vous offrir sa comédie de
» *Gertrude*, mais il a la timidité d'un homme qui a vrai-
» ment du talent; il a craint que l'hommage ne fût pas
» digne de vous. Vous ne croiriez pas que, malgré les
» preuves multipliées qu'il a données des grâces de son
» esprit, on a l'injustice de lui ôter ses ouvrages, et de

» me les attribuer. Je suis bien sûr que vous ne tombez
» pas dans cette erreur. Quand il se sert de vos étoffes
» pour faire ses habits de fêtes, vous n'avez garde de
» l'en dépouiller; il vous enverra incessamment la *Fée*
» *Urgelle*. Il m'a paru qu'elle avait réussi à Fontaine-
» bleau, d'où j'arrive. Ce n'est pas une raison pour qu'elle
» ait du succès ici. La cour est le châtelet du Parnasse,
» qui casse souvent les arrêts. Mais vous avez fourni le
» fond de l'ouvrage; voilà la caution la plus sûre.
» Adieu, mon plus ancien ami; je ne cesserai de l'être
» que lorsque le parlement rappellera les jésuites, et je
» ne vous oublierai, que lorsque j'aurai oublié à lire ».

ISABELLE ET ROSALVO, comédie en un acte, mêlée d'ariettes, par Patrat, musique de Propiac, au théâtre Italien, 1787.

Le tuteur d'Isabelle veut la marier avec son neveu, qu'il a mandé à cet effet, et qu'Isabelle n'a jamais vu: de son côté, la pupille aime Rosalvo. Le tuteur et son épouse, qui se doutent de cette passion, feignent de souper en ville, reviennent à l'improviste, et surprennent les deux amans : mais Rosalvo s'échappe, après être convenu avec la soubrette d'un nouveau rendez-vous. La femme du tuteur, qui a tout entendu, en fait part à son époux, qui cette fois prend mieux ses mesures. Tandis qu'il va requérir le secours de la justice, sa femme attire Rosalvo dans l'appartement, et sous le nom de la pupille. Bientôt le tuteur arrive avec main-forte, et l'on reconnaît dans Rosalvo, qui? le neveu du tuteur. Le commencement de cette pièce offre de jolis détails; le milieu, des longueurs; et la fin, un dénouement qui n'est pas heureux.

ISABELLE-HUSSARD, parade en un acte et en vaudevilles, par M. Desfontaines, aux Italiens, 1781.

Isabelle, pour s'assurer la tendresse de Cœur-de-Lion, hussard et son amant, se déguise en hussard; et, munie d'une épée, dont une enchanteresse lui a fait don, elle se présente à son amant comme son rival, le défie, le terrasse et l'épouse. On voit que le moyen, dont se sert Isabelle, était plus fait pour éprouver la valeur, que la tendresse de Cœur-de-Lion.

ISIS, tragédie-opéra en cinq actes, précédée d'un prologue, et ornée d'entrées, de ballets, de machines et de changemens de théâtre, par Quinault, musique de Lully, 1667.

Le sujet de cette pièce est l'amour de Jupiter pour Io, fille du fleuve Inachus, les persécutions de Junon, et enfin la réception de cette nymphe au rang des divinités célestes, sous le nom d'Isis. Au premier acte, le théâtre représente les prairies qu'arrose le fleuve Inachus. C'est sur ces bords fleuris qu'Hiérax, frère d'Argus, vient se plaindre à Io de son infidélité : au second acte, le théâtre est obscurci par des nuages épais, qui l'environnent de toutes parts. Par là Jupiter espère échapper aux yeux de son épouse; mais ses précautions n'ont aucun succès. La jalouse Junon vient trouver son auguste, mais infidèle époux, et lui demande une nymphe nouvelle pour orner sa cour. Jupiter lui accorde sa demande, et lui laisse le choix; il reconnaît sa faute, quand Junon lui annonce qu'elle désire Io; mais il n'est plus en son pouvoir de soustraire la malheureuse fille d'Inachus, aux persécutions de son épouse. Au troisième acte, on voit la solitude d'Argus, à qui Junon a confié la garde de sa rivale; et d'où Mercure, déguisé en berger, et suivi d'une troupe de bergers, de satyres et de sylvains, serait parvenu à la retirer, après avoir endormi Argus, sans l'arrivée de Junon. La Déesse offensée, remet sa rivale entre les mains d'Erinis, et commande à cette furie d'inventer des tourmens, pour punir l'infortunée Io. Au quatrième acte, le théâtre change encore, et représente l'endroit le plus glacé de la Scytie. A la cinquième scène de cet acte, le théâtre change de nouveau, et représente l'antre des Parques. C'est là qu'Io, après avoir inutilement imploré les Parques, de trancher le fil de ses jours, adresse une invocation à Jupiter. Touché de ses maux, le souverain des Dieux descend du Ciel, et arrive sur les bords du Nil, où se passe le cinquième acte. Il prie son épouse de mettre un terme aux cruelles souffrances de cette malheureuse nymphe. Mais ce n'est qu'à la condition qu'il lui rendra son amour: Jupiter le jure par le Stix, Junon pardonne, et Io est au rang des immortelles. Enfin, les divinités du Ciel descendent pour recevoir Isis, les peuples d'Egypte lui dressent un autel, et la reçoivent pour leur Divinité protectrice.

Beaucoup de variété dans le spectacle et une grande facilité dans le dialogue, une foule de traits ingénieux, et dictés par le sentiment, voilà ce qui distingue la tragédie d'Isis. La scène de Jupiter et d'Io est d'une délicatesse extrême; elle ne peut être égalée que par la plainte touchante d'Hiérax.

ISLE DE LA FOLIE (l'), comédie-ballet en un acte, en prose, avec des divertissemens, par Romagnésy et Riccoboni fils, aux Italiens, 1727.

Tout le mérite de cette pièce se trouve renfermé dans quelques scènes critiques sur les ouvrages du tems, et particulièrement sur la pièce suivante, tirée des voyages de Gulliver chez les Lilliputiens.

ISLE DE LA RAISON (l'), ou les Petits Hommes, comédie en trois actes, en prose, avec un prologue et un divertissement, par Marivaux, au théâtre Français, 1727.

On suppose que des Français, échappés d'un naufrage, abordent dans une isle, dont les habitans sont d'une grandeur si prodigieuse, qu'à leurs yeux, ils ne paraissent que des Pygmées. Ne pouvant attribuer la petitesse de leur taille, qu'aux égaremens et à la dégradation de leur ame, pour les aggrandir, ils entreprennent de les rendre raisonnables; certains qu'ils croîtront à vue d'œil, à mesure qu'ils le deviendront. Les insulaires ne sont point trompés dans leur attente ; il n'y a qu'un poëte et un philosophe qui résistent à leurs épreuves, et qu'ils ne peuvent guérir de leur folie.

ISLE DES AMIS (l'), ou le Capitaine Cook, comédie en deux actes, en vers, par Desmaisons, musique parodiée de plusieurs auteurs italiens, au théâtre de Monsieur, 1790.

Le sujet de cette comédie est très-simple. Le voici: Cook, de retour dans *l'isle des Amis*, devient amoureux d'*Otayette*, sœur d'*Oto*, roi de cette isle ; alors, *Tongat*, sauvage qui devait épouser cette jeune personne, se décide à l'enlever ; mais Oto la lui arrache des mains, le bannit de son royaume et donne Otayette à Cook, qui endosse le manteau emplumé, et devient *Commensal de l'Isle des Amis.* Cette pièce a eu peu de succès.

ISLE DÉSERTE (l'), comédie en un acte, en vers, imitée de *Métastase*, par Collet, au théâtre Français, 1758.

Gusman, jeune espagnol, s'était embarqué pour aller joindre son père, gouverneur dans les Indes Occidentales. Il conduisait avec lui, Constance, sa jeune épouse, et Silvie, sa belle sœur, encore enfant. Une horrible tempête l'oblige de mettre pied à terre dans une isle déserte, pour donner à Constance et à Silvie le tems de se remettre des fatigues de la mer. Tandis qu'elles reposaient dans une grotte, Gusman et ses compagnons sont faits esclaves par des pirates. Ceux qui étaient restés sur le vaisseau ne voyant que confusément ce qui se passe, croient qu'on enlève avec Gusman, sa femme et sa belle-sœur. Après avoir inutilement poursuivis les pirates, ils continuent leur route. A son réveil, Constance, ne retrouvant ni son époux ni le vaisseau, comme Ariane, elle se croit trahie. Mais quand les premiers transports de sa douleur sont calmés, elle s'occupe du soin de conserver sa vie dans cette habitation séparée des humains. Elle élève sa jeune sœur, et lui inspire la haine qu'elle a conçue pour tous les hommes. Après une longue servitude, Gusman recouvre la liberté, et retourne dans l'isle Déserte, où il a involontairement laissé sa chère Constance. Enfin il y arrive avec Enriques, son compatriote et son ami, qu'il a eu le bonheur de faire sortir d'esclavage.

ISLE DES ESCLAVES (l'), comédie en un acte, en prose, avec un divertissement, par Marivaux, au théâtre italien, 1725.

On ne voit ici qu'un petit-maître et une coquette, qu'il s'agit de corriger en les soumettant à l'autorité de leurs esclaves. Il aurait été possible d'introduire dans cette pièce d'autres personnages, qui auraient fourni matière à une critique plus générale.

ISLE DES FEMMES (l'), divertissement en un acte et en vaudevilles, par M. Léger, au Vaudeville, 1792.

Des vieilles femmes, qui habitent une isle dont elles ont chassé tous les hommes, veulent en vain imposer silence à leurs filles, qui leur reprochent cette cruauté, lorsqu'un vaisseau vient se briser sur les côtes de l'isle. Un jeune homme y descend avec son domestique : celui-ci s'enfonce dans les terres pour reconnaître le pays ; mais le jeune homme, resté seul, est surpris par les vieilles, qui, le trouvant fort aimable, veulent adoucir en sa faveur les loix qui proscrivent les hommes, et se disputent sa main. Quelle est la douleur du cavalier ! il est sur le point de céder, lorsque les jeunes filles, qui ont rencontré son domestique, à qui elles ont déjà donné une femme, l'amènent en triomphe. Les vieilles s'irritent, les jeunes insistent ; enfin on convient que le sort décidera à qui des vieilles ou des jeunes ces deux hommes appartiendront. Les vieilles, pour ne pas les laisser échapper, ne mettent que leurs noms dans une urne ; mais les jeunes glissent adroitement, au domestique, deux papiers, où sont inscrites deux d'entr'elles. Le valet en donne un à son maître, tous deux mettent la main dans l'urne, et deviennent, par ce moyen, époux des deux jeunes filles de la reine de l'isle. Désespérées, les vieilles ne s'appaisent qu'en voyant arriver tous les matelots du vaisseau ; mais cet espoir leur échappe encore : en effet, les matelots s'unissent avec les jeunes filles, et les vieilles à la fin sont obligées de se résigner.

Ce petit ouvrage est à-peu-près le même que celui des *Amazones modernes*; on y trouve de l'esprit et de la gaieté.

ISLE DES FOUX (l'), comédie en deux actes, par Anseaume, musique de Duni, aux Italiens, 1760.

Cette pièce est la parodie de l'*Alcifanfano*, de Goldoni. Fanfolin a été nommé gouverneur d'une isle, où la république de Venise relègue les foux. Il est d'usage, à l'arrivée de chaque gouverneur, de rendre la liberté à ceux qui, par leur séjour dans cette isle, ont recouvré leur bon sens. Tous prétendent au mérite d'être libres ; Fanfolin exige qu'ils viennent l'un après l'autre, lui conter leurs raisons. Là paraissent successivement, un avare, un prodigue, un faux bravo, deux sœurs, l'une nommée Follette, l'autre Glorieuse, dont le nom désigne la manie réciproque. L'avare, quoique foux, est tuteur de Nicette, jeune innocente qui rend subitement le gouverneur amoureux, et qui l'aime avec la même promptitude. Cet amour jette un peu d'intrigue dans la pièce, qui se termine par le mariage de Nicette et de Fanfolin : on rend à l'avare sa cassette, qui a passé par différentes mains, et servi de matière à plusieurs scènes. On remarque parmi quelques ariettes, celle que chante l'avare dans la première scène où il paraît :

Je suis un pauvre misérable,
Rongé de peine et de souci, etc.

Quoiqu'il en soit, les détails de cet ouvrage pouvaient être beaucoup plus piquans ; les genres de folie qu'on y met en jeu, plus agréablement choisis, plus théâtrals, plus relatifs à ce qui nous frappe journellement. Ce sont des travers de tous les tems, et nous en avons qui appartiennent précisément au nôtre.

ISLE DES TALENS (l'), comédie en un acte, en vers libres, par Fagan, aux Italiens, 1743.

L'isle des Talens est gouvernée par la fée Urgandina, qui punit de mort l'ignorance et la maladresse. Arlequin et ses compagnons, jettés par naufrage dans cette contrée unique, y subissent l'examen d'usage. Valère chante, Léonore déclame ; tous les autres, excepté Arlequin, font preuve de leur savoir faire. Scapin, aussi ignorant que lui, se donne pour maître de langue. Cette scène est très-agréable et très-bien faite. Celle de Léonore fut jouée dans le tems, par la célèbre Silvia.

ISLE DU DIVORCE (l'), comédie en un acte, en prose, par Dominique et Romagnésy, aux Italiens, 1730.

Dans cette isle, la loi est que lorsqu'il y arrive un étranger avec sa femme, s'ils veulent se quitter, toute l'isle peut en faire autant ; alors seulement un époux et une épouse qui s'étaient séparés, peuvent se remettre ensemble. Valère avait laissé Silvia pour Orphise. Il soupire depuis long-tems après un vaisseau qui amène un homme et sa femme dans cette isle : enfin il en arrive un, dans lequel il se trouve un marchand et sa femme. Valère et Orphise font tant qu'ils les déterminent à se quitter. Alors, Valère, au comble de la joie, se remarie à Silvia.

ISLE DU GOUGOU (l'), comédie en deux actes, par d'Orneval, à la foire Saint-Germain, 1742.

Léandre, amant d'Argentine, et Arlequin, amant de Marinette, en cherchant leurs maîtresses, font naufrage auprès de l'Isle Gougou, et sont arrêtés par des sauvages, qui les conduisent au Sagamo, leur souverain. Le Sagamo reçoit ces deux étrangers avec politesse. On leur apporte à manger et à boire avec profusion. Le repas fini, on pare Arlequin, qui est destiné à être dévoré par le Gougou, espèce de crocodile adoré par ces insulaires. Heureusement cet ordre est suspendu par l'arrivée d'un messager de la princesse Tourmentine, fille du Sagamo. Léandre est conduit devant la princesse qui l'a apperçu de son balcon, et qui en est devenue amoureuse; mais la laideur de la princesse, et la fidélité qu'il conserve pour Argentine, lui font refuser d'épouser la princesse. Arlequin, de son côté, n'est pas moins épouvanté par la suivante de la princesse Tourmentine; de sorte que le maître et le valet, aiment mieux être la proie du Gougou, que d'être les époux de ces deux monstres. Cependant, Tourmentine, par un reste de pitié, leur sauve la vie, et les fait transporter dans l'isle Noire. De leur côté, Argentine, et Marinette, qui ont fait naufrage au même lieu, et qui ont pareillement été aimées du Sagamo et de son favori, ont été transportées dans la même isle. Ils s'y retrouvent; et, par la protection d'un génie, ils sont délivrés de la puissance de Tourmentine et de Sagamo.

ISLE DU MARIAGE (l'), opéra-comique en un acte, par Carolet, à la foire Saint-Laurent, 1733.

Cette pièce peint assez bien les froideurs de l'amour

dans le ménage, et bien des gens, sans doute, connaissent la vérité du couplet suivant :

> Quand on désire,
> On est toujours galant,
> Actif et complaisant ;
> On est par-tout amant ;
> L'heure paraît moment ;
> On chérit son martyre ;
> Jouit-on? ce n'est plus cela ;
> Tel promit merveille,
> Qui baisse l'oreille ;
> On boude, on sommeille,
> Et rien ne réveille :
>   Enfin tout va
>   Cahin, caha. (Bis.)

ISLE ENCHANTÉE (l'), opéra en trois actes, paroles de Sedaine, parodié sur la musique de Bruni, au théâtre de Monsieur, 1789.

Une fée, nommée Alcine, règne dans une isle où viennent d'aborder un marquis, un baron et un comte, avec Duclos, valet de ce dernier. Elle est disposée à choisir un époux ; mais elle ne veut accorder sa main qu'à l'amant le plus fidèle. Dans cette idée, elle ordonne à Aglaé, sa suivante, de prendre le nom d'Alcine, et lui remet sa baguette ; elle doit elle-même passer pour Aglaé. Par ce déguisement, celui qui se déclarera pour elle, l'aimera pour elle-même, et non pour son rang et sa richesse.

Aglaé, sous le nom d'Alcine, entreprend la conquête des trois étrangers, mais en vain ; elle ne réussit qu'auprès de Duclos, qui, se croyant aimé de la fée, prend le costume et les airs d'un grand seigneur.

Alcine, qui passe pour Aglaé, fait la conquête du comte,

du marquis et du baron; mais son cœur se décide pour le comte, qui joint au plus tendre amour, la timidité la plus intéressante. Le moment de l'épreuve arrive. Aglaé, à la faveur de la baguette magique, et conservant toujours le nom d'Alcine, prive le comte de sa liberté; mais ce fidèle amant résiste à toutes les menaces et à toutes les séductions; sa persévérance est récompensée par la main d'Alcine, qui se fait connaître, et Duclos reçoit celle d'Aglaé.

Cette pièce offre des détails ingénieux, de l'élégance, et souvent de la gaieté; la musique, malgré quelques inégalités, fit beaucoup de plaisir, et plusieurs morceaux furent vivement applaudis.

ISLE SAUVAGE (l'), comédie en trois actes, en prose, avec un divertissement, par Saint-Foix, au théâtre Français, 1743.

L'*Isle sauvage* est un de ces tableaux qui doivent plaire par la vérité de l'imitation. Ce ne sont point nos mœurs que l'auteur a voulu peindre; c'est, au contraire, la nature telle qu'elle est, avant que l'éducation la corrige ou la rectifie. Béatrix, dame espagnole, habite, depuis dix ans, avec ses deux filles, une isle qui n'est peuplée que de sauvages noirs. Osmarin, l'un d'entr'eux, protège cette famille de blancs. Il fait plus, il aide à sauver la vie à Félix, jeune Espagnol que la tempête vient de jeter dans la même isle. Félix ne se croit que le fils d'un simple pêcheur; ce qui ne l'empêche pas d'être agréablement traité par Léonor et Rosette, filles de Béatrix. On ne leur a pas encore appris à distinguer le noble du roturier, et, dans une isle peuplée de sauvages noirs, un pêcheur blanc vaut un prince.

ISLE SONNANTE (l'), opéra-comique en trois actes, par Collé, musique de Monsigny, au théâtre Italien, 1763.

Durbin et Célénie, destinés l'un à l'autre par les lois de leur empire, ne pouvaient s'unir dans la crainte des plus grands malheurs, si la princesse n'avait pour le prince l'amour le plus tendre, et ne le lui avait marqué publiquement. D'un autre côté, il était défendu au prince de lui parler de sa passion. Celui-ci, par les ordres d'un génie, s'embarque avec la princesse, et va consulter une fée sur le succès qu'il espère; celle-ci lui dit: Mon fils, Célénie ne te dira qu'elle t'aime, que lorsqu'elle ne parlera plus, et tu ne sauras ce qu'elle pense, que lorsqu'elle ne pensera plus. Le prince et la princesse remontent sur leur vaisseau. La puissance supérieure qui les gouverne les fait arriver, par le chemin le plus droit, à l'isle Sonnante, ou l'isle de la Musique. Dans cette isle, la musique est la première divinité; on n'y parle qu'en chantant. Durbin exprime son chagrin de n'entendre que de la musique, et Célénie en devient folle. Alors, elle accomplit l'oracle de la fée : elle ne dit pas qu'elle l'aime, elle le chante; elle dit ce qu'elle pense, lorsqu'elle ne pense pas, puisqu'elle est folle. On lui rend sa raison, en ne lui parlant plus en musique; et le prince, par l'accomplissement de l'oracle, ne trouve plus d'obstacle à son mariage.

ISMÈNE, pastorale héroïque en un acte, par Moncrif, musique de Rebel et Francœur, 1748.

Le tendre Daphnis est amoureux d'Ismène, mais il n'ose faire l'aveu de sa flamme. Il s'arrête à l'idée de se taire et de s'expliquer à-la-fois; c'est-à-dire de peindre et de voiler sa passion par un détour ingénieux. Ismène, qui l'aime, voudrait aussi lire dans son cœur, avant que de se déclarer. Cloé, sa compagne, et tous les autres bergers et bergères, sont étonnés qu'Ismène paraisse insensible à leurs fêtes, dont elle est l'objet et l'ornement. On la laisse consulter le dieu des Bois. Daphnis se présente; la bergère l'interroge sur le dessein qui l'amène dans ce bois écarté; il dit qu'il vient de rêver et de se former des chimères agréables. Il imaginait une beauté suivie par un jeune berger. Lisis est le nom qu'il donnait au berger, et la nymphe, il l'appelait Zélie. Le berger célébrait ses charmes en mariant sa voix avec sa lyre. Ismène lui demande s'il n'a point retenu les chansons de Lisis? Il les sait et les répète. Il attendrit Ismène, et tombe à ses genoux. La bergère le choisit pour son vainqueur, devant les bergers, les bergères, les faunes, etc., qui célèbrent cette heureuse union.

ISMÈNE ET ISMÉNIAS, tragédie-opéra en trois actes, par M. Lanjon, musique de Delaborde, 1770.

Thémistée, père d'Isménias et grand-sacrificateur, félicite son fils d'avoir été choisi pour annoncer la fête de Jupiter. Il l'avertit de fuir l'amour, et que, si son cœur se livre aux attraits de ce sentiment, un châtiment sévère l'attend à son retour. Cependant, le jeune homme n'a pu voir Ismène, princesse d'Euriôme, sans l'aimer. Elle éprouve pour lui les mêmes sentimens; mais ils implorent l'un et l'autre les secours de la déesse de l'Indifférence, pour vaincre une passion qui doit leur être fatale. La déesse retrace à leurs yeux les funestes effets de l'amour dans les malheurs de Médée, de Jason et de Créuse. Malgré le sort de ces amans malheureux, Ismène et Isménias ne peuvent retenir l'aveu mutuel de leur amour, et leurs efforts sont inutiles pour combattre cette passion. Cependant le Roi d'Euriôme, qui doit épouser Ismène, vient l'enlever dans le temple de Diane, et la conduit aux pieds de l'autel où doit se célébrer leur himen. Lorsqu'ils sont prêts à s'unir, Isménias déclare hautement son amour pour la princesse. Le roi, transporté de fureur et de jalousie, fait enchaîner cet amant téméraire, et ordonne qu'il périsse; mais les prêtres étant près de l'immoler, sont arrêtés par l'Amour; et le tout se termine à la satisfaction des deux amans.

ISMÉNOR, ballet-héroïque en trois actes, par Desfontaines, musique de Rodolphe, 1773.

Isménor est le premier des spectacles lyriques donnés dans les fêtes du mariage du comte d'Artois. Il fut représenté dans la salle du château de Versailles.

L'enchanteur Isménor veut connaître l'amour de Zulim, et éprouver Zémire, jeune princesse dont une fée a pris soin de former le cœur. Il traverse leur himen prêt à se conclure, enlève Zémire, et la transporte dans un désert affreux, où il feint de l'amour pour elle. Il éprouve, par la terreur, la constance de cette jeune beauté; mais la fidélité de Zémire fait cesser le fatal enchantement. Elle est transportée dans le palais du Bonheur, et se trouve dans la galerie de Versailles, où elle voit Zulim, son amant, avec la fée, sa protectrice. Le théâtre représente alors le parc de Versailles, du côté du bassin d'Apollon, avec le temple de l'Himen, où l'enchanteur et la fée d'intelligence, concourent à la félicité des deux amans, et ordonnent des fêtes.

ISSÉ, pastorale-héroïque, d'abord en trois actes, ensuite en cinq, par Lamotte, musique de Destouches, au théâtre de l'Opéra, 1697.

Le sujet de cette pastorale est tiré de ce vers d'Ovide :

Ut Phœbus pastor macareida luserit Issen.
Met. l. 6.
« Comme Apollon, déguisé en berger, trompa Issé. »

Le sujet du prologue est le jardin des Hespérides, rendu accessible par Hercule, allégorie de Louis XIV, rendant l'abondance à ses peuples.

Issé fut chantée à Trianon devant le roi, en 1698. S. M. fit donner au musicien une bourse de deux cents louis, l'assurant que depuis la mort de Lully, elle n'avait point entendu de musique qui lui plut davantage.

Quelques jours après que la pastorale d'*Issé* fut chantée à la cour, Destouches alla faire sa cour à madame la duchesse d'Orléans. Elle lui témoigna le plaisir que son opéra lui avait causé. Quelques seigneurs qui étaient présens, ne manquèrent pas de lui en faire compliment; il y en eut un qui fit remarquer que depuis deux jours le temps était très-obscur, et que le soleil n'avait point paru; sur quoi madame la duchesse répartit dans le moment : C'est qu'il a vu Issé. On sait que, dans cet opéra, Apollon, qui est regardé comme le Soleil, veut se faire aimer d'Issé, déguisé en berger, sous le nom de Philémon, et que voyant ses désirs accomplis, il se fait connaître pour Apollon, et paraît dans toute sa splendeur, dans une fête magnifique qu'il donne à Issé, transportée de sa conquête.

Chassé s'était retiré du théâtre de l'Opéra, sous prétexte qu'étant gentilhomme, il ne lui convenait pas de faire le métier d'acteur; mais la vraie raison, c'est que s'étant fait un fonds assez considérable, il se croyait en état de se passer de jouer davantage. Il fit société avec La Guerinière, et plaça ses fonds dans une entreprise qu'ils firent ensemble. L'affaire ne réussit point, et Chassé en fut pour la plus grande partie de son argent; il fut obligé de reprendre sa première profession, et joua dans une reprise de l'opéra d'*Issé*. Le public ne lui ayant plus retrouvé la même beauté de voix, on fit sur l'air *du prevôt des marchands*, le couplet qui suit :

Avez-vous entendu Chassé
Dans la pastorale d'Issé?
Ce n'est plus cette voix tonnante,
Ce ne sont plus ces grands éclats;
C'est un gentilhomme qui chante,
Et qui ne se fatigue pas.

C'est lors d'une reprise du même opéra, à la rentrée de Pâques de 1757, que la direction de l'Académie royale de musique fut accordée à Rebel et Francœur.

ITALIE GALANTE (l'), ou LES CONTES, comédies en prose, par Lamotte, aux Français, 1731.

Ce sont trois petites comédies séparées, dans lesquelles l'auteur a su accommoder au théâtre, et ramener aux bonnes mœurs et aux bienséances, trois contes de La Fontaine; savoir: l'*Oraison de St.-Julien*, que Lamotte avait déjà donnée au public sous le titre du *Talisman; Richard Minutolo*, et le *Magnifique*. Ces comédies sont mêlées d'intermèdes et de divertissemens. La première eut un succès médiocre; la seconde ne réussit point; mais le *Magnifique*, qui est en deux actes, plut infiniment, et a depuis été joué séparément avec quelques additions et un divertissement chinois. C'est, dit-on, la première pièce en deux actes qui ait été donnée. Nous craignons l'assurer.

ITALIEN MARIÉ A PARIS (l'), comédie en trois actes, en vers libres, par Lagrange, aux Italiens, 1737.

Lélio, né à Rome, a épousé à Paris la jeune Clarice, qui devient plutôt l'objet de sa jalousie que de son attachement. Son premier soin est de rendre sa maison inaccessible; mais il n'a pu encore se soustraire à certaines visites d'usage qui l'excèdent, ni même à certains messages qui le troublent.

D'abord, c'est Arlequin, laquais d'une comtesse, qui, en émissaire zélé, refuse de dire au jaloux ce qu'il veut à sa femme. Lélio, qui s'est éloigné, revient armé d'un poignard, s'emparer du billet que Clarice est prête à recevoir. Ce billet, signé de la comtesse, renferme une invitation à dîner pour elle et pour lui. Un maître à danser survient pour donner une leçon à Clarice; mais le jaloux se désespère en le voyant mettre la main sous le menton de son écolière, pour lui faire tenir la tête droite; sur ses épaules, pour les lui faire effacer; sur ses genoux, pour les lui faire étendre. Le maître continue, et veut voir les pieds; alors Lélio l'arrête tout court, lui paie le mois d'avance, et le congédie pour toujours. Il voudrait bien en faire autant à une compagnie brillante qui lui survient, et qu'il reçoit mal. Mais ce qui achève de le rendre furieux, c'est l'aventure du jeune Flavio, introduit chez lui sous l'habit de fille, par le frère même de Clarice. Il est inutile d'avertir que c'est par nécessité, et sans aucun dessein criminel. Au surplus, les situations de cette comédie sont théâtrales et variées; chaque scène contribue à faire ressortir le principal caractère, et la pièce remplit absolument l'idée que présente son titre. Ce fut d'abord une comédie italienne, composée par Riccoboni, dit Lélio, qui ensuite la mit en prose française. Elle était alors en cinq actes. Lagrange la réduisit en trois et la mit en vers.

ITALIENNE FRANÇAISE (l'), comédie en trois actes, par Dominique et Romagnésy, aux Italiens, 1725.

Arlequin et Pantalon cherchent la fée Bienfaisante, à qui ils se plaignent de ce que les comédiens français ont fait jouer le rôle d'Arlequin à une jeune actrice, et celui de Pantalon à un autre de leurs acteurs. Elle leur conseille de la contrefaire à leur tour; mais voyant qu'ils n'en peuvent venir à bout, elle leur promet d'inspirer à un comédien Italien, de copier un caractère de la comédie Française. Tel est le prologue.

Mario se prépare à épouser Silvia, malgré ses engagemens avec Lucinde. La suivante de cette dernière s'offre à lui conserver son amant. Pour cet effet, elle se travestit en valet, et entre au service de Mario. Chargée d'une lettre pour Silvia, elle lui révèle la liaison que Mario a eue avec Lucinde. Silvia, qui aime Lélio, et qui n'épousait Mario que par obéissance, trouve des moyens de renvoyer Mario à Lucinde.

IVROGNE CORRIGÉ (l'), ou le Mariage du Diable, opéra-comique en deux actes, par Anseaume, musique de Laruette, à la foire Saint-Laurent, 1759.

Il s'agit, dans cette intrigue, de corriger Mathurin de son ivrognerie, et de le forcer à souscrire au mariage de sa nièce Colette avec Cléon, jeune homme qu'elle aime. De son côté, Mathurin la destine à Lucas, son ami de bouteille, et avec lequel il s'enivre régulièrement tous les jours ; c'est même par où l'un et l'autre ont commencé la pièce. Ils s'endorment, et l'on saisit cette occasion pour les transférer dans une cave obscure. Cléon, qui a été comédien, et qui se trouve secondé par quelques-uns de ses anciens camarades, a tout disposé pour faire croire à Mathurin et à Lucas, qu'ils sont morts, et qu'ils vont être punis de leur conduite passée ; l'ivrogne se repent et souscrit à tout ce qu'on veut, pourvu qu'il puisse revoir la lumière. Un des notaires, qui sont supposés se trouver en grand nombre au manoir infernal, dresse le contrat de mariage de Cléon et de Colette, qui est descendu aux enfers avec Mathurin. Le bonhomme croit tout cela vraisemblable ; mais il est difficile que sa crédulité le paraisse.

JACQUELIN, auteur dramatique.

On a de lui *Soliman*, ou *l'Esclave généreuse*.

JACQUELIN (M.) (Jacques-André), né à Paris, en 1776, auteur dramatique.

Il a fait seul : *Jean La Fontaine*, *Jean Racine*, *l'Antiquomanie, ou le Mariage sous la Cheminée*, la *Clef Forée*, la *Mort de Néron*, la *Manie des Romans, ou la Nièce à ma Tante Aurore*, *Cinq et Deux font Trois, ou le Marchand d'Esprit*; et en société, le *Tableau de Raphaël*, *Pradon sifflé, battu et content*, le *Hazard corrigé par l'Amour*, *Pélisson, ou C'est le Diable*, le *Peintre dans son Ménage*, *l'Amour à l'Anglaise*, *Cric-Crac, ou l'Habit du Gascon*, *Gilles en Deuil*, *Piron Aveugle*, et *Molière avec ses Amis*.

JACQUES DUMONT, ou *Il ne faut pas quitter son Champ*, comédie en un acte, en prose, par M. Ségur jeune, au théâtre Louvois, 1804.

Jacques Dumont a quitté un petit domaine qui lui procurait une honnête aisance pour se jetter dans le tourbillon des affaires, où il eût fait fortune, si, de son côté, son épouse, n'eût pas, par de folles dépenses, absorbé ses bénéfices. Tous les jours ce sont nouvelles fêtes, bals, concerts, spectacles, repas magnifiques, enfin tout ce que le luxe et l'opulence peuvent étaler aux yeux, se trouvent réunis dans la maison de Jacques Dumont. Cependant il est loin d'approuver les folies de sa femme ; mais il est trop faible et trop bon mari pour la contrarier ouvertement. Ainsi, quoiqu'il craigne une banqueroute, dont il est menacé, il consent à donner une fête qui surpassera toutes les autres en magnificence. Circonvenue par une madame Verneuil, intrigante de profession, madame Dumont veut marier sa fille, amante aimée de Firmin, à un agréable de Paris, nommé Florange. Mais une lettre, que vient de recevoir Dumont de son correspondant, dérange tous ces beaux projets. La banqueroute est certaine, et entraîne la perte d'une autre maison, dans laquelle Dumont a placé ses fonds. Après avoir lu cette lettre, il la lit à sa femme, et feint de se livrer, avec plus d'ardeur, aux préparatifs de la fête. Sa conduite étonne madame Dumont. Altérée par cette nouvelle désastreuse, elle se plaint de sa légèreté; mais, poursuivant toujours son projet de corriger son épouse, il semble ne faire aucune attention à ses discours. Cependant il mande son ci-devant associé, et lui fait part de la situation de ses affaires. Craignant que Dumont ne lui demande des secours, celui-ci le prévient, et lui dit qu'il est lui-même embarrassé pour un paiement. Mais lorsque Dumont lui propose de lui vendre sa maison, il sait fort bien où lui trouver les fonds dont il a besoin pour rembourser ses effets. Madame Dumont ne tarde pas elle-même à être désabusée sur le compte de madame de Verneuil et sur celui de Florange; et, désormais revenue des grandeurs, elle consent à se retirer dans le petit domaine qu'elle méprisait naguères, et à donner la main de sa fille à Firmin.

Il est aisé de voir que la morale de cette comédie est renfermée dans ces deux vers latins:

Donec eris felix, multos numerabis amicos;
Tempora si fuerint nubila, solus eris.

JADIN (M.), compositeur de musique, occupe un rang honorable parmi ceux qui ont travaillé pour l'opéra-comique. La plupart de ses compositions ont obtenu des succès.

Tome V.

JADIS ET AUJOURD'HUI, opéra en un acte, par M. Sewrin, musique de M. Kreutzer, au théâtre Feydeau, 1808.

L'intrigue de ce petit opéra est la même que celle du *Retour des Officiers*, de Dancourt. Quant au fonds, il appartient à Bret, et les situations elles-mêmes ont été puisées dans la pièce de Bret, intitulée la *Double Extravagance*, qui fut représentée aux Français, en 1750, et qu'on ne joue plus aujourd'hui. Au surplus, voici l'analyse de la pièce ancienne, comparée avec la nouvelle.

Dans l'ancienne, on trouve un Orgon, dont madame de Vieilleville, de la nouvelle, n'est que la copie. Orgon ne veut marier sa fille qu'à un amant au moins sexagénaire; mais la fille en aime un, infiniment plus jeune. Lorsque le sexagénaire arrive, la soubrette Marton, qui tient lieu du valet de la pièce de M. Sewrin, conseille au bonhomme de se rajeunir; et le jeune homme, au contraire, prend le parti de se vieillir et de faire sa demande, revêtu d'un habit de son grand-père. Dans l'ancienne pièce, comme dans la nouvelle, c'est le jeune vieillard qui l'emporte, par la raison que, folie pour folie, celle de la jeunesse est plus agréable. Il ne reste donc à l'auteur d'aujourd'hui que quelques mots heureux et quelques couplets assez bien tournés.

JALOUSE D'ELLE-MÊME (la), comédie en cinq actes, en vers, par Bois-Robert, 1647.

Léandre, gentilhomme, vient à Paris pour épouser Angélique, fille d'un riche marchand. En entrant dans une église, il apperçoit une fille, dont le masque lui cache le visage; mais la beauté de la main lui fait juger avantageusement des autres attraits. Il en devient vivement épris; de son côté, la demoiselle, enchantée de sa bonne mine, lui donne rendez-vous au même endroit, pour l'après-midi. Cette inconnue est cette même Angélique qui lui est promise, et que le hazard a conduit dans cette église. Elle le reconnait, lorsqu'il vient saluer son beau-père futur. Sa beauté serait bien capable de l'attacher, s'il n'était, par malheur, prévenu pour l'inconnue. Il se trouve donc au rendez-vous qu'elle lui a donné. Alors, Isabelle, sa cousine, instruite de tout ceci, par l'indiscrétion du valet Filipin, en fait part au père et au frère d'Angélique, à dessein de les obliger à rompre avec Léandre, dont elle-même est amoureuse. Elle y réussit; on congédie cet amant, et le chagrin qu'il en a, joint à celui de ne savoir où trouver son inconnue, lui fait prendre la résolution de s'en retourner promptement. Sur le point de partir, il reçoit une bourse de trois cents pistoles, avec une lettre dans laquelle on le prie de différer son voyage. Cependant, Marinette, suivante d'Angélique, gagnée par Isabelle, fait trouver cette dernière au rendez-vous donné à Léandre; Angélique y vient elle-même; Léandre, interdit, ne peut connaitre quelle est la maîtresse de son cœur. Les reproches qu'il essuye de l'une et de l'autre, le désespèrent, et le déterminent une seconde fois à prendre le chemin de sa province. Angélique rompt encore ce projet; sa jalousie contre Isabelle, et la crainte qu'elle ne lui enlève son amant, lui font hâter le dénouement. Léandre, au comble de ses désirs, retrouve, dans la personne qui lui est promise, l'inconnue, pour qui il sentait un si doux penchant; et le frère d'Angélique s'offre pour consoler sa cousine.

JALOUSIE D'ARLEQUIN (la), comédie en trois actes, par Goldoni, aux Italiens, 1763.

Cette pièce commence par les inquiétudes d'Arlequin sur les attentions que Pantalon, Scapin, et principalement Lélio, ont pour Camille. Ces inquiétudes ne tardent pas à faire place à la jalousie la plus caractérisée. Quoique ce qui l'occasionne ne soit qu'une erreur, il y a assez de vraisemblance pour allarmer un mari tel qu'Arlequin. Une lettre, écrite par Lélio à la cantatrice, dont il est amoureux, et que Scapin remet à Camille, forme le nœud et l'intrigue de cette comédie.

JALOUSIE DE BARBOUILLÉ (la), petite farce de Molière, 1663.

On trouve, dans cette farce, un canevas informe du troisième acte de *Georges Dandin*. Le grand Rousseau avait cette pièce manuscrite. Voici ce qu'il en dit, dans une lettre à Brossette : « Vous me demandez une analyse de la farce du *Barbouillé;* cela sera bientôt fait. Le Barbouillé commence par se plaindre des chagrins que lui donne sa méchante femme. Il va consulter le docteur sur les moyens de la mettre à la raison. Celui-ci, parlant toujours, ne lui donne pas le tems de s'expliquer. La femme arrive, et le docteur, continuant toujours ses tirades, les impatiente l'un et l'autre, à tel point qu'ils lui disent des injures. Entre autres choses, la femme lui dit qu'il est un âne, et qu'elle est aussi docteur que lui; et le docteur répond : Toi, docteur ? vraiment, je crois que tu es un plaisant docteur. Des genres, tu n'aimes que le masculin; à l'égard des conjugaisons, de la syntaxe, et de la quantité, tu n'aimes que, etc. Ils s'en vont, hormis la femme, qui demeure pour attendre son galant, avec qui elle est surprise par le mari, qui amène avec lui son beau-père Villebrequin. Elle donne des coups de bâton au Barbouillé, feignant de les donner au galant : son père et elle se tournent contre le mari, qui continue ses invectives. Le docteur met la tête à la fenêtre, et leur fait à tous des réprimandes : il descend pour mettre la paix entr'eux; ils se sauvent tous, pour se dérober à la volubilité de sa langue; et le Barbouillé, plus impatienté que les autres, pendant qu'il poursuit ses déclamations, lui attache une corde au pied, et, l'ayant fait tomber, le traîne à écorche-cul jusques dans la coulisse, où finit la comédie. Tout cela est revêtu du style le plus bas et le plus ignoble que vous puissiez imaginer. Il est aisé de voir que ces sortes de farces n'ont jamais été écrites par Molière; mais par quelque grossier comédien de campagne, qui en avait rempli les canevas à sa manière. On sait assez que ces farces n'étaient que des *improvisades* à la façon des Italiens, qui ne pouvaient divertir que par le jeu de théâtre ».

JALOUSIE IMPRÉVUE (la), comédie en un acte, en prose, par Fagan, aux Italiens, 1740.

Une lettre mal interprétée, rend un mari jaloux, pour la première fois, au bout de vingt-deux ans de mariage. Il soupçonne Lélio d'avoir des vues criminelles sur sa femme, tandis que ce dernier n'aspire qu'à épouser sa fille. Lysimon, c'est le nom du père, qui s'était toujours opposé à ce mariage, y consent; heureux d'en être quitte à ce prix. Le fonds de cette comédie est peu de chose; mais la conduite en est ingénieuse et fertile en situations plaisantes. Elle est dédiée à M. le Grand-Prieur, qui honorait l'auteur d'une protection particulière; cet hommage, de la part d'un écrivain naturellement timide, est une preuve que l'ouvrage avait réussi.

JALOUX (le), comédie en cinq actes, en vers, par Baron, 1687.

Le jaloux offre un caractère souvent placé sur la scène, mais qui rarement y a réussi: il faut pourtant en excepter le *Cocu Imaginaire*, et le *Jaloux Désabusé*. Molière lui-même échoua dans le *Prince Jaloux*. Il existe beaucoup d'analogie entre cette dernière comédie et celle de Baron ; en effet, les principaux personnages des deux pièces, se trouvent souvent dans les mêmes situations : ils ont les mêmes accès de fureur. Le jaloux, dans la comédie de Baron, ne dédaigne point ces petites marques de mécontentement : il sait en faire usage. C'est Julie, mère de Marianne, qui en fait le récit à certaine comtesse, dont l'emploi est de tout brouiller dans cette comédie.

JALOUX (le), comédie en trois actes, en prose, avec un prologue et des divertissemens, par Beauchamp, aux Italiens, 1723.

Lélio est amoureux et jaloux de Silvia ; celle-ci tâche de le guérir, en lui donnant des sujets apparens de jalousie, dont il sera facile ensuite de le faire revenir. Les défiances continuelles de cet amant forment le fonds de la comédie. Il se porte à toutes sortes d'excès et d'extravagances : il accable de reproches sa maîtresse, qui a encore la bonté, ou plutôt la faiblesse de lui pardonner, et de lui donner son cœur et sa main, tout indigne qu'il est de l'un et de l'autre. Les deux premiers actes furent bien reçus, mais le troisième ne parut, avec raison, qu'une répétition fatigante des situations, qui sont dans les deux autres.

On trouve dans cette comédie un vaudeville, dans lequel on remarque le couplet suivant :

> Autrefois, on ne payait pas ;
> Mais il fallait aimer pour plaire ;
> Il en coûtait trop d'embarras,
> Trop de façon et de mystère :
> Nous avons changé cet abus,
> Nous payons et nous n'aimons plus.

JALOUX (le), comédie en cinq actes, en vers, par Bret, au théâtre Français, 1755.

Verville n'a jamais aimé, lorsqu'il devient amoureux d'une Orphise, dont les rigueurs ont déjà fait mourir de désespoir un soupirant, appellé Lindor. Ce Lindor forme le nœud principal de la pièce. Tout défunt qu'il est, Verville ne s'avise-t-il pas de lui porter envie, et cela, parce qu'Orphise, par un simple mouvement d'humanité, l'a regretté ? ce mouvement est de l'amour aux yeux de Verville. Cent fois il en parle à Orphise : il l'engage même à écrire l'histoire de ce malheureux amant, dans l'idée de juger, par sa façon de s'exprimer, si elle a été réellement prévenue en sa faveur. Elle a la complaisance de le satisfaire sur ce point. Notre jaloux trouve, dans cet écrit, qui est tout simple, de véritables sujets de s'allarmer. Selon lui, la tendresse d'Orphise, y éclate à chaque ligne, malgré l'art dont elle a voulu déguiser ses feux ; à son avis, elle peint Lindor si bien fait, si tendre, si fidèle, qu'il n'est pas possible qu'elle ne l'ait pas aimé. Il ne cache point à sa maitresse ses soupçons, ou plutôt ses certitudes. Enfin, il l'impatiente au point qu'elle ne veut plus le voir ni l'entendre. Alors, selon l'usage, il lui demande pardon de sa frénésie. Orphise consent à l'excuser, pourvu que désormais il n'écoute plus son caractère inquiet et ombrageux. Mais, à la fin du quatrième acte, il devient, sur le faux rapport d'un valet, jaloux de son meilleur ami, et lui fait un appel. Orphise arrive, fort à propos, pour les séparer ; et, convaincue que Verville est incorrigible, elle préfère sa liberté à un engagement aussi mal assorti. Le jaloux reste persuadé qu'on lui eût accordé sa grace, si quelque rival inconnu et plus heureux ne le banissait du cœur d'Orphise.

Bret avait puisé le fonds de son sujet dans *Zaïde*, roman de Ségrais. Il s'y trouve un jaloux, qui l'est d'un rival qui n'est plus. Alphonse est jaloux d'un homme qui est mort. Cette jalousie, qui fait le fonds de la comédie de Bret, en fit aussi la chûte. C'est une idée fausse, que l'on peut tout-au-plus risquer dans un roman. Mais la vraie comédie doit présenter la nature et la vérité. *Rien n'est beau que le vrai*, etc.

JALOUX (le), comédie en cinq actes, en vers, par Rochon de Chabannes, aux Français, 1784.

L'intrigue de cette pièce est fondée sur une méprise continuelle du jaloux, qui veut absolument trouver un rival, dans une comtesse, habillée d'abord en amazonne et ensuite en dragon, qui vient voir une jeune veuve qu'il aime et dont il est aimé. Malgré qu'il soit sûr de l'être, malgré que tous les autres personnages le lui disent, il s'obstine à croire que son prétendu rival est l'amant préféré. Enfin, sur un mal-entendu, il pousse la folie au point d'envoyer un cartel à la comtesse; mais des amis et des valets viennent à propos les séparer : et le jaloux, forcé de convenir de ses torts, finit par s'éloigner. La pièce, il est vrai, ne finit point par son mariage avec la jolie veuve; mais on devine qu'elle l'aime trop pour ne pas lui pardonner.

L'intrigue de cette comédie est trop forcée, ce qui ralentit la marche de l'action. Aussi fut-elle sur le point de n'être pas achevée ; mais le courage, la prudence et le talent de Molé arrêtèrent les éclats tumultueux. Cet acteur demanda respectueusement au public si on lui ordonnait de se retirer ; l'acclamation générale fut pour la négative, et la pièce fut continuée jusqu'à la fin, tantôt au milieu des plus bruyantes clameurs, tantôt avec les plus vifs applaudissemens. L'auteur supprima des longueurs, et rapprocha les meilleures scènes et les détails les plus agréables. Ainsi corrigé, son ouvrage obtint un succès aussi flatteur que mérité.

JALOUX CORRIGÉ (le), opéra-bouffon, en un acte, parodié sur plusieurs ariettes italiennes, par Collé, avec un vaudeville et un divertissement, dont la musique est de Blavet, à l'Opéra, 1753.

Madame Orgon, tourmentée par la jalousie de son mari, imagine un moyen de le rendre traitable ; c'est de feindre de l'amour pour un amant supposé à la vue de ce mari, dans l'instant qu'elle en sera épiée. Suzon, suivante de madame Orgon, joue le personnage de cet amant ; elle est habillée moitié en homme, moitié en femme, et, paraissant du côté qu'elle est en homme, elle conte des douceurs à madame Orgon, qui les reçoit avec une bonté désespérante pour son mari ; mais lorsque celui-ci fait éclater toute sa rage, on lui fait voir ce que c'était que l'amant qui lui portait ombrage. Ce tour le corrige de sa jalousie.

Manelli et la demoiselle Tonelli, acteurs bouffons italiens, chantèrent en français dans cette pièce, pour la première fois de leur vie. Ces acteurs, venus à Paris en 1752, jouèrent successivement sur le théâtre de l'Opéra, plusieurs intermèdes et divertissemens italiens : la *Serva Padrona* ; le *Joueur* ; le *Maître de Musique* ; la *Fausse Suivante* ; la *Femme Orgueilleuse* ; la *Gouvernante Rusée* ; le *Médecin Ignorant* ; le *Chinois* ; la *Bohémienne* ; les *Artisans de Qualité* ; la *Pipée* ; *Tracollo* ; *Bertholde à la Cour*, et les *Voyageurs*. Tout le monde sait quels débats ils occasionnèrent entre les amateurs de la musique italienne et ceux de la musique française.

JALOUX DÉSABUSÉ (le), comédie en cinq actes, en vers, par Campistron, aux Français, 1709.

Ce sujet simple et conduit avec art, présente des situations comiques et neuves au théâtre. L'auteur n'a rien négligé pour faire ressortir le caractère du jaloux. Les inquiétudes, les défiances, les chagrins, le désespoir, les fureurs, en un mot, tous les mouvemens de la jalousie y sont peints avec autant de force que de vérité ; mais celui de Célie, femme du jaloux, nous semble outré. En effet, est-il naturel qu'une épouse aussi raisonnable, inspire, de gaieté de cœur, une jalousie effrénée à un mari qu'elle aime et qui l'adore, et cela, pour le forcer de consentir au mariage de sa sœur ? C'est pousser un peu trop loin le désir d'obliger. Au surplus, on trouve dans cette comédie une critique fine, délicate, judicieuse, et assaisonnée d'un grand nombre de traits ingénieux.

JALOUX HONTEUX DE L'ÊTRE (le), comédie en cinq actes, en prose, par Dufresny, aux Français, 1708.

Cette pièce nous offre un caractère assez rare dans la société, mais qui n'est point hors de la vraisemblance. Un président, jaloux de sa femme, et qui a le bonheur de l'être mal-à-propos, craint que sa jalousie ne le rende ridicule. Il prend pour son rival Damis, amant de Lucie, sa nièce et sa pupille. Une méprise, causée par la ressemblance des habits que la jeune personne et sa tante portaient dans un bal, a redoublé ses soupçons jaloux, qu'une petite jardinière, nommée Hortense, prend soin d'entretenir. C'est elle qui est chargée d'épier la conduite de la présidente: mais, gagnée par Frontin, valet de Valère, rival de Damis, elle dit tout ce qu'on lui suggère pour rendre ce dernier suspect. D'un autre côté, Thibaut, amoureux d'Hortense, et jaloux de bonne foi, forme un contraste agréable avec le président, son maître. La scène où Lucie, couverte de l'écharpe de la présidente et d'une robe pareille à la sienne, veut éprouver Damis, est par elle-même intéressante, et amène un dénouement relatif au caractère du principal personnage. Le jaloux, trompé à son tour par cet extérieur, donne les marques les plus éclatantes de la faiblesse qu'il voulait cacher. Il ne lui reste alors d'autre parti à prendre que d'accorder Lucie à Damis, pour l'engager à se taire. Ce sujet est traité avec beaucoup d'intelligence : peut-être même lui devons-nous quelques pièces supérieures à celles de Dufresny, telles, par exemple, que le *Préjugé à la Mode* et le *Philosophe Marié*. Ceux qui connaissent la marche et les procédés de l'esprit humain, ne seront point surpris de ce que nous avançons; ils savent que, combinée dans ses rapports et dans ses oppositions, une idée peut devenir la source d'une infinité d'autres.

JALOUX INVISIBLE (le), comédie en trois actes, en vers, par Brecourt, 1666.

Le sujet de cette pièce est tiré d'une nouvelle espagnole, intitulée : *El Zeloso Inganado*.

Carizel est marié depuis peu à une jeune personne, appelée Isabelle, dont il est fort jaloux. Cette jalousie n'est pas sans fondement; car Isabelle est aimée d'un jeune marquis qui, d'intelligence avec elle, a formé le projet de jouer différens tours à Carizel. Martin, valet du marquis, se présente à ce jaloux, et se dit le roi Geber, fameux enchanteur. Carizel, comme un sot, se met à genoux, et implore la protection du prétendu enchanteur. Celui-ci lui fait présent d'un bonnet qui a la faculté de rendre invisible. C'est où le marquis et Isabelle attendent Carizel. Ce dernier passe plusieurs fois devant sa femme et le marquis, croyant n'en être pas apperçu. Il ôte son bonnet, embrasse le marquis et lui demande pardon, ainsi qu'à sa femme, d'avoir osé les soupçonner d'être d'intelligence.

JALOUX MALADE (le), comédie en un acte, en prose, mêlée de Vaudevilles, par M. Dupaty, 1805.

Le jaloux Floricourt s'est blessé à la jambe, en courant sur les traces de madame de Ferville, sa maîtresse. Obligé de garder la chambre, il croit voir triompher ses rivaux; mais madame de Ferville l'aime, malgré son étourderie et malgré ses injustes soupçons. Elle envoye chez lui mademoiselle Pascal, sa vieille gouvernante, en qualité de garde malade; elle y vient elle-même, pour s'assurer de la tendresse de Floricourt, lorsque l'oncle de ce dernier, trompé par de faux rapports, vient augmenter la jalousie de son neveu, et s'opposer au projet qu'il a formé d'épouser madame de Ferville. Alors cette dame se fait connaître, et l'oncle, tout étonné de voir en elle une femme qu'il a vu exercer la bienfaisance, consent à l'himen des amans. Enfin, ce bonheur inattendu opère la guérison de Floricourt.

Cette pièce renferme quelques scènes agréables ; mais on y trouve des longueurs et des incorrections dans le style.

JALOUX MALGRÉ LUI (le), comédie en un acte, en vers, par M. Delrieu, au théâtre Louvois, 1793.

La morale de cette pièce est renfermée dans ce vers :

Une femme jolie est aux arts préférable.

Un goût immodéré pour l'étude, et particulièrement pour les mathématiques, fait négliger à Valmont les charmes de Zélie, son épouse ; en un mot, rien ne peut le distraire de ses doctes occupations. Cependant, Zélie, qui croit y voir de l'indifférence pour elle, forme le projet de le rendre jaloux. Séraphine, sa sœur, qui est dans sa confidence, et que Valmont ne connaît pas, est attendue avec impatience. Elle arrive sous des habits d'homme, et se présente comme un parent de Zélie, qui a été élevé avec elle, et dans la plus étroite intimité. Envain Zélie a passé la nuit, tout exprès, pour éveiller les soupçons de son époux, cette première attaque ne lui a pas réussi. Quoiqu'il en soit, les manières libres de Séraphine commencent à porter ombrage à Valmont. En effet, Séraphine s'installe sans façon, baise les mains de Zélie, et s'annonce comme un amant heureux. Toutefois, Valmont ne peut croire encore son épouse infidèle. Cependant il va consulter Vilson, son compagnon d'étude, pour avoir des renseignemens sur le compte de Séraphine. Vilson, d'accord avec Zélie, le confirme dans ses inquiétudes. Indigné contre son épouse, et résolu de mettre fin aux galanteries de Séraphine, il revient chez lui, où il se trouve consigné. Rosette, suivante de madame, lui interdit l'entrée de l'appartement de sa maîtresse, où Zélie est enfermée avec le prétendu galant. Enfin, après avoir joui quelque tems de son triomphe et de la jalousie de Valmont, Séraphine se fait connaître, et rend la joie au cœur attristé du pauvre mari.

Cette pièce est précédée d'une préface en vers, dans laquelle l'auteur, après avoir déploré l'influence malheureuse de la révolution sur les arts, célèbre les talens des premiers acteurs de la comédie Française; dans une note en prose, il remercie particulièrement M. Devigni et mesdames Mézerai, Simons et Molière, du succès qu'a obtenu son *Jaloux malgré lui*, et dont il leur est redevable.

JALOUX SANS AMOUR (le), comédie en cinq actes et en vers, à la comédie Française, 1781.

> D'un cœur qu'on a quitté, l'on veut être encor maître :
> Il est de faux jaloux ; j'en trouve chaque jour :
>   Et l'amour-propre fait peut-être
>   Autant de tyrans que l'amour.

Ces vers, tirés de la pièce, en renferment le sujet et la moralité, comme va le prouver l'analyse suivante. Le comte d'Orson est très-injustement jaloux de sa femme, qui pourrait avec raison être jalouse de son mari. Le chevalier d'Elcour, ami de d'Orson, jeune homme qui, sous un air évaporé, cache un cœur sensible, veut ramener son ami à son épouse ; et, pour y parvenir, il cherche à lui dessiller les yeux sur le compte de l'indigne objet qui le subjugue. Le moyen qu'il employe, peut le brouiller avec le comte, dont il aime la sœur ; mais il sacrifie à l'honneur et à l'amitié jusqu'aux intérêts de son amour. Sa vertu est récompensée : car il parvient non-seulement à démasquer la rivale de la comtesse et à réunir les deux époux, mais à épouser même la sœur de d'Orson.

Le style de cet ouvrage est pur et brillant, et l'on y a plusieurs fois applaudi des détails ingénieux et des scènes vraiment comiques.

JARDINIER DE SIDON (le), comédie en deux actes, mêlée d'ariettes, par De Pleinchêne, musique de Philidor, aux Italiens, 1768.

Abdolomine, descendant de la famille royale de Sidon, est obligé de chercher sa subsistance dans la culture de son jardin. Cliton, riche citoyen, et son voisin, découvre l'illustre origine d'Abdolomine, lui dit qu'il faut abandonner son jardin, et que la fortune veut changer son sort. Alors Abdolomine lui répond qu'il a trouvé le bonheur dans le travail, qui lui procure la santé et satisfait à ses besoins. Abdolomine a une fille jeune et belle, élevée par la sœur de Cliton. Cette jeune personne aime Agénor, fils d'un roi, et en est tendrement aimée. Agénor, pour voir sa maîtresse, s'est déguisé sous un habit simple; mais Abdolomine surprend les amans. Alors, le jeune prince vante son origine, ses richesses et sa puissance; mais tous ces avantages ne touchent point le roi jardinier, et il ne se rend qu'à la pureté des sentimens d'Agénor, qu'il choisit pour son gendre. Cependant, Cliton aime la fille d'Abdolomine, et lui déclare le désir qu'il a d'obtenir sa main ; ce n'est qu'à ce prix qu'il consent à élever Abdolomine sur le trône de ses ancêtres, pouvant seul faire valoir ses droits. La jeune personne veut sacrifier son amour à l'élévation de son père ; mais Abdolomine renonce au trône, s'il ne peut l'obtenir qu'en sacrifiant le bonheur de sa fille. Apprenant ce noble désintéressement, Agénor veut lui-même s'éloigner, et lui rendre sa parole. Alors, Cliton ne résiste point à ce trait de générosité; il renonce à ses prétentions, assure le bonheur des amans, et fait reconnaître Abdolomine, pour l'héritier légitime de la couronne de Sidon.

JARDINIER ET SON SEIGNEUR (le), opéra-comique en un acte, en prose, par Sedaine, musique de Philidor, à la foire St.-Germain, 1761.

Le seigneur vient faire du dégât dans la cave et le jardin d'un manant; tandis que, d'un autre côté, des filles de spectacle cherchent à débaucher sa fille; en un mot, le jardinier est maltraité par les gens de monseigneur, et bafoué par les villageois. Voilà tout le fruit qu'il retire de la visite de son maître.

JARDINIER SUPPOSÉ (le), ou L'AMANT DÉGUISÉ, comédie en un acte, mêlée d'ariettes, musique de Philidor, aux Italiens, 1769.

Une jeune personne se déguise en homme de robe, et, dans l'absence de son frère, imagine de faire l'amour, en son nom, à une certaine comtesse assez ridicule, qui vient pour se marier avec lui. Tel est le fonds de cette pièce qui fut représentée en 1756, sous le titre de *Plaisanterie de Campagne*, et dont le succès fut interrompu par la maladie et la mort de mademoiselle Silvia.

JARDINIERS (les), comédie en deux actes, et en prose, mêlée d'ariettes, par d'Avesne, aux Italiens, 1771.

Deux amans, sur le point d'être unis, voient s'évanouir leur plus chère espérance; à l'instant d'être heureux, l'arrivée d'une lettre les plonge dans un abîme d'infortunes. Voilà le fait : Bertrand, ancien garçon jardinier de Thibault, vient de faire une fortune considérable, qu'il veut faire partager à son ancien maître ; il lui écrit en conséquence, et lui demande la main de Colette, sa fille. Dès-lors plus d'espoir pour Colin, amant tendrement aimé de cette jeune et naïve personne ; Colin s'engage, et ne veut pas survivre à son amante. Cependant Bertrand arrive lui-même, et ne tarde pas à s'appercevoir du trouble que sa présence fait naître dans l'ame de Colette. Il lui soupçonne une inclination, et essaye de lui arracher son secret. Il la presse si vivement de s'expliquer, qu'à la fin elle lui fait l'aveu de son amour pour Colin ; mais elle recommande expressément à Bertrand de ne rien dire à son père de ce qu'elle vient de lui apprendre. Content de sa découverte, le sensible et généreux Bertrand renonce à ses projets d'union, et s'occupe du bonheur des amans. Malgré le projet qu'avait conçu Colin d'assassiner son rival, il achète le congé de l'amant de Colette, dans lequel il reconnait son neveu; enfin Bertrand obtient le consentement de Thibault et de sa femme, et unit les deux amans.

Cette pièce offre des détails fort intéressans.

JARDINIERS DE MONTREUIL (les), ou LE TRÉBUCHET, comédie en un acte et en vaudevilles, aux Italiens, 1782.

Deux amans, Julien et Suzette, profitent de la contiguité des jardins de leurs parens pour se voir; Mathurin découvre leurs rendez-vous, et, pour attraper Suzette, il place un trébuchet à la porte de son jardin; mais au lieu de Suzette, c'est la mère Magdeleine qui s'y trouve prise. Cette dernière, qui s'avise aussi d'aimer Julien, n'est délivrée que lorsqu'elle a donné son consentement au mariage des deux jeunes amans. Tel est le fonds de cette bluette.

JARDINS DE L'HIMEN (les), ou LA ROSE, opéra-comique en un acte, avec un prologue, par Piron, à la foire Saint-Germain, 1744.

Silvie conseille à Rosette, sa cousine, de prendre soin de son jardin, parce que sa mère ne lui confiera un troupeau que lorsqu'une rose qu'elle cultive, sera fleurie. Rosette assure qu'elle l'est; mais sa mère lui défend d'y laisser toucher, jusqu'à ce que l'Himen vienne la cueillir. Pour éprouver sa fille, elle imagine d'appeler Colin, dont la rusticité ne lui laisse rien à craindre; mais l'Amour, qui rôdait autour du jardin, saisit l'occasion, et persuade si bien Rosette, qu'elle consent à lui laisser cueillir la rose, s'il peut trouver le moyen d'entrer dans le parterre. Ils ébranlent la grille en chantant ensemble:

Poussons, poussons, poussons fort,
Mais poussons d'accord.

Heureusement Colin arrive, et appelle la mère, qui dit que la rose n'est que pour l'Himen, qui doit s'en couronner. Colin ne sait pas de meilleur moyen d'empêcher les autres de la prendre, que de la cueillir lui-même; mais la mère l'intimide tellement, qu'il la refuse même de Rosette, qui vient la lui offrir. Bientôt arrivent d'autres bergers moins timides; et Rosette se détermine pour celui qui lui témoigne le plus d'amour. C'est à lui qu'elle fait présent de la rose, dont la conservation lui avait coûté tant de peines.

Cette pièce était composée dès 1726, et devait paraître à la foire Saint-Laurent de cette année; mais on ne voulut pas en donner la permission. Elle fut remise en 1753, avec des changemens, par Favart, Lagarde et Lesueur, sous le titre des *Fêtes de l'Himen*. Avant de paraître, elle éprouva encore beaucoup de difficultés de la part du magistrat, chargé de la police, qui, malgré les bonnes intentions du censeur, refusa constamment d'en permettre la représentation : ce qui engagea Piron à présenter la requête suivante à M. le comte de Maurepas.

MONSEIGNEUR,

Sans autre appui qu'une parfaite confiance en votre pouvoir et en votre bonté, j'ose recommander à votre protection, une rose qu'on veut empêcher d'éclore. Le désespoir des pauvres entrepreneurs de l'Opéra-comique me force à prendre cette liberté. On vient de leur défendre la représentation de cette pièce, au moment que votre départ les empêche d'être à vos pieds, et que la longueur et les grands frais des préparatifs, ont achevé de les conduire à l'extrémité. Ils avaient tout fait, dans l'espérance que votre indulgence et votre autorité les mettrait à l'abri de la persécution.

Votre nom, Monseigneur, les conduit à la mort. Ainsi, j'ose avancer que vous leur devez compassion, d'autant plus qu'on ne s'avise pas d'implorer ici votre appui en faveur du scandale et de la licence. Un abbé, commis à l'examen des pièces, qui se conforme aux scrupules et à la rigidité de la police, envoya la rose à M. Hérault, avec son approbation, et sans avoir fait aucune rature. Il y a plus, Monseigneur, j'ai lu la rose dans une compagnie, où il y avait deux évêques sexagénaires, et quelques dames qui en sont déjà aux directeurs. L'ouvrage trouva grace à leurs yeux; ils n'y ont voulu voir que ce que j'y montre. Les mots de *rose, rosier, houlette* et *jardin*, leur ont bien fait penser quelque petite chose; mais ils convinrent tous, comme a fait l'examinateur, que le voile de l'allégorie était si heureusement tissu, qu'il n'y avait pas le plus petit trou par où l'on pût voir la nudité.

M. Hérault ne veut pas branler de derrière le rideau, sans se vouloir imaginer que ce rideau sera bien plus devant les yeux des spectateurs, qu'il ne peut être dans l'idée des lecteurs. Mon théâtre représente un jardin, au milieu duquel est un rosier. La rose éclate au-dessus de ce rosier, et frappe les regards des spectateurs. Tout cela répand une innocence continuelle sur-tout ce qui se dit. Des bergers se disputent, comme une faveur innocente, un bouquet offert par la plus jolie bergère du hameau, lieux communs des niaiseries pastorales. Je vous supplie très-humblement, Monseigneur, de vouloir bien donner des ordres plus doux que ceux de M. Hérault.

Sœpè, premente Deo, fert Deus alter opem.

Un grand roi très-chrétien ne dédaigna pas de secourir Molière dans un pareil cas, à l'occasion du *Tartuffe*; et cependant la même différence qui se trouve à mon désavantage entre les deux acteurs, se trouve à mon avantage entre les matières et les conséquences des deux pièces, etc.

Cette lettre eut son effet, et la pièce fut jouée.

JASON, ou LA TOISON D'OR, tragédie-opéra, par Rousseau, musique de Colasse, 1696.

Rousseau disoit, en parlant de ses opéras : « ils sont ma honte. Je ne savais point encore mon métier, quand je me suis donné à ce pitoyable genre d'écrire. » Il ajoutait que l'on pouvait bien faire un bon opéra, mais non pas un bon ouvrage d'un bon opéra.

JAUSSERAND (M.), acteur du théâtre Feydeau, retiré 1810.

Comme acteur et comme chanteur, M. Jausserand a obtenu et mérité les suffrages du public ; en un mot, il a fait preuve d'intelligence et de goût. Il a quitté ce théâtre, où il n'était qu'au second rang, pour briller au premier dans la province, où il est en ce moment.

JEAN HENNUYER, évêque de Lisieux, drame en trois actes, par M. Mercier, 1772.

Quelques jours après la Saint-Barthélemi, le lieutenant-de-roi de Lisieux étant venu communiquer à Jean Hennuyer l'ordre de massacrer les Huguenots, ce prélat s'y opposa, donna acte de son opposition, et sauva ainsi les Calvinistes de son diocèse.

C'est cet héroïsme vraiment chrétien qui fait le sujet de ce drame, où l'on trouve des situations très-pathétiques. Mais l'unité d'intérêt n'y est pas observée, puisque le danger de quelques particuliers devient ensuite celui de toute la ville. Au surplus, le caractère d'Hennuyer est très-beau, et les vues d'humanité dans lesquelles cet ouvrage a été composé, doivent en éclipser tous les défauts.

JEAN-JACQUES ROUSSEAU A SES DERNIERS MOMENS, trait historique, en un acte et en prose, par M. Bouilly, aux Italiens, 1791.

Rien de plus touchant, de plus vrai, de mieux senti que les détails de cet ouvrage, où l'auteur s'est souvent servi des expressions même de Rousseau, et où il fait quelquefois parler ce grand homme d'une manière qui n'est pas indigne de lui. Quelques tableaux naturellement amenés ajoutent au charme des situations.

JEANNE D'ARC A ORLÉANS, comédie en trois actes, en vers, mêlée d'ariettes, par Desforges, musique de M. Chreich, aux Italiens, 1790.

Talbot, général des Anglais, fait signifier à Dunois, qui commande dans Orléans, que si, dans huit jours, la ville n'est pas secourue, elle sera traitée avec toutes les rigueurs de la guerre. Dunois, Lahire et Santraille jurent de périr pour leur roi, qui est dans la ville, à l'insçu des habitans. Agnès Sorel, animée par les conseils de Dunois, feint de vouloir quitter Charles VII, pour remplir, dit-elle, sa glorieuse destinée. Le roi, enflammé par ce départ simulé, veut voler au combat, et se faire reconnaître de ses sujets : mais bientôt on annonce Jeanne d'Arc. Le roi l'arme et lui donne l'accolade. Agnès qui s'était éloignée, sous la garde de la Trémouille, est faite prisonnière. Cependant Talbot vient dans la place défier Dunois; mais, se voyant menacé par la Pucelle et par Charles VII, il se retire, et, dans son dépit, il jure de donner le lendemain le dernier assaut. Charles, ses chevaliers et Jeanne le préviennent, font une sortie à la faveur de la nuit, et délivrent Agnès. Talbot est vaincu par Jeanne, et le siège est levé.

Cette pièce, malgré ses défauts, a obtenu du succès.

La musique était le coup d'essai de M. Chreich, et donna dès-lors une opinion avantageuse de son talent.

JEANNE D'ARC, Pucelle d'Orléans, tragédie en cinq actes, en vers, 1580.

En 1580, aux environs du mois de mai, Henri III et la reine Louise, sa femme, allèrent prendre les eaux à Plombières. Le P. Fronton, jésuite, pour amuser leurs majestés, voulut faire représenter devant elles une tragédie française qu'il avait composée sous le titre de *Jeanne, la Pucelle de Lorraine;* mais les maladies contagieuses qui se répandirent dans plusieurs endroits, firent avorter ce projet, et manquer cette représentation. La tragédie fut cependant représentée au mois de septembre, en présence de Charles III, duc de Lorraine. Ce prince en fut si satisfait que, voulant récompenser l'auteur, qu'il voyait couvert d'une pauvre robe toute déchirée, qui caractérisait la pauvreté évangélique, il lui fit compter sur-le-champ cent écus d'or, ajoutant qu'il voulait qu'il employât cet argent à l'achat d'un habit neuf dont il avait un si grand besoin.

JEANNE DE NAPLES, tragédie en cinq actes et en vers, par La Harpe, aux Français, 1801.

Jeanne première, reine de Naples, avait épousé André

de Hongrie, prince odieux aux Napolitains, que, de concert avec le prince de Tarente, elle a fait assassiner. Indigné de cet attentat, Louis, frère d'André, a juré de venger son trépas et vient mettre le siège devant Naples. Tarente, homme ambitieux, voyant le danger de la reine, ne songe plus qu'à épouser Amélie, princesse qui doit succéder au trône de Naples. Voilà ce qui forme l'avant-scène : voici à présent la contexture de la pièce.

La scène s'ouvre au moment où la reine veut avoir une dernière explication avec Tarente, et où Louis demande à poursuivre, devant le tribunal de Naples, la vengeance de son frère. Tarente, nommé pour conférer avec Louis, apprend de ce prince, qu'outre la déposition de la reine, il veut encore la main d'Amélie. Alors, perdant ses espérances avec la main de la princesse, Tarente, pour triompher de son rival, se rapproche de la reine, et lui confie qu'il doit, au milieu de la nuit, surprendre et assassiner le roi de Hongrie. Mais Jeanne refuse de se prêter à cette horrible trahison. Cependant l'indigne Tarente a gagné les Etats ; et bientôt il va épouser Amélie : alors Jeanne, instruite de sa perfidie, fait prévenir Louis, qui donne l'assaut à la ville. Les Napolitains tremblans lui proposent de lui donner la princesse, et de déposer la reine, s'il veut retourner en Hongrie, et laisser le trône de Naples à Tarente. Ce traité va s'exécuter, lorsque Jeanne paraît dans l'assemblée des Etats ; y révèle son crime et ceux de Tarente, et se tue devant le tombeau de son époux. Louis, indigné et furieux, fond, l'épée à la main, sur Tarente, qui tombe, percé d'un coup mortel. Louis, content d'être vengé, et de posséder la princesse, s'en retourne dans ses Etats.

Le rôle de Jeanne est plein d'intérêt : mais Amélie, ses amours et son himen avec Louis, forment un épisode oiseux, qui nuit beaucoup à la rapidité de la marche, et à l'unité de l'action.

JEANNE, REINE D'ANGLETERRE, tragédie, par la Calprenède, 1637.

Edouard VI, roi d'Angleterre, n'ayant point d'enfant, laisse, en mourant, la couronne à Jeanne, fille de sa sœur et du duc de Suffolk, au préjudice des princesses Marie et Elisabeth, ses sœurs, filles de Henri VIII. Jeanne avait épousé Gilfort, fils du duc de Northumberland. Ce dernier fit reconnaître Jeanne reine d'Angleterre, quoique la plus grande partie de la noblesse et du peuple n'eût pas consenti à cette élection. La pièce commence par un conseil tenu par plusieurs seigneurs anglais, qui conviennent unanimement de rendre la couronne à Marie. Cette princesse marche sur Londres avec une armée victorieuse; bientôt on y apprend la défaite du duc de Northumberland; et, tandis que Jeanne et Gilfort déplorent leur fortune, ils sont arrêtés de la part de la reine Marie, qui est entrée dans Londres, où tout a reconnu sa puissance. Le duc de Northumberland, qui a été fait prisonnier, est interrogé par les pairs assemblés pour lui faire son procès, et il est condamné, ainsi que Jeanne et Gilfort, à perdre la tête sur l'échafaud.

JEANNE, REINE DE NAPLES, tragédie, par Magnon, 1654.

L'héroïne de cette tragédie est la reine de Naples, première de ce nom, si connue par ses galanteries, et à qui l'auteur donne un caractère tout différent de celui que l'histoire lui attribue. Selon lui, elle est innocente des crimes qu'on lui impute. L'amour que sa beauté inspire au sénéchal et au comte de Duras, et la jalousie du roi, son époux, sont la cause de tous ses malheurs. Ces trois rivaux cherchent l'occasion de s'arracher la vie. Cependant, le roi de Hongrie, frère d'André, premier époux de Jeanne, vient tirer vengeance de sa mort; et, sans autre preuve que ses soupçons, il condamne cette infortunée à être étouffée. On apprend que cet ordre cruel vient d'être exécuté, et en même-tems la mort de la Catanoise, confidente de la reine, qui est immolée à la fureur du peuple, et qui, près d'expirer, a confessé que son fils le sénéchal est coupable du meurtre du prince André. Ce traître, pour éviter un honteux supplice, se perce d'un poignard. Le comte de Duras déplore le sort de la reine, dont on reconnaît trop tard l'innocence.

JEANNOT ET COLIN, comédie en trois actes, en prose, par M. Desfontaines, aux Italiens, 1780.

Le sujet de cette pièce est tiré d'un conte de Voltaire.

La fortune corrompt le cœur de l'homme, et le rend souvent ingrat; elle fait d'un honnête homme un fripon, et d'un ignorant un sot. C'est elle qui change le caractère de Jeannot, et qui lui fait oublier la foi qu'il a jurée à Colette. Mais, quoique son amant soit devenu marquis, la tendre Colette ne peut le soupçonner d'infidélité. Elle vient, accompagnée de son frère Colin, pour embrasser Jeannot. Pauvre Colin! Sensible Colette! le cœur de votre ami est changé. Jeannot va épouser une comtesse. Toute fois, en les revoyant, l'amour et l'amitié se réveillent dans son ame. Enfin, la perte d'un procès, qui le ruine, rend Jeannot à la vertu et à ses premières amours. Abandonné de la comtesse, de ses valets et de ses prétendus amis, Colin et sa sœur lui restent fidèles; et Colette, oubliant son inconstance, lui accorde sa main.

On trouve dans cette pièce, de l'esprit et du sentiment;

mais si l'esprit y brille, c'est presque toujours aux dépens de la raison et des convenances.

JEAN-SANS-TERRE, tragédie en cinq actes, par M. Ducis, aux Français, 1791.

Le sujet de cette tragédie ne pouvait être que très-noir : on peut placer cet ouvrage au nombre de ceux qui froissent l'ame sans l'attendrir, et qui, comme nous l'avons dit souvent, glacent les sens, serrent les cœurs sans exciter les larmes : c'est l'effet de l'horreur et non de la sensibilité.

Jean-sans-Terre avait déjà été traité par Shakespeare et par un abbé, qui, vers 1617, fit imprimer, sous le nom de *Jean et Arthur*, une pièce informe, incorrecte, monstrueuse, qui ne fut jamais jouée et qui resta ensevelie dans l'oubli. C'est Shakespeare qui a encore guidé M. Ducis ; mais il n'a pris que les principales données du tragique anglais. Les détails et la conduite de l'ouvrage lui appartiennent ; ce qui lui fait honneur, car cette conduite est plus sage et plus raisonnable que celle de *Macbeth* et d'*Hamle* .

Cette pièce offre de grandes beautés, un style mâle et soigné, des vers de sentiment, des idées fortement exprimées, une conception hardie, une conduite sage, mais en même-tems peu de mouvement, de la lenteur même, des effets manqués, de la monotonie et de la similitude dans les situations, et, en général, plus d'horreur que d'intérêt.

Il y eut, en 1791, une espèce de fermentation dans un des quartiers du faubourg Saint-Antoine. En voici la cause. Le théâtre de la rue de Richelieu avait affiché : *En attendant* JEAN-SANS-TERRE, *tragédie en cinq actes*. Quelques-uns des braves du faubourg imaginèrent que c'était *Santerre*, alors en procès avec Lafayette, qu'on allait jouer sur la scène, et que l'on n'avait déguisé son nom, que pour mettre leur zèle en défaut. Déjà l'on commençait à crier contre le général, lorsque des personnes plus instruites expliquèrent ce que c'était que *Jean-Sans-Terre*, et prouvèrent qu'il n'avait jamais été commandant de bataillon.

JÉLIOTTE (Pierre), acteur de l'Opéra, s'est retiré du théâtre, en 1755.

Jéliotte avait, sans contredit, une des plus parfaites haute-contre qu'on ait entendu à l'Opéra. Mais, ce qui ajoutait encore à ce mérite, c'est que son jeu répondait à la beauté de sa voix. Aussi, croyait-on n'avoir point été à l'Opéra, quand on n'avait pas entendu Jéliotte. Il fit, pour les petits appartemens, la musique de *Zélisca*, pièce de Lanoue. On lui adressa les vers suivans :

> Au dieu du chant, élevons un trophée.
> Jéliotte fait aujourd'hui,
> Par ses talens, ce que faisait Orphée ;
> Il fait tout courir après lui.

JE NE SAIS QUOI (le), comédie en un acte, en vers libres, par Boissy, musique de Mouret, aux Italiens, 1731.

Cette pièce présenterait une assez longue suite de bonnes scènes, si, pour les rendre telles, il suffisait d'y mettre beaucoup d'esprit. On ne sait pour quelle raison, l'auteur veut que le *Je Ne Sais Quoi* soit brun de visage. Vénus, Apollon, un géomètre, un suisse, un petit-maître, le public féminin, un acteur de la comédie Française, un musicien et une danseuse, viennent tour-à-tour le chercher dans sa grotte. Ne les trouvant pas dignes de posséder ses charmes, il refuse de les suivre. Silvie est la seule qui le détermine à partir; et, pour finir la pièce, on le fait entrer dans le régiment de la calotte.

JENNEVAL, ou LE BARNEVELT FRANÇAIS, drame en cinq actes, en prose, par M. Mercier, à la comédie Italienne, 1781.

On connait le Barnevelt anglais : c'est un jeune homme que sa passion pour une femme méprisable conduit jusqu'à assassiner son oncle, et jusqu'à l'échafaud. Ici, le jeune homme ne fait que consentir au crime, qui doit être commis par un autre. Bientôt le remords l'emporte, et il va lui-même sauver son oncle.

Cet ouvrage, imprimé plusieurs fois avant d'être représenté, éprouva un sort très-bisarre; il arriva jusqu'à sa fin, tantôt au milieu des huées, tantôt au bruit des applaudissemens. Parmi les spectateurs, les uns criaient : C'est horrible! les autres : C'est sublime! Ne pourrait-on pas en conclure :

> Qu'il n'avait mérité
> Ni cet excès d'honneur, ni tant d'indignité.

JENNY-BOUVIER, actrice de l'Opéra-comique.

Cette jeune et intéressante actrice, réunissait à une jolie figure, à une voix agréable, quoique faible, une grande intelligence et beaucoup de finesse. On lui trouvait un peu trop d'afféterie, et, quelquefois, pas assez d'abandon. Quoiqu'il en soit, elle fut aimée du public et de ses camarades, dont elle emporta les regrets.

JEPHTÉ, tragédie en trois actes, par l'abbé Boyer, 1692. Tous ceux qui ont lu l'écriture sainte, connaissent le sujet de cette tragédie; mais l'abbé Boyer en a changé la catastrophe. Axa, c'est ainsi qu'il nomme la fille de Jephté, n'est point sacrifiée réellement : elle se voue au service de Dieu, et acquitte ainsi le vœu insensé de son père.

Pleins de respect pour l'écriture sainte, nous ne nous permettrons point d'attaquer le fonds de cette tragédie; mais nous plaignons sincèrement le pauvre Jephté, d'avoir eu un aussi mauvais interprète. Un autre l'eût rendu digne de pitié, l'abbé Boyer l'a rendu pitoyable.

JEPHTÉ, tragédie-opéra, par l'abbé Pellegrin, musique de Monteclair, 1732.

Avant cette pièce, on n'avait point encore vu l'histoire sacrée monter sur le théâtre de l'Opéra. Elle obtenait le plus grand succès, lorsque, par le crédit du cardinal de Noailles, on en interrompit les représentations. On déplora ainsi le sort de cet ouvrage, dans le prologue des *Désespérés*, à l'Opéra-comique :

> C'est celui du pauvre Jephté,
> Si digne d'être regretté ;
> Hélas ! à la mort on le livre,
> Quand il ne demande qu'à vivre !
> Tout Paris dit, d'un ton plaintif :
> Fallait-il l'enterrer tout vif.

JÉROME ET FANCHONNETTE, pastorale de la Grenouillère, en un acte, en vaudevilles, parodie, en style poissard, de l'opéra languedocien de *Daphnis et Alcimadure*, par Vadé, à la foire Saint-Germain, 1755.

Les acteurs principaux, sont : Fanchonnette, qui représente Alcimadure, Jérôme, qui fait le rôle de Daphnis, et Cadet, celui du frère d'Alcimadure. Fanchonnette veut vivre dans l'indifférence et conserver sa liberté, en restant fille. Jérôme est un marinier riche, qui veut l'épouser. Mais Fanchonnette qui sait que les hommes sont inconstans, craint d'avoir un mari qui ne l'aime pas. Pour éprouver l'amour de Jérôme, Cadet use du même artifice que le frère d'Alcimadure : au lieu du loup, qui se trouve dans la pastorale languedocienne, dans la parodie poissarde, c'est un énorme serpent. La crainte qu'a Fanchonnette, que cet animal ne fasse périr Jérôme, la fait tomber en faiblesse. On reconnaît par là qu'elle aime le marinier; et la preuve que celui-ci lui donne de son amour, la fait consentir à l'épouser.

JEU DE L'AMOUR ET DU HASARD (le), comédie en trois actes, en prose, par Marivaux, aux Italiens, 1730.

C'est une des meilleures pièces du théâtre de Marivaux. Le déguisement de Dorante et de Silvia donne lieu à des situations intéressantes, et l'on aime à voir quel sera le succès des combats que l'amour livre continuellement à la raison.

JEU DE THÉÂTRE. Les jeux de théâtre contribuent beaucoup à la vérité et à l'agrément de la représentation. Plus ils ont de liaison avec l'action de la pièce, plus ils sont parfaits. Mais cela n'est pas absolument essentiel. Il suffit qu'ils n'y soient pas contraires, et qu'ils soient vraisemblables. Pendant qu'Albert s'entretient avec Eraste (*Folies amoureuses*, acte 2e., scène 4e.), Crispin fait diverses tentatives, pour s'introduire dans la maison du jaloux. Ne pouvant y réussir, il s'en dédommage en fouillant dans la poche du tuteur d'Agathe. Ces deux incidens sont inutiles à la marche de l'intrigue de la comédie, mais ils n'y nuisent point. De plus, ils excitent la gaieté, sans blesser la vraisemblance. Il est très-naturel que, soit par le désir de servir

Éraste, soit par le plaisir d'impatienter Albert, soit enfin par simple curiosité, Crispin cherche le moyen d'avoir une conversation avec Agathe, ou du moins avec la suivante de cette fille. Lorsqu'Albert, pour empêcher ce valet d'exécuter son dessein, l'arrête de façon qu'il ne peut échapper, il n'est pas non plus extraordinaire que Crispin, tant pour se venger du jaloux que pour l'obliger de le laisser libre, s'amuse à recorder les leçons qu'il a reçues, en faisant la guerre aux Miquelets.

Les jeux de théâtre, qui contribuent à la vérité de la représentation, et ceux qui servent seulement à la rendre plus agréable, peuvent s'exécuter par une seule personne, ou ils dépendent du concours de plusieurs acteurs. Dans ce dernier cas, la vraisemblance exige que les degrés de leur expression soient proportionnés au degré d'intérêt que leurs personnages prennent à l'action qui se passe sur la scène. Dans la comédie, comme dans la peinture, la figure principale doit avoir toujours, sur les autres, l'avantage de fixer principalement les regards. Il n'est pas moins essentiel, dans les jeux dont il s'agit, que les attitudes et les gestes des divers acteurs contrastent ensemble le plus possible. Tout, au théâtre, doit être varié. Nous y portons le goût pour la diversité, à un tel point, que nous voulons, non-seulement que les acteurs diffèrent entr'eux, mais encore, que chaque jour ils diffèrent d'eux-mêmes, du moins à certains égards.

L'envie de multiplier les jeux de théâtre, fait souvent que la comédie dégénère en farce. Dans l'*Avare* de Molière, il est très-naturel qu'Harpagon, voyant deux bougies allumées, en éteigne une; mais il n'est guères vraisemblable qu'il la mette dans sa poche, et encore moins que maître Jacques la lui rallume. Quelquefois, les jeux de théâtre sont poussés si loin, qu'ils étouffent l'action principale, et empêchent le spectateur d'entendre le dialogue. C'est un défaut qui n'est supportable, que quand le spectateur n'a rien à entendre de bon.

JEU DU PRINCE DES SOTS ET DE MÈRE SOTTE (le), comédie de Pierre Gringoire, 1511.

Cette sottie ou sottise, le chef-d'œuvre de Pierre Gringoire, était suivie d'une moralité, et de la farce intitulée *Dire et Faire*, de la composition du même auteur; qui y joua un rôle. On sait que ces trois comédies furent composées et représentées par ordre exprès du roi Louis XII, et peu de gens ignorent les raisons qui les occasionnèrent, aussi bien que les personnes qu'on y voulut désigner.

JEUNE ÉPOUSE (la), comédie en trois actes, en vers, aux Français, 1788.

Mélite, c'est le nom de la jeune épouse, fréquente beaucoup les bals et les spectacles pendant l'absence de Terval, son mari, qui, à son retour, apprend qu'elle fait mytérieusement des visites, et que ses diamans ont disparu. De plus, il intercepte une lettre d'un jeune chevalier à Mélite. Ce jeune homme y parle de ses transports et des promesses qu'on lui a faites. Le mari se livre à la jalousie avec grande apparence de raison. Il a tort pourtant, dans tous les points. Le chevalier aime Sophie, belle-sœur de Mélite, et c'est de cette jeune personne qu'il s'agit dans la lettre : il l'a demandé en mariage. Quant aux visites secrètes, elles ont pour objet une pauvre veuve, que Mélite va secourir, et pour laquelle elle a engagé ses diamans. Le style de cette comédie est agréable, mais la facilité va quelquefois jusqu'à la négligence.

JEUNE FEMME COLÈRE (la), comédie en un acte,

en prose, par M. Etienne, au théâtre Louvois, 1804.

M. de Volmar, major de cavalerie, a marié sa sœur Rose de Volmar à Emile de Valrive, son ami, colonel de dragons. Par délicatesse, il a cru devoir lui faire connaître le caractère violent, mais bon, de sa sœur. De cette manière, il s'est mis à l'abri des reproches du colonel, et a mis ce dernier à portée de corriger le défaut de son épouse. Telle est l'avant-scène de cette pièce ; en voici le fonds et l'intrigue. Madame de Valrive a renvoyé l'une de ses femmes de chambre, parce qu'elle était trop vive, et une autre, parce qu'elle ne l'était pas assez. Son mari, nouvellement arrivé dans sa terre, va visiter les principaux habitans de l'endroit, et se propose de les inviter à dîner. Cette circonstance jette madame de Valrive dans le plus grand embarras : comment, sans femme de chambre, pourra-t-elle faire sa toilette ? Alors, pour lever la difficulté, le colonel lui propose l'ancienne femme de chambre de sa mère. Mais à peine la vieille Thérèse est-elle en fonction, que la jeune épouse témoigne son impatience; elle déconcerte Thérèse, dont la crainte augmente la maladresse ; et, bientôt au comble de la fureur, elle lui jette une robe au nez. M. de Valrive, qui a été témoin de cette scène, aborde son épouse en souriant. Loin de la blâmer, il la félicite de son emportement, et se félicite lui-même du bonheur qu'il a eu de rencontrer une épouse, dont le caractère s'accorde aussi parfaitement avec le sien. Il lui fait un tableau épouvantable de ses emportemens, et se peint à ses yeux comme un furibond, capable, dans les accès de sa colère, de se porter aux dernières extrémités. Ce tableau la glace d'effroi. Alors, elle essaie de tempérer la violence de son époux, et promet de se corriger elle-même. Bientôt M. de Valrive, imitant sa jeune épouse, se met en colère contre Germain, son vieux domestique, fait un tapage horrible, crie, menace, et renverse tout ce qui se trouve sous ses mains. Madame de Valrive, effrayée, se retire dans son appartement, et attend que l'orage soit calmé pour revoir son mari : elle lui fait les plus tendres reproches, et répand quelques-unes de ces douces larmes qui ont tant d'empire sur le cœur d'un époux. Alors arrive M. de Volmar, son frère, qui feint d'être irrité contre M. de Valrive. Ils se font réciproquement des menaces, et persuadent à madame de Valrive qu'ils vont se battre. Celle-ci, au désespoir, supplie son frère de respecter les jours de son époux : dans ce moment un jokei apporte une lettre à M. de Volmar ; il l'ouvre, et y lit que, repentant des excès auxquels il s'est porté, et craignant de rendre sa sœur malheureuse, Valrive a pris le parti de s'éloigner. Bientôt la vieille Thérèse se présente avec un petit paquet sous son bras, et vient faire ses adieux. Germain a pris la même résolution. Le cœur navré, madame de Valrive veut justifier la violence de son époux ; ce qui amène une explication entre elle et Germain. Enfin, M. de Valrive et M. de Volmar arrivent, et lui avouent que ce n'était qu'un moyen employé pour la corriger de ses emportemens.

JEUNE GRECQUE (la), comédie en trois actes, en vers libres, par l'abbé de Voisenon, aux Italiens, 1756.

Policrète, fille de Simas, passe pour esclave, et, en cette qualité, paraît devoir être le prix de celui qui l'achettera. Philoxipe en est amoureux ; mais comme Simas, à qui elle est censée appartenir, est le débiteur de Crisipe, homme avare et grossier, celui-ci veut la prendre pour sa dette, et il espère qu'il ne lui sera pas difficile de l'obtenir. Alors Philoxipe offre de payer la dette de Simas, et obtient la main de Policrète, qu'on reconnaît enfin pour être la fille du débiteur.

Madame de Graffigny qui, quelque tems auparavant, avait donné au théâtre Français la *Fille d'Aristide*, prétendit que c'était le sujet de sa pièce qu'on lui avait volé. Les deux manuscrits furent portés chez le maréchal de Richelieu, gentilhomme de la chambre, qui décida que le sujet était le même; mais que les deux pièces ne se ressemblaient nullement. Cette dispute ayant fait du bruit dans le public, les comédiens le haranguèrent avant la première représentation, pour se disculper de cette fausse imputation, et assurer les spectateurs qu'ils avaient en probité ce qui leur manquait en talent. Madame de Graffigny, qui était présente, s'enivra, à longs traits, de la louange dont ce compliment était rempli.

JEUNE HOMME (le), comédie en cinq actes, en vers, par de Bastide, 1764.

Il n'y a point d'exemple au théâtre d'un sort pareil à celui qu'éprouva cette comédie.

Le commencement du premier acte fut fort applaudi; la dernière scène de ce même acte fut huée : le mécontentement ne discontinua pas au second acte. A la seconde scène du troisième, des expressions peu ménagées et sans délicatesse, ayant choqué la salle entière, dans cet instant, un homme qui était aux troisièmes loges, s'avisa d'éternuer d'une manière éclatante et comique; dès-lors, on n'écouta plus : l'on rit, et les huées redoublèrent. L'actrice, qui était alors en scène, fit une humble révérence au public, et la pièce n'alla pas plus loin. Il ne fut pas dit trente vers de ce troisième acte.

JEUNE HOTESSE (la), comédie en trois actes et en vers, par Fleins, au théâtre de la rue de Richelieu, 1792.

C'est encore Goldoni qui a fourni le sujet de cette pièce.

Une hôtesse coquette, et qui pourrait passer pour quelque chose de plus, est sur le point d'épouser un nommé Fabrice, lorsqu'elle se met dans la tête d'inspirer de l'amour à un baron allemand qui loge chez elle, et qui a pour les femmes l'aversion la plus décidée. Elle attire, en effet, son attention, et elle finit par le rendre très-amoureux. C'est alors qu'elle lui fait connaître qu'il est joué, et qu'on n'a voulu que le punir de son éloignement ridicule pour un sexe fait pour tout charmer. A la première représentation de cette pièce, Fabrice épousait la jeune hôtesse, malgré l'indécence de sa conduite avec le baron. Depuis, l'auteur a cru sagement qu'il devait changer ce dénouement, et punir Caroline (c'est le nom de la jeune hôtesse) à son tour, en la faisant abandonner par l'amant qu'elle se proposait d'épouser.

JEUNE INDIENNE (la), comédie en un acte, en vers, par Champfort, aux Français, 1764.

Le sujet de cette petite comédie est l'histoire d'*Inkle et Yarico*, du Spectateur anglais.

Belton quitte son père, établi à Boston, et s'embarque pour voyager. Son vaisseau fait naufrage, et il est porté sur les bords d'une isle sauvage. Belton est secouru par un vieillard de cette isle, accompagné de sa fille. Il reste avec eux pendant quatre ans, au bout desquels le vieillard meurt. Sa fille Belti et le jeune Belton quittent l'isle et arrivent dans une ville. Belti est surprise des usages qu'elle y trouve établis ; ce qui donne lieu à de la morale et à de la critique. Elle apprend ensuite que Belton, qu'elle aime, doit en épouser une autre, à qui il a été promis. Elle éclate en reproches : Belton en est touché ; et la pièce finit par son mariage avec la jeune Indienne.

JEUNE MÈRE (la), ou LES ACTEURS DE SOCIÉTÉ, comédie en deux actes, mêlée de vaudevilles, par M. Dupaty, au Vaudeville, 1805.

Pour charmer ses loisirs et faire briller les talens de Laurette, sa fille, M. Dorimont, homme aimable et amoureux de sa femme, malgré ses quarante-huit ans, a fait construire un théâtre de société. Acteur principal et directeur de la troupe, il s'occupe des préparatifs sans relâche. L'heure approche. Les acteurs et les spectateurs arrivent de toutes parts; mais, ô disgrace imprévue! madame de Senange, qui devait jouer un rôle d'amoureuse, est tout-à-coup affectée d'un rhume qui l'empêche de pouvoir chanter; heureusement madame Dorimont s'en charge, et les acteurs sortent pour s'habiller. Mais comme tout cela est à-peu-près étranger au fonds de l'affaire, abordons la question. Mad^{lle}. Laurette, dans un voyage qu'elle a fait avec une de ses tantes, a vu un jeune homme charmant et bien fait; et, rien que d'y penser, son cœur palpite. Dorimont trouve le cas fort naturel; mais l'inclination de sa fille ne s'accorde pas avec ses vues, car il veut la marier à Florville, neveu de Gercour, son ami. De son côté, Florville, depuis qu'il a vu la jeune personne, ne cesse de penser à elle. Aussi, lorsque son oncle lui propose de l'unir à la fille de M. Dorimont, il lui répond positivement qu'il veut se marier à son gré; il refuse même de prendre part à la fête; ce qui fait que M. Gercour, qui sans cela serait resté chez lui, est venu en sa place. Cependant le jeune homme, désespérant de retrouver l'inconnue, vient pour s'assurer si Laurette est aussi accomplie que son oncle le prétend, et pour se déclarer dans le cas où elle serait à son gré. Il apperçoit madame Dorimont habillée en très-jeune personne, pour le rôle qu'elle va jouer, et s'imagine voir son aimable inconnue en elle. Il lui fait une déclaration d'amour, qui ne tend à rien de plus qu'à la décider à lui accorder sa main. Madame Dorimont s'amuse un instant de sa méprise. Enfin, il se nomme et se jette à ses genoux. M. Dorimont les surprend dans cette attitude; et, de concert avec Gercourt, il laisse subsister l'erreur de Florville. Enfin, après avoir joué la comédie aux dépens de Florville, on lui amène Laurette, qu'il reconnait pour l'aimable inconnue: tout s'explique alors, et l'union des amans fait le dénouement de la pièce.

On trouve, dans ce vaudeville, des détails agréables et des couplets bien tournés ; mais la méprise de Florville, qui en fait le fonds, n'est pas vraisemblable.

JEUNE PRUDE (la), opéra-comique en un acte, par M. Dupaty, musique de d'Aleyrac, au théâtre Feydeau, 1804.

Madame Lucrèce, jeune prude, blâme sans cesse la conduite de ses compagnes. Leur gaieté et leur mise deviennent les objets de sa censure. Mais ce qui l'inquiète sur-tout, c'est la jeune Elise, sa cousine et sa pupille. Elise n'a que quinze ans, et déjà elle aime un jeune homme, nommé Germeuil, qui s'avise de lui écrire des lettres ; mais, par malheur, une d'elles tombe dans les mains de Lucrèce, qui s'apprête à faire repentir Elise de son imprudence. A quinze ans écouter les doux propos d'un jeune homme aimable ! en vérité, c'est un crime irrémissible. Cependant ces dames méditent le projet de se venger de la prude ; et c'est madame de Verseuil qui se charge de l'exécution. Elles avaient d'abord jetté les yeux sur le jeune Lindor, frère de madame de Verseuil; mais elles trouvent plus beau de se venger elles-mêmes. En conséquence, madame de Verseuil sous le nom et les habits de son frère, s'introduit dans la chambre de Lucrèce, et parvient à s'en faire écouter. Lucrèce, fort embarrassée, et craignant d'être surprise en tête-à-tête avec ce prétendu jeune homme, est obligée de lui faire l'aveu de sa tendresse, et de prononcer le mot solennel : *je vous aime !* Mais, comme il s'agit de la compromettre aux yeux d'une vieille tante, le prétendu Lindor reste à son poste jusqu'à ce que les autres dames arrivent : elles ne tardent pas à pénétrer dans la chambre de Lucrèce, où elles trouvent Lindor; mais la prude, pour cette fois, parvient à se justifier, en disant que Lindor est madame de Verseuil, sous les habits de son frère, et qu'elle est venue pour se raccommoder avec elle ; mais au lieu de s'esquiver, comme elle avait semblé le faire, madame de Verseuil attend que toutes les portes soient fermées, et revient pour faire à Lucrèce l'aveu de ses torts. Pour cette fois, ses mesures sont si bien prises, qu'elle force la prude à convenir que l'on peut quelquefois paraître bien coupable sans l'être véritablement. Alors, pour prix de la leçon, on lui demande son consentement à l'union d'Elise et de son amant.

Il n'y a que des femmes dans cette pièce, d'ailleurs fort agréablement dialoguée et assez bien conduite.

JEUNE SAGE ET LE VIEUX FOU (le), comédie en un acte et en prose, mêlée d'ariettes, par M. Hoffmann, musique de M. Méhul, à l'Opéra-comique, 1793.

Cliton, jeune homme de seize ans, a la manie de paraître sage, et son père, Merval, qui en a plus de soixante, est dissipé, libertin même, comme l'étaient autrefois les agréables du Palais-Royal. Il ne respire que pour s'amuser ; et son fils ne semble vivre que pour soupirer sur la frivolité de son père. Pour lui faire quitter ce train de vie, Cliton veut que Merval se marie ; et, comme il pense qu'il lui faut une jeune personne sage et modeste, il jette les yeux sur l'aimable Rose, tandis qu'il pense, lui, que la tante de celle-ci, la prude Elise, quoiqu'un peu sur le retour, pourra lui convenir.

Merval laisse agir son fils, et lui dit qu'il épousera Rose, si cela peut lui être agréable. D'après cet aveu, Cliton a une entrevue avec la charmante nièce d'Elise, et lui propose Merval pour époux. Qu'on juge de sa surprise, elle qui aime Cliton en secret, et qui croyait s'être apperçue qu'il la payait de retour. Mais tout change en un instant.

Le vieux Merval, pour se conformer au désir de son fils, fait une tendre déclaration à Rose, et celle-ci lui avoue son amour pour Cliton; alors Merval revient à son premier projet, qui était d'épouser Elise, et de donner à Rose la main du jeune sage. Cliton, qui est bien aise d'être aimé, consent à cet arrangement. Les choses en sont là, lorsque la tante, enivrée de son bonheur, se rend auprès de lui, et court au-devant de tout ce que veut lui dire Cliton. C'est en vain qu'il lui a demandé la main de Rose. Prévenue, comme elle l'est, Elise croit toujours qu'il est question de la sienne, et ne se possède pas. Malheureusement pour elle, tout s'éclaircit à la fin; et bon gré malgré, il faut bien, lorsqu'elle est revenue de son premier dépit, qu'elle accepte la main de Merval, puisque sa nièce lui a dérobé celle de Cliton.

Cette pièce offre des situations comiques et très-agréables.

JEUNE VIEILLARD (le), comédie en trois actes, en prose, avec des divertissemens, par Le Sage et d'Orneval, à la foire Saint-Germain, 1722.

Adis, esclave, favori de Causon, fameux cabaliste, est si fort attaché à ce patron, qu'il ne veut pas se laisser racheter par Arlequin, qui est venu tout exprès pour cela, de la part d'un de ses oncles. Il espère acquérir toutes les sciences de son maître, et succéder à tous ses trésors. Causon arrive, et lui apprend qu'il va le quitter pour un an, afin de s'enfermer, pendant ce tems-là, dans la caverne de la montagne Rouge, où il doit encore découvrir de nouveaux secrets dans les livres qui y sont enfermés. Il lui recommande sa maison, et sur-tout sa maîtresse Farzana. Cette jeune personne prend de l'amour pour Adis, et lui en fait l'aveu. Adis, toujours pénétré des sentimens de la plus vive reconnaissance pour son maître, reçoit cette déclaration avec un grand embarras. Farzana persiste; et Adis se jette à ses genoux pour la prier de renoncer à cette idée coupable. En ce moment, Causon arrive et le surprend. Trompé par la situation où il le trouve, et par le sens équivoque qu'Adis adresse à l'infidelle Farzana, il entre dans une grande fureur. Il fait quelques gestes cabalistiques; aussitôt l'air s'obscurcit, les vents s'enflent, le tonnerre gronde, la terre tremble, le palais se change en un désert, et Causon frappe de sa baguette Adis, qui devient tout-à-coup un vieillard: son dos se courbe, son front se ride; une barbe blanche lui sort du menton, et ses habits se changent en haillons. En vain, d'une voix cassée, il supplie son maître de l'écouter: celui-ci n'ajoute point de foi à ses protestations, et lui dit qu'il n'en croira que son art; en effet, il fait une nouvelle conjuration, qui lui apprend l'innocence d'Adis. Il en marque des regrets d'autant plus vifs, qu'il ne peut réparer ce qu'il a fait, et rendre à son jeune esclave sa première figure, à moins que ce malheureux ne trouve une fille, au-dessous de vingt ans, qui devienne amoureuse de lui. Cette ressource paraît impossible à Adis; mais Causon n'en désespère pas, attendu le caprice des femmes. On fait publier partout qu'un riche vieillard désire de se marier, et que toute fille au-dessous de vingt ans peut se présenter. Des filles arrivent de toutes parts; et, comme elles ont été bien instruites, elles montrent beaucoup de tendresse pour le vieillard; mais comme elle n'est que feinte, Adis reste toujours dans le même état. La scène change : ils sont transportés dans l'isle des Vieillards, où l'on ne fait aucun cas de la jeunesse, où les décrépits sont les plus estimés; et là, on trouve une jeune princesse qui, amoureuse d'Adis, opère la métamorphose.

JEUNES MARIÉS (les), opéra-comique en un acte, par Favart, à la foire Saint-Laurent, 1740.

Deux amis, après avoir unis leurs enfans, par des vues de convenance, les séparent, parce qu'ils sont encore trop jeunes pour vivre ensemble. Mais ces époux, malgré toutes les précautions, trouvent le moyen de se réunir, et protestent que rien ne pourra les séparer. Tel est le fonds de cette petite pièce.

JEUNESSE DE FAVART (la), vaudeville en un acte, par MM. Favart et Gentil, au théâtre du Vaudeville, 1808.

On sait que le père de Favart était pâtissier, et qu'il occupait son fils à faire, comme lui, des échaudés; on sait que le jeune Favart trouvait le moyen de mêler l'étude des muses à l'art de la pâtisserie, et qu'il donnait, tout jeune, de jolies pièces à l'Opéra-comique; et qu'après la représentation d'une de ses pièces, M. de la Popelinière, fermier-général, se transporta chez lui pour lui faire compliment; qu'il le trouva en costume de métier, et s'amusa beaucoup de son embarras. Tel est le sujet du vaudeville nouveau, dans lequel on trouve de jolis couplets. L'un des auteurs de cette pièce est le petit-fils de Favart ; il a voulu signaler son début dans la carrière, par un hommage à son aïeul. C'est montrer, tout-à-la-fois, de la délicatesse et de l'esprit. Sa pièce se ressent un peu de sa jeunesse ; on voit facilement que c'est un début, mais un début qui promet et fait concevoir quelque espérance.

JEUNESSE DE HENRI V (la), comédie en cinq actes, en vers, par M. Duval, aux Français, 1806.

Dans cette pièce, il s'agit de corriger un mari libertin, et de dégoûter un jeune prince de courir le guilledou. De qui se sert-on, pour lui donner cette importante et utile leçon ? du plus grand libertin de sa cour, du compagnon de ses débauches, en un mot, du comte de Rochester. Ce serait peut-être ici le cas d'examiner si la démarche que lui fait faire la princesse, femme de Henri V, est, ou n'est pas dans le caractère de ce célèbre roué. Mais nous allons prendre les choses dans l'état que nous les offre l'auteur, et nous allons supposer avec lui, qu'au risque de perdre les bonnes graces du prince, son amour pour une des dames d'honneur de la princesse, a pu lui faire jouer le rôle dangereux de Mentor.

Quoiqu'il puisse en arriver, Rochester fait déguiser Henri en matelot, et le conduit dans une taverne, où il sait trouver une jolie fille, nommée Betty. Cette jeune personne est là, sous la protection du capitaine Cop, son oncle, franc marin, et, en cette dernière qualité, un peu brutal. Elle est aimée d'un page du prince qui s'est introduit dans la maison du capitaine, sous le nom de *Georgini*, maître d'italien. Comme il lui arrive souvent, Edouard, vient voir sa chère Betty, et trouve nos aventuriers établis dans la taverne. Bientôt l'amoureux page s'effraye des libertés du prince avec son amante, et lui en témoigne sa mauvaise humeur ; mais l'oncle bourru réprime durement ces petites privautés. Plus circonspect alors, le prince s'en tient aux madrigaux. On boit beaucoup, et l'on jase de même. Entre la poire et le fromage, le capitaine Cop raconte les aventures de sa nièce, qui est aussi celle du comte de Rochester, lequel n'a pas rougi de laisser dans l'indigence son malheureux frère et sa famille. Cette découverte donne aux idées du prince une teinte plus sombre; il veut se retirer; mais, avant tout, il faut payer son écot, qui se monte à dix-neuf guinées. Comment faire? il ne trouve plus sa bourse; Rochester s'est évadé. Le maître de la taverne juge mal de son embarras, et le prend pour un escroc. Alors il lui dit des choses fort désagréables, qu'un prince n'est guère accoutumé à entendre. Dans cette cruelle position, Henri tire de sa poche une montre enrichie de diamans, et la donne en nantissement. A l'aspect d'un bijou aussi précieux, l'hôte conçoit de violens soupçons sur la probité du jeune matelot; et, sans autre raison, il envoie la montre chez le jouaillier, et enferme son débiteur.

Voilà donc le prince royal en gage pour dix-neuf guinées; mais, au moyen d'une bague qui lui reste, et qu'il donne à Betty et au maître d'italien, il parvient à s'évader par une fenêtre. Enfin, après avoir erré long-tems dans la ville, il regagne son palais, où il arrive dans un fort mauvais équipage. Il voudrait bien se soustraire à tous les yeux, mais il est rencontré par lady Clara, qui le persiffle sur le bon usage qu'il fait de ses nuits. Le capitaine Cop, lui-même, rapporte la montre que le jouaillier a déclaré être celle du prince de Galles. Il reconnaît ce prince et son favori. Suivant l'usage, la comédie se termine par le mariage du prince avec la nièce du comte de Rochester.

Cette pièce est fort intéressante; elle offre partout des

traits comiques, des mots heureux et des finesses de dialogue: en un mot, elle est bien intriguée, mais le dénouement en est un peu faible.

JEUNESSE DU DUC DE RICHELIEU (la), ou le LOVELACE FRANÇAIS, comédie en cinq actes, en prose, par MM. Alex. Duval et Monvel, aux Français, 1796.

Tout le monde sait que Richelieu, cet homme aussi célèbre par la légéreté de son caractère et les graces de son esprit, que par sa perversité et son cynisme, séduisit la femme d'un tapissier du faubourg Saint-Antoine, nommé Michelin; et qu'après avoir déshonoré cette malheureuse et intéressante victime de son libertinage, il rendit sa faute publique, et la sacrifia à ce qu'il appelait sa réputation. C'est ce trait de l'histoire galante de Richelieu, que les auteurs ont mis en action. Pour remplir leur cadre, et pour se conformer à l'histoire, ils ont été forcés de violer l'unité de lieu; mais ils n'ont rien négligé pour faire ressortir les différens portraits qu'ils nous offrent, et sur-tout celui de Richelieu, qu'ils ont peint avec autant de vérité que d'énergie. La malheureuse Michelin, enfoncée dans l'abîme, reste en proie au plus affreux désespoir; et son séducteur, après avoir consommé sa ruine avec ce sang-froid qu'il n'appartient qu'à lui de conserver dans le crime, finit cependant par sentir des remords, et se retire, effrayé du tableau qu'il vient de voir.

Ce drame a obtenu un succès mérité; le style, sur-tout, est digne d'éloges.

JEUX OLYMPIQUES (les), ou le PRINCE MALADE, comédie-héroïque, en trois actes, précédée d'un prologue, par Lagrange-Chancel, aux Italiens, 1729.

Iphis, roi d'Élide, voulant s'unir à la princesse Argénie,

envoya Chorèbe, son fils, chercher cette princesse à la cour d'Argos. Mais ce jeune prince ne put voir Argénie sans l'aimer, et, depuis cet instant fatal à son repos, il brûle pour elle d'un feu qu'il est obligé de renfermer dans son cœur. De retour à la cour de son père, il tombe dans un état de langueur qui fait craindre pour ses jours. Cependant l'himen de la princesse va se conclure, et, pour le célébrer avec plus d'éclat, Iphis a rétabli les jeux Olympiques, fondés par son aïeul Hercule. Mais la maladie du prince ne permet pas au roi de se livrer à la joie que lui offre cette brillante journée. Inutilement il a essayé de deviner la cause de la maladie de son fils; plus inutilement encore il fait venir un célèbre magicien pour la pénétrer. Chorèbe, lui seul, connaît son mal, et s'obstine à le taire. Alors il a recours à Arlequin, son bouffon, et lui fait des offres éblouissantes. Mais Arlequin, s'il réussit, ne lui demande que la main de Dorine, suivante d'Argénie. Sûr de son fait, Arlequin s'introduit auprès du prince, et parvient, par un détour ingénieux, à lui arracher son secret. Bientôt l'arrivée imprévue d'Argénie le jette dans un trouble si grand, qu'il se trahit, et fait à cette princesse, en présence d'Arlequin et de Dorine, l'aveu des sentimens qu'elle lui a inspirés. Le malheureux Chorèbe apprend qu'il est aimé; mais ce doux aveu qui devrait faire son bonheur, ne fait qu'augmenter son désespoir. Il se détermine à fuir. Toutefois, avant de partir, il veut obtenir de son père la permission de quitter sa cour. C'est après son triomphe aux jeux Olympiques qu'il vient trouver Iphis, et lui dire qu'il désire marcher sur les traces de son aïeul. Mais alors le roi, à qui Arlequin a fait part de sa découverte, lui sacrifie son amour pour Argénie, et lui cède ses droits à la main de cette princesse. Arlequin épouse Dorine, et le roi s'unit à Philoclée, reine de Crète.

Cette comédie a fourni le sujet d'un opéra qui a été représenté aux Italiens, avec beaucoup de succès. Au reste, elle offre des détails fort agréables. Le moyen qu'emploie Arlequin pour annoncer à Iphis l'amour de Chorèbe pour la princesse, est très-délicat et très-bien amené; mais on y trouve des longueurs, et un personnage à-peu-près inutile. C'est celui d'une importante de cour, nommée Almire, qui s'imagine être aimée du prince, et qui vient lui en faire l'impertinente déclaration.

JE VOUS PRENDS SANS VERD, comédie en un acte, ornée de chants et de danses, aux Français, sous le nom de Champmêlé, musique de Grandval, 1693.

Le conte de La Fontaine, intitulé le *Contrat*, est ici mis en action. Un mari jaloux répand la nouvelle de sa mort, et se rend dans un château, où sa femme donne aux plaisirs les premiers jours de son deuil. Là, il est à-la-fois témoin, et de la joie de son épouse, et de la déclaration qu'elle fait à son amant. Il sort d'un cabinet où il était caché avec son beau-père, et veut, sur-le-champ, conclure un divorce. Le beau-père l'appaise, en lui remettant un contrat qu'il a lui-même reçu de son beau-père en pareille occasion. Une fête et des jeux du mois de mai servent de divertissement à la pièce, et l'ont fait intituler : *Je vous prends sans verd*. C'est ce que dit le mari au jeune cavalier, qu'il surprend dans un galant entretien avec sa femme.

On attribue cette comédie à La Fontaine. A la vérité, on y retrouve à-peu-près son style; mais si ce fait est vrai, il faut en supposer un autre, qui est que cette pièce était entre les mains des comédiens, et qu'ils la représentèrent sans la participation de l'auteur; car, à la fin de 1692, La Fontaine étant tombé malade et se disposant à faire une confession générale de toute sa vie, jetta au feu une comédie qu'il se préparait à donner au théâtre ; en effet, étant revenu de cette maladie, il ne travailla plus que sur des sujets pieux.

JOACHIM, ou LE TRIOMPHE DE LA PIÉTÉ FILIALE, drame, en trois actes, en vers, par ***, 1771.

Un jeune homme, voyant sa mère réduite à une extrême indigence, engage ses frères à le dénoncer comme coupable d'un assassinat nouvellement commis. On a promis une récompense considérable aux dénonciateurs de l'assassin. Joachim imagine de procurer cet affreux secours à sa mère. Ses frères résistent long-tems à cette proposition ; ils exigent que le sort décide lequel sera livré à la justice : le sort tombe sur Joachim, qui est traîné en prison et prêt d'être condamné à mort. A la fin, on découvre le véritable criminel, et le juge, plein d'admiration pour un héroïsme aussi extraordinaire, accorde au jeune homme sa fille, qu'il aimait, et dont il était aimé.

Ce sujet est fondé sur un trait de l'histoire du Japon. On trouve, dans la pièce, plusieurs scènes attendrissantes.

JOANNA, opéra-comique en deux actes, par M. Marsollier, musique de M. Méhul, à l'Opéra-comique, 1802.

En épousant Amélie, le fils du lord Hervey s'est attiré la disgrace de sa famille, et, par suite, s'est vu forcé de quitter sa patrie. Heureux de la possession d'une épouse adorée, et bravant toutes les rigueurs de la fortune, sous le nom de Charles, il exerce à Madras, la profession de charpentier, et Amélie, sous le nom de Joanna, le dédommage, par de tendres soins, de ses pénibles travaux. Mais, malgré ses efforts, la vertueuse Joanna ne peut rassurer l'ame inquiète et jalouse de son époux. Charles a remarqué les assiduités d'un jeune officier, qui se trouve sans cesse sur les pas de Joanna, à laquelle il fait part de sa découverte et de ses soupçons jaloux. En vain cette tendre épouse essaie de le calmer ; il s'attache à toutes ses démarches, et acquiert la preuve que le jeune officier a eu une entrevue avec son épouse. Dès-lors, il ne la voit plus que comme une infidelle, et il conçoit le projet de se venger de son séducteur. Il lui envoie un cartel. Le jeune Édouard arrive dans l'intention de justifier Joanna, mais Charles ne veut pas l'entendre ; il suppose même que son adversaire ne lui parle ainsi, que pour donner le tems à Joanna d'arriver et d'empêcher le combat. C'en est trop, Édouard, piqué de ce reproche, cesse de prétendre à lui faire entendre raison : ils sortent, et vont se battre. Cependant, le gouverneur se rend chez Charles, attiré par un M. Springle. Charmé de la vertu et de la douceur de l'intéressante Joanna, il sort pour s'occuper d'une affaire importante ; mais, à la nouvelle du combat qui vient d'avoir lieu entre Charles et un jeune officier de la garnison, le gouverneur rentre dans le dessein de l'interroger. Alors il le reconnaît pour son fils. Le comte passe successivement de la douleur, à la joie la plus vive, en apprenant que ses deux fils se sont battus ensemble, mais que la blessure d'Édouard est légère, et ne peut avoir de suites fâcheuses. Les deux frères s'embrassent ; et, par là, terminent cette pièce, qui offre des détails et des situations très-intéressantes.

JOCASTE, tragédie en cinq actes, par ***, 1780.

C'est le sujet d'Œdipe, traité d'une manière nouvelle. On voit deux parties dans l'action : le meurtre de Layus, par Œdipe, et le même jour, l'himen d'Œdipe avec Jocaste. Pour rendre cet himen excusable, l'auteur s'est servi du

Sphinx, dont Œdipe est vainqueur, après avoir expliqué l'énigme. Suivant l'oracle, le vainqueur de ce monstre doit être l'époux de la reine. Mais, pour précipiter ce second mariage, l'auteur suppose que les derniers soupirs du Sphinx ont infecté l'air, et que le peuple ne trouve d'autre moyen de faire cesser ce fléau, que de contraindre la reine à se marier sur-le-champ.

JOCONDE, comédie en un acte, en prose, par Fagan, aux Français, 1740.

On devine aisément où l'auteur a puisé le sujet de *Joconde;* mais il n'a pris que la superficie du sujet; d'ailleurs il était difficile de traiter avec plus de décence, un conte par lui-même très-indécent. Astolphe, roi de Lombardie, et Joconde, son compagnon de bonnes fortunes, ont parcouru différentes contrées, sans avoir trouvé une femme insensible. Déjà leur fameux livre est à-peu-près rempli; il y reste, tout au plus, de quoi placer trois noms. L'hôtellerie, où ces avanturiers sont descendus, renferme par hasard trois sœurs, qu'on leur a dit être inaccessibles à la fleurette. Astolphe fixe le tems de leur défaite à trente minutes. Marcelle paraît, c'est l'aînée des trois sœurs; elle a déjà été mariée, et affecte de mépriser le mariage. Le sort a décidé que Joconde parlerait le premier: il offre à Marcelle de partager avec elle ses richesses, pour avoir le titre de son époux, sans même en avoir les droits. Marcelle y consent sans cette condition, et bientôt elle n'en exige plus aucune. Suzon est une petite fille acariâtre; les douceurs d'Alstophe ne paraissent point la toucher: mais il la loue; de plus, il offre de l'épouser et de la faire briller à la cour; Suzon s'adoucit. Enfin, Clorinde, la troisième sœur, est une sorte de philosophe, qui ne quitte point Matasio, pédant de profession. Le roi, déguisé, parle sentiment à Clorinde, et, cependant, lui glisse au doigt un diamant de prix; il donne une riche tabatière à Matasio, qui la reçoit. Clorinde s'attendrit, et Joconde va écrire son nom sur le livre, où se trouvaient déjà ceux de Suzon et de Marcelle.

Il règne beaucoup de vivacité dans l'action et dans le dialogue de cette dernière scène. Le dénouement est tiré du sujet. Les trois sœurs se réunissent; elles trouvent sous leurs mains le livre fatal où leurs noms sont inscrits, et l'erreur où elles étaient se dissipe. Enfin Astolphe reparaît, se fait connaître, et ordonne aux trois sœurs d'épouser chacune un des amans qu'elles avaient rebuté jusqu'alors.

JOCONDE, opéra en trois actes, paroles de Desforges, musique de Jadin, au théâtre de Monsieur, 1790.

Cette pièce, ainsi que celle de Fagan, est tirée du conte de La Fontaine.

Astolphe, roi de Lombardie, et Joconde, qui partage avec lui ses bonnes fortunes, ayant parcouru différentes contrées, sans avoir trouvé une femme insensible, arrivent dans une hôtellerie. Voyant que le livre qui renferme la liste de leurs galans exploits, ne peut plus contenir qu'un seul nom, ils s'avisent, pour couronner leurs travaux amoureux, de jeter les yeux sur la fille de l'hôtesse. Cette jeune personne se divertit à leurs dépens; et, d'accord avec la femme d'Astolphe et celle de Joconde, qui courent l'une et l'autre après leurs maris afin de leur prouver qu'elles sont innocentes, finit par donner à ces deux conquérans un rendez-vous nocturne. Elle met à cette démarche une condition : c'est qu'elle ne favorisera que celui qui fera entendre les plus doux chants.

Sûrs de la victoire, Astolphe et Joconde tirent au sort à qui attaquera le premier un cœur qu'ils regardent comme tout neuf.

> De la châpe à l'évêque, hélas ! ils se battaient,
> Les bonnes gens qu'ils étaient.

Mais elle profite de l'obscurité, pour écouter un valet qui l'entretient de son amour, en imitant alternativement la voix d'Astolphe et celle de Joconde, lesquels ayant juré de ne parler que chacun à leur tour, gardent, pendant ce tems là, le silence. Les deux galans n'ont pas plutôt découvert cette supercherie, qu'ils renoncent à leur vie errante, et se raccomodent avec leurs femmes, dont ils avaient mal-à-propos soupçonnés la fidélité.

La musique a été aussi vivement que justement applaudie; elle mérite des éloges.

JOCONDE, opéra en vaudevilles, en deux actes, par M. Léger, au théâtre du Palais, 1793.

Tout le monde connaît le conte de La Fontaine, qui sert de base aux deux pièces précédentes. C'est ce même sujet qu'a traité M. Léger, et qu'il a semé de couplets ingénieux et très-bien tournés.

JODELET (Julien-Geoffrin), entra dans la troupe du Marais en 1610, où il acquit une grande réputation dans le genre comique. En 1634, vingt-quatre ans après, Jodelet, par ordre de Louis XIII, passa à l'hôtel de Bourgogne. Son mérite, déjà connu, s'accrut encore sur ce théâtre. Plusieurs auteurs travaillèrent pour ce célèbre acteur, comme on le verra par les pièces suivantes, qui portent le nom de Jodelet : rôles qu'il joua d'original, avec un succès étonnant, et qui, sans contredit, avaient besoin de son jeu pour réussir. Jodelet avait une phisionomie si flexible et si comique, qu'il n'avait qu'à se montrer pour exciter les éclats de rire, qu'il augmentait encore par la surprise qu'il en témoignait ; parlait du nez, mais ce défaut était réparé par ses talens. Il est dépeint dans des estampes, avec une grande barbe, des moustaches noires, et le reste du visage fariné. Il mourut en 1660.

Voici son épitaphe, faite par Loret, l'un des plus intrépides rimailleurs de ce tems.

>Ici gît qui, de Jodelet,
>Joua cinquante ans le rôlet ;
>Et qui fut de même farine
>Que Gros-Guillaume et Jean-Farine.
>Hormis qu'il parlait mieux du nez
>Que les dits deux enfarinés.
>Il fut un comique agréable ;
>Et, pour parler suivant la fable,
>Paravant que Cloton, pour nous pleine de fiel,
>Eût ravi d'entre-nous cet homme de théâtre,
>Cet homme archi-plaisant, cet homme archi-folâtre,
>La terre avait son Mome aussi bien que le ciel.

JODELET ASTROLOGUE, comédie en cinq actes, en vers, par Douville, 1646.

Thomas Corneille s'est servi de cette pièce, pour faire sa comédie du *Feint Astrologue*.

Timandre, gentilhomme parisien, est amoureux de Liliane, qui ne paie son amour que par des rigueurs. Jodelet, valet de Timandre, aimé de Nise, suivante de Liliane, apprend de cette soubrette, que sa maîtresse a le cœur pris pour un chevalier nommé Tindare, qu'on croit en Italie depuis six mois, et qui est demeuré caché à Paris, chez un ami ; que ce cavalier vient tous les soirs voir Liliane dans son jardin. Nise recommande le secret à Jodelet. Celui-ci instruit son maître de ce que Nise lui a confié. Timandre, désespéré de cette nouvelle, trouve Liliane, et lui reproche son commerce secret. Liliane se doute de l'indiscrétion de Nise, et lui en marque, tout bas, son ressentiment. Jodelet, qui s'aperçoit des menaces que Liliane fait à Nise, gronde son maître dans un *a-parte*. Timandre lui conseille d'inventer quelque ruse pour réparer cette faute. Jodelet dit qu'il est savant dans l'astrologie, et que, par le secours de cette science, il est instruit de tout ce qui se passe dans le monde. Timandre et Nise appuient le discours de Jodelet; et Liliane reste persuadée de la capacité de ce prétendu astrologue. Ariste, chez qui Tindare est caché, aborde Timandre qui lui raconte l'histoire de Liliane, et tout de suite, le stratagème de Jodelet. Ariste y applaudit, et conseille de le continuer. Pour cet effet, il se rend chez Jacinte, autre amante de Tindare, qui ignore son séjour à Paris, et qui reçoit de ses nouvelles par le moyen d'Ariste, qui aime Jacinte; mais qui n'ose lui déclarer sa passion. Celui-ci lui vante le savoir de Jodelet, et ajoute que, par son moyen, elle pourrait voir Tindare chez elle, le même jour, quoiqu'il soit en Italie. Jacinte croit le récit, et se rend chez Timandre. Jodelet se trouve fort embarrassé de la demande de Jacinte; mais, en lui entendant nommer Tindare, il prend un ton de suffisance, et lui fait écrire un billet, par lequel elle invite ce dernier à venir la trouver. Ce billet est rendu à Tindare, qui, croyant être découvert, se rend chez Jacinte. celle-ci, qui s'imagine que ce n'est qu'un corps fantastique qui se présente devant elle, ainsi que Jodelet l'en a assurée, s'épouvante à la vue de Tindare, et lui ferme la porte, en faisant des cris épouvantables. Tindare demeure fort surpris de cette réception. Il est rencontré par Liliane, qui lui apprend qu'un célèbre astrologue a découvert leur intrigue amoureuse, et qu'il n'est pas nécessaire de prendre les mêmes précautions pour la venir voir. Liliane, en quittant Tindare, lui donne un diamant. Nise rend compte à Jodelet du présent que sa maîtresse a fait à Tindare : de sorte qu'Arimant, père de Liliane, à qui cette dernière a dit qu'elle a perdu sa bague, s'adresse à Jodelet pour en avoir des nouvelles. Jodelet lui dépeint un cavalier qu'il a vu causer avec Liliane. Arimant trouve Tindare, et se fait rendre la bague. Enfin, tout se découvre. Arimant, qui trouve Tindare caché chez lui, consent qu'il épouse Liliane; Jacinte se voyant trompée par Tindare, accepte la main d'Ariste; Liliane pardonne à Nise son indiscretion; et cette dernière est mariée à Jodelet.

JODELET DUELLISTE, comédie en cinq actes, en vers, par Scarron, 1646.

Cette pièce parut d'abord sous le titre de *Jodelet Soufflété, ou les Trois Dorothées*; mais elle prit bientôt le titre qu'elle porte à présent. Ce changement a donné lieu à l'auteur des *Recherches des Théâtres*, de faire de *Jodelet Soufflété* et de *Jodelet Duelliste*, deux comédies différentes.

Don Félix de Fonsèque, est accordé avec Lucie, fille de don Pèdre d'Avila. Celui-ci attend, pour célébrer ce mariage, l'arrivée de don Diègue de Giron, qui doit en même-tems épouser son autre fille, nommée Hélène. Don Diègue arrive à Tolède, et le hasard lui fait rencontrer Lucie, dont il devient amoureux. Pour l'obtenir, et rompre l'engagement qu'il a pris avec Hélène, aidé de son valet Alphonse, il imagine divers moyens. Comme don Félix a des liaisons très-intimes avec une jeune personne nommée Dorothée, Don Diègue en fait avertir don Pèdre. De son côté, Lucie se déguise, et se présente à son père, sous le nom d'une autre Dorothée, aussi maîtresse de don Félix. A ce stratagême, Alphonse, valet de don Diègue, en joint un autre, qui est de remettre, comme par étourderie, une lettre adressée à son maître, entre les mains de son père. Celui-ci trouve dans cette lettre, que don Diègue est marié avec une certaine Dorothée. Cette intrigue est terminée par la détention de don Félix, que la véritable Dorothée, en vertu d'un décret, fait arrêter; don Diègue et Lucie, avouant à don Pèdre les différens moyens qu'ils ont employés pour se débarrasser de don Félix, don Pèdre leur pardonne, et consent que don Diègue épouse sa fille Lucie.

JODELET, ou LE MAITRE VALET, comédie en cinq actes, en vers, par Scarron, 1645.

Don Juan d'Alvarade arrive de nuit à Madrid, accompagné de son valet Jodelet. Il vient dans cette ville pour y épouser Isabelle, fille de don Fernand-de-Rochas, qu'il ne connait point, mais dont il a reçu le portrait, et à qui il croit avoir envoyé le sien. Il se présente un valet, à qui Jodelet, par l'ordre de son maître, demande la demeure de don Fernand. Ce valet lui montre la maison. Don Juan se présente pour y entrer, et voit descendre d'un balcon un homme qui s'enfuit en l'appercevant. Cette vue le frappe, aussi bien que Jodelet. Celui-ci, sous le nom de son maître, arrive chez don Fernand, qui le trouve fort ridicule, ainsi qu'Isabelle. Cependant don Juan apprend que don Louis, neveu de don Fernand, est, non-seulement son rival, mais encore celui qui a tué son frère et séduit sa sœur. Cette sœur, qui se nomme Lucrèce, vient par hasard, demander un asyle à don Fernand, et retrouve son infidèle. Tout s'accommode; don Juan se fait connaître, se reconcilie avec Louis, qui rend son cœur à Lucrèce; et il épouse Isabelle, qui avait pris de l'amour pour lui, quoiqu'elle le crut un simple domestique.

JODELLE (Etienne), sieur du Limodin, né à Paris.

Il fut le premier qui essaya de ressusciter l'ancienne tragédie. Jusqu'alors, on ne connaissait en France d'autres spectacles, que les mystères, ces pieuses et indécentes représentations de ce que la religion offre de plus respectable. Jodelle rendit l'art dramatique à sa première destination. Il ne put suivre, que de fort loin, les grands modèles de l'antiquité ; mais c'était déjà beaucoup, que d'oser les prendre pour guides. Ce poëte eut pour protecteurs les rois Henri II, et Charles IX ; et, pour amis, ce qu'il y eût de plus grand après les rois. Il n'est pas inutile d'observer qu'un archevêque, célèbre par ses talens et ses lumières, faisait représenter, à grands frais, dans son palais épiscopal, les tragédies de Jodelle. Nous doutons qu'on y représentât ses comédies, où les obscénités sont aussi fréquentes que les licences poétiques. On sait que l'auteur, lui-même, n'était guère plus régulier dans ses mœurs, que dans ses poésies. Mais il ne doit être ici question que du poëte. Jodelle se livra sans réserve, à la malheureuse facilité qu'il eût de rimer : c'est bien méconnaître le plus difficile de tous les arts, que de le traiter ainsi : mais, pour l'ordinaire, l'art est vengé aux dépens de l'auteur. Il en est peu, néanmoins, qui, de leur vivant, aient joui de plus d'honneur que Jodelle. Il était le chef de la Pléiade. On nommait ainsi l'assemblage des sept plus fameux poëtes de son tems. Ce fut même à lui que les autres immolèrent un bouc dans un de leurs banquets : hommage qui pensa coûter cher, et à celui qui l'avait reçu, et à ceux qui avaient osé l'offrir. Jodelle, au surplus, ne borna point ses talens à la seule poésie ; il était en même-tems, architecte, sculpteur, peintre et militaire. Tous ces titres, et la bienveillance des rois, ne l'empêchèrent pas de mourir pauvre. C'est ce qu'on peut voir par un sonnet qu'il composa, étant presque à l'agonie, et qu'il adressa à Charles IX. Il s'y compare au philosophe Anaxagore, que Périclès aimait, et cependant secourait mal. Anaxagore, pressé par l'indigence, prend le parti de se laisser périr. Périclès en est instruit : il accourt, se répand en regrets, et prodigue les offres.

> L'autre, tout résolu, lui dit (ce qu'à toi, Sire,
> Délaissé, demi-mort, presque je puis bien dire) :
> Qui se sert de la lampe, au moins de l'huile y met.

Il n'en était cependant point réduit à cette extrémité. Il entre plus d'humeur dans ses plaintes que de besoin réel. On a vu, dans presque tous les tems, des gens de lettres s'avilir par des peintures outrées de leur indigence. Quel en a été le fruit ? Le mépris du vulgaire, et même de quelques grands, qui peuvent très-bien figurer dans cette classe.

Jodelle était fort jeune, quand il fit sa première tragédie. Sa *Cléopâtre* trouva d'abord des partisans; mais les personnes sensées et les gens de goût en rendirent un témoignage peu avantageux; et leur jugement a été celui de la postérité. Henri II fut si content de la représentation de cette tragédie, qu'il fit compter à l'auteur cinq cents écus de son épargne, et, par la suite, le combla de bienfaits. Outre ses pièces de théâtre, qui sont *Cléopâtre*, la tragédie de *Didon* se sacrifiant, et les comédies d'*Eugène*, ou la *Rencontre*, et la *Mascarade*, Jodelle s'est encore attaché à célébrer, dans ses vers, quelques événemens du règne de Henri II. Il a fait aussi une ode sur la chasse, et d'autres ouvrages qui sont aujourd'hui ensevelis dans l'oubli. Le peu de succès de sa dernière pièce de théâtre, le dégoûta de travailler pour le public. Persuadé que ceux qu'il appelle ses ennemis, en prendraient droit pour le rendre méprisable, il adressa à ses amis, une longue épître en prose, dans laquelle il se plaignait, avec amertume, du soulèvement qu'il prétendait avoir été excité contre lui, par un grand nombre de personnes qu'il accusait de jalousie, d'envie et d'injustice; excuse ordinaire des mauvais poëtes:

Jodelle eût le mérite de sentir le premier, en France, ce que valaient les anciens. Il eût le courage de vouloir suivre leurs traces, et l'honneur de faire quelques pas dans la même carrière. C'était beaucoup alors : il eût même une sorte d'élévation dans le génie; mais la langue se refusait à ses idées. On peut le comparer à un habile architecte, qui n'aurait que de la vase et des cailloux pour construire un palais. Peut-être aussi ne tira-t-il point de la langue ce qu'il en pouvait tirer; il en connut mieux l'impuissance que les ressources. Il y eût de son tems des versificateurs moins barbares. Tels furent, en particulier, Melin-de-Saint-Gelais et Bertaut; mais nul de ses contemporains, nul de ses premiers successeurs, n'entrevirent, au même degré que lui, la vraie marche du poëme dramatique. Enfin, il ne lui manqua qu'une langue. Un siècle plus tard, Jodelle eût peut-être été un grand homme.

JOKEI (le), comédie, en un acte, mêlée de musique, par M. Hoffmann, musique de M. Solier, aux Italiens, 1796.

Alexandrine a quitté sa famille pour suivre Linville, son amant, qui l'introduit dans la maison de son oncle absent; mais l'oncle revient avec Isabelle, fille d'un de ses amis, dans le dessein de l'unir à son neveu. Alors, pour cacher Alexandrine aux yeux de l'oncle, le jeune homme la fait déguiser en jokei. Enfin, Linville est surpris aux genoux de sa maitresse; Isabelle implore l'oncle en faveur des deux amans; l'oncle consent, et les amans sont unis.

Les paroles et la musique de ce petit ouvrage ont obtenu et mérité les applaudissemens qu'ils ont reçus.

JOLY (Marie-Élisabeth), actrice du théâtre Français, née à Versailles.

Cette actrice, d'abord attachée au théâtre Français en qualité de danseuse, y débuta dans l'emploi des soubrettes, en 1781, par le rôle de *Dorine* dans le *Tartuffe*, et par celui de *Lisette* dans la pièce du *Tuteur*. Elle joignait à beaucoup de naturel et de franchise, un fond de gaieté inaltérable : mais c'est particulièrement dans ce qu'on appelle les servantes de Molière qu'elle excellait. Au reste, son talent était si flexible et si vrai qu'elle réussissait également, dans les autres soubrettes, et même dans les rôles diamétralement opposés aux siens. On assure qu'elle joua ceux de *Nanine*, d'*Agnès de l'École des Femmes*, de *Constance* dans *Inès*, et d'*Athalie*, de manière à mériter les applaudissemens du public.

Victime, comme plusieurs de ses camarades, de la tourmente révolutionnaire, mademoiselle Joly fut mise en prison, où elle gémit pendant cinq mois. Au bout de ce tems, on lui rendit la liberté ; mais sous la condition qu'elle rentrerait au théâtre : ce qu'elle fit, à la grande satisfaction du public. Peu après sa rentrée, elle fut attaquée d'une maladie de poitrine qui la précipita dans la tombe, où elle emporta les regrets universels. Mademoiselle Joly fut et sera toujours citée comme l'une des meilleures soubrettes qui aient paru sur la scène française. La modestie, qualité assez rare chez les personnes de son état, régnait dans toutes ses actions comme dans ses discours. C'est par-là qu'elle se fit aimer de tout le monde. Aussi, quand sa mort arriva, en 1796, beaucoup de gens de lettres semèrent des fleurs sur sa tombe. Ainsi qu'elle l'avait désiré, on lui érigea un mausolée à deux lieues de Falaise, sur une colline appelée la *Roche Saint-Quentin*. On y voit gravé sur une urne sépulcrale ces deux vers de Lebrun :

> Éteinte dans sa fleur, cette actrice accomplie
> Pour la première fois a fait pleurer Thalie.

JOLY (M.), acteur du Vaudeville, 1810.

Il a quitté le théâtre Montansier pour celui du Vaudeville, où il a obtenu et mérité du succès.

JOMELLI (Nicolas), naquit à Attelli, en 1714, mourut à Naples, en 1774.

Les bornes de notre ouvrage ne nous permettant pas de le suivre dans les différentes périodes de sa vie, nous allons seulement en indiquer les principales circonstances. On peut dire de lui que son astre en naissant l'avait formé musicien. Après les études élémentaires de son art, ce grand homme fit ses premiers essais sous les auspices du célèbre Léonard Léo; mais loin de se contenter des succès qu'il obtint sur les meilleurs théâtres de l'Italie, il étudia de nouveau le contre-point, sous la direction du père Martini de Bologne. Il fut d'abord maître de chapelle du conservatoire de Venise, et ensuite de l'église de Saint-Pierre, à Rome. Appelé à la cour du duc de Wurtemberg, il y resta un grand nombre d'années. Mattei, son ami, prétend qu'il fut obligé de quitter cette cour, et de s'en retourner à Naples, pour le rétablissement de la santé de sa femme; mais, si l'on en croit la tradition du pays de Wurtemberg, où le nom de Jomelli jouit encore de toute sa gloire, il est certain qu'il ne s'en éloigna que parce que le duc de Wurtemberg, ne pouvant plus faire face aux dépenses exhorbitantes de sa cour, fut obligé de réduire à plus de moitié, non seulement le nombre, mais encore les appointemens des artistes. Jomelli s'en retourna donc en Italie, et laissa le duc de Wurtemberg et les amateurs du pays inconsolables de sa perte. Ses partitions y sont conservées et enfermées sous clef, comme un monument de sa gloire et de son génie.

Jomelli se distingua de tous les autres par un style qui n'était qu'à lui : son imagination était aussi riche que brillante; en un mot, son vol était toujours pindarique; et, comme Pindare, il passait d'un ton à un autre d'une manière toujours nouvelle. Sans doute, il eut souvent occasion de se plaindre de ses émules ; mais leurs mauvais procédés ne l'empêchèrent pas de leur rendre justice. Il louait avec une égale impartialité le talent dramatique de Gluk, la fécondité de l'imagination de Piccini, et la mélodie simple et touchante de Hasse. Aussi sa mort causa-t-elle la douleur la plus vive aux professeurs et amateurs de la ville de Naples. Ils se réunirent tous pour lui faire des obsèques magnifiques dans l'église de St.-Augustin *Della Zecca*. Un nombre considérable de cierges, disposés avec art, éclairèrent le catafalque ; enfin, deux orchestres purent à peine contenir la foule des musiciens, qui exécutèrent la musique que Sabatini avait composée pour cette cérémonie funèbre. Voici la liste abrégée des nombreux ouvrages de ce grand compositeur. Pour l'église : La *Passion de Jesus-Christ*, *Isaac*, *Te Deum*, *Requiem missa pro defunctis*, *Veni Sancte Spiritus*, *Confitebor tibi Domine*, *Dixit Dominus Domino*, *Miserere* à quatre voix, et un *Miserere* à deux voix, qui est son dernier ouvrage. Pour le théâtre : *Iphigénie*, *Caius-*

Marius, *Astianax*, *Andromaque*, *Mérope*, *Sémiramis*, *Sophonisbe*, *Armide*, *Titus-Manlius*, *Cérès appaisée*, le *Triomphe de Clélie*, l'*Olympiade*, la *Clémence de Titus*, *Nitétis*, *Pélops*, *Enée dans le Latium*, *Caton à Utique*, le *Roi berger*, *Alexandre aux Indes*, *Ezius*, *Didon abandonnée*, *Demophoon*, *Vologèses*, *Artaxerce*, *Phaëton* ; et les pastorales de l'*Arcadie conservée*, d'*Endymion*, du *Berger illustre*, de l'*Isle déserte*, de l'*Asyle de l'Amour* et du *Triomphe de l'Amour*. Il a fait en outre quatre opéra-comiques, dont voici les titres : *Arcadia in brenta*, *Il Matrimonio per concorso*, la *Schiava liberata*, et *Il Cacciatore deluso*.

Parmi les événemens les plus remarquables de sa vie, il en est un qui offre un grand exemple, et qui est de nature à refroidir le zèle de ceux qui cherchent à ravaler le talent d'autrui.

Enorgueilli de quelques succès, Téradellas, Portugais, homme d'un très-grand mérite, mais pourtant bien inférieur à Jomelli, osa lutter contre ce dernier. Alors ses partisans firent frapper une médaille, sur un côté de laquelle Jomelli paraissait enchaîné au char de Téradellas ; sur l'autre était l'inscription suivante :

Anch io sono vincitor.

Mais les Romains, malgré qu'un des ouvrages de Jomelli n'eût pas obtenu le succès qu'il méritait, furent révoltés de l'insolente audace de ses ennemis. A leur tour, ils firent frapper une médaille, sur laquelle on lisait cette autre inscription :

Vinco, ma vinco solo.

Enfin, non contens de cette vengeance, ils se portèrent aux derniers excès contre Téradellas, dont le corps fut trouvé, dans le Tibre, percé d'un grand nombre de coups. Après ce funeste événement, les vrais amis de Jomelli le tinrent quelques jours renfermé, redoutant pour lui la même vengeance, et craignant qu'on ne l'accusât lui-même, d'avoir conçu et exécuté l'odieux projet de se venger d'un rival, d'ailleurs indigne de lui.

JONATHAS, tragédie en trois actes, par Duché, au Français, 1714.

Cette pièce avait été faite avec des chœurs, pour être jouée à la cour et à Saint-Cyr. Madame la duchesse de Bourgogne, mère de Louis XV, s'y fit admirer dans un rôle qu'elle voulut bien y remplir.

Les Philistins, d'abord vaincus par Saül, par la suite devinrent ses vainqueurs. Le seul aspect de leur armée fit trembler les Hébreux, et les réduisit à se cacher. Dans cette cruelle extrémité, Saül, saisi de crainte, offrit le sacrifice avant le septième jour, malgré la défense que lui en avait faite le prophète Samuël, son prédécesseur. Mais, dans cet instant, Samuël arriva, et lui reprocha sa désobéissance. Alors, il l'abandonna, et partit pour Gabaa de Benjamin, où Saül, Jonathas, et les troupes des Hébreux, vinrent camper, à une très-petite distance de l'armée des Philistins. C'est là que l'action commence. Jonathas, suivi d'Abner son parent, et chef des armées de Saül, surprend la garde, pénètre dans le camp de ses ennemis, et y répand la mort et la terreur. Bientôt, instruit du désordre qui règne dans l'armée des Philistins, Saül, lui-même, marche contre eux. L'imprudent! dans la joie que lui inspire ce retour de fortune, il fait vœu d'immoler quiconque prendra la plus légère nourriture avant la fin de la journée. Cependant, après la défaite des Philistins, les Israélites arrivent dans une forêt où ils trouvent quelques rayons de miel. Ignorant la malédiction prononcée par son père, et voulant relever ses forces abattues, Jonathas en porte quelque peu à sa bouche. C'est alors qu'il apprend, mais trop tard, le serment de son père. Il ne peut s'empêcher de murmurer. Cependant, on continue à poursuivre les ennemis, et Saül, une seconde fois, s'adresse à Dieu; mais Dieu ne répond point. D'où peut naître la cause de son silence? Sans doute, quelqu'un a péché dans Israël. On cherche le coupable; on le trouve; il se nomme. Jonathas avoue sa désobéissance et son murmure. Lié par son serment, Saül prononce l'arrêt de mort de son fils; mais le peuple ne veut pas laisser périr son libérateur. Enfin, Jonathas parvient à calmer les esprits, et rapporte à son père une tête que l'on s'obstine inutilement à conserver. Ni les efforts, ni le désespoir d'Abner, ni les pleurs de sa mère et de sa sœur, ne peuvent l'ébranler. Jonathas marche vers le bûcher; tout-à-coup, le prophète se présente, l'arrête, et lui annonce que Dieu, touché de la soumission des Israélites, lui remet son péché.

Tel est le sujet de cette tragédie.

J'ai cru, dit l'auteur, qu'il était plus noble de faire entrer Samuël sur la scène, qu'un simple sacrificateur, dans la bouche duquel je n'aurais pu mettre les mêmes choses, et qui n'aurait qu'un faible intérêt dans les malheurs de Saül et de Jonathas; au lieu que Samuël regarde le premier comme son fils, et est, pour ainsi dire, médiateur, entre Dieu et lui. La même raison, ajoute-t-il, m'a fait supprimer l'écuyer de Jonathas, et mettre Abner en sa place. Je le mets ensuite à la tête des révoltés. Abner était cousin-germain de Saül; et, à la reserve de l'action que l'écriture donne formellement à l'écuyer, il a fait, ou il a pu faire vraisemblablement, les choses qu'il fait dans ma pièce.

JONGLEURS. Joueurs d'instrumens qui, dans la naisssance de notre poésie, se joignaient aux Troubadours, et aux poëtes provençaux, avec lesquels ils couraient les provinces. L'histoire du théâtre Français nous apprend qu'on nommait ainsi des espèces de bateleurs, qui étaient connus dès le onzième siècle. Le terme de *Jongleurs* paraît être une corruption du mot latin *joculator*; en français, *joueur*. Il est fait mention des *Jongleurs* dès le tems de l'empereur Henri II, qui mourut en 1056. Comme ils jouaient de différens instrumens, ils s'associèrent avec les *Trouveurs* et les *Chanteurs*, pour exécuter les ouvrages des premiers ; et ainsi, de compagnie, ils s'introduisirent dans les palais des rois et des princes, et en tirèrent de magnifiques présens. Quelque tems après la mort de Jeanne, première du nom, reine de Naples et de Sicile, et comtesse de Provence, arrivée en 1382, tous ceux de la profession des *Trouveurs* et des *Jongleurs* se séparèrent en différentes espèces d'acteurs : les uns, sous l'ancien nom de *Jongleurs*, joignirent aux instrumens, le chant ou le récit des vers ; les autres prirent simplement le nom de *Joueurs*, en latin *Joculatores*, ainsi qu'ils sont nommés par les ordonnances. Tous les jeux de ceux-ci consistaient en gesticulations, tours de passe-passe, etc., ou par eux-mêmes, ou par des singes qu'ils portaient, ou en quelques mauvais récits du plus bas burlesque. Mais leurs excès ridicules et extravagans les firent tellement mépriser, que pour signifier alors une chose mauvaise, folle, vaine ou fausse, on l'appelait *Jonglerie*. Philippe-Auguste, dès la première année de son règne, les chassa de sa cour, et les bannit de ses états. Quelques-uns néanmoins, qui se réformèrent, s'y rétablirent et y furent tolérés dans la suite du règne de ce prince et des rois ses successeurs, comme on le voit par un tarif fait par Saint-Louis, pour régler les droits de péage, dûs à l'entrée de Paris, sous le Petit-Châtelet. L'un de ces articles porte que les *Jongleurs* seraient quittes de tout péage, en faisant le récit d'un couplet de chanson devant le péager. Un autre porte : « que le marchand qui » apporterait un singe pour le vendre, paierait quatre de-» niers ; que si le singe appartenait à un homme qui l'eût » acheté pour son plaisir, il ne donnerait rien ; et que s'il » était à un *Joueur*, il jouerait devant le péager ; et que, par » ce jeu, il serait quitte du péage, tant du singe que de tout » ce qu'il aurait acheté pour son usage. » C'est de là que vient cet ancien proverbe : *Payer en monnaie de singe, en gambades.* Tous prirent dans la suite le nom de *Jongleurs,* comme le plus ancien ; et les femmes qui se mêlaient de ce métier, celui de *Jongleresses.* Ils se retiraient à Paris, dans une seule rue, qui avait pris le nom de rue des Jongleurs, et qui est aujourd'hui celle des Ménestriers. On y allait louer ceux que l'on jugeait à propos, pour s'en servir dans les fêtes ou assemblées de plaisirs. Par une ordonnance de Guillaume de Clermont, prévôt de Paris, du 14 septembre 1395, il fut défendu aux *Jongleurs* de rien dire, représenter ou chanter, soit dans les places publiques, soit ailleurs, qui pût causer quelque scandale, à peine d'amende, et de deux mois de prison au pain et à l'eau. Depuis ce tems, il n'en est plus parlé ; c'est que dans la suite ces acteurs s'étant adonnés à faire des tours surprenans, avec des épées ou autres armes, etc., on les appela *Batalores*, en français *Bateleurs ;* et qu'enfin ces jeux devinrent le partage des danseurs de corde et des sauteurs.

JOSEPH, tragédie sainte, par l'abbé Genest, représentée d'abord à Clagny, chez madame la duchesse du Maine, et ensuite à la comédie Française, 1710.

L'auteur a conservé, dans cet ouvrage, la fidélité de

l'écriture; et la simplicité majestueuse de l'écrit sacré; qu'il a imitée dans l'expression, paraît aussi dans le sujet. La duchesse du Maine représentait la femme de Joseph : cette princesse joua ce rôle avec beaucoup de noblesse et avec un agrément qui la fit admirer. Mademoiselle de Mérus représenta une dame Egyptienne, sa confidente; et Baron le père, qui faisait *Joseph*, joua d'une manière qui ne peut-être imitée. Malezieu fit le personnage de *Juda;* la force de son jeu lui attira de grandes louanges. Il fut imité par son fils ainé, dans le rôle de *Ruben;* un autre de ses fils représenta *Benjamin,* et toucha par son air d'innocence. Vernoncelle, gentilhomme du duc du Maine, devait jouer *Siméon;* mais, obligé de partir pour s'embarquer avec le comte de Toulouse, le marquis de Roquelaure prit sa place. Le jeu du marquis de Gondrin fut admiré dans le rôle de *Pharaon*. D'Erlac, capitaine aux Gardes-Suisses, s'aquitta très-bien du rôle de *Thiamis,* intendant ou majordome de Joseph; il entra parfaitement dans le rôle qu'il représentait. Rosely fit celui d'un vieil Hébreux, que Joseph venait de tirer d'esclavage. Tous ces acteurs, animés du désir de plaire au duc et à la duchesse du Maine, ne négligèrent rien pour l'exécution de leur rôle.

JOUEUR (le), comédie en cinq actes, en vers, par Regnard, 1696.

Ce caractère est pris dans sa perfection et présenté dans tout son jour. Valère sacrifie à la passion du jeu, repos, santé, fortune, amour, projet d'établissement, espérance brillante, tout enfin, jusqu'au portrait de sa maîtresse; ce qui fait dire si igénieusement à Nérine :

> Il met votre portrait ainsi chez l'usurier,
> Etant encor amant; il vous vendra, madame,
> A beaux deniers comptans, quand vous serez sa femme.

Mais ce joueur, accablé de dettes et abîmé de toutes parts, possède encore une bibliothèque. Ne devait-il pas l'engager, plutôt que le portrait d'Angélique ? C'est une légère distraction de l'auteur, qu'il faut lui passer en faveur de la lecture comique du traité de Sénèque, sur le mépris des richesses. Au reste, rien ne manque à la perfection du rôle principal; et nous croyons qu'il serait téméraire de rien tenter de nouveau en ce genre. Il fallait un génie supérieur, pour faire paraître deux fois Valère désespéré de ses pertes, et le faire avec autant de succès. Les événemens sont bien ménagés, et les scènes liées avec art. Le dialogue est vif, animé et soutenu. La comtesse, coquette ridicule, le faux marquis, M. Tout-à-Bas, Nérine, Hector, et même madame la Ressource, forment un tissu de rôles amusans, chacun dans leur genre.

Dufresny, en société avec Regnard, composa, pendant plusieurs années, pour le théâtre Italien. Cette liaison l'engageait à faire part de ses idées à son ami. Il lui communiqua plusieurs sujets de comédie presque achevées; entr'autres ceux du *Joueur* et d'*Attendez-moi sous l'Orme*, dans le dessein d'y mettre ensemble la dernière main, et de les faire paraître sur la scène française; mais Regnard, qui sentait la valeur de la première de ces deux pièces, amusa son ami, fit quelques changemens à l'ouvrage, et le donna sous son nom aux comédiens. Ce fait était connu de tous les amis de Dufresny, auxquels ce dernier le raconta plusieurs fois, en se plaignant d'un larcin, qui ne convient, disait-il, qu'à un poëte du plus bas étage. Pour n'en avoir pas le démenti, Dufresny donna un autre *Joueur*, le *Chevalier joueur*, en prose (*voyez cette pièce*). Cette contestation fit naître l'épigramme suivante :

Un jour, Regnard et de Rivière,
En cherchant un sujet que l'on n'eût point traité;

> Trouvèrent qu'un joueur serait un caractère,
> Qui plairait par sa nouveauté,
> Regnard le fit en vers, et de Rivière en prose;
> Ainsi, pour dire au vrai la chose,
> Chacun vola son compagnon.
> Mais quiconque aujourd'hui voit l'un et l'autre ouvrage,
> Dit que Regnard a l'avantage
> D'avoir été le bon larron.

Les deux pièces ayant été représentées, celle de Regnard eût un grand succès, et l'autre tomba. Le poëte Gâcon fit une autre épigramme; c'était déjà lui qui était l'auteur de la première.

> Deux célèbres joueurs, l'un riche et l'autre gueux,
> Prétendaient au public donner leur caractère;
> Et prétendaient si fort de plaire,
> Qu'ils tenaient en suspens les esprits curieux.
> Mais dès que sur la scène on vit les comédies,
> De ces deux écrivains rivaux,
> Chacun trouva que les copies
> Ressemblaient aux originaux.

Ce n'est point à tort que Dufresny revendiquait le fond de cette comédie, qu'il prétendait que Regnard lui avait pris. Ce dernier abusa effectivement de la confiance que Dufresny lui témoigna; et, pour accélérer sa pièce, il se servit de Gâcon, à qui il en fit faire la plus grande partie. Ce fut à Grillon, où Regnard avait une maison de campagne qu'il aimait beaucoup que cette pièce fut faite. Il enfermait Gâcon dans une chambre, d'où ce dernier n'avait la permission de sortir, qu'après qu'il avait averti, par la fenêtre, combien il avait fait de vers sur la prose dont Regnard lui donnait le canevas. C'est de Gâcon lui-même que l'on tient cette anecdote.

Un comédien, que l'on n'engageait que par considération pour sa femme, qui était une excellente actrice, parut un jour sur la scène, après avoir un peu mieux dîné que ne le permettait la bienséance théâtrale. Cet état d'ivresse, joint à son peu de talens, irrita le parterre, qui le siffla impitoyablement. Notre homme, sans se déconcerter, interrompit son rôle; s'approcha des bords du théâtre, et commença sa harangue : « Messieurs, dit-il, vous me sifflez; c'est fort bien fait : je » ne me plains pas de cela. Mais, vous ne savez pas une » chose : c'est que mes camarades prennent tous les bons » rôles, et me laissent les Gérontes, les Dorantes. Ah! si l'on » me donnait un Ariste, un prince, un Pasquin, vous ver- » riez!... Mais qu'est-ce que vous voulez que je fasse d'un » Dorante, d'un Géronte? Vous ne dites mot; il faut donc que » je continue, et vous êtes encore bien heureux que je m'en » donne la peine ». Le public applaudit, et l'orateur continua son rôle : c'était celui de Dorante dans le *Joueur*.

JOUEUR D'ÉCHECS (le), comédie-vaudeville, en un acte, par MM. Marsollier et Chazet, au théâtre des Variétés, 1801.

Cassandre a refusé à Léandre la main d'Isabelle, sa fille, parce que ce jeune homme n'a pas eu la patience de faire sa partie d'échecs : il vient à Paris, parce qu'un automate, qu'on y fait voir, a la réputation de jouer à ce jeu d'une manière supérieure. C'est donc à Paris, dans la maison de Cassandre, que la scène se passe. Scapin y introduit son maître, et le présente comme l'automate. Cassandre, qui désespérait de le voir, parce qu'on lui a dit qu'il était parti, est au comble de la joie. Il examine l'intéressant automate, et, après avoir fait l'épreuve de sa science, veut en faire l'acquisition. Alors, Scapin l'entraîne dans son cabinet, pour conclure le marché, ou plutôt pour laisser à son maître, le moyen et le tems d'entretenir Isabelle. Les amans, en effet, profitent de l'eloignement de Cassandre; mais, comme la position de l'automate Léandre est pénible, et que d'ailleurs il est fatigué de son rôle, on fait à Cassandre l'aveu du stratagême. Le vieillard, qui tient à ses écus encore plus qu'à sa fille, l'accorde à son amant, sous la condition, pourtant, que Léandre épousera Isabelle sans dot, et qu'il fera sa partie d'échecs.

Cette petite pièce est gaie; on y trouve des scènes comiques et des couplets agréables; mais le fonds en est un peu vieux.

JOUEUSE (la), comédie en cinq actes, en prose, avec un divertissement, par Dufresny, musique de Gilliers, au théâtre Français, 1709.

La *Joueuse* est tirée, en partie, du *Chevalier joueur*. On y trouve à-peu-près les mêmes situations, et souvent, mot pour mot, les mêmes détails. Madame Orgon ne peut pas, il est vrai, jouer le portrait d'une maîtresse; mais elle joue la dot de sa fille. Heureusement Dorante, qui en est amoureux, est celui qui a gagné la dot. Elle sert à lui faire obtenir le consentement de la marquise, sa mère, qui ne voulait pas d'une bru non dotée. Cette marquise, enjouée, vive, et qui fait des plaisirs sa principale occupation, ressemble, trait pour trait, à la marquise du *Faux-honnête-Homme*; de même qu'ici, le chevalier, oncle de Dorante, est calqué d'après le marquis enrhumé, du *Chevalier joueur*. Au reste, la différence du sexe en met trop peu dans les deux caractères, pour avoir exigé cette nouvelle peinture; elle trouve, dans le *Joueur* de Regnard, le même obstacle à la réussite.

JOURNALISTES ANGLAIS (les), comédie en trois

actes, en prose, par M. Cailhava, à la comédie Française, 1782.

M. Discord, journaliste en chef, est logé chez M. Sterling, riche habitant de Londres, entêté de la manie du théâtre, et dévoré du désir d'être auteur. Après avoir employé douze ans à composer un drame ridicule, cet honnête homme caresse les folliculaires, dans l'espérance de se voir louer dans les journaux. Précisément, ce M. Discord est amoureux de la fortune d'Émilie, jeune veuve, fille de M. Sterling. Le père, par faiblesse, lui promet un heureux succès; mais Émilie aime et est aimée du colonel Sedley. Sous le nom de Smith, celui-ci s'introduit chez M. Sterling, comme secrétaire de Discord; et, de concert avec Franck, quartier-maître de son régiment, dont le journaliste a maltraité les chansons, il le fait berner chez un prétendu grand d'Espagne de la première classe, où il a été invité par une lettre supposée. Dans une scène, qui précède cette humiliante épreuve, Discord est forcé d'entendre déchirer sa réputation et ses ouvrages : on l'oblige même à convenir que c'est avec raison que l'on s'explique de cette manière sur sa personne et sur ses productions. Cependant, Sterling persiste dans le dessein de donner sa fille à Discord. Émilie déclare au journaliste qu'elle ne saurait s'unir à lui. Furieux de se voir méprisé, le traître projette d'obliger Sterling à contraindre la veuve à lui donner la main, et voici comment. Le drame du vieillard est imprimé: Discord en a fait un éloge emphatique; il en fait, sur-le-champ, une critique sanglante. Sterling, désespéré, cherchera un vengeur; Discord le sera sous condition. Le faux Smith est mis dans le secret du scélérat, et dédaigne de s'en servir pour son propre avantage; mais Émilie, moyennant vingt guinées, achète le manuscrit fatal, d'un des subalternes coopérateurs de Discord, et le remet à son père, qui, en présence d'une troupe de journalistes assemblés, dévoile le perfide écrivain, et donne sa fille au colonel Sedley.

Tel est le fonds de cette comédie, que la malignité a applaudie avec transport.

JOURNÉE DE MARATHON (la), pièce héroïque en quatre actes, avec des intermèdes, par M. Guéroult, musique de M. Kreutzer, à l'Opéra, 1793.

L'armée de Darius, forte de deux cent mille hommes et de six cents vaisseaux, a fait une irruption dans la Grèce. Déjà Érétrie, tombée au pouvoir des Perses, a été réduite en cendres, et ses habitans ont été envoyés à Suze. La ruine de cette ville parait le présage de celle d'Athènes, et les Perses, persuadés qu'ils trouveront dans celle-ci les mêmes divisions et la même faiblesse, sont descendus avec confiance dans l'Attique. Une des prétentions de Darius, est de remettre Hyppias, fils du tyran Pisistrate, sur le trône, et de faire dominer, conséquemment, les Pisistratides dans Athènes.

Les Athéniens en sont révoltés; ils arment jusqu'à leurs esclaves et aux jeunes gens; et, secourus par mille Platéens, ils forment un corps de dix mille hommes. Mais faut-il attendre les Perses dans Athènes, faut-il aller à leur rencontre? Plusieurs d'entre les chefs pensent qu'il serait bien de se renfermer dans la ville, et d'y attendre l'ennemi; Miltiade veut, au contraire, qu'on tienne campagne, et qu'on en vienne promptement aux mains; Aristide appuie cet avis; Thémistocle et deux autres généraux s'y joignent encore, et les suffrages sont partagés. Le sort d'Athènes est donc entre les mains du polémarque Callimaque. Si les citoyens se renferment dans les murs, leur courage peut se ralentir, et leurs dissentions sont encore à redouter. Mais si l'on se hâte de les conduire à l'ennemi, on peut, quelqu'en soit le nombre, attendre tout de leur intrépidité. Callimaque se décide pour ce dernier avis, et l'on se dispose à partir.

Cependant, le courage suffit-il pour vaincre, et n'est-il pas téméraire aux Athéniens d'aller combattre les Perses, si, chaque jour, ils sont obligés de changer de plan comme de général? C'est pourtant à quoi ils sont exposés, puisque, pour partager le commandement, à Athènes, parce qu'on craint de le confier à un seul, chacune des dix tributs nomme un général, et qu'il en existe même une onzième, attendu que le commandement de l'aile droite appartient au troisième archonte, ou polémarque, qui a voix délibérative dans le conseil de guerre.

Pour prévenir cet inconvénient, Aristide, dont le tour est venu, cède le commandement à Miltiade; tous les autres généraux suivent cet exemple, et la république est sauvée. L'armée athénienne est donc commandée par ce grand homme. Elle marche au-devant des Perses, jusque dans les champs de Marathon. Miltiade profite de tous les avantages que lui donne le terrein, et dispose sa petite troupe de manière à faire face, autant qu'il est possible, à la nombreuse armée des ennemis; il songe, sur-tout, aux moyens d'en renverser les deux ailes, pour retomber sur le corps de bataille. Tout lui réussit; les Perses sont en déroute, et s'enfuyent vers la mer. Les Athéniens les poursuivent, leur prennent sept vaisseaux, mettent le feu à plusieurs autres, et reviennent triomphans à Athènes, jouir du fruit de leur courage et de leur amour pour la liberté.

Tel est le trait d'histoire qui fait le sujet de la *Journée de Marathon*. Il est superbe, sans doute; mais il ne suffit pas pour une pièce de théâtre. Il faut de l'intérêt et de l'action; sans cela, quelque héroïque qu'elle puisse être, la scène languit, et l'auteur n'a fait autre chose que de mettre en dialogue l'histoire de tel ou tel pays. On peut adresser à la *Journée de Marathon*, les reproches que l'on fait à toutes les pièces de circonstances. Ces ouvrages sont bien plus recommandables par l'intérêt du moment, que par leur mérite dramatique.

JOURNÉE GALANTE (la), ballet héroïque de trois entrées, par M. Laujon, musique de de La Garde. 1750.

Le sujet du premier acte est la *Toilette de Vénus*, ou le *Matin*; celui du second, les *Amusemens du Soir*, ou *Églé*; celui du troisième, *Léandre et Héro*, ou la *Nuit*.

JOUY (M. Étienne-Victor de), auteur dramatique, né à Jouy, en 1769, colonel de cavalerie, retiré du service pour cause de blessures, et pensionnaire de l'état, a débuté dans la carrière dramatique, par une petite pièce intitulée: l'*Amour et la Paix*, imprimée à Lille, et jouée sur le théâtre de cette ville, en 1797. Ainsi, après avoir moissonné des lauriers dans les champs de la gloire, M. de Jouy vint en recueillir sur la scène, de moins brillans, peut-être, mais de plus durables. L'*Arbitre*, joué au Vaudeville, en 1798, est le premier ouvrage que cet auteur estimable ait donné sur les théâtres de la capitale. Voici la liste des pièces de théâtre qu'il a faites, seul ou en société, avec MM. de Longchamps, Dieulafoy, Saint-Just, et Gersain, auteurs assez connus, pour que nous soyons dispensés de faire leur éloge, dans un article consacré à M. de Jouy.

L'*Homme aux convenances*, comédie en un acte, en vers, joué aux Français, en 1808; *Monsieur Beaufils*, l'*Avide héritier*, le *Mariage de M. Beaufils*, comédies représentées au théâtre Louvois. Il a donné à l'Opéra-comique, le *Tableau des Sabines*, en société avec MM. de Longchamps et

Dieulafoy, et *Milton*, opéra en un acte; au Vaudeville, en société avec M. Longchamps, l'*Arbitre*, dont nous avons parlé plus haut, la *Fille en loterie*, *Comment faire?* parodie de *Misantropie et Repentir;* avec MM. de Longchamps et Dieulafoy, le *Vaudeville au Caire, Dans quel Siècle sommes-nous?* et, avec M. Gersain, le *Carosse Espagnol;* enfin, il a fait jouer aux Variétés, avec MM. de Longchamps et Saint-Just, la *Prisonnière*, le *Faux Frère, ou Gillotin*, et l'*Intrigue dans les caves*. La *Vestale*, opéra en trois actes, représenté à l'Opéra, en 1807, l'un des derniers et le plus considérable de tous les ouvrages dramatiques de M. de Jouy, y a obtenu un succès mérité, dont il partage la gloire avec M. Spontini, auteur de la musique. Nous n'oserions l'assurer, mais nous croyons que M. de Jouy est le premier qui ait eu l'idée et le courage de faire la parodie de son propre ouvrage. Cette singularité n'a pas peu contribué au grand succès de la *Marchande de Modes*, parodie très-amère de la *Vestale*, représentée au Vaudeville, en 1808. M. de Jouy est l'auteur et l'inventeur des *Jeux de cartes encyclopédiques*, destinés à l'instruction de l'enfance.

JUDITH, tragédie de l'abbé Boyer, aux Français, 1695. Holoferne, général des Assyriens, assiège Béthulie, à la tête d'une armée formidable, et réduit les habitans aux dernières extrémités. Les Hébreux, livrés à toutes les horreurs de la famine, sont saisis de crainte, et vont devenir la proie d'un vainqueur impitoyable : enfin, ils sont sans force et sans vigueur, et leurs chefs eux-mêmes sont incapables d'aucune résolution salutaire. C'est alors qu'une veuve consacrée au Seigneur, qu'une femme chaste et pieuse, que Judith, en un mot, prend le parti de délivrer son pays, ou de mourir. Elle s'arme, se revêt d'habits magnifiques, et pénètre dans le camp ennemi. Holopherne, séduit par l'éclat de ses charmes, en devient amoureux, et la reçoit dans sa tente, où il lui offre un repas superbe. A la suite de ce repas, et lorsqu'il croit jouir de sa conquête, Judith profite de son amoureuse ivresse, et lui tranche la tête.

Tel est le trait de l'écriture sainte que l'abbé Boyer a mis en action.

Cette pièce eût un très-grand succès, grace à mademoiselle Champmêlé, qui la fit valoir, plus par le mérite de son jeu, que par la bonté de la pièce. M. Esssain, frère de madame de la Sablière, en fit de grands éloges à Despréaux, qui lui répondait toujours: « Je l'attends sur le papier. » Enfin, la pièce fut jouée à la cour, où elle perdit toute sa réputation; et personne ne la voulut plus revoir après Pâques. A quelque tems de-là, Despréaux, rencontrant à Versailles M. Essain, lui cria de loin: « M. Essain, n'avez-vous point votre Boyer sur vous ? »

« La *Judith* de l'abbé Boyer, dit l'auteur de la *Velise trouvée*, occupa la scène pendant tout un Carême. La cour et la ville y couraient en foule, et principalement les femmes. C'en était tous les jours une si grande affluence de toutes sortes de conditions, qu'on ne savait où les placer. Les hommes furent obligés de leur céder le théâtre, et de se tenir debout dans les coulisses. Imaginez-vous deux cents femmes assises sur des banquettes, où l'on ne voit ordinairement que des hommes, et tenant des mouchoirs étalés sur leurs genoux, pour essuyer leurs yeux dans les endroits touchans. Je me souviens sur-tout qu'il y avait, au quatrième acte, une scène où elles fondaient en larmes, et qui, pour cela, fut appelée *la scène des mouchoirs*. Le parterre, où il y a toujours des rieurs, au lieu de pleurer avec elles, s'égayait à leurs dépens. Pour moi, je ne prenais plaisir qu'à observer l'auteur, auprès de qui je me trouvais quelquefois à l'amphithéâtre. Enivré du succès de sa Judith, il allait lui mendier des louanges, comme font tous les auteurs en pareil cas ; et il n'avait pas peu d'occupation à répondre aux complimens qu'on lui faisait. Monsieur l'abbé, lui disait l'un, voilà ce qui s'appelle une pièce sublime et pathétique. Vous devez être bien content, lui disait l'autre, d'avoir produit un si bel ouvrage ; aussi vous voyez les spectateurs dans l'admiration. Je leur en donnerai bien d'autres, répondait modestement le Gascon sur le ton de son pays ; je tiens le public, à présent que je sais son goût. Boyer se donnait ainsi les violons ; et véritablement Paris n'abandonnait point sa pièce : en un mot, le charme dura jusqu'à la clôture du théâtre. Alors notre auteur, un peu trop persuadé du mérite de sa tragédie, se hâta d'en faire gémir la presse, si bien qu'elle fut imprimée dans la quinzaine de Pâques, et sifflée à la Quasimodo, c'est-à-dire, à la rentrée. Mademoiselle de Champmêlé, actrice digne d'une éternelle mémoire, faisait le rôle de *Judith*. Etonnée d'entendre une pareille symphonie, cette actrice, dont les oreilles étaient accoutumées aux applaudissemens, apostropha le parterre en ces termes : « Messieurs, nous sommes assez surpris que vous receviez » aujourd'hui si mal une pièce que vous avez applaudie » pendant le Carême. » Dans ce moment, on entendit une voix qui prononça ces paroles : « Les sifflets étaient à Ver- » sailles, aux sermons de l'abbé Boileau. »

Racine régala aussi Boyer de cette épigramme :

A sa *Judith*, Boyer, par aventure,
Etait assis près d'un riche caissier.
Bien aise était ; car le bon financier
S'attendrissait et pleurait sans mesure.

Bon gré vous sais, lui dit le vieux rimeur ;
Le beau vous touche, et ne seriez d'humeur.
A vous saisir pour une baliverne.
Lors le richard, en larmoyant, lui dit :
Je pleure, hélas ! de ce pauvre Holopherne
Si méchamment mis à mort par Judith.

JUGEMENT DE MIDAS (le), comédie en trois actes, en prose, mêlée d'ariettes, par d'Hell, musique de M. Grétry, aux Italiens, 1778.

Apollon, chassé du ciel, s'amuse à faire la cour à deux jeunes bergères, et les séduit facilement, quoiqu'elles aient chacune un amant, protégé par le bailli Midas. Il dispute avec eux le prix du chant : l'un de ses rivaux débite de grands airs de l'ancien opéra français, et l'autre les refrains de nos vieux vaudevilles; Apollon chante de la bonne musique. Quoiqu'il en soit, Midas adjuge la couronne à ses concurrens ; mais à peine a-t-il prononcé, que deux superbes oreilles sortent de sa tête, et qu'Apollon se découvre.

On trouve, dans cette pièce, des scènes ingénieuses, et une excellente musique.

JUGEMENT DE PARIS (le), pastorale-héroïque en trois actes, par mademoiselle Barbier; musique de Bertin, à l'Opéra, 1718.

On reprochait à l'auteur de cet opéra d'avoir donné à Jupiter le caractère d'un imbécille. D'Orneval en fit la parodie dans sa nouveauté, et reprit ainsi ce défaut : Un cabaretier, chez qui Mercure va loger, dit à ce dieu : « Ce Jupiter me » paraît un bon-homme ; je le crois même un peu bête ». Mercure répond : « Vous lui faites grace du peu ». Le jugement porté par Pâris fut aussi critiqué de la manière suivante. Pâris dit :

Au diable l'argent et les armes;
A vos promesses je me rends.

PARIS.

JUNON.

Tu décides sur les présens,
Au lieu de juger sur nos charmes.

PALLAS.

Est-ce là juger sainement?

PARIS.

L'opéra fait-il autrement?

JUGEMENT ÉQUITABLE DE CHARLES-LE-HARDI (le), tragédie en cinq actes, par Maréchal, 1644.

S'appesantir sur les défauts de ces anciennes pièces, serait un travail aussi fatigant qu'inutile; aussi, nous nous bornerons désormais à en faire connaître le sujet. Dans celle-ci, on voit Rodolphe, favori de Charles-le-Hardi et gouverneur de la ville de Maëstrick, d'intelligence avec son lieutenant, abuser de l'autorité qui lui est confiée, pour perdre Albert, dont il veut ravir l'épouse. Il se porte, contre la malheureuse Malthide, aux dernières extrémités, et même, sans l'arrivée de Frédégonde, mère de Rodolphe, cette femme vertueuse perdrait son honneur.

Cependant, il informe le duc de la prétendue trahison d'Albert; mais, craignant qu'il n'échappe à sa vengeance, il prend le parti de le faire assassiner dans sa prison. Tous ces événemens viennent de se passer, lorsque Charles arrive dans Maëstrick. Alors, Malthide vient implorer sa justice, et lui demander vengeance pour son mari et son honneur outragé. Après avoir mûrement examiné les faits, et après s'être convaincu de la culpabilité de Rodolphe, Charles rend ce

Jugement équitable, qui fait autant d'honneur à sa sagacité qu'à sa vertu. Il rétablit l'honneur de Malthide, en la mariant à celui qui a essayé de l'en priver; il venge la mort d'Albert, en faisant couper la tête de son assassin. En vain Frédégonde implore la clémence de Charles en faveur de Rodolphe; en vain elle lui apprend que ce même Rodolphe est son fils; il demeure inébranlable, et la tête du coupable est tranchée par la main du bourreau. Mais le plus bizarre de l'aventure, c'est que cette même Malthide, qui s'est montrée dans le courant de la pièce si fidelle à Albert; que cette Malthide, qui vient d'être unie à un homme dont elle a constamment demandé la tête; que cette Malthide, enfin, dont l'ame devrait être navrée par les scènes horribles qui viennent de se passer sous ses yeux, ose solliciter l'approbation de Charles, pour s'unir à un certain Ferdinand, qu'elle aimait, si on l'en croit, avant que d'être l'épouse d'Albert. Alors, ce malheureux père, en proie à la plus vive douleur, répond à Ferdinand, qui le presse:

> Je ne vous peux ouïr : aimez-la seulement;
> Et laissez-moi pleurer ce fatal jugement.

Sans contredit, l'équité de Charles est en défaut; car, au lieu de leur recommander de s'aimer, il devrait les faire enfermer l'un et l'autre. Tel est notre avis : au surplus, c'est au lecteur à prononcer.

JUGEMENT TÉMÉRAIRE (le), comédie en un acte, en vers, par Guyot de Merville, non représentée, mais imprimée en 1763.

Valère a vu chez une amie, Dorine, déguisée en homme, sous le nom de Damon: Valère, qui aime Mélite, rencontre chez elle cette même Dorine, qui la sert. Il croit devoir l'avertir que c'est Damon qui s'est introduit auprès d'elle, sous ce déguisement. Mélite connaît peu Damon; et, prévenue de cette fausse idée, elle est prête à congédier Dorine. Elle n'a point d'amour pour Valère; et même elle avait écouté des propositions de mariage qu'on lui avait faites de la part de Damon. Mais persuadée que ce dernier a eu recours à l'artifice d'un déguisement pour se donner accès chez elle, elle le regarde comme indigne de sa main. Enfin, le vrai Damon apporte une lettre d'Orphise, qui le justifie. Mélite, qui n'était attachée à Valère que par reconnaissance, lui donne un contrat, par lequel elle lui rend le bien qu'elle tenait de la mère de Valère, sa bienfaitrice, et épouse Damon. Celui-ci fait naître deux ou trois incidens, qui auraient pu rendre cette pièce très-agréable à la représentation.

JULIE, comédie en trois actes, mêlée d'ariettes, par M. Monvel, musique de Dezède, aux Italiens, 1772.

M. de Marsange, seigneur de village, veut donner sa fille, Julie, en mariage, à un comte fort riche, mais vieux, sourd, bègue et bossu, avec lequel il a signé un dédit. Le jeune Saint Albe est la victime d'un vil intérêt; mais il a pour lui l'amour de Julie. Cette jeune personne se sauve chez une tante qui l'aime, et dont elle veut implorer l'appui. La nuit l'obligeant de s'arrêter dans la chaumière de Michaut, maître bucheron, elle prend avec lui et sa famille, un repas champêtre. Saint-Albe, apprenant sa fuite, a volé sur ses pas, et le hasard l'a conduit chez le même bucheron. Pour détourner M. de Marsange de son dessein, Cateau, fille du bucheron, et Lucas, son gendre, vont trouver le seigneur, et feignent d'être persécutés par Michaut qui veut forcer sa fille Cateau d'épouser le bailli du village, homme vieux et contrefait. M. de Marsange est confondu de cette aventure, qui retrace ses torts.

Cependant, il promet à ces amans, qu'il croit malheureux, de les protéger. Bientôt Michaut arrive; il feint de s'emporter, et exige que sa fille lui obéisse. En vain le seigneur essaie de le fléchir; Michaut lui oppose son propre exemple; il ne peut, dit-il, suivre un meilleur modèle. Le seigneur s'attendrit, et le bucheron profite de cet instant, pour rappeler ce père aux sentimens de la nature. On paie le dédit au vieux comte, et Julie est donnée à Saint-Albe.

JULIE, ou LA RELIGIEUSE DE NISMES, drame historique en un acte, en prose, par Charles Pougens, 1793.

Ce sujet est tiré de l'*Éloge de Fléchier*, par d'Alembert.

Victime de son inclination pour Florinval, Julie est forcée de se confiner dans un cloître. Sur le point de devenir mère, elle est précipitée dans un affreux cachot, y accouche chargée de fers, et reste quinze ans dans cet état horrible. Alors une jeune novice pénètre dans la prison, où Julie lui raconte ses aventures, au milieu du délire et du désespoir. C'est sa propre fille, celle dont elle est accouchée dans ce lieu-là même. Dans cet instant, Fléchier parait, et arrache la malheureuse Julie à cet enfer sacré.

On remarque dans ce drame des situations touchantes; mais des inconvenances; un style passionné, mais dont l'effet serait plus sûr s'il était plus naturel et moins travaillé.

JULIE, ou LE BON PÈRE, comédie en trois actes, en prose, par Denon, aux Français, 1769.

Damis s'est retiré dans ses terres, pour se distraire des embarras d'un procès considérable, d'où dépend toute sa fortune. Voisin du séjour de Lisimon, il a vu Julie, sa fille, et a conçu pour elle la passion la plus tendre et la plus pure.

Julie y est sensible; et bientôt son père aperçoit un changement dans son caractère, qui lui fait craindre de la perdre. Il a avec elle une conversation, dans laquelle il tâche de la prémunir contre les entreprises d'un amant qui veut l'enlever à son père. L'amant est au désespoir; mais ce qui y met le comble, c'est la nouvelle de la perte de son procès, qui détruit ses espérances. Julie, attendrie, le console; et le père finit par donner son consentement à l'union des amans.

Cette pièce fut d'abord refusée par les comédiens; mais à une seconde lecture que leur en fit Molé, elle fut reçue. Pour payer ce service et pour lui marquer sa reconnaissance, l'auteur lui fit présent de ses honoraires.

JULIE, ou L'HEUREUSE ÉPREUVE, comédie en un acte, en prose, par de Saint-Foix, aux Français, 1746.

Julie, par le conseil de son oncle, veut éprouver deux amans qui aspirent à sa main. Elle suppose le retour d'une sœur aînée, qui se destinait au couvent, et qui, par là, l'oblige de s'y renfermer elle-même, en la privant des biens qu'elle semblait lui avoir laissés. On suppose, de plus, une extrême ressemblance entre les deux sœurs. Julie en est quitte pour faire succéder à sa parure et à son rouge, un habit simple, une coiffure avancée, et une sorte de pâleur; enfin, l'air du couvent. Elle est méconnue de Damis et de Valère. A peine même celui-ci jette-t-il un coup-d'œil sur elle : il n'est occupé que de Julie. Damis, au contraire, offre, à cette fausse aînée, l'hommage qu'il avait rendu à la cadette. Ces deux scènes sont neuves et intéressantes. Julie, qui préférait Damis à Valère, reconnaît enfin son erreur, et la répare.

JULIE, ou LE POT DE FLEURS, comédie en un acte, en prose, mêlée de chants, par M. A. J***, musique de MM. Fay et Spontini, à l'Opéra-comique, 1805.

Le fonds de cette petite pièce est fort léger; mais les détails en sont agréables : en voici l'intrigue :

Mondor veut donner la main de sa nièce à son ami Verseuil; mais ce dernier, qui connaît l'inclination de Julie pour un jeune officier, et qui, d'ailleurs, est d'un âge avancé, ne se décide qu'avec peine à accepter l'offre de son ami. Toutefois, il ne consent à devenir l'époux de Julie, que pourvu que la jeune personne y consente elle-même. Certain de la docilité de sa nièce, Mondor lui fait part de son projet, et Julie, dans la crainte de déplaire à son oncle, et de faire de la peine à Verseuil, promet tout ce que Mondor exige d'elle. Mais, si sa bouche a dit oui, son cœur dit non. Il lui reste un moyen, si Verseuil est délicat : elle l'aime bien; mais elle aime encore mieux Valcour; ainsi, elle se propose d'aller trouver son prétendu, et de lui ouvrir son cœur. Tout en débattant ce petit projet, elle va ranger des pots de fleurs posés sur sa fenêtre. Dans ce moment, elle apperçoit un officier, s'avance pour le voir, et fait tomber un pot de fleurs sur Valcour. Furieux, Valcour entre dans la maison de Mondor, et se dispose à faire main-basse sur Champagne, mais l'aspect de Julie a bientôt appaisé sa colère. Enfin, après une explication assez longue, dans laquelle il apprend que sa maîtresse va devenir l'épouse de Verseuil, Valcour se prépare à sortir, et baise la main de Julie; alors Verseuil arrive et le surprend dans cette attitude. Valcour, qui ne connaît son cousin que de nom, le prend pour Mondor, lui demande Julie, n'attend point sa réponse, et menace de tuer son rival. Julie, comme elle l'avait décidé, parle à Verseuil, pour le faire renoncer à sa main; mais il ne dit rien de positif à cet égard, et lui réserve une surprise agréable. Cependant Mondor rentre chez lui; et, tandis que Champagne lui raconte la chûte du pot de fleurs, Valcour arrive lui-même, et le prend pour Verseuil. Il le traite en rival, et veut se battre avec lui; mais l'arrivée de Verseuil met fin au quiproquo: tout s'explique; Verseuil renonce à ses droits et cède à Valcour la main de Julie.

JULIE, ou LE TRIOMPHE DE L'AMITIÉ, comédie en trois actes, en prose, par Marin, aux Français, 1762.

Julie est la femme de Dorval, jeune homme de condition, qui l'a épousée contre le gré de ses parens. Il vient avec elle à Paris, après avoir recueilli la succession de sa mère. Il loge dans un hôtel garni, fait connaissance avec des amis perfides qui le trompent, et l'entraînent dans la dissipation et la débauche. Enfin, il se trouve accablé de dettes et démué de tous secours; c'est là que commence la scène. La misère aigrit le caractère de Dorval; il ne lui reste qu'un ami fidèle, et il accuse de trahison; une épouse vertueuse qu'il soupçonne d'infidélité. Bientôt il est poursuivi par ses créanciers, arrêté et mis en prison. Son père est arrivé à Paris pour rechercher cet enfant coupable. Il loge dans le même hôtel, s'attendrit au récit des malheurs d'un inconnu, et lui procure sa liberté. La femme de cet inconnu vient se jetter à ses pieds pour le remercier; il reconnaît Julie dans cette femme, et son fils dans l'inconnu. Il accable la première de reproches, se laisse fléchir par ses larmes et par les preuves de son innocence, lui pardonne et l'embrasse. Dans ce moment, Dorval arrive, voit son père, veut fuir de sa présence, tombe à ses genoux, et obtient son pardon.

L'auteur de cette pièce y fait usage d'un trait véritable que voici. Un grand seigneur très-emprunteur, et très-connu pour ne jamais rendre, ne connaissait que de vue le fameux et riche Samuël Bernard. A la première visite qu'il lui rendit, et après les premières civilités, il lui dit : « Je vais vous » étonner, monsieur, je m'appelle le marquis de F.... Je ne » vous connais point, et je viens vous emprunter cinq cents » louis. — Je vous étonnerai bien davantage moi, monsieur, » répondit Samuël Bernard; je vous connais, et je vais vous » les prêter. »

JULIEN, acteur de l'Opéra-comique, 1809.

Cet acteur s'est retiré du Vaudeville, où il brillait dans les rôles de petit-maîtres, pour s'engager au théâtre de l'Opéra-comique, où il n'a fait et ne fera jamais aucune sensation. Sa voix est faible, cassée et même un peu fausse. Il a suivi la fortune de madame Belmont; mais avant d'entrer dans ses vues d'aggrandissement, peut-être aurait-il dû consulter ses propres forces : il ne l'a point fait.

C'est peu d'oser beaucoup : c'est tout de réussir.

JULIET, acteur de l'Opéra-comique, 1809.

Les succès qu'il a obtenus au théâtre sont des titres qu'il n'est pas permis de contester ; l'accueil que lui fait le public, les applaudissemens qu'il lui donne, attestent, sans contredit, le talent de M. Juliet. Mais est-il vrai que son jeu soit aussi naturel, aussi varié qu'on le dit, et son débit aussi piquant qu'on le prétend? c'est ce qu'on peut lui contester. En effet, sa manière est trop uniforme, et sa diction est souvent incorrecte; il a moins de finesse et de profondeur que d'abandon et de gaieté naturelle. Enfin il s'en faut beaucoup qu'il soit propre à tous les genres de comique ; mais il n'en reste pas moins un des acteurs les plus recommandables de l'Opéra-comique. Il est, pour ainsi dire, le seul qui nous rappelle l'ancien genre.

JUMEAUX (les), parodie de l'opéra de *Castor et Pollux*, par Guérin, aux Italiens, 1754.

Olibrius et Jolicœur étaient fils de deux pères, mais d'une même mère. Le père du premier était un riche seigneur, et celui de Jolicœur, un manant; aussi le sort de ces deux jumeaux était-il bien différent; Olibrius était un homme d'importance, et Jolicœur un simple soldat. Ils étaient l'un et l'autre amoureux de Thérèse; mais Olibrius, qui aime son frère, et qui sait qu'il est l'amant aimé, lui abandonne sa maîtresse, par amitié pour lui. Cependant Grincé, capitaine de Jolicœur, se propose d'enlever son amante. Celui-ci met l'épée à la main contre Grincé. C'est un crime, dans un soldat, qui doit être puni de mort. Jolicœur est mis en prison; mais à force de protection, on obtient que l'arrêt de mort sera changé en une prison perpétuelle. Olibrius en est consterné; et il sollicite son père, le seigneur Bras-de-Fer, pour obtenir la délivrance de son frère. Tout ce qui lui est accordé, c'est de prendre sa place, s'il le juge à propos; et, à cette condition, Jolicœur aura sa grace. Il accepte la condition; il va délivrer son frère, qui fait d'abord des difficultés de sortir, et qui ne sort enfin, qu'en faisant consentir à Olibrius qu'il vienne le relever. La cour, instruite de cette générosité mutuelle, leur donne à tous deux la liberté, et veut qu'ils commandent, chacun leur tour, de six mois en six mois, une compagnie de dragons.

JUMEAUX DE BERGAME (les), comédie en un acte, en prose, par Florian, aux Italiens, 1782.

Arlequin aîné, aime et est aimé de Rosette; mais comme

l'amour ne peut tenir lieu de tout, il s'est mis en condition dans une maison où il a rencontré une jeune personne nommée Nérine, qui, parce qu'Arlequin lui a fait des politesses, s'est imaginée qu'il lui a donné son cœur. Alors, Arlequin s'explique avec elle, de manière à ne plus lui laisser aucun espoir. Nérine, offensée et jalouse, s'attache à ses pas, et le menace de sa vengeance. L'amoureux Arlequin, la quitte pour aller voir sa Rosette, et la presser de lui accorder sa main. Cette tendre amante lui dit qu'elle fait faire son portrait, et lui promet de le lui donner le soir même. Il compte sur sa promesse, et reviendra pour le chercher. Cependant Arlequin cadet arrive de Bergame, à Paris, pour voir son aîné, et passe, par hasard, sous les fenêtres de Rosette, qui le prend pour son amant, et lui donne le portrait. Dans le même instant, Nérine, qui était aux aguets, se précipite sur Arlequin cadet, qu'elle croit être son infidèle, et lui enlève le portrait. Comme il l'avait annoncé, Arlequin vient sommer Rosette de tenir sa promesse; mais Rosette, qui croit être bien certaine de le lui avoir remis un instant auparavant, se fâche, et ne l'excuse qu'en faveur du plaisir qu'il a dû ressentir en recevant ce précieux cadeau. Arlequin cadet et Nérine arrivent, et mettent fin au quiproquo. L'aîné épouse sa Rosette, et Nérine consent à accorder sa main au cadet.

JUMELLES (les), opéra-comique en un acte, par Favart, à la foire St.-Germain, 1734.

Géraste, père de deux filles jumelles, veut les marier tout au contraire du choix de leur cœur. Il veut donner Julie à Foulignac, qu'elle n'aime point, et qui aime sa sœur Lucile; et Lucile à Clitandre, qui aime Julie, et qui en est aimé. L'opiniâtreté ridicule du vieillard se trouve corrigée par l'adresse de madame Argante, qui, feignant d'être de son sentiment, et profitant de la ressemblance des deux sœurs, fait prendre le change à Géraste, qui signe, sans s'en appercevoir, les contrats de mariage, de Clitandre avec Julie, et de Lucile avec Foulignac. Lorsque le notaire est retiré, on lui avoue la fourberie; en homme sage, il s'en console.

KOHAULT, musicien du prince de Conti, a composé les ariettes du *Serrurier*, de la *Bergère des Alpes*, de *Sophie*, ou le *Mariage caché*, et de la *Closière*.

KOULOUF, ou LES CHINOIS, opéra-comique en trois actes et en prose, par M. Guilbert-Pixérécourt, musique de d'Aleyrac, au théâtre Feydeau, 1806.

Hircan, grand colao, gouverneur de la province de Chensi, fait venir, à grands frais, des animaux féroces, pour donner à ses mandarins, le jour anniversaire de sa naissance, le plaisir de la chasse; plaisir qui lui coûte chaque année la vie de plusieurs de ses sujets. C'en était fait de Zélida, jeune orpheline que protège le grand colao, si Koulouf ne fut arrivé à tems pour soustraire cette jeune, belle et intéressante personne à la rage de l'un de ces animaux cruels. Mais en conservant la vie de Zélida, Koulouf a perdu sa liberté et sa raison; toutefois son genre de folie est agréable. Sa tête exaltée par l'amour, se remplit de projets de grandeur et de fortune, et se trouve naturellement disposée à recevoir toutes les impressions qu'on voudra lui donner, pourvu qu'elles s'accordent avec ses idées fantastiques. Enfin, une année s'est écoulée depuis ce jour mémorable, et déjà l'on voit les chasseurs se précipiter en foule, pour mériter la récompense promise par Hircan. Mais tandis que toute la cour du colao est occupée de la destruction des tigres et des panthères, Sélima, qu'Hircan dédaigne, qu'il tient enfermée depuis six mois, Sélima cherche à se venger, et de l'amant qui l'outrage, et du souverain qui l'opprime. Ses satellites profitent de la circonstance pour s'introduire dans l'intérieur des appartemens du palais, au moyen d'une clef qu'elle leur a confiée. Mais quittons-les pour un instant, et revenons à Hircan. Ce prince, à qui le souvenir de Sélima est toujours cher, est plongé dans une mélancolie, dont Thazin, son premier mandarin, cherche en vain à le distraire ; plusieurs fois il lui a parlé de Koulouf, comme d'un personnage fort amusant : il est enfin parvenu à lui inspirer le désir de le voir. Hircan, déguisé en militaire, et accompagné par Thazin, se rend dans le parc, dont il a donné la garde à Koulouf, et où ce dernier a établi sa demeure ; mais il ne l'y trouve point. Malika, sa mère, le reçoit et lui raconte une partie des extravagances de son fils. Quelques instans après, Koulouf, qui vient de consulter le grand astrologue de la cour, arrive transporté de joie. « Enfin, dit-il à sa mère, me voilà riche.... Vous ne manquerez plus de rien. Alors, le colao profite de son exaltation pour s'en amuser. Il lui dit qu'il est député vers lui par un prince puissant pour lui proposer une alliance avec sa fille. Renoncer à Zélida, s'écrie Koulouf ; jamais ! « Qu'il me demande mes biens, mes trésors, il obtiendra tout de moi, excepté de me faire manquer à la foi promise. » Mais ils n'en reste pas là ; il lui persuade qu'il est grand colao, et l'installe en cette qualité. Cependant les Tartares, vengeurs de Sélima, pénètrent dans le palais, où ils croient trouver Hircan endormi. Koulouf, qui se trouve seul et qui entend les détails du complot, se persuade qu'ils en veulent à ses jours, et va se ranger derrière la statue de Fo, qui est placée dans l'appartement : enfin il se met dans la même attitude qu'elle. Les assassins s'adressent au dieu, et l'invoquent, pour qu'il leur fasse trouver la victime. Alors Koulouf s'écrie d'une voix terrible : Scélérats! et au même instant il frappe sur un timbre qui est précisément devant lui, et répand l'alarme dans le palais. On accourt de toutes parts, mais on ne trouve plus rien. En vain, le pauvre Koulouf affirme qu'il a vu des assassins qui veulent attenter à sa vie; on se refuse à le croire. Ce n'est que lorsque Ganem, son frère, vient signaler les assassins, qu'on se met à leur poursuite. Bientôt on parvient à les arrêter. Enfin, Koulouf, las de la souveraine puissance, veut s'en désaisir en faveur du colao lui-même, qui, sous le nom de Zarès, vient de s'amuser à ses dépens; mais Hircan qui ne voit plus en lui que son libérateur et celui de Zélida, lui accorde la main de cette dernière et son amitié.

Tel est le fonds de cet opéra dans lequel on trouve quelque ressemblance avec un autre opéra joué sur le même théâtre, intitulé le *Hulla de Samarcande*. Mais cette dernière pièce, quoique forte sous le rapport des situations est loin de valoir celle-ci; l'on ne s'en étonnera pas lorsque l'on saura que son auteur est de tous nos auteurs de mélodrames le plus inventif et le plus fécond en merveilles théâtrales.

KREUTZER (M. Rodolphe), compositeur de musique, 1810.

M. Kreutzer a fait la musique de plusieurs ouvrages dramatiques qui ont été représentés avec succès à l'Opéra et à Feydeau. Dans le nombre, il en est qui se jouent encore de tems à autre, et que l'on voit avec quelque plaisir. Très-habile violon, il est attaché, comme professeur de cet instrument au Conservatoire de Musique.

LA...., comédie en trois actes, en vers, avec un divertissement chinois, par Boissy, aux Italiens, 1737.

Deux amans déguisés en soubrettes, entrent au service d'une jeune veuve, et s'empressent de gagner ses bonnes graces : voilà tout le fond d'une comédie intitulé *La...*, précédée d'un prologue, qui prévient les spectateurs de la singularité de ce titre, et leur laisse le soin de l'intituler comme ils le jugeront à propos. Quoiqu'il ne fut pas difficile de lui donner un nom convenable, il ne s'est trouvé jusqu'à présent aucun parrain ; et elle reste toujours anonyme. Cette pièce n'est pas admirable ; mais on y trouve des scènes d'un bon comique. On aurait pu l'intituler, la *Maîtresse bien servie*, ou les *Amans-Soubrettes*. On prétend que l'intrigue en est prise du troisième volume du roman de *Pharamond*, dans lequel Marcomire et Gondomar, jeunes princes déguisés en femmes, entrent, en qualité de filles d'honneur, au service de la princesse Albisinde. Marcomire, sous le nom d'Ericlée, et Gondomar, sous celui de Théodore.

Incertain du succès, Boissy voulut d'abord garder l'anonyme ; mais la pièce ayant réussi, on lui adressa ces vers, ou lui-même se les adressa :

>Du public enchanté le suffrage unanime,
>De l'auteur du secret rend les soins superflus.
>Sa pièce le décèle ; on ne l'ignore plus :
>Le talent décidé peut-il être anonyme ?

LABALLE (Mélanie), actrice du théâtre Français, née en 1732, morte en 1748, y débuta en 1746, par le rôle d'*Agnès* dans l'*École des Femmes*. Tendre fleur qui s'ouvrit au souffle caressant du Zéphir, elle eut le destin de la rose dont elle était l'image.

LABARRE (Michel de), né à Paris, mort en 1743, a composé la musique de deux pièces de théâtre, intitulées, l'une, le *Triomphe des Arts* ; et l'autre, la *Vénitienne*.

LABAT (Jeanne), actrice du théâtre Français, née en 1705, morte en 1767, abandonna la cour de Terpsichore pour celle de Melpomène, où elle parut avec succès, le 2 août 1721, dans le rôle d'*Iphigénie*, de la tragédie de Racine. Elle y resta jusqu'à l'arrivée de mademoiselle Gaussin, époque à laquelle mademoiselle Labat sollicita sa retraite, qui lui fut accordée en 1733. Peu de tems après, elle obtint la pension de mille livres.

LABATTE (Mademoiselle), danseuse de l'Opéra, occupe un rang distingué parmi les Nymphes de Terpsichore qui ont brillé sur la scène. Voici un quatrain qui lui fut adressé.

> Labatte, ta danse légère,
> Jointe à mille autres agrémens,
> A mis sous tes lois plus d'amans,
> Qu'on n'en vit jamais à Cythère.

LABÉ (Louise Charly), surnommée la *Belle Cordière*, naquit à Lyon, en 1526, et mourut dans la même ville, en 1566.

Esprit, graces, beauté, talens, tout se trouvait réuni en elle au même degré ; sa maison était une espèce d'académie, où chacun trouvait à s'amuser et à s'instruire. La conversation, le chant, la lecture en faisaient le principal agrément. La galanterie venait ajouter un nouveau prix à ces doctes et agréables réunions. On dit même que la belle Louise, pour que rien ne manquât à la satisfaction générale, ne refusa jamais ses faveurs à ceux qui parurent les désirer. Toutefois il n'y avait qu'une certaine classe de personnes qui pussent y prétendre; mais les gens de lettres étaient toujours préférés. Dans la concurrence d'un savant ou d'un homme de qualité, dit un historien, elle faisait courtoisie à l'un, plutôt *gratis*, qu'à l'autre pour grand nombre d'*écus*. En un mot, c'était la Léontium ou la Ninon de son siècle. Ce qu'elle dit d'elle-même peut convenir à toutes les trois.

>Le tems met fin aux hautes pyramides ;
>Le tems met fin aux fontaines humides ;
>Il ne pardonne aux braves colisées ;
>Il met à fin les villes plus prisées ;
>Finir aussi il a accoutumé
>Le feu d'amour, tant soit-il allumé.
>Mais las ! en moi il semble qu'il augmente
>Avec le tems, et que plus me tourmente.

On trouve dans les œuvres de la belle Cordière, imprimées à Lyon, en 1555, une pièce fort ingénieuse intitulée *Débat de Folie et d'Amour*.

LABENETTE, plus connu sous le nom de M. *Corse*, ancien acteur, et aujourd'hui directeur de théâtre de l'Ambigu-comique, 1816.

Tous ceux qui, avant lui, ont essayé d'exploiter l'ancien domaine d'Audinot ont ruiné les autres et se seraient ruinés eux-mêmes s'il avait été possible; ainsi, quand M. Corse s'en chargea, on dût penser, avec quelque raison, que le même sort lui était reservé; mais son intelligence, ses talens et son zèle suplédrent à tout. C'est alors, comme l'a dit l'auteur d'une assez pitoyable brochure, qu'il devint réellement auteur, acteur et administrateur. Bientôt, par son activité, le théâtre qui avait été la ruine de ses prédécesseurs, lui offrit la perspective d'une fortune considérable, qu'il s'est acquise dans la suite, par une sage administration et par beaucoup de travail, d'ordre et d'économie. Sans doute, on n'a point encore oublié la célèbre *Madame Angot au Sérail de Constantinople*; cette poissarde parvenue qui fit si long-tems l'entretien et l'amusement de la capitale. C'est à elle que M. Corse doit le commencement de sa fortune; mais en retour elle lui doit toute sa vogue. Sans lui, madame Angot n'eût fait qu'un saut du boulevard à la halle, où probablement elle eût été enterrée; par lui, elle a eu la gloire de terminer sa carrière au milieu de la bonne société.

LACAVE (M.), acteur des Français, 1810.

Cet acteur estimable a de l'intelligence et une diction sage et raisonnée; mais il manque de chaleur, et son débit est par fois un peu lourd.

LACÉDÉMONIENNES (les), ou LICURGUE, comédie en trois actes, en vers libres, avec un ballet intitulé: *Athalante et Hyppomène*, par Mailhol, au théâtre Italien, 1754.

Licurgue a résolu de bannir les vices de sa patrie; il se propose pour cela d'abroger les anciennes lois, et d'en publier de nouvelles. Les prudes, les petits maîtres, les coquettes, les comédiens, etc., tous se réunissent pour faire échouer ce projet; mais ils ne savent pas ce que contiennent les nouvelles lois : on s'adresse à Arlequin, affranchi de Licurgue, pour découvrir l'endroit où celui-ci les a cachées; et Arlequin dévoile le secret. Quand le peuple apprend la réforme prescrite par ces lois nouvelles, furieux il va pour mettre le feu à la maison de Licurgue. Ce philosophe l'arrête par un très-beau discours, et lui fait promettre d'observer ses lois jusqu'à son retour. Alors il quitte Lacédémone, pour n'y plus revenir.

LACHABEAUSSIÈRE (M.), auteur dramatique, né à Paris en 1752, 1810.

La plupart des ouvrages dramatiques de cet auteur estimable ont obtenu et mérité du succès; en général, ils sont écrits avec beaucoup de facilité, d'élégance et d'esprit; en voici les titres : l'*Eclipse totale*, *Azémia*, ou les *Sauvages*; les *Maris corrigés*, le *Corsaire*, les *Deux Fourbes*, le *Sourd*, et la *Confiance Dangereuse*, etc. Il a publié, en 1803, une imitation en vers français des poésies galantes d'Anacréon, Bion, Moschus, Catule et Horace.

LA CHENÉE (Quesnot de) est auteur d'une pièce, qui a pour titre : la *Bataille d'Hoogstet*.

LA CLERIÈRE, est auteur de deux tragédies intitulées, l'une *Amurat*, et l'autre *Iphigénie*.

LA COMBE (Jacques) est connu par plusieurs ouvrages de littérature, et particulièrement par les *Révolutions de Russie*, et le *Dictionnaire des Beaux-Arts*; il a donné au théâtre les *Amours de Mathurine*, et le *Charlatan*.

LA COSTE, musicien de l'Opéra, est auteur d'un livre de Cantates; il a fait la musique des opéras d'*Aricie*, de *Philomèle*, de *Bradamante*, de *Créüse*, de *Télégone*, d'*Orion*, et de *Biblis*.

LA COUR (le père Jean-Louis de), jésuite, né en 1702, a traduit *Agapit*, tragédie latine du père Porée.

LACRIMANIE (la), ou MANIE DES DRAMES, comédie en trois actes, en vers, 1775.

Cette pièce n'est qu'une mauvaise imitation de deux ou trois pièces connues, du *Tartuffe*, de la *Métromanie*, etc., etc. On ne sait trop pourquoi l'auteur a imaginé de faire de son prosaïque *Dramaturge* un homme dangereux; les hommes attaqués de cette triste maladie, sont ordinairement des fous fort honnêtes.

LACROIX, avocat en parlement, a donné, en 1628, une tragi-comédie, intitulée *Climène*, et, en 1630, une comédie, sous le titre de l'*Inconstance punie*.

LACROIX (Jean-Baptiste), mort en 1742, âgé de soixante dix-sept ans, a fait jouer, aux Italiens, en 1728, une pièce intitulée : l'*Amant Prothée*.

LACROIX (Pierre de), est auteur de la *Guerre comique*, ou la *Défense de l'École des Femmes*, imprimée en 1664.

LAFARE (Charles-Auguste, marquis de), fut capitaine des gardes de *Monsieur*, et de son fils, depuis régent du royaume. Un esprit aimable et délicat, des mœurs douces, firent rechercher sa société. Le *Francaleu* de la *Métromanie*, dit, au sujet de son talent poétique :

Dans ma tête, un beau jour, ce talent se trouva;
Et j'avais cinquante ans quand cela m'arriva.

Pour le marquis de Lafare, sa verve lui vint plus tard encore; car il s'en avisa à soixante ans, avec la différence qu'elle ne fut pas

Cette démangeaison
Qui fait honte à la rime autant qu'à la raison.

Sa poésie a de la grace, de l'esprit et de la délicatesse; mais son style est souvent lâche, et incorrect. S'il a la facilité qui accompagne un heureux naturel, il a également les défauts que donne le manque de travail. Il est aussi négligé que Chaulieu: il a quelqu'analogie avec son talent, mais une physionomie bien moins marquée.

LAFLEUR (JUVENON DE), comédien de l'hôtel de Bourgogne, succéda à Montfleury, dans l'emploi des rois. Il excellait dans les rôles de gascon et de capitan. En 1672, il joua d'original le rôle du visir *Acomat*, dans la tragédie de *Bajazet*. On ignore l'époque de sa mort; mais, ce qui est certain, c'est qu'il n'existait plus en 1680.

LAFOND (M.) acteur du théâtre Français, 1810.

M. Lafond débuta au théâtre Français, en 1800, par le rôle d'*Achille*, de l'*Iphigénie* de Racine: il annonça dès-lors un talent d'un ordre supérieur, et fit espérer qu'il serait digne un jour d'occuper un rang distingué, parmi les acteurs qui se sont immortalisés sur la scène française. Enhardi par d'éclatans succès, il développa de nouvelles forces, et marcha de triomphe en triomphe. Le public lui sut gré de ses efforts, et lui prodigua toutes ses faveurs; mais il ne fut juste que pour lui. M. Larive, que l'on venait d'élever jusques aux nues, M. Larive fut dédaigné; que disons-nous? il fut sifflé par ceux qui, un instant auparavant, étaient ses plus zélés admirateurs. D'où peut naître une telle inconséquence? En accuserons-nous la saine partie du public? Gardons-nous de le faire. Ce n'est plus à ceux qui paient qu'il est permis de juger des pièces ou des acteurs; des aboyeurs sont là, qui absorbent leur voix, et paralysent leurs mains : c'est donc à ceux-ci qu'il faut attribuer, et les désagrémens qu'il éprouva, et la retraite de ce grand et estimable acteur. Mais, ce qui doit sur-tout exciter notre indignation et nos regrets, c'est, qu'à cette époque, M. Larive n'avait, pour ainsi dire, rien perdu de sa vigueur première. Son jeune émule l'eût-il emporté sur lui, était-ce un motif pour l'écarter? était-ce une raison pour payer ses longs et importans services de la plus noire ingratitude?... Nous ne craignons pas de le dire; tant que l'on souffrira de ces mercenaires, de ces colporteurs de réputation, dans les théâtres, on doit s'attendre à tous les inconvéniens. Fléaux des talens, qu'ils déshonorent par leur impertinent suffrage, ils siffleront demain ce qu'ils ont applaudi la veille. Qui oserait assurer qu'un jour ils ne siffleront pas M. Lafond lui-même! Déjà la police a été forcée de prendre des mesures pour réprimer leur insolente audace; puisse-t-elle à jamais leur interdire l'entrée des théâtres! C'est le souhait que doivent former tous ceux qui s'intéressent à l'art. Mais il est tems de revenir à M. Lafond. Cet acteur, comme on vient de le voir, parut avec éclat sur la scène française; il en est devenu l'ornement, et l'un des plus fermes appuis. Sa taille est riche et avantageuse; sa figure belle et expressive; son maintien noble et majestueux, et son organe mâle et sonore. Il a de l'ame, de la verve, et souvent de l'enthousiasme. Enfin, il réunit toutes les qualités qui doivent le maintenir au rang élevé où l'ont placé ses talens.

LA FONTAINE (Jean de), né à Château-Thierry, en 1621, membre de l'Académie française, mourut à Paris, en 1684.

Le caractère de cet homme célèbre est si généralement connu, ses ouvrages sont tellement répandus, que nous croyons pouvoir nous dispenser d'en parler ici, où il ne doit être considéré que comme auteur dramatique. Ses fables, tout le monde le sait, sont et seront toujours des modèles de grace, de simplicité et de naturel; mais ses ouvrages dramatiques ne sont point dignes de la réputation de leur immortel auteur. En effet, des sept comédies qui les composent, et dont nous allons donner les titres, on ne joue plus que le *Florentin*. Ses deux opéras ont éprouvé le même sort.

L'Eunuque, le *Florentin*, *Climène*, *Je vous prends sans verd*, *Ragotin*, la *Coupe enchantée*, le *Veau perdu*, *Daphné*, *Astrée*, et deux actes des *Amours d'Acis et de Galathée*, voilà ce que La Fontaine a donné au théâtre. On rapporte, qu'étant dangereusement malade, il fit venir un confesseur, qui lui conseilla de brûler une comédie qu'il avait composée depuis peu de tems; et, qu'après lui avoir exposé ses raisons, celui-ci lui dit qu'il ne pouvait pas l'entendre et lui donner l'absolution, avant d'avoir consenti à en faire le sacrifice. La Fontaine trouva cette décision trop sévère, et en appela au jugement de la Sorbonne. La réponse des docteurs étant conforme à celle du confesseur, le poëte ne balança plus, et jeta sa pièce au feu, sans en retenir de copie.

La Fontaine, Boileau, Molière, et plusieurs autres, s'entretenaient sur les *a-parte*; La Fontaine s'éleva contre, et s'échauffait pour en prouver l'invraisemblance. Mais, pendant qu'il parlait avec tant de vivacité, Boileau, qui était à côté de lui, disait: *Le butord de La Fontaine! l'entêté! l'extravagant, que ce La Fontaine!* etc. Celui-ci poursuivait sans l'entendre : alors, tout le monde se prit à rire. La Fontaine en demanda la cause : vous déclamez, lui dit Boileau, contre les *a-parte*, et, depuis une heure, je vous débite des injures, sans que vous y ayez fait attention.

LAFOREST (M.), acteur de l'Opéra, 1810.

La haute-contre, en voix d'homme, n'est point naturelle; il faut la forcer, pour la porter à ce diapason; aussi, quelques efforts qu'ait pu faire M. Laforest, sa voix, qu'il est obligé de prendre dans sa gorge, a toujours eu un peu d'aigreur. On lui reproche, en outre, de manquer de noblesse dans son débit.

LA FORGE (J. de), est auteur d'une comédie en un acte, en vers, intitulée la *Joueuse dupée*, ou l'*Intrigue des académies*.

LAFORTELLE (M.), auteur dramatique, 1810.

Il a fait jouer au Vaudeville, en société avec M. Moreau, *Voltaire chez Ninon*, fait historique en un acte.

LAFOSSE D'AUBIGNY (Antoine de), de l'Académie des apathistes de Florence, né à Paris, en 1653, mort en 1708, a fait les tragédies suivantes : *Polixène*, *Manlius Capitolinus*, *Thésée*, et *Corésus*.

Campistron venait de se retirer et Crébillon ne travaillait point encore pour le théâtre, lorsque Lafosse parut. La scène tragique était languissante; il la ranima, et fit dire qu'il allait consoler le public de la retraite de Campistron. Cet auteur paraît s'être proposé de suivre les traces du grand Corneille; mais il n'a pas la force continue de son modèle. Quoiqu'il en soit, sa touche est, en général, ferme, vigoureuse et propre à rendre les effets impétueux des passions les plus violentes. Ses plans sont réguliers, et ses caractères toujours vrais, énergiques, et bien rendus. Parmi les différentes pièces de poésie de Lafosse, on trouve une ode italienne, qui lui mérita l'honneur d'être reçu membre de l'Académie des apathistes, et un discours italien, en prose, qu'il prononça dans cette même Académie, sur cette question : *Quels sont les yeux les plus beaux, des bleus ou des noirs?* Il y sauve la difficulté d'une manière aussi ingénieuse que galante, en accordant l'avantage aux yeux bleus ou noirs, qui jetteront sur lui des regards favorables. Au reste, on peut dire de Lafosse, qu'il était vraiment philosophe, et détaché des biens de la fortune : enfin, il sut remplir ses devoirs en honnête homme, et fit, de la poésie, sa principale occupation.

LAGARDE (Philippe Bridart de), auteur dramatique, né à Paris, en 1710, mort en 1767, fut élevé au Temple, où ses liaisons avec l'abbé Mangenot, lui inspirèrent le goût des lettres et des arts, qu'il conserva toute sa vie. A travers un style diffus, précieux, guindé, souvent obscur et presque toujours bisarre, on aperçoit un homme de beaucoup d'esprit; moins homme de lettres qu'amateur éclairé, un concours de circonstances le mit à portée de se rendre utile aux arts d'agrémens, et de perfectionner un des plus nobles amusemens de la société, en donnant à nos représentations dramatiques plus de vérité et décence.

C'est à lui que le public fut redevable de l'établissement du costume sur nos théâtres. Dans sa jeunesse, il sembla vouloir se dévouer à l'état ecclésiastique; déjà même il en avait pris l'habit; mais ayant acquis assez d'ascendant sur l'esprit de mademoiselle Lemaure, pour l'engager à rentrer à l'Opéra, dont elle s'était retirée, MM. Rebel et Francœur, flattés de lui devoir le retour de cette actrice, devinrent ses amis, et saisirent avec empressement les occasions de lui être utiles. Ceux-ci lui confièrent le détail des fêtes que Louis XV donnait à la cour. Lagarde remplit cette espèce de direction avec tant de goût, que le roi lui assigna, sur son trésor, une pension de douze cents livres. Par la suite, madame de Pompadour en fit son bibliothécaire, et lui donna deux mille livres d'appointemens, qui lui furent continués après la mort de sa bienfaitrice. Cette dame, qui savait récompenser dans les autres cet amour éclairé des arts que l'on admirait chez elle, lui fit obtenir une pension d'une pareille somme, sur le *Mercure de France*, et, en lui annonçant cette faveur, elle y joignit un présent de douze mille livres. Lagarde mourut, regretté de tous ses amis, en 1767. On a de lui des *Lettres de Thérèse* et des *Observations sur les arts*, et il a eu part à plusieurs opéra-comiques, tels que la *Rose*, le *Bal de Strasbourg*, les *Amours grivois*, et les *Fêtes de Paris*.

LA GARDE, maître de musique des Enfans de France, a composé la musique d'*Églé*, et de la *Journée galante*.

LAGRANGE a fait *Barbacole* ou le *Manuscrit Volé*, comédie mêlée d'ariettes, qui fut représentée aux Italiens, en 1760 ; et deux autres pièces intitulées : le *Bon Tuteur*, et les *Deux Contrats*.

LA GRANGE (de), auteur dramatique.

Après avoir dissipé ses biens, et n'ayant plus d'autre ressource que sa plume, La Grange se fit auteur, et composa pour les Italiens des comédies, parmi lesquelles on en trouve plusieurs qui furent applaudies, telles que les *Contre-tems*, l'*Italien marié à Paris*, et la *Gageure*. Il mit en vers l'*Écossaise* de Voltaire. Cet auteur travaillait facilement ; mais les malheurs qui troublèrent sa vie, l'obligèrent trop souvent d'écrire à la hâte ; il mourut à Paris, en 1767, à l'hôpital de la Charité. Outre les pièces dont nous avons parlé, il a donné au théâtre le *Déguisement*, les *Femmes Corsaires*, l'*Accommodement imprévu*, le *Ravissement inutile*, la *Fontaine de Jouvence*, la *Mort de Mandrin*, l'*Heureux déguisement*, et le *Palais enchanté*.

On remarque dans plusieurs des pièces de Lagrange, le talent de bien conduire un sujet, et dans toutes, l'art de bien filer une scène. Il sait amener un divertissement et assaisonner un vaudeville ; il n'en est aucun de ceux qui terminent ses comédies qu'on ne puisse entendre avec plaisir et retenir avec facilité.

LAGRANGE-CHANCEL (Joseph de), auteur dramatique, naquit au château d'Antoniac, près Périgueux, en 1676.

On peut dire de Lagrange-Chancel que son astre en naissant l'avait formé poëte, puisqu'à l'âge où les autres savent à peine lire, il faisait déjà des vers sur tous les sujets qu'on lui proposait. Il entra au collége de Périgueux à l'âge de sept ans ; c'est là qu'il commença ses études, qu'il continua ensuite à Bordeaux, où l'on rapporte qu'ayant vu jouer une comédie, il conçut aussitôt l'idée d'en composer une sur une aventure qui venait d'arriver. Lorsqu'il l'eût achevée, il se mit en devoir de la faire jouer par cinq ou six de ses camarades qu'il exerça lui-même, et à qui il distribua les rôles. La pièce fut représentée plusieurs jours de suite dans une salle basse, où sa mère eût la complaisance de faire établir un petit théâtre. Cette singularité attira tout ce qu'il y avait de plus distingué dans la ville ; mais les héros de l'aventure furent si mécontens de cette saillie, qu'ils s'en plaignirent à la mère du jeune poëte, qui fit abattre le petit théâtre : dèslors la comédie cessa. Ayant fini ses études, il sortit du collége, il avait alors quatorze ans. C'est à cet âge qu'il conçut le vaste et hardi projet de composer une tragédie, qu'il acheva à Paris, où il fut envoyé la même année. Cet essai fut accueilli du public, naturellement porté à encourager les talens. La jeunesse de l'auteur, la réputation dont il jouissait déjà à l'hôtel de Conti, où il était page, tout parlait en sa faveur, et lui mérita les suffrages. Il fit jouer successivement les pièces suivantes : *Adherbal*, qui est la même que *Jugurtha*; *Oreste et Pylade*, *Méléagre*, *Athénaïs*, *Amasis*, *Alceste*, *Ino et Mélicerte*, *Sophonisbe*, *Erigone*, *Cassius et Victorinus*, *Médée*, *Cassandre*, *Ariane et Thésée*, les *Jeux Olympiques*, *Orphée*, la *Fille supposée*, *Pyrame et Thisbé*, la *Mort d'Ulysse*, et le *Crime puni*.

Lagrange a une imagination vive et prompte à s'enflammer ; mais parmi la multitude d'objets qu'elle enfante, on en découvre beaucoup qui ne sont peints qu'à demi. On ne trouve point chez lui de ces idées neuves qui frappent l'esprit, de ces traits hardis qui étonnent l'ame du spectateur, et restent gravés dans la mémoire. Les grandes passions, ces puissans ressorts de la tragédie, n'y sont mis en jeu que par des éclats, des emportemens et des fureurs. Ici, de longs entretiens, des sentimens communs, de grandes réflexions laissent un vuide considérable ; là, une foule d'incidens se succèdent et surchargent la scène. Lagrange intéresse par les situations ; mais souvent elles sont coupées par des incidens, des saillies, des jeux de mots, et des traits hasardés qu'il fallait supprimer. Chez lui on voit briller l'esprit, où le génie seul doit luire; le talent fatal de rimer facilement a produit des vers faciles, lâches, incorrects, obscurs, prosaïques, pleins de répétitions et de mots parasites, défauts ordinaires des vers qui ne coûtent à leur auteur que la peine de les écrire.

On sait que Lagrange est l'auteur des *Philippiques :* cet ouvrage l'obligea de fuir sa patrie, et ce ne fut qu'après la mort du régent qu'il obtint son rappel. Il se retira ensuite dans le Périgord, et ne cessa d'y cultiver les lettres; enfin il conserva sa présence d'esprit, sa mémoire et sa facilité de versifier jusqu'aux derniers instans de sa vie. On assure qu'à quatre-vingt-deux ans, l'auteur des *Philippiques* avait encore du goût pour la satire.

LAGRANGE (Charles VARLET de), comédien de la troupe de Molière, naquit à Amiens, en 16...., et mourut en 1692.

Excédé par les chicanes de son tuteur, Lagrange prit le parti de se faire comédien, et s'engagea dans une troupe de province, où il resta quelques années. Il vint à Paris en 1658, et débuta dans la troupe de Molière, qui prit plaisir à le former. On doit penser qu'avec les leçons d'un aussi grand maître, Lagrange dût devenir un excellent acteur; il le devint en effet : en voici la preuve. Dans l'*Impromptu de Versailles*, Molière donne des avis à plusieurs de ses camarades; mais quand vient le tour de Lagrange : *Pour vous*, lui dit-il, *je n'ai rien à vous dire*. En 1673, Lagrange passa sur le théâtre de Guénégaud, et fut conservé à la réunion de 1680 : à cette époque, il abandonna la tragédie, et se restreignit aux rôles du *haut-comique*, dans lesquels il ne cessa de recueillir les suffrages du public.

LAGRANGE (DOLGIBAND de), auteur dramatique. Nous avons de lui *Arménide*, ou le *Triomphe de la Constance*; *Zéline*, ou le *Premier Navigateur; Abradate, la Fleur d'Agathon,* les *Vignerons,* et la *Folie du Jour.*

LAGRANGE (Isaac de) a traduit, en vers, le *Déduit amoureux*, pastorale en cinq actes, en prose, de l'italien, de Bracciolini.

LAGRANGE (Guillaume de), né à Sarlat, a donné, en 1576, une tragédie de *Didon*.

LAGRANGE (madame Marie RAGUENEAU de), actrice de la troupe de Molière, se retira du théâtre, en 1692, avec la pension de 1000 livres, et mourut en 1727.

Cette actrice jouait les caractères de manière à mériter les applaudissemens du public; elle était laide et coquette, ce qui lui valut ce quatrain.

> Si, n'ayant qu'un amant, on peut passer pour sage,
> Elle est assez femme de bien;
> Mais elle en aurait davantage,
> Si l'on voulait l'aimer pour rien.

LA GUERRE (madame Elisabeth-Claude JAQUET de), épouse d'un organiste de St.-Séverin, naquit à Paris, en 1669, et y mourut en 1727. Elle se distingua de très-bonne heure, par son goût, pour la musique, et son art à toucher du clavecin. Elle avait d'ailleurs du talent pour la composition; elle a fait la musique de *Céphale et Procris*.

LA HARPE (J.-Fr.), auteur dramatique et membre de l'Institut, né à Paris, en 1740; mort dans cette ville, en 1803.

La Harpe fut le disciple de Voltaire, et l'un des membres de la secte philosophique, dans laquelle il avait puisé cette morgue et cet orgueil insupportables qu'il conserva toute sa vie. A la mort de son maître, il voulut s'emparer d'un trône qu'il laissait en vacance; mais il se présenta des compétiteurs qui le partagèrent avec lui. La Harpe n'avait, pour justifier cette usurpation, et pour imposer silence à l'envie, ni un génie assez vaste, ni un esprit assez subtil; il n'avait de Voltaire que l'intolérance et la petitesse. L'un, pour vous retenir dans ses fers, couvrait de fleurs la chaîne qu'il vous faisait porter; l'autre, au contraire, vous eût fait sentir tout le poids des siennes : toujours le fouet à la main, La Harpe eût régenté toute la terre. Qu'en est-il arrivé ? Qu'il s'est fait beaucoup d'ennemis de son vivant, et qu'il a été peu regretté après sa mort. Mais laissons ses cendres en paix, et jettons un coup-d'œil rapide sur les ouvrages qu'il nous a laissés. Voici d'abord les titres de ses productions dramatiques : le *Comte de Warwick*, *Timoléon*, *Pharamond*, *Gustave Wasa*, *Menzicoff*, les *Barmécides*, *Coriolan*, *Jeanne de Naples*, *Philoctète*, *Virginie*, et les *Brames*, tragédies; *Mélanie*, drame, et *Molière à la nouvelle Salle*, comédie. Toutes ces pièces sont d'un homme de mérite, mais non d'un grand poëte. Son *Cours de Littérature*, ouvrage très-estimé, prouve qu'il est plus aisé de signaler les défauts d'une tragédie que d'en faire une bonne; car, si l'on en excepte le *Comte de Warwick*, toutes celles de La Harpe sont médiocres, et même au-dessous. Enfin, on trouve, dans les morceaux de littérature et de poésie avec lesquels il a remporté beaucoup de prix à l'académie française, quelques pièces qui en sont dignes.

LAIS (M.), acteur de l'Opéra, 1810.

On n'a peut-être jamais entendu, à l'Opéra, une voix plus belle, plus franche, et plus sonore, que celle de M. Laïs. A cet inestimable avantage, qu'il tient de la nature, il réunit tout ce que l'art et le goût peuvent créer de plus exquis. Une méthode sage, un chant pur, expressif, brillant et moëlleux. Enfin, il rassemble en lui seul toutes les qualités des plus grands virtuoses. Il tient le juste milieu entre la manière italienne, qui étouffe le chant sous des roulades, et la manière française, qui semble interdire tous les ornemens. Mais, lorsqu'il lui plaît d'adopter momentanément l'un ou l'autre de ces deux genres, il s'y montre encore supérieur à ceux mêmes qui s'en croient possesseurs exclusifs. Personne ne distribue les agrémens avec plus de graces et d'aisance; enfin, personne ne file des sons avec plus de justesse et de pureté. Comme acteur, il n'est pas exempt de critique; mais, s'il n'a pas toujours la noblesse qui convient au caractère de ses rôles, on doit moins attribuer ce défaut à son talent qu'à son physique : d'ailleurs, il est fort bien placé dans le genre comique, où il a fait preuve de gaieté, d'intelligence, et de rondeur.

LAISNEZ (M.), acteur de l'Opéra, 1810.

M. Laisnez n'est qu'un chanteur ordinaire; mais on le regarde, à juste titre, comme un excellent tragédien. Sa démarche est fière, pleine de majesté, de graces et d'aisance; en un mot, il joint à une phisionomie très-expressive, un débit très-énergique et très-animé.

LAITIÈRE DE BERCY (la), comédie-vaudeville, en deux actes, par MM. Chazet et Sewrin, au Vaudeville, 1805.

Pour s'être permis de faire, dans une pièce de vers, des allusions qui compromettaient la dignité du ministère français, Constantin de Renneville fut arrêté en Hollande, où il s'était réfugié avec son épouse, et de là fut conduit à la Bastille, où il est renfermé depuis trois ans. Caroline, c'est le nom de l'épouse de Renneville, quitta la Hollande, et, sous les habits d'une simple villageoise fit, à pied, le chemin de la Haye à Paris. Arrivée dans cette ville, elle s'informa avec circonspection du sort de son bien aimé, et ne tarda pas à savoir qu'il était détenu à la Bastille. Alors cette femme courageuse dirigea ses pas vers Bercy, et se présenta chez un honnête et bon fermier du village, dont elle reçut l'accueil le plus flatteur. Depuis cette époque, Caroline, sous le nom supposé de Clairine, vaque aux travaux les plus durs et les plus grossiers, auxquels elle a su accoutumer ses membres délicats : c'est elle qui va vendre à Paris, le lait de la ferme que fait valoir René. Tel est l'avant-scène de cette petite pièce. Caroline captive tous les cœurs des villageois, par sa douceur, sa modestie et son amabilité, elle les enivre d'amour par sa jeunesse, sa fraîcheur et ses graces. Tout, jusqu'au porte-clef de la Bastille ressent le pouvoir de ses charmes : mais si sa beauté lui fut chère, c'est sur-tout dans l'instant qu'elle lui offrit la possibilité d'entretenir une correspondance avec son cher Renneville. En feignant de répondre à l'amour du geolier, la laitière trouve le moyen de faire passer les lettres de Caroline à son malheureux ami. Les lettres de la laitière sont adressées à Corbé; mais comme ce dernier ne sait ni les lire ni leur faire réponse, il s'adresse à son prisonnier, qui reçoit ainsi celles de madame de Renneville. Cet innocent stratagême console ces époux de leurs longues et cruelles infortunes. Nous ne parlerons point ici de l'amour d'un niais et fort laid personnage, que l'on a introduit dans la pièce pour y répandre quelque gaieté, et principalement pour contraster avec celui du geolier; nous allons passer rapidement sur ces petits détails, pour arriver à l'événement principal. M. de Colbert, ce ministre vertueux et éclairé, à qui Louis XIV doit son plus grand éclat, fut l'auteur de l'arrestation de Renneville; c'est lui-même qui en signa l'ordre ; mais aujourd'hui qu'il est retiré du ministère, il ne voit plus les choses sous le même aspect. Renneville, qui paraissait coupable d'un crime d'état, aux yeux du ministre, ne l'est plus que d'imprudence à l'œil indulgent de Colbert, simple particulier. Les renseignemens qu'il a obtenus sur madame de Renneville, sa fermeté, sa constance, tout, jusqu'à son déguisement le remplit d'admiration. Heureux de pouvoir rendre ce couple intéressant et vertueux à la liberté et au bonheur, M. de Colbert va lui-même à Bercy, et descend chez René, qu'il interroge sur la laitière ; mais les réponses du fermier ne le satisfaisant pas, il interroge la laitière à son tour ; elle cherche en vain à lui faire prendre le change ; son émotion et son trouble la trahissent, et bientôt elle est forcée d'avouer qu'elle est, en effet, l'épouse de Renneville. M. de Colbert a expédié un courrier à Versailles, qui lui rapporte, en peu de tems, la liberté du prisonnier ; enfin il a la satisfaction de réunir ce couple malheureux et fidèle.

Tel est le fonds de cette pièce ; l'intrigue en est agréable, et l'intérêt bien suspendu.

LALANDE (Mich.-Rich. de), compositeur de musique, naquit à Paris, en 1657, et mourut à Versailles, en 1726.

Dans sa jeunesse, n'ayant pu obtenir de Lully une place de violon à l'orchestre de l'Opéra, Lalande cassa le sien de dépit, et renonça, pour toujours, à cet instrument. Dans la suite, le duc de Noailles l'introduisit à la cour, et le donna au roi, qui le fit surintendant de la musique de la chambre et de la chapelle, et chevalier de l'ordre de St.-Michel. Sa majesté le combla de bienfaits, et lui fit épouser, en premières noces, Anne Rebel, de sa musique ; elle fit même les frais de la noce. On lui doit la musique de *Mélicerte*, du ballet de l'*Inconnu*, et du ballet des *Élémens*, qu'il fit conjointement avec Destouches.

LALLEMAND (le père), jésuite, est auteur d'une foule de petites pièces en un acte et en vaudevilles, que les jésuites jouaient pendant leurs vacances, sous le titre de *Turelures*. Il n'a fait imprimer que l'opéra des *Moines*, dans lequel on trouve ce couplet, que nous citerons pour sa singularité, le voici :

> Vous êtes un bon cellerier ;
> Quand à la cave il faut descendre,
> Vous ne vous faites pas prier.
> Vous êtes un bon cellerier ;
> Mais s'il faut sortir du cellier,
> On dit qu'il faut trop vous attendre,
> Vous êtes un bon cellerier,
> Quand à la cave, il faut descendre.

LAMARRE (N.), naquit en Bretagne, et vint à Paris, où il passa son tems dans les cafés. Il obtint un emploi à la suite de l'armée française, en Bavière, où il fut attaqué d'une fièvre maligne, qui lui causa un transport si violent, qu'il se jeta par la fenêtre de l'appartement qu'il occupait. C'est ainsi qu'il mourut, en 1742, à l'âge d'environ trente-six ans. Il est avantageusement connu, par les deux opéras suivans : *Zaïde*, et *Titon et l'Aurore*.

LAMARTELLIÈRE (M.), auteur dramatique, 1810.
Que doit-on attendre d'un traducteur de drames allemands ? Des romans en action ; c'est aussi ce que nous offrent *Robert, chef de Brigands*, *Menzicoff et Fador*, et les *Francs-Juges*, pièces de M. Lamartellière. Il a publié, en outre, plusieurs romans, et une traduction du *Théâtre de Schiller*.

LAMENTIN, ou LA MANIE DE PLEURER, comédie en un acte, en vers, par M. Dorvo, au théâtre de l'Impératrice, 1809.

On ne trouve, dans cette pièce, ni plan, ni caractère, ni action, ni intérêt, ni dénoûment; mais on y voit çà et là quelques vers agréables, à travers des négligences et des incorrections. Un pleureur éternel ne saurait nous faire rire, même en pleurant avec esprit. Il est vrai que l'on rencontre, dans la société, des personnes qui ont la manie de toujours se plaindre; mais c'est un ridicule, et non un caractère. En attaquant ce travers, on ne pouvait espérer de réussir, qu'en plaçant Lamentin dans une intrigue agréable, dont il aurait été un des principaux ressorts; il fallait le mettre en opposition avec un personnage qui aurait eu la manie contraire; c'eût été le moyen d'en tirer parti. Quoiqu'il en soit, Lamentin ne fut point sifflé : eh! comment s'armer de rigueur avec un pauvre diable qui a les yeux toujours noyés de larmes? Mais le public, qu'il fit bâiller, le laissa pleurer seul, et ne revint plus.

LAMENTINE, ou LES TAPOINS, pièce comi-tragique, en deux actes, en vers, par une société de jeunes gens, aux Italiens, 1779.

Dans cette pièce, on a voulu parodier les traits les plus sublimes de nos plus belles tragédies; mais cette farce n'a eu aucun succès. Qui le croirait? on n'a pas craint d'y insérer des vers entiers de Corneille, de Racine, de Voltaire, etc. Si de pareilles turlupinades étaient accueillies, elles amortiraient l'effet des chef-d'œuvres de notre théâtre; car ce sont sur-tout les beautés, que les auteurs de *Lamentine* semblent avoir pris à tâche de tourner en ridicule.

LAMESNARDIÈRE (Jules-Hippolyte PILLET de), naquit à Loudun.

Lamesnardière fut médecin de Gaston, frère de Louis XIII;

ensuite il acheta les charges de maître-d'hôtel du roi, et de lecteur de sa chambre. Il fut reçu à l'académie française en 1655, et mourut en 1660. Outre la tragédie d'*Alinde*, qu'il donna en 1642, on lui attribue encore la *Pucelle d'Orléans*, tragédie en prose, imprimée sous le nom de l'abbé d'Aubignac.

LAMETTRIE (Julien-Offroy), médecin des Gardes-Françaises, naquit à St.-Malo, en 1709, et mourut en Prusse, où il s'était retiré, en 1751. On a de lui plusieurs ouvrages impies et satiriques, et une comédie intitulée : la *Faculté vengée*.

LAMEY (M.), auteur dramatique, 1810.

Il a donné, au théâtre de la porte St.-Martin, un mélodrame, intitulé : *Romulus*, et en a fait jouer un autre à l'Ambigu-comique, intitulé : *Elvérine de Werteim*.

LAMONTAGNE (M. Pierre), auteur dramatique, 1810.

M. Lamontagne est auteur de la *Théâtromanie*, de l'*Enthousiaste*, de la *Physicienne*, et d'un grand nombre de romans : il a donné l'*Histoire d'Irlande*, traduction de l'anglais, de Gordon, et *Éthelinde*, ou *la Recluse du Lac*, traduction de l'anglais, de Ch. Smith.

LAMORELLE (de), n'est connu que par un sonnet de Malherbe, dans lequel ce poëte fait son éloge, et par les pastorales d'*Endymion*, ou le *Ravissement*, et de *Phyline*, ou l'*Amour contraire*.

LAMORLIÈRE (Charles-Jacques-Louis-Auguste Rochette de), chevalier de l'ordre du Christ, né à Grenoble, a donné le roman d'*Angola*, plusieurs autres romans, et les comédies du *Gouverneur*, de la *Créole*, et de l'*Amant déguisé*.

LAMOTTE (Antoine Houdard de), auteur dramatique, né à Paris, en 1674, mort dans la même ville, en 1731.

Les principaux ouvrages de Lamotte, sont les tragédies suivantes : les *Machabées*, *Romulus*, *Inès de Castro*, et *Œdipe*. On trouve, dans la première, de fort beaux endroits, empruntés de l'écriture sainte ; *Romulus* renferme aussi quelques beautés ; mais on ne voit rien dans *Œdipe*, qui soit digne d'attention. Au reste, ces tragédies, sans en excepter *Inès*, ne peuvent être mises en parallèle avec nos bons ouvrages dramatiques. Lamotte essaya, pour ainsi dire, tous les genres de tragique ; le sublime dans les *Machabées*, l'héroïque dans *Romulus*, le pathétique dans *Inès*, et le simple dans *Œdipe* ; Mais il manque partout de clarté, de force, de noblesse, et d'élégance.

Voici les titres de ses comédies : les *Originaux*, l'*Amante difficile*, le *Calendrier des Vieillards*, le *Talisman*, la *Matrone d'Éphèse*, *Richard Minutolo*, et le *Magnifique*. Mais, de toutes ces pièces, il n'y a que la dernière qui soit restée au théâtre, où elle fut justement applaudie. Quant aux opéras de Lamotte, ils obtinrent et méritèrent tous le plus grand succès. On y trouve, partout, cette mole élégance, cette douceur d'expression, dont Quinault nous a fourni les premiers modèles : aussi Lamotte est-il, après ce dernier, celui qui a le mieux saisi le véritable esprit de l'opéra. Parmi les productions lyriques de Lamotte, l'*Europe galante*, *Issé*, le *Carnaval et la Folie*, *Amadis de Grèce*, et *Omphale*, occupent, sans contredit, le premier rang ; mais, parmi celles-ci, on peut citer l'*Europe galante*, et la pastorale d'*Issé*, comme deux chef-d'œuvres dans leur genre. Ses autres opéras sont intitulés : *Alcyone*, *Marthésie*, le *Triomphe du*

Tems, Canente, la *Vénitienne, Sémélé, Scanderberg,* le ballet des *Ages,* et le ballet des *Fées.*

Après avoir lu le titre de toutes ces pièces de théâtre, la plupart écrites en vers, qui croira que Lamotte finit par décrier la poésie? Mais cette singularité n'a rien d'étonnant pour ceux qui savent que, dans sa jeunesse, il se retira au couvent de la Trappe, d'où il fut renvoyé, parce qu'il était trop jeune pour soutenir les austérités de la règle. Lamotte compare les plus grands versificateurs à des charlatans, qui font passer des grains de millet par le trou d'une aiguille, sans autre mérite que la difficulté vaincue. C'est sans doute pour familiariser le public avec cette idée bizarre, qu'il s'avisa de faire un *Œdipe* en prose, qu'il fit contraster avec son *Œdipe* en vers; mais il ne retira, de cette tentative, que quelques épigrammes, dont il sut se consoler en philosophe. Malgré ces inconséquences, Lamotte fut recherché jusqu'à la fin de ses jours, non-seulement pour son esprit juste et solide et pour sa conversation agréable et enjouée, mais encore pour ses mœurs douces, et pour son caractère aimable. On ne connaît de lui aucun écrit satirique, quoique souvent il ait été lui-même l'objet de la satire.

Lamotte avait une mémoire prodigieuse; il lisait moins qu'il ne récitait ses ouvrages : fort heureusement pour lui, car, dès l'âge de trente-cinq à quarante ans, il était presque aveugle. On rapporte qu'un jour un jeune homme vint lui lire une tragédie, dont il était l'auteur. Après l'avoir écoutée jusqu'à la fin; « Votre pièce est belle, lui dit Lamotte, et, d'a-
» vance, j'ose vous répondre du succès. Une seule chose me
» fait peine, c'est que vous donnez dans le plagiat; je puis
» vous citer en preuve, la deuxième scène de l'acte qua-
» trième ». Le jeune poète essaya de se justifier de cette accusation; « Mais, lui répondit Lamotte, je n'avance rien

» qu'en connaissance de cause, et, pour vous le confirmer,
» je vais réciter cette même scène, que je me suis fait un
» plaisir d'apprendre par cœur, et dont il ne m'est pas
» échappé un seul vers ». En effet, il l'a dit toute entière,
sans hésiter, et avec autant d'ame que si lui-même l'eût faite.
Tous ceux qui étaient présens à la lecture de la pièce,
ne savaient plus ce qu'ils devaient penser, et le jeune auteur,
sur-tout, était tout-à-fait déconcerté. Mais, après avoir joui
de son embarras : « Remettez-vous, monsieur, ajoutat-t-il,
» la scène en question est de vous, sans doute ; mais elle
» m'a paru si belle et si touchante, que je n'ai pu m'empê-
» cher de la retenir ».

LAMOTTE (Marie-Hélène DESMOTTES, connue au théâtre sous le nom de), naquit à Colmar, en 1704, débuta aux Français, en 1722, par le rôle de *Cléopâtre* dans *Rodogune* ; se retira de ce théâtre, en 1759, avec une pension de quinze cents livres, de la comédie, et une de mille livres qui lui fut accordée par le roi, et mourut en 1769.

Mademoiselle Lamotte, comme on le voit, débuta dans la tragédie ; mais elle ne tarda pas à renoncer à ce genre, pour se livrer aux seuls rôles comiques. Elle adopta ceux qu'Hubert jouait en femme, et que Molière avait créés pour ce comédien, qui excellait sur-tout dans les mascarades. Sans doute, une sorte de décence mal entendue, avait donné lieu à cet usage bisarre, de travestir un homme pour ces rôles. L'art, en se perfectionnant, fit franchir cette petite délicatesse, qui tenait à la tradition des drames anciens, dans lesquels les rôles de femmes, à la faveur du masque, étaient remplis par des hommes. Ce fut dans cet emploi comique, appelé, en termes techniques, l'emploi des *ridicules*, que mademoiselle Lamotte fit les délices de la scène.

LANGE (mademoiselle Anne – Françoise – Elisabeth) ; aujourd'hui madame SIMONS, actrice retirée du théâtre Français, y débuta en 1788, par le rôle de *Lindane* dans l'*Ecossaise*, et par celui de *Lucinde* dans l'*Oracle*.

Mademoiselle Lange a joui quelque tems d'une très-grande célébrité ; peut être même n'a-t-elle été que trop célèbre : elle remplissait avec beaucoup de succès les rôles de *jeunes premières* et d'*ingénuités* de la comédie. Sa figure virginale, le son enchanteur de sa voix, les graces de son maintien, enfin, la teinte sentimentale de sa diction, tout en elle, jusqu'à son petit air d'hypocrisie convenait parfaitement à son emploi. Elle joignait à ces brillantes qualités beaucoup d'intelligence, de finesse et d'habitude de la scène.

LANOUE (Jean SAUVÉ de), comédien et auteur dramatique, né à Meaux, en 1701, mort à Paris, en 1761.

Quoiqu'il eût contre lui une figure ingrate et une taille peu avantageuse, Lanoue obtint des succès au théâtre comme comédien. Son jeu était naturel, rempli d'intelligence, de noblesse et de sentiment : c'est assez pour décider que le comédien chez lui valait mieux que le poëte dramatique. Toutefois il ne faudrait pas en conclure qu'il fut sans mérite dans ce dernier genre : sa tragédie de *Mahomet II* offre de grandes beautés, et sa *Coquette corrigée*, qui n'est pourtant pas sans défaut, est une des meilleures pièces de caractère qui aient été faites dans ce tems. Cette comédie renferme des détails très-piquans et des vers que tout le monde retient sans peine. Tels sont, entre autres, ceux qui règlent la conduite d'un honnête homme, trompé par une maîtresse perfide.

Le bruit est pour le fat, la plainte est pour le sot;
L'honnête homme trompé s'éloigne et ne dit mot.

Ces vers, en effet, sont applicables à plus d'une circonstance de la vie. Les autres comédies de Lanoue sont toutes médiocres et même au-dessous. Quoiqu'il en soit, sa comédie-ballet de *Zélisca*, qu'il composa pour les fêtes données à l'occasion du mariage du dauphin fut très-bien accueillie, et lui valut la place de répétiteur des spectacles des petits appartemens, avec une pension de 1000 livres. Outre le *Retour de Mars*, comédie en un acte et en vers libres, et les *Deux Bals*, amusement comique, Lanoue a fait une comédie, intitulée l'*Osbstiné*, qui n'a jamais été jouée.

LANVAL ET VIVIANE, comédie-féerie en cinq actes, en vers, musique de M. Champein, au théâtre Français, 1788.

Voici l'extrait de cette comédie, tirée d'un ancien fabliau. Lanval, chevalier de la cour d'Artus, est aimé d'Iseulte, sœur du roi, et de la fée Viviane; insensible pour la première, il adore la seconde, qui lui promet de se montrer à ses yeux, dès qu'il en formera le désir, mais qui lui défend d'avouer même qu'il est amoureux. Cependant Artus a ordonné un tournois, pour célébrer le couronnement de sa sœur Iseulte. Déjà le tournois est ouvert, et Artus ordonne aux chevaliers de jurer qu'aucune dame n'égale sa sœur en beauté. Lanval, pour se soustraire à ce serment, déclare qu'il aime une femme plus belle qu'Iseulte : indiscrétion dont il sera bientôt puni. La princesse, indignée, demande vengeance de l'affront qu'elle a reçu. Le conseil des chevaliers s'assemble pour juger Lanval. On lui déclare qu'il ne peut éviter la mort, qu'en prouvant que sa maîtresse est plus belle qu'Iseulte. Mais, pour fournir cette preuve, il faudrait que Lanval fît voir Viviane; et cette fée, offensée de son indiscrétion, refuse de se montrer : toutefois, à la fin, le croyant assez puni, elle apparaît devant Artus, les juges et la cour; et sa beauté obtient la grace de Lanval.

L'on trouve dans cette pièce, trop longue d'ailleurs, des vers agréables et d'heureux détails. La musique et les paroles de plusieurs romances ont été justement applaudies.

LANY (Jean-Barthélemi) fut maître et compositeur de ballets de l'Académie royale de musique, et l'un des grands danseurs de l'Opéra, pour la danse forte et légère.

LANY (mademoiselle), sœur du précédent, danseuse de l'Opéra, n'eût pas moins de réputation que son frère, si l'on en juge par le quatrain suivant qui lui fut adressé.

> Les Amours volent sur tes traces;
> Lany, tu joins à la beauté
> Des Nymphes, la légèreté,
> Et les attitudes des Graces.

LAODAMIE, REINE D'ÉPIRE, tragédie, par mademoiselle Bernard, aux Français, 1689.

Engagée dans différentes guerres, et obligée de donner un roi à ses sujets, Laodamie, par l'ordre du feu roi Alexandre, son père, choisit Attale, qu'elle déteste, et se trouve ainsi forcée de renoncer à Gelon, prince de Sicile, qu'elle aime éperduement, et qu'elle a donné elle-même à sa sœur Nérée. Mais bientôt la mort d'Attale, qu'on vient lui annoncer, fait espérer à cette reine d'être unie à celui qu'elle aime. Cette espérance se trouve anéantie par le refus de Gelon, qui aime Nérée constamment, et par la conspiration de

Sostrate, prince d'Épire, amant de la reine, qui, pour obtenir son trône et sa main, a fait secrètement assassiner Attale. Laodamie, suivie de Gelon, et de ses fidèles sujets, se présente aux mutins. Gelon tue Sostrate, et dissipe les révoltés; mais un trait lancé contre ce prince, frapppe Laodamie, et elle meurt dans le moment.

Cette pièce est la dernière qui fut jouée sur le théâtre de la rue Guénégaud. La troupe passa ensuite dans la rue des Fossés-St.-Germain, et y fit l'ouverture de son théâtre, le 18 avril 1689. On n'était point encore dans l'usage de mettre des petites pièces à la suite des grandes ; cette coutume fut introduite vers ce même tems. Mademoiselle Bernard, apprenant l'intention de la troupe, lui écrivit pour la prier de différer, désirant que cet usage ne commençât pas par sa pièce.

Lorsque les Comédiens français vinrent s'établir sur leur nouveau théâtre, ils décidèrent que, chaque mois, on prélèverait sur la recette une certaine somme qui serait distribuée aux couvens, ou communautés religieuses les plus pauvres de la ville de Paris. Les Capucins ressentirent les premiers effets de cette aumône. Les Cordeliers demandèrent la même charité par le placet suivant, qui se trouve dans l'*Histoire du théâtre Français*.

« MESSIEURS,

» Les pères Cordeliers vous supplient *très-humblement*
» d'avoir la bonté de les mettre au nombre des pauvres re-
» ligieux à qui vous faites la charité. Il n'y a point de
» communauté à Paris qui en ait plus besoin, eu égard à
» leur grand nombre, et à l'extrême pauvreté de leur mai-
» son, qui, le plus souvent, manque de pain. L'honneur
» qu'ils ont d'être vos voisins, leur fait espérer que vous

» leur accorderez l'effet de leurs prières, qu'ils redoubleront
« envers le Seigneur, pour la prospérité de votre *chère*
» *compagnie.* »

Les comédiens leur accordèrent 3 livres par mois.

Les Augustins réformés du faubourg Saint-Germain demandèrent la même grace, qui leur fut accordée. Leur placet se trouve pareillement dans l'*Histoire du théâtre Français.* En voici la copie :

A messieurs de l'illustre compagnie de la Comédie du roi.

« MESSIEURS,

» Les religieux Augustins réformés, du faubourg St.-Germain, vous supplient *très-humblement* de leur faire part
» des aumônes et charités que vous distribuez aux pauvres
» maisons religieuses de cette ville, dont ils sont du nombre;
» ils prieront Dieu pour vous. »

LAODICE, REINE DE CAPPADOCE, tragédie, par Th. Corneille, 1668.

Ce sujet aurait pu produire une excellente tragédie dans les mains de l'aîné des Corneille. Une reine amoureuse de son fils sans le connaître, et qui se tue après l'avoir connu, est sans doute un tableau frappant; mais il fallait un pinceau plus vigoureux pour l'exécuter.

Thomas Corneille était à la représentation de cette tragédie, dont il expliquait le sujet à un homme de la cour. « La
» scène, lui disait-il, est en Cappadoce; il faut se trans-
» porter dans ce pays-là, et entrer dans le génie de la nation.
» Vous avez raison, répondit le courtisan, votre pièce n'est
» bonne qu'à être jouée sur les lieux. »

LAPÉRUSE (Jean de) naquit à Angoulême, et mourut en 1555.

Il a laissé une tragédie de *Médée*, qui fut achevée par Scévole de Sainte-Marthe, en 1553.

LA PLACE (Pierre-Antoine de), né à Calais, ancien secrétaire de l'Académie d'Arras, ci-devant auteur du *Mercure de France*, de plusieurs romans, du *Théâtre anglais*, etc., a composé *Venise sauvée*, *Jeanne d'Angleterre*, *Adèle de Ponthieu*, *l'Épouse à la Mode*, et *Rénio et Alinde*.

LAPORTE, acteur du Vaudeville, 1810.

Il a joué et joue encore les *Arlequins*, avec une supériorité incontestable; aucun acteur n'a déployé plus de souplesse, de grâce, de vivacité et d'intelligence dans son emploi.

LARIBADIÈRE (M. de), né à Paris, a fait jouer aux Italiens : les *Vœux indiscrets*, les *Sœurs rivales*, les *Deux Cousines* et la *Reconciliation villageoise*.

LA RIVEY (Jean de) a laissé au théâtre les *Jaloux*, le *Laquais*, le *Morfondu*, les *Esprits*, les *Écoliers*, et *la Veuve*. On lui attribue encore la *Nephelococugie*. Il est le premier qui ait composé des pièces de pure invention, et des comédies en prose.

LA RIVIÈRE (le marquis de) a fait jouer à l'Opéra, en 1742, *Isbé*, pastorale héroïque en cinq actes, avec un prologue.

LAROCHELLE, acteur des Français, mort en 1807.

Après la retraite d'Auger, en 1782, Larochelle s'empressa de quitter le théâtre de Versailles, et vint à Paris, où il débuta la même année par le rôle de *Dave* dans l'*Andrienne*, et par celui de *Labranche* dans *Crispin rival de son maître*. Ses premiers essais furent couronnés d'un succès flatteur; et, dès-lors, il fut admis au nombre des pensionnaires; mais ce ne fut qu'au bout de cinq années, en 1787, qu'il fut reçu définitivement. Larochelle n'eût jamais la réputation d'un grand acteur, mais il fut toujours un acteur estimable. Une grande entente de la scène, beaucoup d'intelligence, de l'aplomb et du sang-froid; voilà les principales qualités qu'on eût occasion de remarquer en lui. Ce qui est de certain, c'est qu'il eut la réputation d'un homme de bien, et qu'il fut vivement regretté du public et de ses camarades.

LA ROQUE (Regnault PETIT-JEAN de), acteur de la troupe du Marais, et de celle de la rue Guénégaud, se retira du théâtre en 1676, avec la pension de mille livres, et mourut la même année.

LARRIVÉE, acteur de l'Opéra, débuta, sur ce théâtre, en 1755, par le rôle de grand-prêtre, dans l'opéra de *Castor*, le jour même de la retraite de Jéliotte. Il alliait à une très-belle basse-taille, beaucoup de graces et de noblesse; la nature, en un mot, lui avait prodigué tous ses dons. Larrivée obtint sa retraite, en 1786, après avoir fait, pendant trente un ans, les délices du public.

LA RUE (le père Charles), jésuite, né à Paris, en 1643, mort dans la même ville, âgé de soixante-douze ans, connu par plusieurs panégyriques et d'excellentes pièces latines, a laissé une tragédie de *Lisymachus*, qu'il fit jouer au collége de Louis-le-Grand. Cette pièce n'a pas été imprimée.

LA RUETTE (M.), débuta à l'Opéra-comique, en 1752, et y joua les rôles de père, de tuteur, etc. Il suivit ses camarades au théâtre Italien, lors de la réunion de ces deux spectacles. La musique du *Médecin de l'Amour*, de l'*Ivrogne corrigé*, du *Docteur Sangrado*, du *Dépit généreux*, du *Guy de Chêne*, de l'*Heureux déguisement*, et des *Deux Compères*, est de sa composition.

LA RUETTE (mademoiselle VILETTE, épouse de), avait d'abord joué à l'Opéra-comique; elle quitta ce théâtre pour débuter à l'Opéra. Enfin elle fut reçue à la comédie Italienne, pour les rôles d'*amoureuses*, qu'elle rendit avec beaucoup de succès.

LASERRE (Jean PUGET de), auteur dramatique, naquit à Toulouse, vers l'an 1600, et mourut en 1666.

Laserre fut bibliothécaire de Monsieur, frère de Louis XIII, historiographe de France, conseiller-d'état, et mauvais écrivain, en vers comme en prose. Personne, sans doute, ne s'avisera de lui contester ce dernier titre; car Laserre, qui se connaissait très-bien, ayant assisté à un fort mauvais discours, après avoir embrassé l'orateur, s'écria : Ah! monsieur, depuis vingt ans j'ai bien débité du galimathias; mais vous venez d'en dire plus, en une heure, que je n'en ai écrit en toute ma vie. Au reste, il se prévalait de la médiocrité de ses ouvrages. Tout mauvais qu'ils sont, disait-il, j'ai su tirer parti de mes ouvrages, tandis que les autres meurent de faim avec de bonnes productions. Lui faisait-on un reproche de la promptitude de son travail? alors il répondait : « Je suis tou-

» jours pressé, quand il s'agit de gagner de l'argent, et je pré-
» fère les pistoles qui me font vivre, à la chimère d'une vaine
» gloire, avec laquelle je serais mort de faim ». Laserre avait-
il raison; avait-il tort? C'est au lecteur à prononcer. Il nous
a laissé *Pyrame*, *Pandoste*, *Scipion*, ou le *Sac de Carthage*,
Thomas Morus, *Climène*, ou le *Triomphe de la Vertu*, *Sainte
Catherine*, et *Thésée*.

LASERRE (Jean-Louis-Ignace de), auteur dramatique, mort à Paris, en 1756, âgé d'environ quatre-vingt-quatorze ans, est auteur des pièces suivantes: *Polixène et Pyrrhus*, *Diomède*, *Polydore*, *Pyrithoüs*, *Pyrame et Thisbé*, *Tarsis et Zélie*, la *Pastorale héroïque*, et *Nitétis*. Quant à la tragédie d'*Artaxare*, que nous plaçons au nombre de ses ouvrages dramatiques, on l'attribue à l'abbé Pellegrin.

LATAILLE DE BONDAROY (Jean), naquit au village de Bondaroy, près Pithiviers, et mourut en 1608, à l'âge de soixante-onze ans. Ses pièces sont: *Saül furieux*, les *Corrivaux*, le *Négromant*, le *Prince nécessaire*, le *Combat de Fortune et de Pauvreté*, la *Famine*, le *Courtisan retiré*, et la *Mort de Pâris et d'Œnone*.

LATAILLE DE BONDAROY (Jacques), frère du précédent, né au même lieu, en 1542, mort de la peste à l'âge de vingt ans, a donné: la *Mort de Daire*, *Alexandre*, *Athamant*, *Niobé*, et *Progné*.

Jean Lataille, en parlant de son frère, dit qu'il avait déjà la gravité de Ronsard, la facilité de Dubellay, et la promptitude de Jodelle. Ces traits conviennent à un jeune poëte de vingt ans, qui avait fait plusieurs tragédies, et quantité d'autres pièces, toutes d'un mérite peu commun pour le tems.

Quant à Jean Lataille, on remarque dans ses ouvrages, plus de goût, plus d'art, plus de noblesse, que dans ceux de son frère. Il connaissait les poëtes grecs et latins. Sa diction est pure, pour le siècle où il écrivait; ses plans sont sages, et ses pensées neuves et ingénieuses.

LATHORILLIÈRE (LENOIR de), quitta le service pour se faire comédien. Alors, il entra dans la troupe du Palais-Royal, où il tint le double emploi des *rois* et des *paysans*, et où il fit jouer une tragédie intitulée *Marc-Antoine*. Il mourut en 1679.

LATHORILLIÈRE (Pierre LENOIR de), fils du précédent, né en 1656, mourut doyen des comédiens, en 1731.

Lathorillière débuta en 1684, et fut reçu la même année; il excellait dans les rôles de *valets*, et, en général, dans tous les comiques. Peu d'acteurs ont joui d'une réputation mieux méritée que la sienne : enfin, jusqu'à sa mort, il fut constamment applaudi du public, qui reconnaissait en lui l'élève du grand Molière.

Il épousa Catherine Biancolelci, fille du célèbre Arlequin de l'ancien théâtre Italien.

LATHORILLIÈRE (Anne-Maurice LENOIR de), fils et petit-fils des précédens, fut reçu, avant d'avoir débuté, en 1722. Le premier rôle qu'il joua, fut celui de *Xipharès*, dans *Mithridate*. On prétend qu'il était alors peu digne de cette rare faveur, et l'on assure qu'il fut long-tems assez mal reçu du public; mais, par la suite, il devint supportable dans les rôles à *manteau*, et dans ceux de *père* et de *financier*. Il mourut en 1759, âgé de plus de soixante ans.

LATHUILLERIE (Jean-François JOUVENOT de), fils de Lafleur, débuta sur le théâtre de l'Hôtel de Bourgogne, en 1672, dans les premiers rôles tragiques, et y fut reçu pour remplir ceux de roi. On a imprimé, sous le nom de ce comédien, plusieurs pièces de théâtre, dont voici les titres : *Crispin Précepteur*, *Soliman*, *Hercule*, et *Crispin Bel-Esprit*; mais on prétend qu'elles appartiennent à l'abbé Abbeille. La Thuillerie est mort en 1688, âgé de trente-cinq ans.

LATINA COMŒDIA, ou COMŒDIA LATINA.

C'est ainsi qu'on qualifiait, chez les Latins, une espèce de comédie, qu'on croit être du genre larmoyant. On les nommait *Rhintoncæ*, du nom d'un bouffon de Tarente, appelé Rhintone. Comment les Romains pouvaient-ils prétendre qu'il fut l'inventeur des pièces de ce genre, puisque les *Captifs* de Plaute, l'*Odicenne* de Térence, qui sont de vraies comédies larmoyantes, sont des drames imités du théâtre grec.

LATOUR (le sieur de), acteur de l'Opéra.

Latour avait une assez belle haute-contre : il remplissait les premiers rôles avec succès. Il se retira du théâtre, en 1757, avec la pension de mille livres.

LATOURNELLE (M. de), commissaire des guerres, a composé et fait imprimer quatre tragédies, sur le sujet d'*Œdipe*; mais aucune n'a obtenu les honneurs de la représentation.

LATTAIGNANT (Gabriel-Charles, abbé de), chanoine de Rheims, était bon chansonnier, et sur-tout excellent convive. Il fit, en société, avec Fleury et Anseaume, le *Rossignol*, opéra-comique.

LAUJON (M. Pierre), auteur dramatique, et membre de l'Institut, 1810.

Naturel, ingénieux et tendre, M. Laujon a déployé, dans le genre lyrique, tous les ressorts qui peuvent faire valoir ce genre de spectacle. Ses vers sont, en général, bien faits et harmonieux; mais, ce qui distingue plus particulièrement ses productions, c'est que le sentiment y consiste moins dans une affectation de paroles doucereuses, que dans un fonds de chaleur et de sensibilité, qui ajoute au charme de l'expression. Pour se convaincre de cette vérité, il suffit de lire les pièces suivantes de M. Laujon : le ballet d'*Églé*, *Sylvie*, et, sur-tout, l'*Amoureux de quinze ans*. Les autres ouvrages qu'il a donnés au théâtre, seul ou en société, sont : la *Fille, la Femme et la Veuve*, la parodie d'*Armide*, celle de *Thésée*, *Daphnis et Chloé*, *Ismène et Isménias*, la *Journée galante*, *Azor et Thémire*, le *Retour de l'Amour et des Plaisirs*, et le *Fermier cru sourd*, etc.

LAUNAY, auteur dramatique, né à Paris, en 1695, mort dans la même ville, en 1751.

Launay est auteur de deux comédies, intitulées : la *Vérité fabuliste*, et le *Paresseux*, dans lesquelles on trouve de l'esprit et du talent. Quant à la comédie du *Complaisant*, quoiqu'elle soit imprimée dans le recueil des *Œuvres de Launay*, de Pont-de-Veyle l'a revendiquée.

LAURE, ou L'ACTRICE CHEZ ELLE, opéra en un acte, par M. Marsollier, musique de M. d'Aleyrac, à l'Opéra-comique.

Cette pièce offre plusieurs scènes agréables; mais le défaut de plan, et la lenteur de l'action, la firent pencher à la première représentation : au moyen d'utiles coupures, elle se releva dès la seconde, et fut vivement applaudie. Alors, les auteurs, qui avaient gardé l'anonyme, furent redemandés, et se nommèrent.

LAURENCE, tragédie en cinq actes, en vers, par M. Legouvé, aux Français, 1797.

Laurence, fille d'un sénateur de Venise, aima et fut aimée d'un Génois nommé Alvinsi; mais Venise ayant été en guerre avec Gènes, le père de ce dernier fut arrêté comme conspirateur, et condamné à mort : lui-même se vit obligé de fuir; mais ne pouvant renoncer à son amour, il se poignarda, et Laurence recueillit, ou du moins crut recueillir son dernier soupir. Tels sont les funestes événemens qui ont eu lieu dix-huit ans avant l'action de cette tragédie.

Venise doit aux talens militaires et à la valeur d'un jeune homme de dix-huit ans, une victoire décisive qui lui assure l'empire de la mer. Ce guerrier, jetté d'abord comme simple soldat dans les armées vénitiennes, et devenu ensuite général, a des droits à la reconnaissance de la république. Pour le récompenser de ses services, le sénat lui fait demander ce qu'il désire; la main de Laurence, dont il est vivement épris, voilà le seul prix qui soit digne de lui; c'est aussi le seul qu'il réclame. Cependant Laurence apprend cette nouvelle sans humeur ni plaisir : elle a vu le jeune Aranzo, et n'a pas été insensible aux graces de sa personne; enfin, elle consent à lui donner sa main, et la cérémonie est arrêtée pour le jour même. Alors, tourmentée par sa confidente, Laurence lui déclare qu'elle a aimé Alvinsi, qu'elle a été secrètement unie à lui, et que, depuis sa mort, elle a donné le jour à un fils; que ce fils a été éloigné et remis en des mains étrangères; enfin, que depuis long-tems elle n'a aucune de ses nouvelles. Bientôt elle apprend que son fils a pris le parti des armes, et qu'il se nomme Aranzo ; elle apprend qu'Alvinsi, qu'elle croyait mort, a été secouru et sauvé ; qu'il a passé dix-huit ans dans l'esclavage, et qu'il est de retour à Venise. D'un autre côté, Alvinsi apprend l'union prochaine de Laurence et d'Aranzo. Déjà ce dernier, accompagné du père de Laurence, se présente pour la conduire au temple, mais il éprouve un refus. Dès-lors Aranzo suppose un rival, et va tâcher de le découvrir pour le combattre. Dans ce moment Alvinsi l'aborde, et lui déclare qu'il est ce rival qui ose lui disputer le cœur de Laurence : tous deux, animés par la jalousie, mettent l'épée à la main, et vont se donner la mort, quand Laurence accourt, se met entre eux et déclare à Aranzo qu'Alvinsi est son père. Reconnu pour être l'un des conspirateurs dont la tête est proscrite depuis dix-huit ans, Alvinsi est sommé de se rendre en prison ; il s'y rend. Bientôt le sénat s'assemble pour le juger ; sa mort est presque certaine ; mais Aranzo obtient la grace de son père, et Alvinsi est absous. Heureux de lui avoir sauvé la vie, mais désespérant de pouvoir jamais éteindre le feu qui le consume, feu pur dans son principe, mais devenu si criminel, ce jeune homme se tue sur les marches du sénat, et vient expirer, sous les yeux de sa mère, dans les bras d'un père, son rival.

Cette pièce obtint beaucoup de succès, et fut très-applaudie. Dire qu'elle est de M. Legouvé, c'est dire en même-tems qu'elle offre des vers heureux, des pensées brillantes, et une versification à-la-fois élégante et gracieuse ; mais il est aisé de voir, par l'analyse que nous venons d'en faire, que cette tragédie est surchargée d'événemens qui seraient infiniment mieux placés dans un mélodrame que dans une tragédie.

LAURENT DE MÉDICIS, tragédie en cinq actes, par M. Petitot, au théâtre Français, 1797.

Laurent de Médicis, surnommé le Magnifique, veut rendre la paix à Florence, et signe un traité d'alliance avec Ferdinand, roi de Naples, qui lui envoie, en ambassade, le célèbre Pazzi, jadis banni de Florence comme séditieux, et maintenant revenu aux bons principes. Ces deux héros abjurent toute haine, en faveur du bonheur public, qu'ils pensent assurer, quand un nouveau brandon de discorde vient renverser leur espérance. Camille, fille du sénateur Mainfroy, qui avait été proscrit avec Pazzi, et qui, comme lui, avait été rappelé, la jeune et belle Camille, inspire un amour égal à Médicis et à Pazzi. Elle est promise à ce dernier; mais Camille lui préfère son rival, et cette préférence, qu'elle ne peut long-tems cacher, amène une explosion, dont un agent secondaire de Ferdinand profite habilement pour rallumer la guerre civile. Pazzi menace Médicis; celui-ci peut punir cette témérité; mais il ne veut point faire de ce différent particulier, une affaire générale, et il propose un duel, qui est accepté. Après divers incidens, qui ne tiennent pas essentiellement à l'action principale, ces deux adversaires sont près de se rendre au lieu du combat, quand on vient annoncer qu'un soulèvement suscité en faveur de Naples, éclate dans toute la ville. Pazzi court se mettre à la tête des révoltés; il attaque avec furie les troupes toscanes, les repousse, et déjà s'apprête à enlever Camille : bientôt Médicis lui-même rallie ses soldats, reprend les postes abandonnés, et revient délivrer son amante. Pazzi, désarmé, va être livré à la rigueur des lois; mais son vainqueur, qui lui doit la vie, lui pardonne. Enfin, Pazzi refuse la vie, et se poignarde.

Tel est le sujet de la tragédie de *Laurent de Médicis*, représentée avec succès. Le plan en est régulièrement conçu; le style a de la pureté et de la noblesse; mais on y trouve des longueurs et des inconvenances.

LAURE PERSÉCUTÉE, tragi-comédie, par Rotrou, 1637.

C'est un roman tel qu'on en faisait dans les derniers siècles, avec une intrigue amoureuse, rompue, renouée, et soutenue par mille incidens. Une inconnue, plus belle que le jour, avec des yeux plus brillans que le soleil, charme, enchante, et captive tous les cœurs. Un prince a la préférence; mais des mouvemens de jalousie, le font passer successivement de la joie à la douleur, et de la douleur à l'emportement. Il rompt ses fers, les regrette, les recherche, les évite, et les reprend avec transport. Enfin, Laure, dont on ignorait la naissance, est reconnue pour l'héritière de Pologne; les calomnies qu'on avait répandues contre elle, se dissipent, et elle épouse le prince. Cette aventure a beaucoup de rapport avec celle d'*Inès de Castro*. Quelques scènes froides rallentissent l'action de cette tragi-comédie, et diminuent le fond d'intérêt qui y règne.

LAURÈS (le chevalier Antoine de), a fait jouer à Berni, puis aux Italiens, la *Statue*, la *Fête de Cythère*, et *Zémide*; on a de lui une autre pièce intitulée *Tomyre*.

LAURETTE, comédie en deux actes, en vers, tirée d'un conte de Marmontel, par Dudoyer, aux Français, 1768.

Une comtesse, chez laquelle se rassemblent tous les gens du bon ton, reçoit chez elle un jeune seigneur, qui a l'air de lui être attaché; mais, dans une fête qu'elle donne, son amant devient amoureux de Laurette, fille aimable, et simple, élevée chez son père, à la campagne. La beauté et la candeur de cette jeune villageoise ont frappé ce jeune homme et captivé son cœur. Bientôt il parvient à se faire aimer; mais Laurette, malgré les propositions brillantes qu'il lui fait, refuse de quitter son père, auquel ses soins sont nécessaires. Son cœur, sensible et vertueux, est vivement touché du désespoir de son amant : elle s'évanouit, et le valet de ce dernier profite de cette circonstance pour l'enlever, et la conduire dans une maison, où les diamans et les richesses lui sont prodigués. Cependant, elle gémit d'être séparée de son père, et elle ne s'appaise que dans l'espérance qu'on lui donne qu'il va venir. Il vient en effet, mais sans être appelé, et furieux de l'affront fait à sa fille. Alors, confus, l'amant se précipite à ses pieds; et, dans cette attitude, ce père irrité fait voir à sa fille la bassesse du crime et son humiliation. Le jeune seigneur répare sa faute en offrant sa main à l'objet de sa tendresse. Ainsi ce mariage réunit trois cœurs qui ne pouvaient être séparés : enfin, le père de Laurette, gentilhomme et officier réformé, fait connaître sa naissance, et comble tous les vœux.

Cette pièce n'a eu qu'un très-faible succès. Le plan est mal conçu, les détails sont minutieux, faibles, et souvent inutiles; toutefois on y trouve de grands traits de morale, des situations intéressantes et des momens heureux, qui ont été généralement saisis et très-applaudis.

LAURETTE, opéra-comique, par ***, musique de Hayden, au théâtre de Monsieur, 1791.

Cet opéra n'a dû l'indulgence du public qu'à son amour pour le talent du célèbre compositeur.

Laurette, pauvre, jeune et belle, a épousé un seigneur qui l'a quittée depuis six mois; elle ignore s'il pense encore à elle, et tremble sur le sort de son fils, car elle est mère. Madame de Montorgueil, tante du comte, arrive dans le village où Laurette s'est retirée chez son frère; elle est accompagnée d'un imbécille, son filleul, qu'elle veut lui faire épouser avant le retour de son neveu; qu'elle ne croit qu'amant, et point époux. Le comte revient au premier acte, et dit à la fin de la pièce ce qu'il aurait pu dire d'abord; car, sa situation étant toujours la même, s'il a dû commencer par se taire, il le doit encore; s'il pouvait parler, pourquoi donc a-t-il tant différé? On sent qu'il est nécessaire que madame de Montorgueil approuve le mariage, c'est ce qu'elle fait.

Tel est, en peu de mots, le sujet de cet ouvrage, qu'il était peut-être possible de rendre intéressant, mais qui est devenu ridicule par l'invraisemblance avec laquelle les incidens sont amenés.

LAUTEL (de), est auteur des pièces suivantes: *Finfin et Lirette*, le *Forgeron*, le *Départ interrompu*, la *Géorgienne*, les *Deux Commères*, la *Fête de Pluton*, le *Provincial aux Boulevards*, la *Maison mal Gardée*, et le *Naufrage d'Arlequin*.

LAVAL (Antoine BANDIÉRI de), naquit à Paris, en 1688, et mourut en 1767.

Laval débuta sur le théâtre de l'Opéra, dès l'âge de dix-huit ans, et y obtint le plus brillant succès. En 1731, il fut nommé à la survivance de Balon, son oncle, pour enseigner la danse aux enfans de France; enfin, en 1739, il obtint la place de maître des ballets du roi, et se distingua dans cet emploi, par la composition des ballets des fêtes données, à l'occasion du mariage du dauphin.

LAVAL (de), fils du précédent, danseur de l'Opéra, fut directeur de l'académie de danse.

LAVAL (P. A.), comédien et auteur dramatique, a fait une comédie, intitulée l'*Innocente Supercherie*. Nous connaissons une autre pièce, sous le titre d'*Isabelle*, par M. Laval, ou de Laval, représentée vers le même tems que la première; mais nous n'oserions assurer qu'elle est du même auteur.

LAVALETTE (dit Grève), comédien de province, a donné : le *Théâtre à la Mode*, *Annibal à Capoue, ou les Campéniens*.

LAVOY (Anne-Pauline Dumont de), actrice du théâtre Français, où elle débuta, en 1739, par le rôle d'*Andromaque*, y fut reçue en 1740, et obtint sa retraite en 1759, ainsi que mademoiselle Lamotte, avec laquelle elle partageait l'emploi des *caractères*. Elle jouait, en outre, les rôles de *grandes confidentes* de la tragédie. C'était, dit-on, une actrice médiocre; mais, si l'on peut en juger par les vers suivans, qui lui furent adressés, on verra que, du moins, elle jouait les rôles de *confidentes* avec succès, et qu'elle y était applaudie.

> Si Lavoy fait la confidente,
> Au théâtre, on l'applaudira;
> Mais on la trouve trop charmante,
> Pour faire ailleurs ce rôle-là.

LAVOY (Guillaume-Georges Dumont de), débuta aux Français, en 1694, par le rôle d'*Harpagon*; se retira pour se livrer à de nouvelles études sur son emploi, et reparut avec quelque succès, en 1695, époque à laquelle il fut reçu. Lavoy mourut en 1725.

LAYA (M.), auteur dramatique, 1810.

Cet auteur a fait jouer aux Français, *Jean Calas*, et *Falkland*, tragédies; l'*Ami des Lois*, et les *Dangers de l'Opinion*, drames en cinq actes, en vers, et *Une Journée du Jeune Néron*, comédie en deux actes et en vers.

LAZZI. Ce mot, emprunté de l'italien, désigne des mouvemens, des jeux de théâtre, et en un mot des plaisanteries particulières aux bouffons italiens.

Lazzi ou *Lacci*, signifie en français *Liens*; la signification de ce terme est désignée par le mot même, car l'acteur qui interrompt le cours d'une action par ses lazzis, doit la renouer par d'autres lazzis, ce qui demande beaucoup d'adresse, et quelques fois de l'esprit.

Ainsi, tous les lazzis qui n'ont pas cette qualité sont fades et ennuyeux.

LÉANDRE-CANDIDE, comédie-vaudeville, en deux actes, par ***, au théâtre Italien, 1784.

Tout le monde connaît le *Candide* de Voltaire, dont l'auteur a tiré son sujet; mais il y a fait des additions considérables. Candide, Martin et Pangloss, se rencontrent en Turquie; Cunégonde y est bien aussi, mais elle est esclave d'un Bacha qui l'aime. Candide forme le projet d'enlever sa maîtresse; mais le Grand-Seigneur le prévient, en envoyant le fatal cordon au Bacha, qui profite du tems qu'on lui laisse pour donner à Cunégonde, par testament, tous ses biens et tous ses esclaves. Cunégonde, charmée de retrouver Candide, donne la liberté à ses compagnons d'esclavage.

On trouve dans ce fonds très-léger, de jolis détails et des couplets fort gais.

LÉANDRE ET HÉRO, tragédie-opéra en cinq actes, précédée d'un prologue, par Lefranc de Pompignan, musique de Brassac, à l'Opéra, 1750.

Deux amans aussi célèbres qu'infortunés, Léandre, prince d'Abyde, et Héro, grande prêtresse de Vénus, sont aimés l'un, d'Alcynoé, fille d'Éole et reine des isles Ioniennes; et l'autre, d'Athamas, roi de Sestos. Alcynoé vient trouver Héro pour la prier d'intercéder pour elle auprès de Vénus, afin que cette déesse daigne rendre Léandre sensible à son ardeur. La prêtresse se tire de ce mauvais pas, en lui disant qu'elle n'a pas besoin d'invoquer la reine de Cythère; que ce n'est pas à elle, mais aux cœurs que ses attraits ont blessé, qu'elle doit laisser ce soin : c'est ce qu'on appelle se tirer adroitement d'affaire. Mais à peine est-elle quitte avec Alcynoé, qu'Athamas vient pour la fléchir elle-même, et lui offrir son trône et sa main. Alors elle lui répond, qu'étant vouée aux autels de Vénus, elle ne peut s'en détacher sans offenser la déesse; mais comme Athamas est un peu brutal et très-amoureux, cette excuse ne lui suffit pas; il insiste donc pour lui faire rompre ses nœuds, et, pour l'y déterminer, lui dit qu'il prend sur lui l'offense. Il se porte même à de plus grandes extrémités. Alors, révoltée de sa violence, la prêtresse conjure l'Amour de la défendre contre lui. Tout-à-coup le théâtre s'obscurcit; Héro disparaît, et l'on voit sortir d'un nuage enflammé l'Amour, suivi du Désespoir, de la Jalousie, de la Haine et de la Vengeance. Ce dieu menace l'audacieux qui méconnaît sa puissance; il éclate contre l'impie qui vient l'outrager jusques dans son temple, et le livre à la Jalousie, au Désespoir, à la Vengeance et à toutes les passions malheureuses. Cependant on va célébrer les jeux Adoniens, et Léandre vient donner et recevoir de nouvelles preuves de tendresse et d'amour. Il veut à-la-fois se venger d'Alcynoé et d'Athamas. Cette résolution allarme la tendresse de Héro qui le conjure de se tenir tranquille, attendu que l'Amour saura bien la défendre; mais son destin l'entraîne, et, tandis que son rival préside aux jeux Adoniens, il court aux armes. La fête commence. Athamas et Alcynoé invoquent Vénus contre l'Amour : non-seulement elle est sourde à leurs prières, mais elle se fâche à son tour, et, en un instant, tous les ornemens de la fête sont brisés. Redoutant son courroux, ils prennent sagement le parti d'éviter ses coups. Alors, comme il existe entre eux beaucoup de sympathie, et que leur disgrace est commune, dans le trouble et le désespoir qui l'agitent, Athamas prie Alcynoé de conjurer les Enfers, et d'éclaircir son sort. Les Enfers répondent à la voix de la fille d'Eole, et lui apprennent que le rival d'Athamas est Léandre, ce Léandre qu'elle-même adore. Furieux l'un et l'autre, ils jurent de se venger. Mais tandis qu'ils conspirent contre ses jours, Léandre va faire voile pour Sestos. Dans le moment où il est prêt à mettre à la voile, Alcynoé descend sur un char porté par les Vents : elle s'adresse à Léandre, l'accable de reproches, et se livre à tous les excès d'une fureur jalouse. Enfin, après l'avoir bien tourmenté, après lui avoir prodigué le reproche et l'injure, et lui avoir fait beaucoup de menaces, elle commande aux Vents de redescendre, et s'en retourne par la même voie qu'elle est venue. Quoiqu'il en soit, Léandre, fort de sa constance et de la protection de l'Amour et de Vénus, méprise les menaces d'Alcynoé, et affronte les dangers de la mer. Plus irritée de ces nouveaux mépris, Alcynoé, toujours portée par les Vents, reparaît alors, et déchaîne les Aquilons contre sa flotte; et, comme si ce n'était pas assez des Autans pour servir sa vengeance, elle leur dit d'appeler le tonnerre: ce qu'ils s'empressent de faire. Au même instant les flots se soulèvent, la mer mugit et l'atmosphère est en feu. Frappé des éclats de la foudre, le vaisseau de Léandre s'embrase et s'enfonce dans la profondeur des abymes. Tous les autres vaisseaux disparaissent de la surface des eaux : enfin, la tendre et infortunée Héro se précipite dans la mer, et va rejoindre son cher Léandre.

Telle est la marche de cet opéra qui fut représenté avec succès, et dont les auteurs abandonnèrent le profit à Rebel et Francœur.

LEBLANC (l'abbé Jean-Bernard), historiographe des bâtimens du Roi, auteur des *Lettres sur les Anglais*, a donné au théâtre la tragédie d'*Abensaïd*.

LEBRUN, né à Paris en 1680, fils d'un trésorier de France, fit ses études au collège des Jésuites, voyagea en Angleterre, en Hollande, en Italie, et mourut à Paris en 1743.

Dans un volume de sa composition, intitulé *Théâtre lyrique*, on trouve sept pièces qu'il avait faites pour être mises en musique; savoir : *Arion*, *Europe*, *Frédéric*, *Hyppocrate Amoureux*, *Mélusine*, *Sémélé*, et *Zoroastre*. On lui donne aussi une comédie intitulée l'*Etranger*.

LEBRUN-TOSSA (M.), né à Pierrelate en 1760, auteur dramatique, 1810.

Les ouvrages dramatiques de M. Lebrun-Tossa lui ayant été inspirés par la circonstance, ils sont disparus avec elle; aussi sont-ils peu connus aujourd'hui. Voici les titres des principaux : le *Mont Alphéa*, les *Faux mendians*, l'*Honnête avocat*, la *Folie de Georges*, et *Arabelle et Vascos*, ou les *Jacobins de Goa*.

LECLAIR (Jean-Marie), compositeur de musique, né à Lyon en 1697, mort en 1764.

On lui doit la musique des opéras de *Scylla et Glaucus*, et d'*Apollon et Climène*.

LECLERC (Michel), avocat au parlement, membre de l'Académie française, naquit à Albi, en 1622, et mourut en 1691.

Cet auteur est plus connu par l'épigramme de Racine que par ses propres ouvrages. Il a fait, comme on le sait, en société avec son ami Coras, la tragédie d'*Iphigénie* : quant à celle de *Virginie*, il ne partagea avec personne la gloire de l'avoir faite. On lui attribue encore une tragédie intitulée : *Oreste et Orontée* ; cette dernière n'a pas été imprimée.

LECLERC (M.), acteur du théâtre Français, 1810.

M. Leclerc jouait dans un théâtre de province ; il l'abandonna, et vint débuter aux Français en 1806. Ce fut par le rôle de Mithridate, l'un des plus beaux et des plus difficiles de son emploi qu'il parut ; mais si l'on avait espéré qu'il pourrait remplacer un jour M. St.-Prix, on dût être bientôt détrompé. Depuis ce tems, il n'a rien fait qui puisse justifier ces espérances.

LEÇON (la), ou LA TASSE DE GLACE, comédie en un acte et en prose, mêlée d'ariettes, par M. Marsollier ; musique de d'Aleyrac, au théâtre Feydeau, 1797.

Cette comédie, imitée d'un des proverbes de Carmontel, est la première que l'auteur ait donnée au théâtre Italien, sous le titre de la *Fausse Peur*. En voici le fonds et l'intrigue :

Roselle, Florville et Raille, aspirent à la main d'une

jeune veuve, aussi belle que tendre; mais comme elle ne peut pas décemment les épouser tous les trois, et que, d'ailleurs, les deux autres ne lui conviennent guère, Emilie a donné son cœur au premier, et est prête à lui donner sa main. Avant toutes choses, elle veut corriger Florville de sa présomption et de sa fatuité, et punir M. Raille de ses mauvaises plaisanteries. Voici ses raisons: Florville avait reçu d'elle plusieurs lettres qu'il avait interprétées en sa faveur, quoiqu'elles ne continssent rien qui pût l'autoriser à s'en prévaloir; mais comme la malignité se plaît à croire tout ce qui peut donner prise sur une femme, elle n'avait pas tardé à se repentir de son inconséquence. Heureusement Orphise, son amie, à qui Florville fait également la cour, est parvenue à retirer ces lettres; elles sont maintenant dans ses mains, et conséquemment elle n'a plus rien à craindre de l'indiscrétion de Florville; elle peut donc se venger d'un fat qui n'a pas craint de la compromettre. Voici maintenant le moyen qu'elle emploie pour lui donner cette leçon: d'un côté, elle fait dire à Florville de venir la voir, et de l'autre, elle prie M. le Mistificateur, qui vient de lui donner un échantillon de son savoir-faire, en lui faisant croire qu'il était son oncle, de se déguiser en médecin, et de se tenir prêt à tout événement. Florville arrive, transporté de joie, et est introduit dans le salon d'Emilie, où celle-ci se rend presqu'au même instant. Emilie se plaint d'abord de sa légèreté, et feint d'être très-irritée de son inconstance. Jusqu'ici il n'y a rien de redoutable pour Florville. Il fait, selon l'usage, des protestations d'amour, qui paraissent suffire à Emilie, et qui semblent rétablir le calme dans son ame: celle-ci l'engage à passer la soirée avec elle, et lui offre des glaces. Florville en prend une: les choses, alors, changent de face. Emilie n'est plus cette amante sensible et faible qui lui faisait de tendres reproches : c'est une femme au désespoir qui a voulu se venger de sa perfidie. Enfin, après lui avoir fait voir ses lettres, elle lui dit qu'elle s'est empoisonnée, et qu'il est empoisonné lui-même. Alors elle se retire, et le laisse en proie à son désespoir. Cependant, on introduit auprès de lui un prétendu médecin anglais, qui est censé se trouver là par hasard, et qui, au lieu de lui donner des secours, l'ennuie de ses impertinentes questions; mais tandis qu'il s'impatiente avec son médecin, une porte s'ouvre, et laisse apercevoir un gradin sur lequel est assise Emilie, et Roselle à ses genoux : au-dessus, on voit un petit Amour qui couronne les amans, et, à l'un des côtés, un notaire qui fait le contrat. Dans ce moment, une musique douce se fait entendre, et calme la frayeur de Florville, qui en est quitte pour la peur. Florville et Raille prennent la chose en bonne part, et pardonnent à Emilie le tour qu'elle vient de leur jouer; ils font plus, ils restent, et sont témoins de l'himen de leur rival.

Tel est le fonds et l'intrigue de cette pièce, dans laquelle on remarque quelques scènes assez comiques, et des détails agréables; mais, en général, le dialogue manque de nerfs; le style est correct, mais lâche; enfin, les couplets sont très-joliment tournés, mais il en est quelques-uns qui ont le très-grand défaut de ne rien exprimer, ou du moins très-peu de choses.

LECOUVREUR (Adrienne), née à Fismes en Champagne, en 1690, morte en 1730, fut une des plus célèbres actrices qui aient paru sur la scène française, où elle débuta, en 1717, par le rôle de Monime dans *Mithridate*.

Mademoiselle Lecouvreur, en mourant, ouvrit la carrière à mesdemoiselles Dumesnil et Clairon. Ces deux actrices, dignes de la parcourir après elle, eurent en partage, l'une, la force et le pathétique, l'autre, les grâces et l'intelligence. Mademoiselle Lecouvreur, dit-on, réunissait toutes ces brillantes qualités; mais on convient généralement aussi que mademoiselle Dumesnil eût plus d'élan, et mademoiselle Clairon plus d'art qu'elle; autrement, il faudrait en conclure qu'elle fut bien supérieure à toutes les deux; et c'est ce qu'on n'a jamais pensé. La nature s'accorde difficilement avec l'art, et l'art corrompt presque toujours la nature. Il suit delà que mademoiselle Lecouvreur, occupant le milieu, ne pût surpasser ni mademoiselle Dumesnil, dont les accens étaient ceux de la nature elle-même, ni mademoiselle Clairon, qui épuisait toutes les ressources de l'art. On peut donc les considérer toutes les trois, avec madame Champmêlé, comme les plus grandes actrices qu'on ait vues en France depuis l'origine du théâtre.

Mademoiselle Lecouvreur avait un grand fond de sensibilité et une justesse d'esprit exquise; son imagination vive et féconde s'allumait facilement à la vue des objets; et enfin, son ame ardente et flexible prenait fortement l'empreinte des choses, et les reproduisait toujours avec un nouveau caractère d'agrément et de force.

Voici des vers que lui adressa Beauchamps, dans le tems que le public était encore partagé entre elle et mademoiselle Duclos.

>   Enfin le vrai triomphe, et la fureur tragique
>   Fait place, sur la scène, au tendre, au pathétique.
>   C'est vous qui, des douceurs de la simplicité,
>   Nous avez fait connaître et sentir la beauté;
>   C'est vous qui, méprisant le prestige vulgaire,
>   Avez su vous former un nouvel art de plaire;

Vous, dont les sons flatteurs, ignorés jusqu'alors,
Des passions du cœur expriment les transports.
Avant que vous vinssiez, par mainte réussite,
D'un heureux naturel nous montrer le mérite,
Tel était de Paris le fol entêtement,
Qu'on donnait tout à l'art, et rien au sentiment;
Et le théâtre, en proie à des déclamatrices,
N'offrait aux spectateurs que de froides actrices.

Voltaire lui-même lui adressa une épître, que l'on trouvera dans ses œuvres; ne pouvant la placer ici, nous y renvoyons le lecteur.

De tous les amans de mademoiselle Lecouvreur, le plus illustre fut Maurice, depuis maréchal de Saxe. Ce héros, ayant besoin d'un secours d'argent, lui écrivit pour la prier de le lui chercher. L'actrice, pour servir son amant d'une manière aussi efficace que prompte, vendit ses diamans, ses bijoux, son argenterie, et lui fit parvenir une somme de 40,000 francs. Maurice n'était pas fait pour rester insensible à un aussi beau trait de générosité et de désintéressement; aussi, de retour à Paris, il ne prend pas le tems de se botter, et, dans l'accoutrement d'un voyageur, il se rend chez Adrienne Lecouvreur, qu'il trouve enfermée dans son cabinet, occupée de quelques affaires. Maurice attend qu'elle soit visible; mais en se promenant, il apperçoit sur le coin d'une cheminée une lettre décachetée; il la prend, la parcourt, et finit par la lire : c'est celle d'un amant dont l'absence du maréchal a fait le bonheur, et qui se lamente sur le retour d'un rival redoutable sous tous les rapports, car Maurice n'était pas moins un héros en amour qu'aux champs de Mars. « Comment ferons-nous pour nous revoir ? » dit le plaintif écrivain; je laisse à l'amour et à votre cœur » le soin d'en ménager les moyens. »

Le souvenir de l'action généreuse d'Adrienne, donne à Maurice de la surprise sur son infidélité, mais il n'en conçoit aucun chagrin. Souvent infidèle et volage, il a lui-même trop de reproches intérieurs à se faire pour ne pas excuser sa maîtresse. Enfin, elle paraît, se précipite dans ses bras, et le reçoit de façon à lui en imposer sur son inconstance, s'il n'en avait pas les preuves les plus convaincantes. Il ne parle pourtant de rien, répond avec chaleur aux caresses dont on l'accable, et, sur-le-champ, de crainte que le secret dépit qu'il cherche à concentrer n'éclate malgré lui, il la quitte, sous prétexte d'aller prendre un habit plus décent, et lui promet de revenir bientôt.

Que fait Maurice, quand il est sorti? Va-t-il gémir chez lui? Non. Il se rend chez son rival, qui ne s'attend guère à sa visite. J'ai, lui dit-il, l'honneur d'être connu de vous; j'espère que vous me ferez celui de me suivre? une voiture m'attend à la porte.

Le rival croyant qu'on lui propose un cartel; descend et monte en voiture. Mais quelle est sa surprise, quand il la voit s'arrêter à la porte d'Adrienne; quand il entend le comte l'inviter à monter avec lui, quand enfin il est introduit chez sa maîtresse par Maurice lui-même, qui adresse ces paroles à Adrienne : « Ma tourterelle, vous étiez bien
» embarrassée sur les moyens de voir monsieur; je vous
» l'amène: soyez tranquille sur notre rivalité; c'est au vaincu
» à couronner le vainqueur! » L'actrice, peu préparée à cette scène, pleure, gémit, éclate, et veut se poignarder.... Maurice arrête son bras, calme ses transports, lui promet d'avoir toujours pour elle la plus tendre amitié, et quitte les deux amans après les avoir embrassés l'un et l'autre.

Maurice tint parole : il vit tous les jours Adrienne Lecouvreur. Dès qu'elle fut attaquée de la maladie dont elle mourut, il ne quitta son lit qu'après qu'elle eût rendu le dernier soupir, et il accompagna son corps jusqu'au lieu de sa sépulture.

LECTURE DES PIÈCES DE THÉATRE.

Un jeune homme ignoré, qui entre dans la carrière dramatique, a plus de peine à parcourir, son manuscrit à la main, vingt spectacles, qu'il n'en avait, autrefois, à le faire recevoir à un seul. A moins d'avoir un ami ou une connaissance auprès des directeurs, on se les concilie difficilement; tout, aujourd'hui, se fait au théâtre, par cabale, et par intrigue. Le jeune auteur, quand il n'est pas connu, est obligé, après avoir essuyé vingt refus de la part de gens qui n'ont pas même entendu son ouvrage, de descendre à un petit spectacle, dont les habitués ne sont pas capables d'apprécier sa pièce, et d'où il ne retire ni gloire, ni profit, ni encouragement; bien plus, s'il y réussit, il travaille de nouveau pour la même scène, et voilà un homme enfoncé, pour la vie, dans la poussière des tréteaux. Nous ne disons pas que cet abus n'ait pas existé, mais il existe plus que jamais, et il existera toujours, tant que chaque administration de spectacle aura cette morgue, qui est presque commune à toutes, un cercle d'auteurs favoris, et nous dirons plus, un genre de despotisme que le public ne peut connaître, et qui est familier à ces sortes d'entreprises.

Donnons quelques développemens à ces vérités, et commençons par instruire le public, du mode de réception des pièces.

Un auteur qui débute, est obligé de confier son manuscrit à un acteur ou à un secrétaire, nommé examinateur, par l'administration de son spectacle. Dans ce cas, ce juge, qui le plus souvent aurait besoin lui-même de recevoir des leçons de goût, de jugement et de politesse, garde l'ouvrage trois ou quatre mois, pendant lesquels le jeune auteur va faire vingt courses chez lui. Au bout d'un terme plus ou moins long, l'examinateur a lu, ou souvent n'a pas lu l'ouvrage. S'il ne l'a pas lu, fatigué des importunités de l'auteur, il lui remet son manuscrit, en lui disant qu'il n'est pas *jouable* ; qu'il peut mieux faire, et qu'il l'engage à travailler; mais que sa pièce ne peut pas être reçue. Des raisons, l'examinateur n'en fournit point dans ce cas là; ou, s'il en donne, elles sont vagues et banales. Si l'examinateur a lu la pièce, et, qu'après l'avoir raturée, cartonnée, etc., il la juge digne de paraître au jour, le jeune auteur est alors appelé à un comité d'acteurs ou de directeurs, où, lui-même, il lit sa pièce. C'est une chose plaisante que ces comités de lecture ! Après avoir fait attendre long-tems ce pauvre auteur, qui est dans la transe, il est enfin introduit : alors, il commence sa lecture. Mais c'est ici qu'il faut voir la distraction indécente des auditeurs ! l'un s'endort, l'autre roule sa tabatière, un troisième barbouille, un quatrième lui parle à l'oreille, un cinquième fait passer, à son voisin, un petit papier où il a écrit : *Cela m'ennuie! Finira-t-il bientôt ?* etc. Enfin, c'est un garçon de théâtre qui apporte une lettre; ce sont mille interruptions. Quel supplice pour le pauvre auteur ! il emploie mille moyens pour fixer l'attention de ses juges, et tout cela inutilement. Tantôt il donne un coup de poing sur la table, pour réveiller celui qui dort; tantôt il fixe celui qui joue avec sa tabatière; tantôt il risque une forte exclamation, pour forcer tout le monde à lever la tête : alors, celui qui n'a rien entendu va lui prouver qu'il a écouté attentivement, en chicanant le lecteur sur un mot. Pendant cette querelle de mots, l'auteur a lu sa pièce. Maintenant, il s'agit d'une décision : on la lui fera savoir, le lendemain, par écrit, ce qui fait passer une nuit cruelle à l'auteur; ou, sur-le-champ, l'on reçoit son ouvrage. Est-il reçu? alors, autre embarras pour la distribution des rôles! Que de courses! que de pourparlers! Si la pièce ne plaît pas aux acteurs, ils la feront tomber; celui-ci demande une scène de plus; celui-là trouve la sienne trop longue; alors, il faut couper et mutiler l'ouvrage, pour que tout le monde soit content. Avez-vous les premiers sujets? vous n'êtes joué qu'au gré de leur caprice : l'un feint une maladie, qui accroche votre pièce pendant un mois ou deux; l'autre trouve son rôle trop fatigant, et ne veut le jouer que tous les quinze jours; celui-ci, par une obstination perfide, vous fait perdre les meilleurs jours de recette; celui-là se fait prier pour jouer tel ou tel jour; un autre, enfin, affectionne tel ou tel auteur, ou plus intrigant ou plus galant, et le fait placer, à votre détriment, de la manière la plus lucrative. Il faut que le pauvre auteur, s'il veut être joué, cajole, non-seulement l'actrice la plus difficile, mais même son amant, et jusqu'à son petit chien. Ce sont, tour-à-tour, des courbettes, des visites, des flatteries, des prières, des querelles, des raccommodemens, des caquets, des cris avec les acteurs, administrateurs, régisseurs, souffleurs, etc.; des démarches, en un mot, qui blessent sans cesse la délicatesse d'un homme à talent, mais auxquelles il doit s'abaisser, s'il veut réussir dans la carrière dramatique. Est-il rebuté par toutes ses tracasseries? il brise sa plume, et ne fait plus rien.

Tel est le régime intérieur des spectacles; régime que nous n'avons fait qu'esquisser rapidement. Mais nous en avons dit assez pour faire voir que tout y est livré à l'arbitraire le plus décourageant, et au despotisme le plus humiliant. Ne serait-il pas possible de détruire ces abus monstrueux, et d'imposer, aux théâtres, des lois qui soient dignes de la liberté des arts et de l'encouragement des artistes ? C'est ce que nous laissons à décider à nos lecteurs. En attendant qu'on daigne s'occuper de cette réforme salutaire, nous ne pouvons que nous écrier : Jeunes auteurs ! vous qui faites le premier pas dans la carrière dramatique, préparez-vous à une patience à toute épreuve : songez bien qu'il est plus difficile de faire jouer une pièce, que de la composer ; mais, en même-tems, ne vous découragez point ; déjouez les cabales des coulisses par une noble fermeté ; appelez-en, s'il le faut, au tribunal de l'opinion publique : profitez, en un mot, pour régler votre conduite, du tableau que nous venons de vous tracer.

A propos de lecture, nous allons rapporter une anecdote extrêmement plaisante, qui pourra faire voir combien est impertinente la manie qu'ont certaines personnes de lire leurs ouvrages à tous venans.

Un officier distingué et fertile en bons mots, se trouvait, un jour d'hiver, avec un chevalier de ses amis, qui, à la prétention de vouloir être poëte, joignait l'ennuieuse folie de lire ses vers à tous ceux qui avaient le malheur de lui tomber sous la main. Notre métromane le saisit, pour ainsi dire, au colet, et l'entraîna dans une chambre voisine de celle où était leur société, pour lui lire une pièce de vers prodigieusement longue ; mais comme il n'y avait pas de feu dans l'appartement, l'officier gelait, et, tout en grelottant, il essuyait la bordée des vers de son ami, qui lui demanda ensuite son avis. *Mon cher ami*, lui dit-il, *s'il y avait un peu plus de feu dans tes vers, ou plus de tes vers dans le feu, nous n'aurions pas si froid ici.*

LEFÈVRE, baron de SAINT-ILDEPHONSE, ancien chevau-léger, a donné, en 1777, *Sophie*, ou le *Triomphe de la Vertu*, comédie en cinq actes, en prose ; les *Orphelins*, drame en trois actes, en prose ; l'*Antre*, ou le *Café Procope*, comédie en un acte, en prose ; le *Connaisseur*, comédie en trois actes, en vers; et les *Gasconnades*, comédie en deux actes et en prose. Cette dernière pièce n'a pas été imprimée.

LEFÈVRE (M.), auteur dramatique, 1810.
Nous avons de lui les tragédies suivantes : *Cosroës*, *Zumd*; et *Hercule au mont Œta*.

LEFÈVRE DE MARCOUVILLE, auteur dramatique, né à Paris, en 1722, a donné au théâtre le *Réveil de Thalie*; *Fanfale*, avec Favart ; les *Amans trompés*, avec Anseaume ; la *Fausse Aventurière*, avec le même; et l'*Heureux Déguisement*. Il a eu part à la *Petite Maison*.

LEFÈVRE DE SAINT-MARC (Charles-Hugues), auteur dramatique, né à Paris en 1698, mort en 1769, a donné, en 1743, un opéra intitulé le *Pouvoir de l'Amour*. Il est connu dans la république des lettres par des ouvrages de différens genres, et sur-tout par des éditions de divers auteurs, telles que celles des *Mémoires de Feuquières*, des *Œuvres de Pavillon*, de *Boileau*, de *Chaulieu*, etc., avec des notes et des commentaires.

LÉGATAIRE UNIVERSEL (le), comédie en cinq actes, en vers, par Regnard, aux Français, 1768.
L'artifice du testament supposé, une fois excusé en faveur de l'amour d'Éraste, cette scène seule vaut une comédie très-amusante; mais tout est piquant, tout est charmant dans cette pièce. Les deux derniers actes, sur-tout, sont admirables. La critique du *Légataire Universel* est un per-

sifflage contre ces critiques subalternes, qui pensent se faire un nom, en attaquant un bon ouvrage. Ce qui est de certain, c'est que la fourberie de Crispin, qui, dans cette pièce, contrefait le moribond pour dicter le testament, est la copie d'un fait véritable, arrivé du tems de Regnard. On assure que cette scène a été renouvelée de nos jours. Quelques personnes ont blâmé Regnard d'en avoir fait usage dans sa comédie; mais nous ne sommes pas de leur avis. Les tours d'adresse étant les secrets des fripons, ne peuvent être trop divulgués. L'auteur fit lui-même la critique de son propre ouvrage, dans une comédie en un acte, en prose, qui fut jouée à la suite du *Légataire*; mais cette pièce eut peu de succès.

LEGÉ (madame MOLÉ), actrice de l'Odéon, auteur dramatique, 1810.

Cette actrice a joué au théâtre Français les rôles de *mères* dans la haute comédie, les *escarbagnas* dans la basse comédie, et les *confidentes* dans la tragédie : elle y a fait preuve d'intelligence. Elle joue maintenant, à l'Odéon, les rôles de *mères*, avec beaucoup de succès : elle a de la méthode, et connaît parfaitement le charlatanisme de son art; enfin, il est rare qu'elle ne trouve pas le moyen de faire valoir un rôle, quelqu'ingrat qu'il puisse être. Comme auteur, elle a fait jouer aux Français une pièce intitulée *Misantropie et Repentir*, qui y a obtenu beaucoup de succès; et à l'Odéon, une comédie en un acte, qui a pour titre, l'*Orgueil Puni*.

LEGER (M.), auteur dramatique, 1810.

Cet auteur a fait seul, ou en société avec MM. Cailhava, Chazet et autres, les pièces suivantes : le *Faux Porteur d'eau*, *Ziste et Zeste*, les *Aveugles Mendians*, *Don Car-*

los, le *Vieux Major*, *Nicaise Peintre*, *Jean-Bart*, *Lisez Plutarque*, *Un Tour de Jeune Homme*, etc., etc.

LEGOUVÉ (M.), né à Paris, auteur dramatique, 1810.

De tous nos poëtes tragiques vivans, M. Legouvé est celui qui s'est le plus rapproché de notre immortel Racine. Aimable, ingénieux et tendre, il excelle à peindre le sentiment élégant, harmonieux et correct, il sait enrichir ses tableaux des plus agréables couleurs. Sa tragédie de la *Mort d'Abel*, qui est le premier ouvrage qu'il ait donné au théâtre, a obtenu le suffrage de tous les connaisseurs ; ses autres pièces, intitulées : *Épicharis et Néron*, *Éthéocle et Polinice*, et la *Mort d'Henri IV*, survivront à leur auteur, et lui assignent un rang honorable parmi les tragiques français. Tout le monde a lu son poëme sur le *Mérite des Femmes* ; ce poëme, ainsi que ceux intitulés : les *Souvenirs*, la *Mélancolie* et la *Sépulture*, sont remplis de la plus exquise sensibilité, et seront toujours le charme des lecteurs délicats qui aiment la bonne poésie.

LEGRAND (Marc-Antoine), auteur dramatique, et acteur, naquit à Paris, le jour que Molière mourut, en 1673.

Nous devons considérer Legrand, sous le double rapport d'auteur et d'acteur ; mais comme il fut comédien avant que d'être auteur, nous allons d'abord parler du comédien, nous parlerons ensuite du poëte dramatique.

Il n'y a rien de bien certain sur l'époque de ses débuts ; mais, ce qui est incontestable, c'est qu'il fut reçu aux Français en 1702, et qu'il éprouva beaucoup de difficultés pour se faire admettre. On raconte, à cet égard, qu'un jour, ayant été assez mal accueilli, il harangua les spectateurs, qui ne pouvaient se faire à sa personne, et finit par leur dire : « Messieurs, il vous est plus aisé de vous accoutumer à ma figure, qu'à moi d'en changer. » Mais comme c'était le Dauphin qui l'avait fait venir de Pologne, où il jouait la comédie, ce prince le protégea, et le fit recevoir, après qu'il lui eût adressé les vers suivans :

>Ma taille, par malheur, n'est ni haute, ni belle ;
>Mes rivaux sont ravis qu'on me la trouve telle,
>Mais, grand prince, après tout, ce n'est pas là le fait :
>Recevoir le meilleur est, dit-on, votre envie ;
>Et je ne serais pas parti de Varsovie,
>Si vous aviez parlé de prendre le mieux fait.

Il ne faut pas s'imaginer, pourtant, que Legrand fut un acteur sans mérite : il entendait bien le jeu du théâtre, et se faisait remarquer par beaucoup de zèle et d'intelligence. Il remplissait les rôles de rois dans le tragique, et, dans le comique, les rôles à manteau et ceux de paysan : enfin, il était très-utile au théâtre, non-seulement par la diversité des personnages qu'il représentait, mais encore par les nouveautés qu'il lui fournissait.

Legrand n'est ni un grand poëte, ni un grand comédien, mais il soutient cette double qualité avec un égal avantage. Ce n'est point un génie qui commande l'étonnement et l'admiration ; c'est un bel esprit, qui plaît et qui amuse. Il est un des premiers qui aient saisi les circonstances du tems, et le vaudeville du jour pour en faire des sujets de comédie.

On remarque dans toutes ses pièces, et même dans ses plus minces bagatelles, une marche régulière et théâtrale. Ses personnages sont toujours dans des situations qui prêtent à la plaisanterie ; mais il la pousse si loin, qu'il dégénère souvent en plate bouffonnerie, ce qui donne un air de farce à presque toutes ses pièces.

Au reste, elles sont assez bien dialoguées: son style est ingénieux, mais négligé ; enfin, les divertissemens et les vaudevilles qui s'y trouvent, sont amenés naturellement, et y répandent beaucoup de gaieté.

Voici la liste des ouvrages qu'il a donnés au théâtre : la *Rue Mercière*, le *Carnaval de Lyon*, les *Comédiens de campagne*, l'*Épreuve Réciproque*, les *Animaux Raisonnables*, le *Cafetier*, la *Chûte de Phaëton*, la *Fille Précepteur*, la *Femme Fille et Veuve*, l'*Amour Diable*, la *Foire Saint-Laurent*, la *Famille Extravagante*, les *Amans Ridicules*, la *Métamorphose Amoureuse*, l'*Usurier Gentilhomme*, l'*Aveugle Clair-voyant*, le *Roi de Cocagne*, *Plutus*, *Cartouche*, le *Galant Coureur*, le *Ballet des Vingt-quatre heures*, le *Philantrope*, le *Triomphe du Tems*, l'*Impromptu de la Folie*, la *Chasse du Cerf*, la *Nouveauté*, les *Amazones Modernes*, *Belphégor*, le *Fleuve d'Oubli*, les *Amours Aquatiques*, *Polyphème*, le *Chevalier Errant*, *Agnès de Chaillot*, le *Départ des Comédiens Italiens*, le *Mauvais Ménage*, et le *Cahos Luxurieux*.

Parmi les anecdotes que l'on a recueillies sur Legrand, il en est trois que nous allons citer, parce qu'elles peuvent servir à faire connaître et son caractère et son genre d'esprit. Il jouait le rôle de *Néoptolème*, dans la tragédie de *Pirrhus* de Crébillon : voyant arriver le célèbre tragique au foyer, il parodia ainsi le monologue qui commence la pièce:

> Il est tems que j'apprenne aux murs de ce logis,
> Ce que c'est que Pierrot qui passe pour mon fils.

Alors Crébillon le saisit au collet, et lui dit d'impromptu :

> Mauvais acteur de parodies,
> Legrand, laisse mes vers en paix,

C'est bien assez masquer mes tragédies,
Que d'y jouer comme tu fais.

Comme on vient de le voir, Legrand jouait les rôles de roi. En se promenant un jour avec un de ses amis, un pauvre l'aborde, Legrand tire de sa poche une pièce de monnaie, et la lui donne: le mendiant, par reconnaissance, se met à chanter le *de Profundis*. Parle donc, mon ami, lui dit le comédien, est-ce que tu me prends pour un trépassé? Au lieu d'entonner un *de Profundis*, chante plutôt un *Salvum fac Regem*, car je fais les rois.

Mais voici une scène extrêmement comique qui se passa entre lui et Lathorillière, dans un voyage qu'ils firent ensemble. Lathorillière ne s'était pas fait raser depuis quinze jours, à cause d'une fluxion qu'il avait eue. Aux environs de Lyon, il aperçut un château, qu'habitait une dame de sa connaissance; il voulut s'y présenter, malgré les prières que lui fit son compagnon de voyage de continuer leur route. Alors il entre dans un cabaret, et envoie chercher un barbier; mais, pendant qu'il prépare sa toilette, Legrand s'occupe du moyen de se venger de son obstination. Il tire le barbier à l'écart, et lui fait sa leçon. Bientôt Lathorillière rentre, et sur-le-champ notre barbier se met à l'ouvrage. Déjà la figure du comédien est à moitié rasée; cependant Legrand cause avec le barbier, et lui demande, entr'autres choses, si l'on voit beaucoup de voleurs dans les environs? Beaucoup, lui répond le barbier, avec le plus grand sang-froid; mais ils n'ont pas beau jeu. *J'en ai*, ajoute-t-il en rasant toujours, *fouetté et marqué deux avant-hier, pendu hier trois, que je suis en train de disséquer, et demain j'en dois rompre....* Il n'a pas le temps d'en dire davantage. Lathorillière, qui le prend véritablement pour un bour-

LEHÉMAN, ou LA TOUR DE NEWSTADT, opéra en trois actes, par M. Marsollier, musique de d'Aleyrac, au théâtre Feydeau, 1801.

Cette pièce figurerait beaucoup mieux aux Boulevards qu'à l'Opéra-comique ; le sujet est fort intéressant ; mais l'intrigue est surchargée d'incidens qui nuisent beaucoup à la vraisemblance. C'est ce que nous allons démontrer en peu de mots.

Fédéric Ragotzi, chef des révoltés Hongrois, vient d'essuyer une défaite complette : on le croit mort sur le champ de bataille, avec Léhéman, son ami, et Amélina, fille de ce dernier ; mais comme il n'y a rien de certain à cet égard, l'Empereur envoie des troupes à sa poursuite. Voilà ce que nous apprennent les fugitifs en entrant en scène. Ils sont arrivés dans un lieu sauvage où ils se croient à l'abri des recherches de leurs ennemis, mais ils ne tardent pas à être découverts. Quoiqu'il en soit, Léhéman parvient fort adroitement à détourner les regards de ses persécuteurs et à faire évader son prince ; mais il est repris presqu'au même instant, et conduit à la tour de Newstadt, où le deuxième et le troisième actes se passent. Nous avons mis de côté, dans ce premier acte, une foule de détails auxquels nous ne pouvons pas nous attacher, nous allons en faire autant dans la suite de cette analyse ; continuons. Fédéric ne s'est point fait connaître, et soutient qu'il n'est point le prince Ragotzi, mais un simple officier de l'armée rebelle. Bientôt on amène en sa présence Léhéman, que l'on croit être un vieux chasseur, chez lequel ce prince s'était réfugié ; et, pour forcer Ragotzi à se découvrir, on cherche à lui persuader que son ami a tout avoué : il va le faire en effet ; mais Léhéman, par un détour ingénieux, trouve le moyen de lui apprendre qu'il a brûlé ses papiers, et qu'il n'est pas connu. Alors on emmène le prétendu chasseur pour faire ses révélations au commandant de la place. C'est ici que nous allons nous arrêter pour faire voir l'inconvenance de la scène qui suit. Le prince reste seul, sous la garde de deux soldats qui lui sont très-dévoués, mais qu'il ne connait pas pour tels ; cependant Amélina, très-inquiète de tout ce qui se passe, arrive, et voit son amant entre ces deux soldats. Ceux-ci la voient aussi, et sans lui dire de s'approcher, lui font entendre, par leurs démarches, qu'elle le peut ; ils ont même la complaisance de se retirer au fond du théâtre, et de lui tourner le dos. Voilà donc les amans dans les bras l'un de l'autre : que de choses n'ont-ils pas à se dire ; et aussi que de précautions n'ont-ils pas à prendre ? Eh bien ! qui le croirait ? dans cet instant ils se mettent à chanter à plein gosier, et Amélina apprend à Fédéric en chantant, que leurs amis et de braves soldats qui précèdent le corps d'armée, vont venir les délivrer. Mais ce qu'il y a de plus choquant, c'est que ces soldats sont obligés de leur dire : Parlez plus bas. Ils sentent la justesse de l'observation, et l'on croit bien qu'ils vont en profiter ; pas du tout : ils continuent de chanter. Enfin, Léhéman revient avec l'officier ; ce dernier raconte à Fédéric ce qui vient de se passer chez le commandant, et le félicite de ce qu'il n'est qu'un simple officier de l'armée rebelle. En voilà trop ; il est tems d'arriver à la catastrophe. Un courrier qui a vu le prince dans vingt combats, vient de la part de l'Empereur, et le reconnait. Il est porteur d'un ordre pour le faire périr dans la nuit ; ainsi, pour le sauver, Léhéman n'a pas de tems à perdre. Aidé des deux soldats, il s'introduit dans la tour, et, au moyen d'une grande échelle, fait évader Fédéric par une fenêtre qui donne sur les fossés ; mais celui-ci, qui apprend que son ami s'est dévoué à la mort pour lui, remonte à l'aide de la même échelle, et arrive à l'instant où les satellites allaient l'assassiner ; deux pistolets, que lui a fourni Léhéman, lui remerciée en 1730. Elle passa ensuite à l'Opéra-comique, où elle resta jusqu'en 1735; enfin elle partit pour Amsterdam, où elle mourut en 1740.

LEGS (le), comédie en un acte, en prose, par Marivaux, aux Français, 1736.

Un parent a légué six cent mille livres, par testament, au marquis de ***, à la charge, par lui, d'épouser Hortense, ou de lui compter deux cent mille livres; mais le marquis aime la comtesse, et Hortense n'aime que le chevalier. Tous deux sont d'accord sur ce point, mais ils diffèrent pour les deux cent mille livres. L'un voudrait bien qu'on les lui abandonnât, l'autre veut, au contraire, qu'on les lui compte; tel est le nœud de cette comédie. Le marquis, amant timide, craint de déclarer son amour à la comtesse, quelque chose que fasse cette dernière pour l'encourager; il s'imagine, fort mal-à-propos, qu'on le dédaigne. Dans l'alternative, il va se décider à épouser Hortense, pour gagner au moins les deux cent mille livres; mais, persuadée que le marquis préférera lui donner cette somme, Hortense, de son côté, le presse vivement : elle feint même d'envoyer chercher le notaire, ce qui jette la comtesse et le chevalier dans une incertitude cruelle : enfin, la comtesse fait offrir cent mille livres à Hortense. Mais celle-ci tient bon; elle épousera le marquis, ou il lui comptera les deux cent mille livres : c'est aussi à quoi il se décide, après un entretien avec la comtesse, dans lequel celle-ci est obligée de lui dire qu'elle consent à lui accorder sa main, et qu'elle y a toujours consenti. Ainsi, le marquis épouse la comtesse; Hortense s'unit au chevalier; et le valet Lépine, et la suivante Lisette, qui jouent d'assez beaux rôles dans cette pièce, suivent l'exemple de leurs maîtres : c'est ainsi que se dénoue cette comédie de Marivaux.

reau, le repousse vivement, et monte en voiture avec la barbe à moitié faite. Ce ne fut qu'à Paris que Legrand lui apprit le tour qu'il lui avait joué.

LEGRAND (Marc-Antoine), fils du précédent, acteur du théâtre Français, y débuta en 1719, par le rôle de *Pirrhus*, dans *Andromaque*, obtint sa retraite et une pension de 1500 francs, en 1758, et mourut en 1769.

Il s'acquittait avec succès des récits dont les confidens sont ordinairement chargés. Voici une anecdote que l'on trouve dans les *Mémoires de Lekain*, qui prouve qu'il n'était pas pourvu d'un grand fonds d'intelligence. Laissons parler Lekain lui-même. « Legrand, dit-il, fut chargé du rôle d'*Omar* dans
» *Mahomet* : cet acteur avait la plus belle voix du monde,
» et le don des larmes ; mais, d'ailleurs, il n'avait ni esprit,
» ni intelligence ; du moins n'en donna-t-il aucun signe dans
» la répétition générale de cette tragédie. Au second acte,
» Omar doit exprimer l'effet terrible que la présence de
» Mahomet produit sur le sénat et sur le peuple de la
» Mecque, et sa harangue finit par ces deux vers :

> Mahomet marche en maître et l'olive à la main ;
> La trêve est publiée, et le voici lui-même.

» Le ton pusillanime et plat de Legrand, en prononçant ces
» vers, irrita tellement Voltaire, qu'il dit à Legrand : Oui,
» oui, Mahomet arrive ; c'est comme si l'on disait : rangez-
» vous, voici la vache, etc.... »

LEGRAND (mademoiselle), fille du premier comédien de ce nom, débuta aux Français en 1724, par le rôle de *Lisette* dans les *Folies Amoureuses*, y fut reçue en 1725, et servent pour désarmer les assassins, et il va se retirer avec son généreux ami. Enfin, ses soldats arrivent ; alors il se livre un combat, dans lequel Ragotzi triomphe, et l'on chante victoire. C'est là le cas.

Cette pièce, malgré ses défauts, est très-attachante ; elle renferme des détails fort agréables, et un intérêt suspendu avec beaucoup d'art.

L'HÉRITIER-NOUVELON (Nicolas), auteur dramatique, historiographe de France, et trésorier des Gardes-Françaises, mourut en 1681.

Le siècle où vivait cet auteur est rempli de poëtes qui lui ressemblent, sans goût et sans talens ; chaussant à-la-fois le cothurne et le brodequin, et faisant un mélange hideux de l'un et de l'autre. Dans les sujets les plus sérieux et les plus pathétiques, on remarque des traits du plus bas comique. Il est certain que le goût du tems y contribuait beaucoup ; mais il est certain aussi que ces auteurs n'avaient ni génie ni talens. L'héritier a fait pour le théâtre : *Amphitrion*, ou *Hercule furieux*, et le *Grand Clovis*.

LEHOC (M.), né à Paris, en 1748, auteur dramatique, 1810.

M. Lehoc n'est connu que par une tragédie intitulée *Pyrrus*, ou les *Æacides*, tombée au théâtre Français, en 1807.

LEKAIN (Henri-Louis), acteur du théâtre Français, naquit à Paris en 1729, et mourut dans cette ville en 1778.

Si l'on en croit Voltaire, Lekain seul a été véritablement tragique ; si l'on en croit quelques enthousiastes, le théâtre ne reverra jamais un aussi grand acteur. Comme nous n'avons point vu ceux qui l'ont précédé, nous ne nous permettrons pas de relever l'assertion de Voltaire; mais comme nous avons vu ceux qui sont venus après Lekain, et que plusieurs d'entre-nous ont vu Lekain lui-même, nous pourrions démontrer qu'il n'est pas impossible d'arriver jusques à la hauteur de son talent : mais que résulterait-il de cette discussion ? rien qui puisse tourner au profit de l'art; aussi nous nous garderons bien de nous y engager; et d'avance, pour que personne ne soit en droit de nous chicaner sur ce point, nous nous écrions: Lekain était un prodige! Lekain était sublime! Par la même raison, nous ne parlerons point ni de sa taille ni de ses traits; mais comme tout le monde s'accorde sur sa laideur, nous dirons avec tout le monde : Lekain était fort laid! D'après cela, il est aisé de voir que nous ne sommes pas de ceux qui exaltent ce qui n'est plus au dépens de ce qui est; mais il est facile de remarquer aussi que nous ne sommes pas d'humeur à prendre feu pour la jambe ou le nez d'un acteur. Comme on le sait, Lekain fut formé par Voltaire; on pourrait ajouter que Voltaire le forma pour lui; mais malgré la protection et l'amitié de son maître, il eût beaucoup de peine à se faire connaître. Lekain débuta en 1750, par le rôle de *Titus* dans la tragédie de *Brutus*; et dès-lors il devint l'objet de l'attention générale. Les uns ne virent que ses défauts physiques, et lui refusèrent toutes les qualités morales; les autres, au contraire, découvrirent en lui une ame profondément tragique, et firent grace aux désagrémens de sa personne. De cette diversité d'opinions, naquirent toutes les difficultés qu'éprouva Lekain pour se faire recevoir ; mais il lui était réservé de triompher de ses antagonistes, et d'imposer silence à l'envie. Fatigué de tous ces vains obstacles, il va trouver Grandval, son chef d'emploi : Monsieur, lui dit-il, je viens vous prier de me laisser jouer

Orosmane devant le roi. — Vous, monsieur, lui répond Grandval, surpris de cette demande, *Orosmane* à la cour! vous n'y pensez pas. Vous voulez donc vous perdre? — Tout est prévu, lui réplique Lekain, j'en courrai les risques; il est tems que mon sort se décide. — Eh bien! ajoute Grandval, puisque vous le voulez, je n'ai rien à vous objecter; j'y consens. Rempli de son projet, Lekain n'en apperçoit pas le danger, il n'en voit que la gloire; enfin, il se retire et va méditer dans le silence le rôle difficile qui doit, ou le combler de gloire, ou le couvrir de honte. Le jour marqué pour cette grande entreprise arrive, et déjà Lekain est en scène. Sa figure et sa taille causent une surprise désagréable, et de toutes parts il entend les dames s'écrier: Ah! qu'il est laid! Mais, loin d'être déconcerté par cette impertinente exclamation, il en conçoit un dépit qui redouble ses forces; ce n'est plus Lekain, c'est *Orosmane* lui-même. Les larmes coulent de tous les yeux, et celles mêmes qui viennent de se prononcer contre sa figure, se récrient, dans un moment d'enthousiasme: Ah! qu'il est beau! Cependant la représentation s'achève, et un des gentils-hommes de la chambre va prendre l'avis de Louis XV: Il m'a fait pleurer, lui répond le monarque; je le reçois. C'est ainsi que Lekain se fit admettre en 1752, environ dix-sept mois après ses débuts. Alors Grandval lui céda les premiers rôles, dans lesquels il s'est immortalisé.

Lekain était instruit: on peut s'en convaincre par les *Mémoires* qu'il nous a laissés; mais on assure qu'il n'avait point cette tournure d'esprit qui eût été propre à le faire briller dans la société. Naturellement mélancolique et sérieux, sa conversation était à-la-fois grave, solide et intéressante. On peut voir, par les réparties suivantes, qu'il ne manquait pas de vivacité dans l'esprit.

Il se plaignait, un jour, de la modicité de sa part, qui n'allait pas au-delà de dix à douze mille livres : Comment, s'écria un chevalier de St.-Louis, un vil histrion n'est pas content de 12,000 livres de rente, et moi qui suis au service du roi, qui prodigue mon sang pour la patrie, je suis trop heureux d'obtenir 1000 livres de pension. *Comptez-vous pour rien la liberté de me parler ainsi?* lui répond Lekain à l'instant. L'autre répartie est moins belle, sans doute, mais elle est plus agréable. La reine venait d'assister à la représentation d'un drame que le public n'avait cessé de siffler; et comme c'était l'usage alors, Lekain tenait un flambeau pour éclairer sa majesté dans l'escalier. Monsieur Lekain, lui dit-elle, comment pouvez-vous recevoir des pièces aussi mauvaises? *Madame*, lui répond Lekain, *c'est le secret de la comédie.* Lekain pensait à se retirer du théâtre, quand la mort vint le surprendre; il joua, pour la dernière fois, le rôle de *Vendôme*, le 24 février 1778, et mourut le 8 février suivant, vivement regretté du public et de ses camarades.

On sait que Lekain, conjointement avec mademoiselle Clairon, opéra une réforme dans le costume; que, grace au comte de Lauraguais, il parvint à faire débarrasser la scène des banquettes qui la surchargeaient, et qu'enfin ce fut lui qui signala le premier le ridicule des décorations : ce fut lui aussi qui, le premier, prit le costume des personnages qu'il avait à représenter. Pour jouer le rôle d'*Oreste*, dans *Andromaque*, il fit faire un habit grec : au moment où le tailleur apportait l'habit d'*Oreste*, d'Auberval arriva dans la loge de Lekain; la nouveauté de l'habit le frappa, et bientôt il voulut savoir de Lekain ce que c'était que ce costume; alors Lekain lui répondit que c'était un habit à la grecque : Ah! qu'il est beau! le premier habit à la romaine dont j'aurai besoin, je le ferai faire à la grecque.

Un jeune homme ayant demandé des conseils à Lekain sur l'état de comédien, qu'il voulait embrasser, il lui écrivit la lettre qu'on va lire, dans laquelle on voit que cet acteur était capable d'en donner de fort bons :

« Il m'est impossible, monsieur, de seconder vos projets
» sur votre nouvel établissement, pour toutes sortes de rai-
» sons. La première et la plus forte sans doute, est que la
» vie privée que je mène aujourd'hui, ne me permettrait
» ni de vous guider dans cette carrière, ni de vous donner
» les instructions nécessaires pour vous y conduire ; la se-
» conde, que je n'ai jamais conseillé à un jeune homme bien
» né de quitter un état quelconque, pour se faire comédien :
» celui qui est né pour l'être, suit son impulsion naturelle, et
» ne demande conseil de qui que ce soit ; mais celui qui n'a
» que du goût pour cet art si difficile, si rare, et si cruel-
» lement avili, doit faire des réflexions bien sérieuses sur
» une démarche d'où dépend uniquement le bonheur ou le
» malheur de sa vie. Ce n'est point à moi, monsieur, à vous
» les faire faire, car je ne m'érige point en Mentor de la jeu-
» nesse : c'est à vos amis intimes, à vos parens les plus expé-
» rimentés, qu'il appartient de vous guider, ou de vous ar-
» rêter. Vous paraissez trop honnête et trop intéressant, pour
» que je ne vous parle pas avec toute ma franchise ; daignez
» donc, monsieur, mettre quelqu'intervalle entre ce projet et
» son exécution. Vous ne voyez que les fleurs de ce charmant
» état, mais vous n'en connaissez pas les épines. Qui plus
» que moi en a été piqué ! et, cependant, on me donne quel-
» que réputation. Jugez combien en doit être maltraité ce-
» lui qui court après la gloire, et qui court risque de ne la
» jamais atteindre. Il est cependant un moyen d'y parvenir :
» c'est celui de l'impudence et de l'effronterie, et vous ne me
» semblez pas fait pour mettre en usage l'un et l'autre.

» Voilà, monsieur, ce que mon estime pour vous me sug-
» gère; je vous parle comme à mon fils, et je vous laisse
» la réflextion ».

LEKAIN (madame), épouse du célèbre tragédien de ce nom, débuta au théâtre Français, dans l'emploi des *soubrettes*, en 1757; se retira de ce théâtre en 1767, avec la pension de mille livres, et mourut en 1775.

LÉLIO. C'est un nom de théâtre de la comédie Italienne, pour les rôles d'*amoureux*: on trouve ce personnage dans un grand nombre de pièces, qui furent jouées à ce théâtre.

LEMAURE (mademoiselle), actrice de l'Opéra.

Cette actrice avait une des plus belles voix qui aient été entendues à l'Opéra; elle se retira de ce théâtre en 1727, et y reparut en 1730. Enfin elle y resta jusqu'en 1750, après l'avoir quitté et repris plusieurs fois : à cette époque, le public la perdit sans retour.

LEMERCIER (M. Népomucène-Louis), auteur dramatique, 1810.

Guidé par Eschylles, M. Lemercier a produit une des meilleures tragédies de ces derniers tems; mais, depuis *Agamemnon*, il n'a rien donné au théâtre, qui puisse justifier la haute opinion que cette pièce avait fait concevoir de ses talens dramatiques.

LEMIER (mademoiselle), actrice de l'Opéra.

Mademoiselle Lemier fut une des premières actrices de l'Opéra. Pour s'en convaincre, il suffit de lire le madrigal suivant, qui lui fut adressé :

> Lemier, tel est votre pouvoir,
> Que c'est assez, pour se rendre,
> De vous entendre, sans vous voir,
> Ou de vous voir, sans vous entendre.

Elle épousa Larrivée.

LEMIERRE (Antoine MARIN), auteur dramatique, membre de l'Académie française, né à Paris, en 1731.

Jamais la lyre n'enfanta des sons plus rauques et plus barbares, que ceux quelle produisit sous l'archet discordant de Lemierre : aussi l'on peut dire, en se servant de ses propres expressions, que *des cerveaux, les chanterelles élastiques*, se sont toujours accordés à réprouver ses vers. Où trouver, en effet, des oreilles assez intrépides pour entendre ceux-ci, de la tragédie de *Guillaume Tell* :

> Je pars, j'erre en ces rocs, dont par-tout se hérisse
> Cette chaîne de monts qui couronne la Suisse.

Et ceux-ci, moins connus, mais non moins durs :

> Il me suffit, Ulric ;
> Sans rendre dans Altdorff leur crime trop public,
> Je rétablirai l'ordre ; etc.

Il est probable que les comédiens eux-mêmes redoutent les efforts de gosier, car la plupart des tragédies de Lemierre ne reparaissent plus. Il faut pourtant en excepter *Hypermnestre*, qui survit aux désastres de sa triste famille. Cette pièce, à la faveur des décorations, se soutiendra toujours. Voici la liste de tragédies de Lemierre : *Hypermnestre, Thérée, Idoménée, Artaxerce, Barnevelt, Guillaume Tell*, et la *Veuve du Malabar*. Nous avons, de cet auteur, plusieurs autres ouvrages de poésie, dans lesquels on trouve, çà et là, comme dans ses tragédies, des morceaux estimables et chaudement écrits; mais ces beautés elles-mêmes sont défigurées par des vers durs, gigantesques, bisarres, incorrects, monotones, que la force et la nouveauté de la pensée ne peuvent mettre à l'abri de la critique.

LEMOINE (M.), compositeur de musique, 1810, a fait la musique d'*Électre*, tragédie en trois actes, de M. Guillard; de *Louis IX en Égypte*, opéra en trois actes, de MM. Guillard et Andrieux; de *Miltiade à Marathon*, opéra en trois actes, de M. Guillard; de *Nephté*, tragédie en trois actes, de M. Hoffmann; de *Phèdre*, tragédie en trois actes, du même; des *Pommiers et le Moulin*, opéra en un acte, de Forgeot, et des *Prétendus*, opéra en trois actes, de Rochon de Chabannes.

LE MONNIER, naquit à Paris, et fut secrétaire de M. de Maillebois; il fit jouer, sur le théâtre de la Foire, les pièces suivantes: le *Maître en Droit*, les *Pèlerins de la Courtille*, le *Cadi dupé*, la *Matrone Rhénoise*, *Renaud d'Ast*, la *Meunière de Gentilly*; et, à l'Opéra, l'acte de l'*Union de l'Amour et des Arts*.

LENOBLE (Eustache TENELIÈRE), né à Troyes, en 1643, d'une famille distinguée de cette ville, s'éleva, par son esprit, à la charge de procureur général du parlement de Metz. Il y jouissait d'une réputation brillante, et d'une fortune considérable, lorsqu'il fut accusé d'avoir fait, à son profit, de faux actes. Sur cette accusation, il fut mis en jugement, et condamné à faire amende honorable, et à un bannissement de neuf ans. Lenoble appela de cette sentence, et fut transféré à la Conciergerie. C'est là qu'il fit connaissance avec Gabrielle Perreau, connue sous le nom de la *Belle Épicière*; il en devint amoureux, et se chargea d'être son avocat. De malheureux prisonniers n'ont rien de mieux à faire que de se consoler; Lenoble consola sa compagne, et se consola lui-même dans les bras de l'amour. Mais bientôt la *Belle Épicière* devint enceinte; alors, elle demanda à être enfermée dans un couvent, pour y accoucher secrettement, entre les mains d'une sage-femme, que Lenoble y fit entrer comme pensionnaire. Après ses couches, elle fut transférée dans un autre couvent, d'où elle parvint à s'évader. Lenoble, lui-même, trouva le moyen de se sauver de la Conciergerie, pour rejoindre sa maîtresse. Alors ils vécurent ensemble, mais changeant souvent de quartier et de nom, de peur de surprise. Pendant cette vie errante, la *Belle Épicière* accoucha de nouveau. Lenoble fut repris, et reconduit à la prison, où il fut condamné, comme faussaire, à faire amende honorable, dans la chambre du Châtelet, et à un bannissement de neuf ans. Son amante elle-même fut jugée, et, par l'arrêt, Lenoble fut chargé de trois enfans, déclarés bâtards. Malgré ce nouvel incident, il obtint la permission de rentrer en France, à condition de ne point exercer de charge de judicature. Ces malheurs ne le corrigèrent point. Lenoble fut déréglé et dissipateur toute sa vie, qu'il termina dans la misère, en 1711, âgé de soixante-huit ans. Cet homme, qui avait fait gagner plus de cent mille écus à ses imprimeurs, fut enterré à la charité de la paroisse St.-Séverin. On a, de Lenoble, un grand nombre d'ouvrages, recueillis en vingt volumes, que l'on peut diviser en trois classes ; les ouvrages sérieux, les ouvrages romanesques, et les ouvrages poétiques ; parmi ces derniers on compte quatre pièces de théâtre, savoir : *Ésope*, les *Deux Arlequins*, *Thalestris*, et le *Fourbe*.

LENOBLE (M.), acteur du Vaudeville, 1810.

Cet acteur a du zèle, de l'intelligence, beaucoup d'aplomb, de bonhommie et d'aisance; en un mot, il est très-utile au théâtre du Vaudeville.

LÉO (Léonardo), maître de chapelle napolitain, fut un des plus célèbres compositeurs qui aient paru dans le commencement du dix-huitième siècle; il était maître du conservatoire et de la chapelle royale de Naples. C'est lui qui, le premier, débarassa la mélodie du luxe des modulations, et qui lui donna une marche simple, expressive, quoique savante. Il est regardé comme le fondateur de l'école moderne napolitaine.

LÉON, ou LE CHATEAU DE MONTÉNÉRO, opéra en trois actes, par M. Hoffmann, musique de d'Aleyrac, à l'Opéra-comique.

Léon, propriétaire du château de Monténéro, et chef d'une horde de brigands, est devenu éperdument amoureux de la belle et sensible Laure, fille de Romuald, son voisin et son ennemi, et la fait demander en mariage, avec menace de son implacable vengeance, dans le cas où l'on oserait le refuser. Le père de Laure reste quelque tems indécis; à la fin toutefois la vertu l'emporte sur la crainte, et le vieillard fait signifier son refus au redoutable maître de Monténéro. L'effet suit de près la menace. Des inconnus, couverts de manteaux, profitent du désordre d'une fête champêtre, où assiste le jeune Edmond, amant aimé de Laure, enlèvent la fille de Romuald et sa vieille gouvernante, et les conduisent au château de Monténéro, où elles sont enfermées dans un souterrain. Bientôt Léon vient proposer sa main à Laure, mais elle le brave, et menace de se frapper d'un poignard dont elle est munie. Il la laisse dans son cachot, où, tandis qu'elle déplore son infortune, elle reconnaît, dans le factionnaire qui est placé à la grille du souterrain, ce brave et fidèle jeune homme qui, à la faveur d'un déguisement, et après avoir fait répandre le bruit de sa mort, s'est introduit dans ce repaire; celui-ci l'exhorte à la patience, et sur-tout à la plus grande discrétion. Cependant Léon revient, et fait succéder à l'offre de sa main les plus grossières imprécations : tout-à-coup, une voix sourde et inconnue répète ses menaces du ton le plus solennel, et jette la terreur dans son ame; mais bientôt, moins effrayé que surpris de cet événement, il soupçonne qu'un valet audacieux s'est caché pour tâcher de l'épouvanter, et, à l'instant il ordonne la recherche du coupable. On accuse d'abord la sentinelle, mais Edmond se justifie facilement; et, en effet, il n'est pour rien dans ce mystère. Enfin, après beaucoup de recherches, le tyran se retire, et laisse seules Laure et sa gouvernante. Alors un paquet de papier tombe à leurs pieds; elles le ramassent, et y lisent ces mots : « Cette nuit, à trois heures, vous serez » délivrées; prenez courage et brûlez cet écrit. » Au même instant Léon rentre et saisit ce mystérieux avertissement; mais, loin de s'en effrayer, il annonce que Romuald lui-même est son prisonnier, et qu'il n'y a plus d'espoir de salut. En effet, Romuald est introduit, couvert de chaînes; Léon lui promet sa liberté, s'il consent à lui donner la main de Laure; mais le vieillard répond par ce mot sublime : « Adieu, ma fille » : et il se retire. Cependant le geôlier accourt, pour annoncer qu'Edmond vient d'être reconnu dans le château, qu'on s'est emparé de sa personne, et qu'on l'amène. Transporté de joie, le tyran marche à sa rencontre; mais au lieu d'Edmond captif, Edmond triomphant s'avance et délivre Romuald et sa fille. Tout s'explique alors; c'est le geolier qui a tout fait. Son apparente brutalité n'était qu'un jeu inventé pour sauver les victimes du féroce Léon; c'est lui enfin, qui a fait retentir sa voix du fond d'une cavité inconnue, et qui a soulevé les soldats en faveur de Romuald.

Tel est le sujet de cet opéra, dans lequel on trouve quelques invraisemblances, mais on y trouve aussi un dialogue très-énergique, et des situations fort intéressantes.

LÉONCE, ou LE FILS ADOPTIF, comédie en deux actes, en prose, mêlé d'ariettes, par M. Marsollier, musique de M. Nicolo, à l'Opéra-comique, 1805.

Le fonds de cette comédie est très-léger; mais l'auteur a su en tirer un excellent parti. Nous ne connaissons rien de plus propre à inspirer la vertu et à la rendre aimable, que le tableau qu'il nous présente. Cette pièce, en un mot, fait autant d'honneur au talent de M. Marsollier qu'à son cœur.

Dormeuil, riche négociant de Rouen, a perdu une épouse adorée, et avec elle, un enfant, son unique espoir. Dans un voyage qu'il a fait en Hollande, où ses affaires l'appelaient, cet homme vertueux, qui voulait un héritier, un fils, a vu une famille indigente, qu'un soldat infortuné, devant partir pour Batavia, était obligé d'abandonner. Touché du malheur de ces enfans, Dormeuil demande qu'on lui en confie un, qu'il veut adopter, à la condition qu'on lui laissera ignorer son origine, et que personne ne partagera ses affections. Le traité se conclut, et Dormeuil, après avoir donné une somme considérable aux frères de son fils adoptif, et, après leur avoir assuré une pension suffisante pour leurs besoins, revient à Rouen. Telle est l'avant-scène de cette pièce. Un grand nombre d'années s'est écoulé depuis ce jour, et déjà Dormeuil pense à marier Léonce à la jeune et intéressante Clairine, fille de son caissier, qui, après l'avoir servi pendant vingt ans, est mort pauvre ! Rien ne manque au bonheur de Dormeuil : Léonce est un modèle de vertu, Clairine est un exemple de sagesse ; l'un et l'autre l'aiment et le chérissent comme leur père, et ne l'appellent pas autrement. Cependant, le père de Léonce vient à Rouen : content d'avoir vu son fils, qui est le seul qui lui reste, il va s'en retourner ; mais, la frayeur que lui cause une voiture qui a manqué de lui passer sur le corps, le fait entrer chez Dormeuil, et là, malgré son silence, il est reconnu de son fils. Cet événement réduit Dormeuil au désespoir : Léonce ne l'aimera plus, ne l'appellera plus du doux nom de père ; cette idée l'accable. Alors, il veut éprouver la vertu de Léonce, et lui laisse le choix, entre lui et Justin, c'est le nom du père de Léonce. Ce dernier n'hésite pas : dût-il être plongé dans la plus affreuse misère, il ne quittera pas son vieux père. Clairine, elle-même, veut suivre son amant. Dormeuil voit avec satisfaction ce qu'il en coûte à son fils adoptif, pour prendre ce parti ; il voit, avec le même plaisir, le désespoir de Clairine. Convaincu alors qu'il n'a rien perdu de ses droits sur le cœur de ses enfans, il consent à partager leur affection et leurs soins avec Justin, et les unit.

Nous le répétons, ce tableau est charmant : il est rempli de la plus exquise sensibilité ; et, enfin, il est impossible de le voir sans attendrissement.

LÉONIDAS, opéra en un acte, par M. Pixérécourt, musique de MM. Persuis et Gresnick, à l'Opéra.

Le fonds de ce petit opéra est le passage des Thermopyles : c'est ce combat, si fameux dans l'histoire de la Grèce, où trois cents Spartiates, commandés par Léonidas, se dévouent à la mort pour s'opposer aux armes des Persans. Des allusions aux circonstances ont assuré le succès de cette pièce, qui fut très-applaudie lors de ses représentations.

LÉONORE, ou L'AMOUR CONJUGAL, fait historique en deux actes et en prose, mêlé de chants, par M. Bouilly, musique de M. Gaveaux, à l'Opéra-comique, 1798.

Florestan, pour avoir dévoilé au ministre les crimes de Pizarre, a été accusé lui-même par ce dernier, et plongé dans un affreux cachot, où il gémit depuis deux ans. Non content d'avoir surpris la confiance du ministre, Pizarre s'est fait nommer gouverneur de cette prison d'état, où Florestan est renfermé, et, chaque jour, il se plaît à lui faire endurer de nouveaux supplices : enfin, il a mandé sa mort au ministre, et, par là, s'est rendu maître du sort de son prisonnier. D'un autre côté, Léonore, épouse de Florestan, s'est présentée à la porte de la prison, comme une orpheline abandonnée, et est parvenue à s'y faire admettre, en qualité de porte-clefs, sous le nom de *Fidélio*. Jusques-là, cette tendre et vertueuse épouse n'a pu rien apprendre sur le sort de son époux; mais elle le sait vivant, et conserve l'espoir de le sauver. Les choses sont, en cet état, quand l'action commence. La scène se passe dans une prison d'état, située à quelques lieues de Séville. Fidélio est aimé de Marceline, fille du geolier, et est parvenu à lui en imposer sur son déguisement, ainsi qu'à son père; en un mot, il a l'amour de la fille et la confiance du père. Sans cesse obligé de feindre et de les tromper l'un et l'autre, sa position devient de plus en plus embarrassante. Mais laissons ces petits incidens, pour ne nous occuper que du fonds de l'affaire. Fidélio apprend du geolier que Pizarre a formé l'odieux projet de laisser périr de faim le malheureux Florestan; plusieurs fois déjà il a demandé à son futur beau-père, car Roc doit le devenir, la faveur de visiter l'intérieur de la prison : il lui renouvelle cette demande, sous prétexte qu'il le voit fatigué; mais Roc ne veut rien prendre sur lui : seulement il lui promet d'en parler au gouverneur. Cependant Pizarre reçoit une lettre de don Fernand, dans laquelle ce ministre lui marque qu'il se rend à la prison pour savoir ce qui s'y passe. A cette nouvelle, Pizarre fait venir Roc près de lui, et lui confie la résolution qu'il vient de prendre à l'instant d'assassiner Florestan, afin de le soustraire à l'œil vigilant et sévère du ministre. Le geolier profite de cette circonstance pour lui parler de Fidélio, dont il a besoin pour exécuter ses ordres. En effet, il revient peu de tems après, et lui rend compte de tout ce qui vient de se passer, et de ce qui leur reste à faire. Fidélio n'hésite pas, et Léonore jure de soustraire la victime à son bourrreau. Armés de pioches et de plusieurs autres instrumens qui leur sont nécessaires, Roc et Fidélio se rendent dans le cachot de Florestan, pour ouvrir un escalier qui communique à un autre cachot, où doit être expédié Florestan. Ils y trouvent ce malheureux demi-nud, languissant, abattu, mourant de faim et de froid, et implorant la mort comme un remède à tant et de si longues souffrances. Leur travail achevé, Roc donne un coup de sifflet qui est le signal convenu. Tout-à-coup on voit descendre un homme masqué qui ordonne à Fidélio de se retirer; mais il s'y refuse. Furieux de sa résistance, Pizarre veut se précipiter sur Florestan ; alors Léonore se découvre et se fait connaître. Pizarre lui-même se démasque et veut consommer son forfait ; mais notre héroïne lui présente le bout d'un pistolet à deux coups, avec lequel elle lui défend d'avancer. Dans ce moment la trompette se fait entendre et annonce l'arrivée du ministre. Pizarre, quoiqu'à regret, lâche sa proie dans l'espoir de s'en ressaisir bientôt, et se retire avec Roc, qui, avant de sortir, désarme Léonore. Enfin, Roc dénonce le gouverneur et revient avec don Fernand délivrer ce couple intéressant et infortuné. Le ministre redonne à Florestan, avec la place qu'il occupait auprès de lui, sa protection et son amitié; et Pizarre est mis provisoirement à sa place, en attendant qu'il soit condamné à subir les tourmens qu'il a fait endurer à Florestan.

Tel est le sujet de cette pièce dans laquelle on trouve des détails fort intéressans et très-bien amenés.

LÉONORE, ou L'HEUREUSE ÉPREUVE, comédie en deux actes, mêlée d'ariettes, paroles de ***, musique de M. Champein, aux Italiens, 1781.

L'action de cette pièce n'a rien d'intéressant : la marche en est lente, l'expression triste et froide ; en un mot, l'auteur n'a pas su tirer parti des situations. La musique fut très-applaudie.

LEPAGE avait une des plus belles basse-tailles de l'Opéra; il y a chanté plus de vingt ans, et l'a quitté avec la pension.

> Quand tu viens, des dieux ou des rois,
> Annoncer les ordres suprêmes,
> Lepage, aux accens de ta voix,
> On croirait les entendre eux-mêmes.

LE PREVOT, Garde du roi de Pologne, duc de Lorraine et de Bar, a fait représenter en 1758, devant ce prince, les *Trois Rivaux*, et la *Nouvelle Réconciliation*. Il avait donné à Paris, aux Italiens, les *Thessaliennes*, ou *Arlequin au Sabat*.

LEPRÉVOT D'IRAY (M. Ch.), auteur dramatique, 1810.

M. Leprévot d'Iray a essayé de chausser le cothurne, mais sans succès; il s'en est tenu à la poésie légère, dans laquelle il a réussi. Ses pièces de théâtre sont *Manlius-Torquatus*, tragédie; *Maître-Adam*, et les *Troubadours*, vaudevilles. Il a fait, en société avec M. Dieulafoy, le *Quart-d'Heure de Rabelais*, comédie en un acte; et avec M. Philippon-la-Madelaine, *Gentil-Bernard*, vaudeville, etc.

LEROY (M.), auteur dramatique, 1810.

Nous ne dirons pas qu'il a beaucoup de titres à la gloire; il n'en a qu'un: mais comme ce n'est pas la quantité de ses pièces de théâtre qui fait le mérite d'un auteur, et que, d'ailleurs, nous ne connaissons ni M. Leroy, ni ses ouvrages; nous dirons donc, tout simplement, qu'il est auteur d'un MÉLODRAME intitulé: *Caroline et Dorville*, ou la *Bataille des Dunes*.

LESAGE (Alain-René), auteur dramatique, né à Ruys, en Bretagne, en 1667, et mort à Boulogne-sur-Mer, en 1747.

Lesage se fit connaître d'abord par des traductions, ensuite par des romans de caractères, tels que le *Diable Boiteux*, *Gilblas*, *Gusman d'Alfarache*, le *Bachelier de Salamanque*, etc. Ainsi lorsqu'il se décida à travailler pour le théâtre, il jouissait déjà d'une réputation assez bien méritée.

Il a composé, pour l'Opéra-comique, seul, ou en société, savoir: *Arlequin Roi de Serendib*, *Arlequin Mahomet*, *Colombine Arlequin*, la *Ceinture de Vénus*, *Télémaque*, les *Eaux de Merlin*, *Arlequin-Orphée le Cadet*, la *Princesse de Carisme*, le *Régiment de la Calotte*, *Robinson*, le *Jeune Vieillard*, la *Rage d'Amour*, les *Pèlerins de la Mecque*, *Achmet et Almanzine*, la *Reine de Barostan*, le *Rival Dangereux*, les *Deux Frères*, l'*Histoire de l'Opéra-comique*, la *Sauvagesse*, le *Mari préféré*, etc. Ses autres pièces de théâtre sont le *Traître Puni*, *Don Félix de Mendoce*, le *Point d'Honneur*, ou l'*Arbitre des Différends*, *César Ursin*, *Crispin Rival de son Maître*, la *Tontine*, *Turcaret*, la *Critique de Turcaret*, la *Force de l'Amour*, la *Foire des Fées*, et les *Amans Jaloux*.

Ce n'est point sur les premiers essais de Lesage qu'on peut juger de son génie pour le genre théâtral. Encore infecté du mauvais goût qu'il avait puisé dans la traduction des drames espagnols, il y paraît tel qu'il était, et tel qu'il devait être, diffus dans le style, outré dans les caractères, guindé dans les idées, romanesque dans les sentimens, obscur et embarrassé dans l'intrigue et dans les incidens. Il n'a donc réussi sur notre théâtre qu'après avoir quitté ce goût étranger, si contraire à celui de sa nation. Avec quelle finesse il sait relever et faire ressortir un ridicule ! Ici, c'est une pensée vive, un trait saillant qui part avec la rapidité de l'éclair, frappe en passant, et pique sans blesser ; là, c'est une comparaison plaisante, une réflexion maligne, un incident qui ajoute au mérite de la surprise, celui de faire rire. Son style est simple, clair et correct ; son expression est agréable, coulante et aisée ; son dialogue précis, vif et animé. On doit regretter qu'avec tant d'avantages, cet auteur n'ait pu se fixer dans la carrière où il avait d'abord obtenu les plus brillans succès ; mais un genre plus aisé, et sans doute plus lucratif, l'appelait au théâtre de la Foire, auquel il se livra tout entier. Avec un nouveau nom, Lesage donna à ce théâtre un caractère particulier : aussi, on peut le regarder comme le créateur du genre et du titre de l'*opéra-comique*. Une intrigue simple, des scènes piquantes, de la variété, de la gaieté, et surtout beaucoup de naïveté et de naturel : voilà le spectacle que Lesage a créé. La précision dans le fond des choses, beaucoup d'aisance et de naturel dans la manière de les présenter, un style facile et agréable, toujours au niveau du sujet, jamais rampant, voilà le mérite du créateur. Bientôt le goût des habits, le jeu des acteurs, le charme de la représentation, firent de l'opéra-comique un mélange ingénieux de tous les autres spectacles. On y trouva en petit la peinture des mœurs et le sel comique du théâtre Français, et le chant, la danse et le prestige des décorations de l'Opéra, avec les plaisanteries des Italiens. On peut ajouter qu'il s'appropria le genre de poésie, dans lequel notre nation excelle ; les chansons et le vaudeville.

Dans sa jeunesse, Lesage devint absolument sourd ; mais cette infirmité ne l'empêcha pas d'assister à la représentation de ses comédies. Il disait même qu'il n'avait jamais mieux jugé, ni du jeu, ni de ses pièces, que depuis qu'il n'entendait plus les acteurs.

LESAGE (M.), acteur du théâtre Feydeau, 1810.

Cet acteur remplit l'emploi des *niais* avec une supériorité incontestable : il s'écarte rarement de l'esprit de son personnage, et saisit avec beaucoup d'intelligence tout ce qui est propre à faire ressortir son rôle.

LESAGE (madame HAUBERT), actrice du théâtre Feydeau, 1810.

La nature a doué cette actrice d'une fort belle voix, et surtout d'un organe enchanteur ; elle doit, à l'étude et à son intelligence, une diction pure et agréable, et un geste facile et gracieux ; mais elle ne nuance pas assez ses tons, et elle ne sort que fort rarement de celui de la doléance ; enfin, elle néglige son maintien, et manque quelquefois de dignité.

LESBROS, Provençal, a donné en 1766, la *Nou-*

velle *Orpheline Léguée*, comédie en un acte, en vers; le *Philosophe Soi-Disant*, et la *Rosière*, ou le *Triomphe de la Vertu*.

LESUEUR (M.), compositeur de musique, 1810, a fait la musique des pièces suivantes : à Feydeau, la *Caverne*, opéra en trois actes, et *Télémaque*, opéra en trois actes; à l'Opéra, les *Bardes*, opéra en trois actes, et le *Triomphe de Trajan*, en société avec M. Persuis.

L'ÉTOILE (Claude), auteur dramatique, est un des premiers membres reçus à l'Académie française. On ne connaît de lui que les deux pièces suivantes : la *Belle Esclave*, et l'*Intrigue des Filoux*. Cet auteur est un des cinq que le cardinal de Richelieu employait pour composer ses comédies. On assure qu'ainsi que Malherbe et Molière, il lisait à sa servante les ouvrages qu'il avait composés. L'Étoile mourut à la campagne, où il s'était retiré avec sa femme, âgé d'environ cinquante ans.

LETTRE (la), vaudeville en un acte, par M. d'Avrigny, au Vaudeville, 1795.

Un jeune volontaire, nommé Lindor, doit épouser sa gentille cousine Lucille; c'est le vœu qu'exprima la mère de Lindor, en mourant; c'est aussi celui qu'a confirmé Roudon, père de Lucille. Le jour que Lucille atteindra sa quinzième année sera aussi celui de son mariage : tout est bien convenu, et les jeunes gens sont vivement épris l'un de l'autre. Mais Lindor ne s'avise-t-il pas de faire sa cour à la coquette Cidalise, et de lui adresser une lettre? Celle-ci fait voir cette lettre à Lucille, dans l'intention de la brouiller avec Lindor : c'est ce qui arrive. Elle boude son jeune cousin, et lui fait froide mine. Ce sont ces brouilleries qui forment l'intrigue de cette pièce, et c'est la réconciliation des amans qui en fait le dénouement.

Le tissu de ce vaudeville est assez agréable. On y trouve, çà et là, quelques couplets bien tournés; mais on n'y voit rien de piquant.

LEVALOIS D'ORVILLE (Adrien-Joseph), né à Paris, fils d'un trésorier de France, auteur de différens ouvrages, a fait, avec Autreau, le ballet comique de *Platée*, et a donné seul, ou en société, à divers théâtres, les *Souhaits pour le Roi*, *Arlequin Thésée*, le *Prix des Talens*, l'*Illustre Comédien*, l'*École des Veuves*, l'*Antiquaire*, la *Nouvelle Sapho*, l'*Abondance*, l'*Illusion*, l'*Épreuve Amoureuse*, le *Revenant*, la *Fête Infernale*, les *Valets*, la *Béquille*, la *Fontaine de Sapience*, et *Iphis*, ou la *Fille crue Garçon*, en société avec Nau.

LEVASSEUR (mademoiselle), actrice de l'opéra.

Mademoiselle Levasseur est une des grandes actrices qui aient paru sur le théâtre de l'Opéra, où elle jouit d'une grande réputation.

A l'une des représentations de l'*Alceste*, de Gluck, dans lequel elle remplissait le principal rôle elle chantait, à la fin du second acte, le vers suivant :

Il me déchire et m'arrache le cœur !

Une personne s'écria : Ah! mademoiselle, vous m'arrachez les oreilles. Son voisin, transporté par le sublime passage, et la manière dont il était rendu, lui répliqua : Ah! monsieur, quelle fortune, si c'est pour vous en donner d'autres !

LEVERD (mademoiselle Emilie), actrice du théâtre Français, 1810.

Confondue dans la foule des figurantes de l'Opéra, mademoiselle Leverd fut bientôt fatiguée du rôle subalterne qu'elle remplissait à ce théâtre. Ses jambes ne pouvant s'accorder avec son ambition, elle crut devoir trouver, dans son esprit, de plus sûrs moyens d'arriver à son but, et ne fut pas trompée. Quoiqu'il en soit, elle fit, au théâtre de l'Impératrice, un essai qui ne lui réussit point; mais, loin de se décourager, elle redoubla d'efforts, et se livra de nouveau à l'étude de son art.

Après plusieurs années d'un travail assidu, et lorsqu'elle se crut en état de remplir sa tâche, mademoiselle Leverd sollicita et obtint un ordre de début pour le théâtre Français. Elle y débuta, au mois de juillet 1808, par les rôles de *Célimène* dans le *Misantrope*, et par celui de *Roxelane*, dans les *Trois Sultanes*, et y fut reçue dès le commencement de 1809. C'était, comme on le voit, attaquer mademoiselle Contat, dans son domaine; c'était s'exposer à un parallèle dangereux; mais ces considérations, et tant d'autres, ne firent aucune impression sur l'ame de mademoiselle Leverd. Elle parut, non pas avec la timidité d'une débutante; mais avec l'aisance et l'aplomb d'une actrice qui a vieilli sur la scène, mais avec l'assurance et l'intrépidité qu'inspire le talent; ainsi elle put s'appliquer ce vers que Corneille met dans la bouche du *Cid*:

Mes pareils à deux fois ne se font pas connaître.

On eut lieu d'être satisfait de son jeu; et, dès-lors, menacé de la perte de mademoiselle Contat, le public vit en elle un sujet précieux pour la Comédie française. Toutefois, en rendant à mademoiselle Leverd la justice qui lui est due, nous ne saurions nous dispenser de dire qu'il lui reste encore beaucoup à faire, pour arriver au point où mademoiselle Contat a laissé son art.

LEVERT, auteur dramatique, naquit vers le commencement du dix-septième siècle.

Cet auteur avait plus de présomption que de mérite, si l'on en juge par ses avis au lecteur, qu'il menace de sa haine, s'il ne l'approuve pas; cependant on trouve chez lui quelques beautés. Son intrigue est assez bien filée; sa scène est variée et sa versification coulante. Il a donné au théâtre l'*Amour Médecin*, le *Docteur Amoureux*, *Aristotime et Aricidie*.

LÉVITE D'EPHRAIM (le), tragédie en trois actes et en vers, par M. Lemercier, au théâtre de la rue Feydeau, 1796.

Niloé, fille de Zorobal, de la tribu de Juda, a quitté le champ de son père pour suivre Azoar, de la tribu d'Ephraïm. Ce jeune époux ramène Niloé dans les bras paternels, au moment où le méchant Abaziel, de la tribu de Lévi, vient demander la fille du vieillard. Abaziel est magistrat du peuple; il est puissant, et possède un grand nombre de troupeaux. Zorobal lui promet Niloé. Cependant Azoar, désolé d'avoir perdu sa femme, quitte les montagnes, arrive chez Zorobal, lui demande sa compagne, et lui prouve qu'Abaziel est un monstre souillé de crimes. Le bon père, attendri, finit par unir ces jeunes gens, et retire sa parole au farouche Abaziel, qui jure de se venger. Malgré les funestes pressentimens de Zorobal, ils partent pour se rendre au mont Ephraïm, où un orage affreux les accompagne.

A Gabbaa, à Jeminé, partout, les enfans de Benjamin leur refusent l'hospitalité. Niloé, accablée de fatigues, va périr, dévorée par une soif ardente, lorsqu'un bon vieillard de leur tribu, le vertueux Zébul, revient des champs avec ses deux filles. Il s'empresse d'étancher la soif de la jeune épouse, et lui offre, ainsi qu'au lévite, l'hospitalité, qu'ils acceptent. Garde ma compagne, lui dit Azoar, je vais au-devant de mes serviteurs...... Funeste départ! Niloé est à peine entrée sous le toit de Zébul, qu'Abaziel arrive écumant de rage, il veut forcer Zébul à lui livrer la femme du lévite ; mais Zébul résiste à ce monstre : alors une troupe de Benjamites vient seconder la fureur d'Abaziel. Niloé est arrachée des bras de Zébul, et Azoar ne revient que pour apprendre que son épouse est enlevée, perdue et déshonorée!.... Cependant le père de Niloé, Zorobal, se rend sur une place publique, où l'appelle une lettre de son gendre. Il trouve Zébul désespéré, qui lui apprend le crime des Benjamites et la mort de sa fille. Azoar parait égaré et plongé dans la démence. L'infortuné! sa femme, accablée d'outrages par ses ravisseurs, est venue expirer auprès du toit de son époux. Les regrets, la pitié, tout a changé l'amour de cet époux en fureur : il coupe, en douze parts, le cadavre de son épouse, et, après avoir envoyé ces douze parts sanglantes aux douze tribus, il vient mourir aux pieds de Zorobal! Alors, Zébul convoque le peuple de Dieu. Tout Israël jure d'exterminer les barbares Benjamites, et c'est sur le corps inanimé du malheureux Azoar qu'on entend ce cri universel : la guerre!....

L'auteur a puisé son sujet dans le *Lévite d'Ephraïm*, poëme de J. J. Rousseau, ouvrage d'un coloris frais, d'une simplicité vraiment antique, et pour lequel ce grand homme avait une prédilection particulière. Le personnage d'*Abaziel* est seul de l'invention de M. Lemercier. Cette pièce offre des longueurs ; mais le style, sans être souvent aussi soigné qu'on le désirerait, a la couleur antique et patriarchale. D'ailleurs, le fonds du sujet est peu propre à la scène. L'action d'un homme qui coupe sa femme en morceaux, n'est nullement tragique ; elle est affreuse et dégoûtante.

LIBÉRATEUR (le), comédie en deux actes et en prose, par M. Mercier, au théâtre de Louvois, 1792.

Un négociant a fait mettre en prison un débiteur insolvable. Ce négociant a une fille qu'un jeune inconnu a sauvé sur une route, des mains d'une troupe de brigands : il reconnait dans le fils de son débiteur, le libérateur de sa fille, et la lui donne, après avoir remis à son père la somme qu'il lui doit.

Tel est le fonds de cette comédie.

LIEUDÉ DE SEPMANVILLE (Cyprien), né à Rouen, a composé les *Embarras*, prologue; un divertissement et des vaudevilles, pour la comédie du *Jeu de l'Amour et du Hasard ;* un autre pour celle du *Français à Londres ;* la *Fête de Minerve*, ou le *Temple de l'Amitié ;* l'*Oracle de Vitry et des Théâtres*, et plusieurs autres divertissemens et vaudevilles, dont il a fait les paroles et la musique.

LIGDAMON ET LIDIAS, ou LA RESSEMBLANCE, tragi-comédie en cinq actes, en vers, tirée du roman d'*Astrée*, par Scudéry, 1629.

Ligdamon, ne pouvant toucher le cœur de Silvie, va chercher, dans les combats, une mort moins cruelle pour lui, que l'insensibilité de sa maîtresse : il est fait prisonnier, et Silvie, devenue sensible, cherche son amant, le retrouve et l'épouse. Toute l'intrigue roule sur la ressemblance de

Ligdamon et de Lidias. Ce dernier, amant chéri de la tendre Amerine, tue sur la scène un rival qui le défie au combat. Cependant Ligdamon arrive, et il est pris pour le coupable. On instruit son procès, et il va payer la peine de la méprise. Alors Amerine réclame les lois du pays, qui lui permettent de sauver un criminel, en l'épousant; et le mariage se fait sur le théâtre. Ligdamon, qui ne veut ni changer Silvie, ni tromper Amerine, déclare qu'il n'est point Lidias, et qu'il a fait empoisonner la coupe où il vient de boire. Amerine, au désespoir, avale le reste du poison. Lidias arrive avec Silvie, qui le prend aussi pour Ligdamon. Cette double méprise occasionne plusieurs scènes comiques, et la pièce finit par le mariage de tous ces amans qui se reconnaissent avec des transports de joie. Amerine et Ligdamon avaient pris de l'opium, croyant avaler du poison; ils en sont quittes pour un sommeil de peu de durée.

Cette pièce est la première de Scudéry, qui, dans sa préface, en demandant grace pour ce coup d'essai, se donne pour ce qu'on appelle un homme au poil et à la plume. « J'ai passé, dit-il, plus d'années parmi les armes, que
» d'heures dans mon cabinet; et j'ai beaucoup plus usé de
» mèches en arquebuses, qu'en chandelles; de sorte que je
» sais mieux ranger les soldats, que les paroles; et mieux
» quarrer les bataillons, que les périodes. » Aussi son style est-il d'un ridicule extrême. Il abuse sans cesse des pointes ou jeux de mots qui étaient en vogue de son tems. Nous n'en citerons qu'un exemple; et, c'est peut-être l'endroit le moins déraisonnable de cette tragi-comédie. Un berger demande à Silvie, pourquoi elle refuse avec tant d'opiniâtreté le don du cœur de Ligdamon? Silvie lui répond :

Qu'il garde ce beau don; pour moi, je le renvoie.
Je ne veux point passer pour un oiseau de proie,

Qui se nourrit de cœurs ; et ce n'est mon dessein
De ressembler au monstre ayant deux cœurs au sein.

LIGUE DES FEMMES (la), ou le Roman de la Rose, vaudeville en un acte, par MM. Chazet et Oury, au Vaudeville, 1807.

> Toujours jalouses de tributs,
> Et tôt ou tard d'Amour sujettes,
> Femmes, toujours, toujours coquettes ;
> Vous le serez, si déjà vous ne l'êtes,
> Ou vous l'étiez, si vous ne l'êtes plus.

Ce n'est pas là tout-à-fait ce qu'avait écrit Jean de Méhun dans son *Roman de la Rose* ; l'épigramme était un peu plus virulente. Les auteurs de ce vaudeville, en l'adoucissant ainsi, n'ont fait que mettre, comme l'a dit Boufflers, un mot honnête, au lieu d'un mot qui ne l'est pas. Réduit au mot de coquetterie, le reproche a bien encore de quoi susciter la grande colère de certaines dames ; mais se fâcher, en cas pareil, c'est prouver qu'on a tort.

On sait que du tems de Jean de Méhun, les cours d'amour avaient une puissance réelle, et que le coupable qui était appelé à ce tribunal, pouvait n'y pas paraître sans crainte ; mais au Vaudeville, l'esprit seul fait les frais des difficultés, et lui seul aussi crée les ressources avec ce ménagement qui double l'intérêt en le suspendant. La position du malin épigrammatiste y est assez délicate. *S'il pouvait espérer d'obtenir la parole*, Jean de Méhun aurait moins à redouter la vengeance du tribunal féminin, car, il a en mains de quoi confondre ces prudes ; mais on sent aussi qu'il a intérêt à ménager dans ses juges les parens, les tantes, la mère de celle qu'il aime. C'est donc en usant d'adresse qu'il parvient à les ramener toutes de la colère à la bienveillance, par la conscience de leurs propres faiblesses, dont il a lui-même le secret. Il obtient ainsi leur consentement à son himen avec l'aimable Blanche.

Toutes ces scènes, dont nous évitons de dévoiler ici les ressorts, sont filés avec une ingénieuse gaieté. Le dialogue est piquant, et les couplets spirituels. Nous allons en citer un, c'est la justification de Balthide, qui jusqu'alors avait tenu secret son mariage avec Lorris.

> Deux frères devraient se chérir ;
> Mais l'usage nous fait connaître
> Qu'un instant peut les désunir,
> Et que l'*Amour* est prompt à fuir,
> Dès que l'*Himen* vient à paraître.
> Lorris et moi, de ce destin,
> Nous redoutions la loi sévère ;
> Et nous avons caché l'*Himen*,
> Pour garder plus long-tems son *frère*.

LIMIERS (de), docteur en droit, a traduit plusieurs comédies de Plaute, imprimées en dix volumes *in-*12, en 1719.

LINA, ou LE MYSTÈRE, opéra-comique en trois actes, par un anonyme, musique de d'Aleyrac, à l'Opéra-comique, 1808.

Le comte de Lescars, l'un des plus braves officiers de l'armée de Henri IV, est marié depuis quatre ans à une jeune Béarnaise, nommée Lina, qu'il a été forcé de quitter dès le premier jour de ses noces, pour suivre le monarque à la guerre ; et dont, en ces tems de discordes civiles, il n'a presque jamais reçu de nouvelles. Obligée de fuir la maison paternelle, que menacent des partis de ligueurs, la comtesse se retire dans une petite ville, où elle croit trouver un asyle sûr; mais elle est bientôt assiégée, prise d'assaut et livrée au pillage. C'est envain que l'infortunée se réfugie dans un obscur souterrain; elle y est découverte par des soldats impitoyables qui veulent la tuer, et qui lui arracheraient la vie, sans l'arrivée d'un officier qui, après l'avoir sauvée, abuse de sa situation. De cet abus résulte un joli petit enfant. Telle est l'avant scène de cet opéra, ou plutôt de ce roman en action.

Au bout de quelques années, le comte de Lescars revient dans ses foyers, plus épris que jamais de sa Lina. Aussitôt une méchante femme lui présente l'enfant en question, comme celui de la comtesse, à laquelle pourtant il se croit bien certain de n'avoir pas donné ce gage d'amour; mais il ne faut jurer de rien. Comme on doit le croire, il lui fait fort mauvaise mine. Enfin, une lettre que la jeune comtesse avait écrite à son père, lors de l'accident, et où elle lui donnait les détails de l'assaut nocturne, justifie complettement cette femme infortunée, en prouvant que, si elle a fait un faux pas involontaire, c'est au comte lui-même qu'elle doit s'en prendre. Cet heureux mari se rappelle le jour et l'heure où le crime a été commis, et par un hasard incroyable, l'enfant de sa femme est le sien.

Cette pièce est un mélodrame dans la force du terme : quoiqu'il en soit, elle offre des situations hardies qui intéressent sans blesser directement la décence; on pourrait désirer plus de simplicité dans le style.

LINAGE (le Père), jésuite, est auteur d'une tragédie d'*Agamemnon*.

LINANT, auteur dramatique, né à Rouen en 1702, mort en 1749.

Le goût des lettres l'ayant amené à Paris, il devint gouverneur du fils de M. Hébert, introducteur des ambassadeurs. A cette époque déjà, il avait fait preuve de talent pour la haute poésie, dans laquelle il moissonna quelques lauriers. Il remporta trois fois le prix de l'Académie française, en 1739, 1740 et 1744. Linant a composé, pour le théâtre, la tragédie d'*Alzaïde*, qui eut six représentations, et dans laquelle on remarque quelques beaux endroits. Quant à sa tragédie de *Vanda*, reine de Pologne, elle est romanesque et mal écrite : aussi tomba-t-elle dès la première représentation. Cet auteur a fait, en outre, des odes, des épitres, et a mis son nom à la préface de l'édition de la *Henriade*, de 1739.

Linant n'a jamais été heureux. On rapporte que, près de mourir, un ami lui demanda s'il regrettait la vie, et qu'il lui fit cette réponse : *Hélas! mon ami, je ne puis être plus maltraité dans l'autre monde, que je l'ai été dans celui-ci!*

LINCÉE, tragédie de l'abbé Abbeille, 1678.

Danaüs, après avoir arraché la couronne et la vie à Sthénelée, roi d'Argos, devient amoureux d'Érigone, sœur de ce roi, et veut l'épouser malgré elle. Iphis, fils d'Érigone, profite de la faiblesse de Danaüs, pour se faire promettre la main d'Hypermnestre, au préjudice de la parole donnée à Lincée. Alors Érigone feint de se rendre aux désirs de son amant, dans le dessein de trouver plus aisément le moyen de venger la mort du roi son frère. C'est par ses conseils que Danaüs, effrayé par l'oracle, prend la résolution de faire assassiner tous ses gendres. Mais elle veut sauver Lincée, qu'elle aime, et, pour gagner son cœur, lui découvrir les desseins du roi. Ainsi, Hypermnestre n'a paru consentir à la mort de son amant, que pour avoir le tems de lui conseiller de s'enfuir. Danaüs, persuadé qu'elle a exécuté ses ordres, est sur le point de l'unir avec le fils d'Érigone; alors Hypermnestre rend compte de sa conduite, déclare les moyens qu'elle a employés pour l'évasion de Lincée, et fait connaître la perfidie d'Érigone, qui aime ce prince. Qu'on juge de la surprise de Danaüs! il veut faire des reproches à Érigone, qui ne daigne pas seulement se justifier. Cependant la flotte de Lincée rentre dans le port, et demande Hypermnestre avec instance. Ce prince avait laissé son épée dans l'appartement d'Érigone, qui la remet à Iphis, son fils, et lui ordonne de s'en servir pour percer Danaüs. Par ce moyen, le poëte accomplit l'oracle, qui a prédit que le frère d'Egyptus périrait par le fer d'un de ses neveux; et il sauve l'innocence de Lincée, aux dépens de la coupable Érigone, qui abandonne la scène, sans avoir reçu la peine de ses crimes.

Le plan de cette tragédie, le peu d'intérêt qui y règne, les situations forcées, les caractères mal dessinés, les pensées fausses, la mauvaise construction des vers, tout, enfin, justifie le peu de succès qu'elle a eu au théâtre, et la prudence de l'auteur, qui semble l'avoir condamnée lui-même à un éternel oubli.

LINNÉE, ou LA MINE DE SUÈDE, opéra-comique en trois actes, par Dejaure, musique de M. Dourlens, au théâtre Feydeau, 1808.

Tout le monde sait que Linnée fut un des plus grands naturalistes de son tems, et qu'il réforma, avec habileté, la méthode de Tournefort, pour la division et la classification des plantes : c'est cet homme célèbre qui joue un rôle dans cette pièce, mais un rôle accessoire presqu'inutile, dont l'auteur aurait pu charger aussi convenablement tout autre personnage de l'histoire. La scène se passe en Suède.

Le comte de Walstein, persécuteur d'un brave major, nommé Ulric, le force à quitter ses drapeaux et à se réfugier, avec quelques soldats, dans le fonds d'une province remplie de mines. Ce lieu sauvage sert d'asile à la fille du comte de Walstein, qui s'y est clandestinement retirée avec son amant Frédéric, dont elle est devenue l'épouse. Walstein passe dans cette contrée, et y est arrêté par les compagnons d'Ulric, qui l'amènent devant l'habitation du major, où il voit et reconnaît sa fille, qui lui déclare être l'épouse de Frédéric. Sans songer qu'il est prisonnier, le comte entre en fureur et déclare qu'il fera casser le mariage; mais il est suivi par des soldats, qui surviennent et le délivrent. Alors il fait arrêter Frédéric; et cet infortuné jeune homme est condamné à travailler aux mines, comme prévenu de complicité avec les déserteurs révoltés. Instruit de cet événement, Ulric vient se livrer à la justice, et prendre la place de son ami. Linnée se trouve là par hasard, cherchant, sans doute, des minéraux; et, comme le roi lui a accordé le droit de délivrer un prisonnier à son choix, il use fort à-propos de cette prérogative en faveur du brave major. Walstein, attendri, pardonne à sa fille, et tout s'arrange comme il convient.

Cette pièce est pleine d'invraisemblances, on pourrait dire même d'absurdités.

LINGUET (Simon-Nicolas-Henri), né à Rheims, en 1736, mort à Paris, en 1794, célèbre avocat au parlement de Paris, a donné au théâtre Italien, les *Femmes Filles*, et a publié, en 1770, une traduction en 4 volumes in-12, de plusieurs comédies espagnoles, savoir : la *Constance à l'épreuve*, le *Précepteur supposé*, les *Vapeurs*, *Il y a du Mieux*, le *Viol puni*, la *Cloison*, *Se Défier des Apparences*, la *Journée dif-*

ficile, *On ne badine point avec l'Amour*, la *Chose impossible*, la *Ressemblance*, l'*Occasion fait le Larron*, le *Sage dans sa Retraite*, la *Fidélité difficile*, le *Fou incommode*, avec les intermèdes des *Melons* et de la *Femme têtue*, des *Bignets*, du *Malade imaginaire*, de la *Relique*, et de l'*Ecolier Magicien*.

LISBETH, opéra en trois actes, par M. Favières, musique de M. Grétry, au théâtre de l'Opéra-comique, 1797.

Simon, cultivateur dans un canton de la Suisse, vivait tranquillement au sein d'une nombreuse famille : père de deux filles intéressantes, il les avait élevées dans l'austère pureté des mœurs de ce canton; mais un jeune peintre français, nommé Derson, est parvenu à séduire l'aînée, et l'a rendue mère. Depuis un an il est parti, sans avoir donné de ses nouvelles.

L'infortunée victime, poursuivie à-la-fois par la honte, le remords et la passion, a soustrait, jusqu'ici, son déshonneur aux regards de son père; mais elle vient d'acquérir le titre de mère, et tremble pour son enfant. Dans la généreuse résolution de tout avouer à l'auteur de ses jours, mais trop timide pour oser risquer elle-même cet aveu nécessaire, elle s'adresse à Gesner, dont son père estime les talens et cultive l'amitié. Celui-ci fait à son ami la terrible confidence; mais il a le malheur de trouver Simon inflexible aux accens éloquens de la philosophie et de l'amitié. Dans ces entrefaites, Derson est revenu; il a même acquis, dans le canton, une petite habitation que le père même de Lisbeth lui a vendue sans le connaître. Ce jeune homme apprend, en arrivant, le malheur de sa maîtresse, qu'il aime toujours, et qu'il n'a quittée si long-tems, que par le désir d'acquérir le droit de l'épouser, en se faisant une fortune indépendante, dont il puisse lui faire hommage : il console Lisbeth, par son retour, de l'un de ses plus grands malheurs; mais elle ne peut vivre chargée de la malédiction que son père a lancée sur elle dans son premier accès de colère. Cependant, Gesner apprend que Simon doit venir voir l'acquéreur de sa chaumière, qu'il ne connaît pas pour l'époux de sa fille. Cet ami généreux conçoit le projet de faire tourner l'entrevue au profit de l'amour et de la clémence; et, pour y parvenir, il fait porter, sous un berceau, l'enfant nouveau né de Lisbeth. Simon vient en effet chez Derson : son âme paternelle est déchirée par le souvenir de la honte de sa fille; mais plus encore par le malheur que peut attirer sur elle la malédiction qui lui est échappée. Pour soulager son cœur, il confie ses peines à Derson, et bientôt il aperçoit l'enfant. On lui dit que cet enfant est né sur son territoire, et que Derson veut l'adopter; mais il demande et obtient la préférence. Gesner, Lisbeth et Derson, profitent de ce moment où son âme est ouverte à la tendresse, pour se jeter à ses pieds; enfin, ils obtiennent leur pardon.

Tel est le sujet de cette pièce, tiré d'une nouvelle de Florian, intitulée *Claudine*. L'ouvrage a de la fraîcheur et de l'élégance; le second acte surtout est bien senti et bien écrit. Le personnage de Gesner, que l'auteur a fort ingénieusement substitué au curé de Florian, donne du charme à la composition de ce tableau; c'est, en un mot, un ensemble intéressant qui mérite son succès.

LISIA, comédie en deux actes, en prose, mêlée d'ariettes, par M. Monnet, musique de M. Srio, à Feydeau, 1793.

Isabelle a été séduite par un officier français, et, par suite, Isabelle est devenue mère. Don Fernand, son père, dans l'intention de se venger, ou du moins de cacher sa honte, la fait partir avec son enfant pour le Nouveau-Monde. Dans la traversée, une tempête affreuse accueille leur vaisseau sur les côtes d'Amérique; il fait côte, et Isabelle se sauve du naufrage avec le malheureux fruit de son amour, au milieu d'une peuplade d'Indiens. Un des chefs de cette peuplade, *prêtre du Soleil*, Tamar, touché du malheur de ces infortunés, veut, pour donner une marque d'attachement à Isabelle, qu'elle prenne le nom de Lisia, que portait une fille chérie qu'il vient de perdre, et il fait prendre celui de Zima à son enfant.

La scène s'ouvre au moment où les Indiens se préparent à célébrer la fête du Soleil: c'est pour la quinzième fois qu'Isabelle et Zima voient cette solennité, et, conséquemment, c'est depuis quinze ans qu'elles sont dans ces contrées. Elles se réjouissent, avec les Indiens, de l'approche de ce grand jour, lorsque tout-à-coup le bruit du canon se fait entendre: ceux-ci sont épouvantés; mais Lisia vole sur les bords de la mer. Pendant son absence, Dorval, officier français, et Pedro, son domestique, arrivent sur la scène où Zima se cache. D'heureux pressentimens font croire à Dorval qu'il doit retrouver enfin celle qu'il a perdue il y a quinze ans; en conséquence, il invite ses soldats à se livrer aux plus soigneuses recherches. Ils sortent, et laissent Pedro seul. Comme on doit s'y attendre, ce valet est extrêmement poltron; toutefois il demeure, par ordre de son maître, pour faire sentinelle devant l'habitation de Tamar : après avoir tremblé de bon cœur pendant long-tems, après avoir ensuite parlé de sa patrie, que lui reste-t-il de mieux à faire? il a chaud, il est fatigué, eh bien! il s'endort, sans songer que la peur ne saurait composer ni avec la chaleur, ni avec la fatigue.

Cependant Zima, qui s'était cachée derrière un arbre, se familiarise peu-à-peu avec la figure de l'Européen; elle appèle ses compagnes, qui accourent sur-le-champ et entourent Pedro;

enfin elles veulent savoir ce que c'est que le fusil qui repose aux pieds de Pedro; Zima, plus curieuse, le prend, lâche la détente, et le fait partir. Les jeunes Indiennes, épouvantées, disparaissent; mais Zima tombe évanouie. Bientôt Dorval accourt, et voit Pedro qui se frotte les yeux; ils demeureraient l'un et l'autre fort long-tems interdits, s'ils ne trouvaient sur leurs pas le fusil et Zima; qu'ils s'empressent de relever : aussitôt elle revient de son premier étonnement. Surpris de l'entendre parler espagnol, Dorval la considère attentivement; il croit reconnaître en elle quelques traits d'Isabelle, et lui demande le nom de sa mère, qu'elle lui dit être Lisia; enfin il croit avoir perdu tout espoir.

Tout-à-coup on entend un grand bruit : l'équipage du vaisseau de Dorval, poursuivi par les Indiens, vient se ranger autour de son capitaine. Tamar est à la tête des sauvages, lorsque Dorval lui adresse des paroles de paix : bientôt le calme renaît, et Tamar invite les Français à se joindre à lui pour aller arracher à l'équipage du vaisseau espagnol, avec lequel celui des Français est arrivé, la malheureuse Lisia qu'on enlève. Un prêtre, dit-il, l'a reconnue pour Isabelle, fille de don Fernand; il l'a dit à tous ceux qui l'entouraient. Alors ce cri général se fait entendre : Courons la délivrer! En un instant, Dorval rassemble ses soldats et ses matelots, auxquels se joignent les Indiens : bientôt on atteint les Espagnols, et l'on arrache Lisia d'entre leurs mains. Dorval, son époux, et Tamar, son père adoptif, la rendent à Zima; enfin, ils se disposent à retourner en Europe, pour y goûter désormais un bonheur acheté par quinze ans de peines et de chagrins.

Il y a trop de récit et pas assez d'action dans cette pièce; cependant elle a obtenu un assez grand succès : la musique, sur-tout, fut très-applaudie.

LISIDORE ET MONROSE, opéra en trois actes, paroles de M. Monnet, musique de M. Scio, au théâtre de la rue Feydeau, 1792.

Le sujet de cette pièce est puisé dans les nouvelles de d'Arnaud, et le même que celui déjà traité par M. Monvel, sous le titre de *Raoul de Créqui*. Au dénouement près, cet ouvrage a beaucoup de ressemblance avec *Richard Cœur-de-Lion*, et avec les deux *Lodoïska*; il y a néanmoins de l'intérêt dans cette pièce, et des tableaux déchirans qui ont coutume de faire fortune au théâtre.

LISIMACHUS, tragédie de Brueys, imprimée dans ses œuvres.

Cette pièce n'obtint pas les honneurs de la représentation.

Lisimachus, malgré les promesses et les menaces d'Alexandre, refuse de lui rendre les honneurs divins, surmonte tous les périls où l'expose la fureur du monarque, et parvient à le faire revenir de son aveuglement; pour prix de sa courageuse résistance, Alexandre comble Lisimachus de ses bienfaits. L'odieux projet du favori d'Alexandre, nommé Cléon, qui veut perdre Lisimachus, et que ce dernier immole à sa juste vengeance, l'amitié toujours intrépide de Ptolomée pour le héros malheureux, les allarmes de la jeune Arsinoée, princesse aimée d'Alexandre, mais fidèle et tendre amante de Lisimachus, qu'elle est toujours sur le point de voir immoler; tels sont les ressorts vraiment tragiques qui font mouvoir l'action de cette pièce. Quoiqu'en général le coloris de Brueys ne soit pas celui d'un grand tragique, il offre de très-grands tableaux dans quelques scènes de situation. On peut en juger par le morceau suivant. Lisimachus, pressé par Alexandre de l'adorer comme un dieu, lui répond:

« Ces Dieux vous ont rendu triomphant à la guerre;
» Ils ont mis en vos mains l'empire de la terre :
» Pour eux, ils ne se sont réservés que les cieux,
» Et vous voulez, Seigneur, vous en prendre à ces Dieux !
» Je l'avouerai pourtant, l'invincible Alexandre
» Aux honneurs qu'il leur rend, doit quelque jour s'attendre.
» Vous serez, il est juste, au rang des immortels ;
» Mais un héros vivant n'eût jamais des autels.
» Cette immortalité dont la gloire est suivie,
» Ne vient qu'après le cours d'une brillante vie ;
» Et cet honneur divin, quand on l'a mérité,
» Est toujours un présent de la divinité, etc. »

LISIMÈNE, ou LA JEUNE BERGÈRE, pastorale en cinq actes, en vers, par Boyer, 1672.

Célimène, mère de Lisimène, voulant la contraindre d'épouser Silène, fils de Dorilas, lui défend de songer à Licaste, dont elle est éprise. Ce Licaste n'est autre que Télamire, sœur d'Ergaste, et amante de Silène, qui s'est travestie en berger, pour traverser son mariage avec Lisimène. Elle y réussit, puisque, sous ce déguisement, elle inspire de l'amour à sa rivale, assez fortement pour la faire consentir à se laisser enlever. Heureusement, la reconnaissance du sexe de Télamire dissipe tous les soupçons. La constance de cette fille est couronnée par son himen avec Silène; et Lisimène, un peu confuse de sa méprise, accepte la main d'Eraste.

LISIMÈNE, ou L'HEUREUSE TROMPERIE, tragi-comédie, par Bois-Robert, 1633.

Pyrandre, simple gentilhomme, aime Lisimène, fille du roi de Thrace, et en est aimé. Orante, fille du roi d'Albanie, devient amoureuse de Pyrandre, et, par un billet, lui donne un rendez-vous pour la nuit suivante, dans sa chambre. Pyrandre, qui n'aime point cette princesse, communique sa lettre à Porixène, fils du roi de Thrace, qui est éperdument amoureux d'Orante, et qui prie Pyrandre de répondre à la lettre d'Orante, afin que, sous son nom, il puisse s'introduire dans la chambre de cette princesse. Pyrandre fait ce que Porixène lui ordonne. Orante montre à Lisimène la réponse de Pyrandre. Cette dernière, pour se venger de la prétendue infidélité de son amant, avertit Araxe, fils du roi d'Albanie, de l'amour d'Orante et de Pyrandre. Araxe fait investir la maison d'Orante, et bientôt, à la tête de ses gardes, il fait enfoncer les portes de l'appartement de la princesse d'Albanie. Porixène se sauve ; mais comme on croit que c'est Pyrandre, on court chez ce dernier, et il est arrêté chez lui. Porixène, qui apprend le danger que Pyrandre court pour lui, avoue au roi d'Albanie la tromperie qu'il a faite à sa fille. Ce secret découvert, désabuse Lisimène de son erreur, et prouve l'innocence de son amant. Tout se termine par la reconnaissance de Pyrandre pour le véritable fils du roi d'Albanie, et Araxe pour celui d'un juge criminel; Pyrandre épouse Lysimène, et Porixène, Orante.

LISISTRATA, ou les ATHÉNIENNES, comédie en un acte, mêlée de vaudevilles, imitée d'Aristophane, par M. Hoffmann, à Feydeau, 1801.

Les représentations de cette comédie furent provisoirement suspendues par ordre..... M. Hoffmann, plus puissant que l'ordre, retira sa pièce, et la suspendit définitivement. Quelques dévots journalistes, dont la louable habitude est de crier haro sur les auteurs et leurs ouvrages, soulevèrent le voile répandu sur celui de M. Hoffmann, et le signalèrent comme un modèle d'indécence et d'immoralité. Quant à nous, qui n'avons pas l'œil aussi perçant que ces messieurs, nous n'avons rien aperçu dans ce joli tableau qui puisse effaroucher leur zèle. Il n'est guère possible de trouver un coloris plus frais, plus agréable, plus délicat et plus ingénieux; c'est, en un mot, un modèle d'esprit et de graces. Tous les couplets sont si favorablement amenés, qu'il serait impossible de leur trouver une autre place; ils sont si bien imaginés qu'il serait également impossible de leur en substituer de meilleurs. Au surplus, en voici l'analyse.

Les Athéniennes s'ennuient d'une guerre qui les prive de leurs maris, depuis plusieurs années; elles emploient toutes les ressources de l'imagination pour faire finir cette guerre, et pour posséder leurs maris. Lisistrata leur propose un moyen; c'est de s'armer de rigueur; c'est de se refuser aux caresses de ces guerriers, de leur être cruelles, enfin, jusqu'à ce qu'ils aient fait une paix solide et durable. Ce projet sourit à ces dames, et toutes s'engagent, par serment, à l'exécuter. Merion, mari de Lisistrata, instruit de ce complot, le déjoue par un moyen extrêmement comique : il affecte autant de froideur que sa femme a juré d'en avoir pour lui. Celle-ci se dépite de ne pouvoir signaler sa résistance; l'amour-propre offensé fait oublier le serment; elle devient aussi tendre qu'elle devait être cruelle, et elle finit par demander un seul baiser au mari à qui elle devait le refuser.

Pour un baiser,

Lui dit-elle,

Crains-tu de paraître coupable?
Un seul baiser,
Ingrat, peux-tu le refuser?

Tu le veux, j'y consens, répond le mari; Dieux et Déesses,

fermez les yeux. Dans ce moment, les Athéniennes arrivent, trouvent Lisistrata parjure, et veulent la punir. Alors, Merion leur annonce que la paix est signée, et qu'elles sont dégagées de leurs sermens. Allons, ajoute-t-il, allons au temple en rendre graces aux Dieux. Enfin, Lisistrata chante ce couplet, qui fut aussi vivement que justement applaudi.

> D'un vainqueur l'on chante la gloire ;
> Mais que l'on aime le guerrier,
> Qui, dans le champ de la victoire,
> Fait croître et fleurir l'olivier !
> Si son bras étonnait la terre,
> Sa main la couvre de bienfaits......
> Honneur à qui fait bien la guerre,
> Amour à qui fait bien la paix.

LISLE (Louis François de LA DREVETIÈRE de), auteur dramatique, né en Dauphiné, mort à Paris en 1756.

Avec beaucoup de talent pour le genre dramatique, il a été peu connu des gens du monde qu'il fuyait. Ses pièces, parmi lesquelles on en compte plusieurs qui lui font honneur, sont : *Arlequin Sauvage*, *Timon le Misantrope*, le *Banquet des sept Sages*, le *Banquet ridicule*, le *Faucon*, les *Oies* de Bocace, le *Berger d'Amphrise*, *Arlequin astrologue*, *Arlequin Grand-Mogol*, le *Valet auteur*, les *Caprices du cœur et de l'esprit*, *Danaüs*, et *Abdilly*.

LITOTE (la), ou DIMINUTION, est un trope par lequel on se sert de mots, qui, à la lettre, paraissent affaiblir une pensée dont on sait bien que les idées accessoires feront sentir toute la force. On dit le moins, par modestie ou par égard ; mais on sait bien que ce moins réveillera l'idée du plus. Quand Chimène dit à Rodrigue : *Va , je ne te hais point*, elle lui fait entendre bien plus que ces mots ne signifient dans leur sens propre.

LOAISEL DE TRÉOGATE (M.), auteur dramatique, 1810.

Cet auteur jouit d'une assez grande réputation au boulevard, où il a donné la *Forêt Périlleuse*, le *Grand Chasseur*, ou l'*Isle des Palmiers*, et *Adelaïde de Bavière*, mélodrames. Nous avons encore de lui une comédie intitulée les *Bizarreries de la Fortune*, qui fut représentée avec peu de succès.

LOCATAIRE (le), opéra-comique en un acte, par M. Sewrin, musique de M. Gaveaux, à Feydeau, 1800.

Un jeune officier, nommé Isidore, est logé chez M. Ormond, oncle d'Apolline ; mais bientôt ennuyé de son appartement, ou plutôt de sa prison, c'est ainsi qu'il le nomme, il donne congé, puis reçoit quittance, et se dispose à partir. Cette circonstance est d'autant plus agréable à Ormond, qu'il ne savait où loger Sauvageot, fils d'un procureur de Montfort, qui doit arriver le jour même, et qu'il destine à sa nièce. Dans ces entrefaites, Apolline arrive, et reconnaît Dericourt, le compagnon, l'ami de son enfance. Alors les amans ne pouvant mieux faire, se parlent des yeux ; et Apolline demande à son oncle, si *c'est le prétendu....* ; ce mot instruit Isidore, et lui fait sentir l'embarras de sa situation. Cependant Apolline sort, et laisse son amant avec son oncle. Isidore emploie tous les moyens possibles pour déterminer Ormond à lui rendre l'appartement, mais il est inflexible : comment faire ? Isidore feint une indisposition subite, et tandis que Ormond va lui chercher des secours,

Apolline, qui a tout observé, accourt : les amans profitent de son absence pour renouveller le serment d'aimer ; mais Ormond reparaît, tenant un flacon à la main, cesse d'être dupe du stratagême, et ordonne à Isidore de se retirer. Celui-ci feint de lui obéir ; mais au lieu de sortir, il s'enfonce dans un corridor, et s'y tient caché. D'un autre côté, Apolline rentre dans son appartement, où Ormond, après avoir fermé la porte aux verrouils, va la rejoindre, pour la disposer, dit-il, à bien recevoir Sauvageot. Isidore alors revient, s'empresse d'ôter les verrouils qu'Ormond a tirés, met ceux de la porte par laquelle il est sorti pour aller chez Apolline, et devient ainsi maître du champ de bataille. Sûr de n'être pas surpris par l'oncle, il écrit une lettre à la nièce sans savoir par quel moyen il la lui fera parvenir : cette lettre est à peine achevée, que le portier frappe à la porte du fond ; il a, dit-il, quelque chose de très-important à communiquer au sujet d'Apolline et d'Isidore. Tout-à-coup ce dernier endosse la robe de chambre d'Ormond, se couvre la tête de son bonnet de velours, met ses lunettes, etc.... ; ainsi déguisé, il ouvre. Le portier lui donne une lettre d'Apolline qu'il a été chargé de remettre à Isidore. Ce dernier saisit l'occasion, met son billet dans celui qu'il reçoit, et l'envoie par le même courrier. Cependant Sauvageot arrive, et Isidore le reconnaît pour un poltron, avec qui il a eu un différend à Montfort. Décidé à tout, il jette la robe de chambre bas, et dit à son rival, qui lui demande à parler à Ormond, qu'il est le neveu de ce dernier. Sauvageot, lui-même, reconnait Isidore, et lui fait part en tremblant du motif de sa démarche ; Isidore, feignant de n'y pas croire, déclare, à son tour, qu'il est l'amant d'Apolline, et qu'il saura bien chasser M. Sauvageot, s'il a l'audace de se présenter. Alors, dégoûté du mariage, ce prétendu finit par promettre de servir son rival, qui se retire pour aller se concerter avec son amante ; mais déjà Ormond et Sauvageot sont en présence. Celui-ci se répand en reproches, assure qu'il ne veut plus épouser Apolline, et l'engage à la marier avec son neveu. Ce langage est une énigme pour Ormond ; mais Isidore, d'un côté, et Apolline de l'autre, arrivent et lui en donnent le mot. Enfin, l'amabilité et l'esprit d'Isidore l'emportent sur la rudesse et l'ignorance de Sauvageot, et Ormond dit à Dericourt :

Vous resterez mon locataire.

Cet ouvrage plaît par sa gaieté, par la vivacité et le naturel du dialogue, et par la rapidité des scènes. La musique est simple et chantante, comme toute celle que l'on connaît de ce compositeur.

LODOISKA, comédie-héroïque en trois actes, par M. Fillette-Lauraux, musique de M. Chérubini, au théâtre Feydeau, 1791.

Le sujet de cette pièce est tiré d'un épisode du roman de *Faublas*.

Le comte de Floreski allait être heureux, mais obligé d'assister à la diète, il a voté en faveur d'un prince qui déplaisait au père de son amante ; il a perdu son amitié, et avec elle tout espoir à la main de Lodoiska. C'est peu de lui retirer sa parole, Altano éloigne secrètement sa fille, et la confie à Dourlinski, chez qui elle est depuis long-tems, et où elle est en butte aux persécutions d'un tyran. Cependant Floreski a déjà parcouru toute la Pologne sans avoir pu découvrir la retraite de Lodoiska. Conduit par le hasard, il se trouve, avec son fidèle serviteur Varbel, sur les confins de la Russie, dans une forêt où est situé le château de Dourlinski; et là, ils sont rencontrés par une horde de Tartares qui leur enlèvent leurs chevaux; ils ne se tirent de ce mauvais pas qu'à la faveur des ténèbres; mais ils ne sont pas hors de danger. En effet, Titzikan, chef de ces Tartares, accompagné d'un de ses soldats les rencontre, et les somme de rendre leurs armes. Ils s'y refusent, et bientôt s'engage un combat, dans lequel Titzikan est désarmé par Floreski. Le Tartare demande la vie à son vainqueur, et l'obtient de sa générosité. Dans ce même moment, toute la troupe accourt le sabre à la main. Titzikan les arrête et s'acquitte ainsi envers Floreski; enfin, il jure, et fait jurer à ses compagnons de tout entreprendre pour le nouvel ami que le hasard vient de lui procurer. Il ne craint pas de lui avouer ses projets: Je ne viens point, lui dit-il, en pillard, en dévastateur, je viens délivrer cette contrée du tyran qui l'opprime; je viens venger ce pays, et me venger moi-même de Dourlinski. Quoiqu'il en soit, il quitte Floreski, et le laisse seul avec Varbel. Ceux-ci, que la faim tourmente, se disposent à manger; et, pour le faire plus commodément s'asseyent sur un banc qui se trouve là fort à propos. Mais tandis qu'ils font des réflexions sur la singularité de cette dernière aventure, et sur l'étrange conduite de ces Tartares, une pierre, lancée de la tour du château, tombe près d'eux: craignant qu'une autre ne leur tombe sur la tête, ils vont s'asseoir sur un banc un peu plus éloigné; ils y sont à peine posés, qu'il tombe une seconde pierre. Ceci ne paraît pas naturel à Floreski; il jette les yeux sur la première, et y trouve ces mots: *Est-ce vous, Floreski ?* Aussitôt Varbel ramasse la seconde et la remet à son maître, qui y lit: *C'est toi.... je te reconnais.... délivre la malheureuse Lodoïska, mais sois prudent.* Dès-lors, ne prenant conseil que de son amour et de son désespoir, Floreski se décide à pénétrer dans le château, pour sauver son amante ou périr avec elle. Il parvient à s'y introduire, mais désarmé. Voyons maintenant ce qui va se passer dans l'intérieur du château, où la scène est transportée. Dourlinski vient faire un nouvel, mais inutile effort, auprès de Lodoiska. Fatigué de sa résistance, et furieux de ses mépris, il la fait enfermer de nouveau dans le lieu le plus secret de la tour, et défend à ses gardes, sous peine de la vie, d'indiquer le lieu qui va la receler. Comme ils devaient s'y attendre, Floreski et Varbel sont amenés devant lui ; il les interroge et les observe soigneusement. Alors Floreski lui répond, que lui, et Varbel, qu'il fait passer pour son frère, appartenaient au prince Altano; que ce prince, en mourant, ayant déclaré à son épouse que Lodoiska était chez lui, la mère de cette dernière les envoyait pour lui redemander sa fille; mais c'est trop s'appesantir sur tous ces menus détails. Les tyrans, comme on sait, sont inquiets et soupçonneux, et l'homme vertueux, quand il s'agit de feindre, est timide et mal-adroit : c'est ce qui arrive dans cette circonstance. Dourlinski fait épier son rival, et parvient enfin à le trouver en défaut. Celui-ci cesse de se contraindre et se découvre. Dans le nombre des projets qu'enfante son imagination, il en est un qui sourit à l'ame atroce de Dourlinski ; il fait venir Lodoiska, et lui montre Floreski en sa puissance. Il la menace d'immoler son amant sous ses yeux, si elle ne consent pas à lui accorder sa main. Lodoiska hésite, chancelle ; mais Floreski la rassure : enfin, ces amans le bravent dans cet instant encore, où le glaive de la plus affreuse vengeance suspendu sur leurs têtes, est prêt à les frapper. Les choses en sont là quand le canon se fait entendre. Forcé de courir à la défense de son château, Dourlinski fait reconduire Lodoiska dans la tour, et laisse Floreski sur la scène. Bientôt les Tartares se rendent maîtres du château, dont la majeure partie est déjà tombée sous l'effort des boulets. Enfin, Titzikau retrouve Floreski, et devient son vengeur et le libérateur de Lodoiska.

Tel est le fonds de cette pièce, dans laquelle on trouve des situations intéressantes, mais un style extrêmement faible; les vers sont de mauvaise prose mal rimée. La musique est ravissante, elle est sublime: un style large, des masses admirables, un orchestre profond, une verve étonnante, une originalité extraordinaire, de grands traits, en un mot, voilà ce qu'elle nous offre et ce qui justifie l'enthousiasme du public, qui, lors des représentations, se levait à chaque morceau pour applaudir son immortel auteur.

LODOISKA, ou LES TARTARES, comédie en trois actes, en prose, mêlée d'ariettes, par Dejaure, musique de M. Kreutzer, aux Italiens, 1791.

Le sujet de cette pièce est le même que celui de la précédente; mais il fut infiniment mieux traité par Dejaure qu'il ne l'avait été par M. Fillette-Lauraux. Celle-ci est assez bien écrite; celle-là l'est fort mal. Quant à la musique de ces deux pièces, les connaisseurs savent à quoi s'en tenir. Revenons au poëme. Dans celui-ci, les Tartares sont ce qu'ils doivent être, et ce qu'ils sont en effet; des pillards, des brigands dévastateurs qui profitent des troubles de la Pologne pour y faire des excursions, et s'enrichir des dépouilles des malheureux habitans. Qui le croirait? il existe de l'honneur et même de la grandeur d'âme chez ces Tartares. Titzikan, comme dans la pièce précédente, est désarmé par l'amant de Lodoiska, qui lui accorde la vie; de même aussi Lowinski, s'introduit dans le château de Boleslas; mais ici il parvient à lui en imposer, au point qu'il ne serait pas reconnu sans l'arrivée de Lupawski, père de Lodoiska. Tous les trois deviennent victimes de Boleslas : comme dans cette pièce encore, les Tartares donnent l'assaut et s'emparent du château. Boleslas vaincu y fait mettre le feu, dans l'intention de périr, et de faire périr avec lui Lodoïska et son père; mais ce dernier est retiré des flammes par Titzikan, et Lodoïska en est arrachée par Lauwinski. Enfin, Lupawski, qui jusque là était demeuré inflexible, unit les deux amans.

Dans ces deux opéras, c'est un incendie avec écroulement, explosions et dépendances qui fait le principal coup de théâtre; c'est aussi lui qui fit en quelque sorte les succès de ces deux ouvrages, d'ailleurs très-romanesques. Un dame émerveillée de quelques situations, disait, en sortant de la représentation de ce dernier: *Il y a du pathétique dans cet opéra : j'ai senti….. Ma foi*, répartit un plaisant, *moi, je n'ai senti que la fumée.*

LOI D'ACCORD AVEC LA NATURE (la), comédie en un acte, en vers, par M. Deschamps, au théâtre Français, 1794.

Agathe est recherchée par Valcourt, jeune fat, qui vient d'hériter d'un oncle très-riche; mais Agathe ne l'aime point : elle avoue à son amie Ursule, ex-religieuse, qu'elle aime Dorval, jeune peintre, qu'elle n'a vu qu'à travers ses croisées; Ursule, de son côté, aime Després, frère de Dorval. Dorval et Després sont frères; mais le premier est fils de l'amour, et ruiné par la mort imprévue de son père, qui est justement l'oncle de qui Valcourt vient d'hériter. Agathe ayant demandé Dorval pour faire son portrait, l'artiste timide arrive; mais comme il demeure en face de la maison d'Agathe, il a déjà fait le portrait à son insu : pendant qu'il feint de la peindre, l'obligeante Ursule chante une romance de la composition de Dorval, dans laquelle il exprime le bonheur dont jouit un amant qui possède le portrait de sa maîtresse ; c'est l'histoire de Dorval. Bientôt Ursule s'apperçoit qu'il a entre les mains le portrait de son amie. Alors, Dorval avoue que c'est un larcin, et veut le rendre à Agathe, qui lui répond, en l'invitant à le garder :

C'est le fruit de votre art, il ne m'appartient pas.

Cependant Després a vu, dans un journal, le décret qui appelle les enfans naturels au partage des successions; et, à l'instant, il a été trouver un notaire, celui-ci, vient signifier à Valcourt la loi bienfaisante qui le force à rendre son héritage au fils de son oncle. Valcourt, désespéré de cet événement, se retire : enfin Ursule donne sa main à Després, et Agathe épouse l'héritier Dorval, qui jouit du bienfait d'une loi, qui se trouve si bien d'accord avec la nature.

Cet ouvrage est très-moral, et est écrit avec beaucoup de soin.

LONGEPIERRE (Hilaire-Bernard de ROQUELEYNE), né à Dijon, en 1659, mort à Paris en 1721.

Ses traductions en vers français des odes d'Anacréon et de Sapho, des idyles de Moschus, de Bion et de Théocrite, sont au-dessous de l'attention d'un lecteur délicat, qui, néanmoins, n'en doit pas mépriser les remarques. Il a composé aussi un parallèle de Corneille et de Racine ; mais ce qui en résulte de plus clair, c'est qu'avec un jugement peu sain, un goût médiocre, un style lourd, incorrect et diffus, il n'aurait pas dû prendre sur lui de juger du mérite de ces deux poëtes.

Longepierre s'est fait un nom dans le genre dramatique, par trois tragédies: *Médée*, *Électre*, et *Sésostris*. La première, quoiqu'inégale et remplie de déclamations, a été conservée au théâtre. Ces trois pièces sont dans le goût de Sophocle et d'Euripide ; mais Longepierre ne connaissant pas notre théâtre, et travaillant mal ses vers, est bien loin d'égaler ses modèles par la beauté de l'élocution. Il n'a pris d'eux que la prolixité des lieux communs, et le vide d'action et d'intrigue. Les défauts l'emportent tellement sur les beautés qu'il a empruntées des Grecs, qu'on dit à la représentation de son *Electre*, que c'était une statue de Praxitèle, défigurée par un moderne. On assure que cet auteur aurait voulu retirer tous les exemplaires de ses traductions pour les supprimer ; il sentait apparemment la vérité de cette épigramme de Rousseau :

> Longepierre le translateur,
> De l'antiquité zélateur,
> Ressemble à ces premiers fidèles
> Qui combattaient jusqu'au trépas,
> Pour des vérités immortelles,
> Qu'eux-mêmes ne comprenaient pas.

LORD ANGLAIS ET LE CHEVALIER FRANÇAIS (le), comédie en un acte, en vers, par Imbert, aux Italiens, 1779.

Madame de Merville, jeune veuve, est aimée d'un lord plein d'enthousiasme pour sa patrie, et de haine pour la nation française. Un Français, homme de qualité, brûle aussi pour elle de l'amour le plus tendre. Malheureuse dans son premier himen, elle ne veut s'engager que lorsqu'elle aura trouvé un homme qui ait assez de vertu pour devenir l'ami le plus vrai, s'il cesse un jour d'être amoureux : en conséquence, elle veut éprouver ses deux amans, et les engage l'un et l'autre à servir un vieux soldat, sans famille, sans secours, et réduit à la plus affreuse misère. Le lord, croyant que le soldat est Anglais, consent d'abord à le protéger; mais il y renonce tout-à-coup, quand on lui fait soupçonner qu'il peut être né en France. Le chevalier français, au contraire, persuadé que le vieillard est Anglais, ne balance pas à le servir de sa bourse et de son crédit, parce qu'il est malheureux. Madame de Morville, rebutée par la morgue insultante du lord, sensible à la franchise, à la loyauté et à la tendresse du chevalier, congédie le lord, et donne sa main à son rival.

Cette pièce manque d'action, et le succès en a été peu brillant; mais le style est piquant, ingénieux, et mérite des éloges.

LOSME DE MONTCHENAY (Jacques de), fils d'un procureur au parlement de Paris, mourut au mois de juin 1740, âgé de soixante-quinze ans. Il s'était distingué par plusieurs imitations de Martial, qui sont estimées. Ses comédies sont intitulées : la *Cause des Femmes*, la *Critique de cette pièce*, le *Grand Sophi*, le *Phénix*, et les *Souhaits*.

LOTERIE (la), comédie en un acte, en prose, par d'Ancourt, aux Français, 1697.

Sbrigani, Napolitain d'origine, et fripon de son métier, est parvenu à duper tout Paris, sous l'appas d'une loterie. Le gain qu'il y fait le détermine à rompre avec Eraste, à qui sa fille, Marianne, était promise. Eraste, dans un moment de tumulte, s'introduit chez sa maîtresse. L'arrivée de Sbrigani l'oblige à se cacher dans un coffre de la Chine; mais ce coffre est au nombre des premiers lots. Un financier, qui a saisi le prétexte de la loterie, pour en faire présent à une femme, obligé de prendre des précautions, arrive, fait ouvrir le coffre, et y trouve Eraste, son neveu. Il écoute les raisons de ce dernier, et oblige Sbrigani à lui tenir parole. Ce canevas est très-inférieur aux scènes détachées qui l'accompagnent.

Un Italien, nommé Fagnani, s'était établi à Paris, à titre de marchand brocanteur. Au bout de quelques années, cet aventurier obtint la permission de faire une loterie de ses effets, à raison d'un écu par billet. Pour engager le public à y mettre, il annonça que chacun de ses billets porterait un lot. Cette promesse captieuse eut tout l'effet que Fagnani s'en était promis, et la loterie fut remplie en fort peu de tems. Il tint parole à la vérité, mais les trois quarts et demi de ses lots étaient de pures bagatelles, et les gros lots tombèrent à des inconnus, ou, pour mieux dire, Fagnani les partagea avec eux. Ce fut sur cet événement que Dancourt bâtit sa comédie de la *Loterie*, où Fagnani, sous le nom de Sbrigani, n'est pas épargné.

Cette pièce eut un grand succès, car la plupart des spectateurs se divertissaient à voir représenter une aventure dont ils avaient payés les dépens.

LOT SUPPOSÉ (le), ou LA COQUETTE DU VILLAGE, comédie en trois actes, en vers, par Dufresny, aux Français, 1715.

Le succès de cette comédie ne s'est point démenti. On aime à voir la jeune Lisette profiter si bien des leçons de la veuve, qui est prête à lui enlever son amant. On retrouve, on reconnaît, dans Lucas, tout l'orgueil d'un rustre nouvellement enrichi, ou du moins qui croit l'être. On applaudit à la ruse de Richard, qui met très-bien à profit ce moment d'ivresse qu'il a occasionné. Lucas, qui ne veut plus être que propriétaire, cède à Gérard tous ses titres de fermier, et par là, bientôt, se trouve obligé de lui donner sa fille. Les vers de cette comédie répondent agréablement à l'intrigue.

LOUISE ET VOLSAN, comédie en trois actes et en prose, aux Italiens, 1790.

Le sujet de cette comédie est tiré d'un épisode du *Père de Famille*, drame allemand, publié il y a un certain nombre d'années par M. Friedel, et dont il a paru, en 1787, une imitation en vers, sous le titre des *Embarras du Père de Famille;* mais l'auteur n'a emprunté de son modèle, que ce qui lui était nécessaire pour offrir à la jeunesse un tableau effrayant des égaremens auxquels l'imprudence peut quelquefois l'entraîner.

Volsan, fils d'un comte très-riche, a séduit, par des dehors heureux et par une promesse de mariage, la fille d'un peintre qui lui donnait des leçons de son art. Louise, c'est ainsi qu'elle se nomme, jeune, sensible et sans expérience, ignorant qu'on peut tromper, s'est rendue à son amant, et porte dans son sein un gage de la tendresse qu'il lui a jurée. Volsan, revenu de son ivresse, envisage avec effroi les suites d'un engagement qui ne s'accorde, ni avec son rang ni avec les places auxquelles il a droit de prétendre. Ses craintes sont bientôt réalisées; en effet son père lui annonce qu'il a formé le dessein de l'unir à une de ses cousines. Volsan, ne pouvant se résoudre à abandonner Louise, révèle au comte une partie de son secret. Le bon père, persuadé que son fils a respecté celle qu'il aime, l'engage à rompre honnêtement une liaison qu'il regarde comme une simple galanterie.

Louise, informée de ce qui se passe, est réduite au plus affreux désespoir; n'osant pas se confier à son père, qui est dans une sécurité parfaite sur son compte, et ne sachant à qui avoir recours, elle va se jeter aux pieds de la personne qu'on veut faire épouser à son amant, et la conjure de le lui rendre. Là, elle trouve le père de Volsan, qu'elle n'a jamais vu; et, par le récit ingénu de ses peines, elle l'intéresse en sa faveur. Le comte, apprenant que Louise est sur le point d'être mère, abjure tous ses préjugés, pour n'écouter que l'honneur, et l'unit à son fils, par la raison qu'avant tout il faut être honnête homme.

Quoiqu'en général cet ouvrage manque d'énergie du côté du style, les situations touchantes qu'il renferme lui ont mérité les plus grands applaudissemens.

LOUIS IX EN ÉGYPTE, opéra en en trois actes, par MM. Guillard et Andrieux, musique de M. Lemoine, à l'Opéra, 1790.

Cet opéra offre des situations intéressantes; la principale est celle de Louis IX près d'être massacré par des assassins qui ont promis sa vie au soudan; mais bientôt l'ascendant de la vertu l'emporte sur le crime, et, ceux même qui allaient attenter à sa vie, jettent leurs poignards : enfin, on annonce la mort du soudan, et les Mamelucks offrent sa couronne à Saint-Louis, mais il la refuse, etc.

LOUIS XII, PÈRE DU PEUPLE, tragédie en trois actes, en vers, par Ronsin, aux Français, 1790.

L'auteur nous présente Louis XII à son retour d'Italie, s'occupant de réparer les désordres survenus dans ses Etats, sous un ministre oppresseur, etc.

Toutes ces pièces, nées de la révolution, ont éprouvé le choc des événemens. Tristes enfans du désordre et du renversement des principes, honteux d'avoir vu le jour, ils cachent leur hideuse figure, et tremblent qu'une main hardie vienne soulever le voile qui les couvre; mais il y aurait autant de lâcheté que de perfidie à troubler leur repos, et l'on doit avoir pour eux les égards dûs au malheur. Jusqu'ici, nous n'avons rien dit qui puisse les allarmer : nous ne cesserons pas d'être généreux, et nous leurs conserverons toujours une bienveillante discrétion. Infortunés proscrits ! soyez heureux, si vous pouvez l'être dans vos sombres retraites ; restez en paix dans vos galetas, nous n'irons jamais vous y chercher. Puisse tout le monde être indulgent, et vous pardonner vos funestes égaremens !

LOUIS XIV ET LE MASQUE DE FER, ou LES PRINCES JUMEAUX, tragédie en cinq actes, en vers, par Legrand, au théâtre Molière, 1791.

On a tant et si diversement parlé du prisonnier au masque de fer, que l'on ne sait à quoi s'en tenir sur son compte. Ici, on le suppose frère jumeau de Louis XIV, et victime de la politique de Mazarin, le plus astucieux de tous les ministres. L'auteur feint, qu'en mourant, Mazarin confia ce secret à Louvois, qu'il chargea d'en instruire le roi, en lui recommandant de réparer son crime. Louvois, au bout de trente ans, s'avise de parler à Louis du malheureux prisonnier au masque de fer, et lui inspire le désir de le voir ; en un mot, de savoir pourquoi il est prisonnier depuis si long-tems, et pourquoi il est masqué. Louvois reçoit l'ordre de le faire venir, et l'exécute sur-le-champ. La scène s'ouvre à l'arrivée du prisonnier. Le monarque a une conférence avec son ministre, qui lui apprend l'histoire du masque de fer. Louis le voit, lui parle, et le reconnaît pour son frère. Toujours irrésolu, sans cesse combattu par la nature et son intérêt, cédant tour-à-tour à l'un ou à l'autre, Louis se montre généreux ou barbare, selon que les différens personnages qui figurent dans cette tragédie lui inspirent l'un ou l'autre de ces sentimens.

La raison d'état finit par l'emporter; Louvois triomphe, et cette intéressante victime de la politique, est condamnée par un frère, à finir ses jours à la Bastille.

LOVELACE, drame en cinq actes, et en vers, par M. Lemercier, au théâtre de la Nation, 1792.

« Je connais la maison des Harlowe comme la mienne, a dit autrefois Diderot, en parlant du roman de *Clarisse*; je me suis fait une image des personnages que l'auteur a mis en scène; je les reconnais dans les rues, dans les places publiques, dans les maisons ». L'intrigue de cette pièce est formée des principaux stratagêmes de Lovelace, pour faire tomber dans ses filets la vertueuse Clarisse. L'auteur s'est attaché à conserver les traits les plus remarquables du caractère de ces deux personnages. Enfin, tout le sujet de cette pièce se trouve renfermé dans cette exclamation de Lovelace : *Vanité des deux parts!*...

L'orgueil de la vertu, contre l'orgueil du vice.

C'est ce qui rend ce sujet si moral; car l'orgueil de la vertu élève la nature humaine jusqu'à son auteur, et l'orgueil du vice ne paraît la faire lutter qu'avec les puissances infernales. Enfin, le dénouement, tel qu'on le lit dans Richardson, est à-peu-près mis en action dans les deux derniers actes : il y a de la chaleur et même de la profondeur dans cette partie du drame, qui fut justement applaudie. L'auteur y prouve qu'il sait faire parler aux passions le langage qui leur est propre; il y exprime avec énergie le délire de la malheureuse Clarisse, l'horreur que lui inspire la vue de Lovelace, et l'imperturbable scélératesse de ce dernier personnage.

Quoiqu'il en soit, cette pièce a été froidement accueillie.

LUBIN, ou LE SOT VENGÉ, comédie en un acte, en vers de huit syllabes, par Raimond Poisson, 1661.

Lubin, maîtrisé par sa femme, apprend, enfin, à la mettre à la raison, et reprend chez lui, l'empire que le mari seul doit avoir. Ce changement est l'effet de quelques coups de bâton qu'il sait distribuer à propos, et qui rétablissent l'ordre dans sa maison. Tel est le fonds de cette petite pièce, qui marquait dans l'auteur beaucoup de facilité et de naturel.

LUCE DE LANCIVAL (M.) auteur dramatique, 1810.

Cet auteur, très-avantageusement connu dans la littérature, vient de reproduire, sur la scène française, le sujet de la *Mort d'Hector*. Cette tragédie a obtenu le suffrage du public, et celui, infiniment plus flatteur, de Sa Majesté impériale et royale, qui a daigné en témoigner sa satisfaction à M. Luce de Lancival.

LUCELLE, tragi-comédie en cinq actes, en prose, par Loys-le-Jars, 1576.

Duhamel mit cette pièce en vers, et la donna en 1604. En voici un échantillon. Dans une des scènes, Lucelle dit à Ascagne, son amant :

> Ascagne, approchez-vous ; mettez-vous dans les draps :
> Le serein n'est pas bon pour un homme en chemise.

LUCETTE, comédie en trois actes, mêlée d'ariettes, paroles de M. Piccini, fils, musique de Piccini, père, au théâtre Italien, 1784.

Un jeune marquis veut enlever Lucette, mais son projet ne réussit point. Ensuite il apprend de Colin, un de ses vassaux, qu'il va épouser Lucette, qu'il n'a jamais vue. Il imagine alors d'envoyer chez le p[è]re [d]e Lucette son valet de chambre, sous le nom et les habits de Colin, pour l'épouser à sa place, et il force Colin à suivre son valet, sous le nom et le costume de ce dernier. Mais celui-ci ne feint d'obéir, que pour mieux servir Lucette et Colin, dont le mariage termine la comédie.

Cette pièce n'est pas mieux conçue que traitée, et le double déguisement, que le marquis croit utile à ses vues de séduction, n'a pas séduit le public.

LUCETTE ET LUCAS, comédie en un acte, mêlée d'ariettes, par M. D. L., musique de mademoiselle Dezède, aux Italiens, 1781.

Ici, tout le monde se cache. Lucette fait cacher Lucas, de peur d'être surprise par Simonne, sa marraine, ainsi qu'un nigaud, nommé Bertrand, de peur qu'il ne parle trop. Lucette se cache elle-même, pour épier Simonne, laquelle, de son côté, fait cacher un vieux galant, qu'elle est sur le point d'épouser en troisième noces.

Ce qu'on trouve de plus extraordinaire dans cette pièce, dont les paroles sont fort ordinaires, c'est que la musique est l'ouvrage d'une jeune personne de quinze ans.

LUCIE, ou LES PARENS IMPRUDENS, drame en cinq actes, et en prose, par Collot-d'Herbois, 1772.

C'est ici une jeune fille qui, menacée d'un mariage contraire à son penchant, s'enfuit avec son amant de la maison paternelle, et qui obtient ensuite son pardon et le consentement de ses parens.

LUCILE, comédie en un acte, en vers, mêlée d'ariettes, par Marmontel, musique de M. Grétry, aux Italiens, 1769.

La jeune Lucile doit épouser Dorval, et le mariage est sur le point de se faire. On la croit fille d'un gentilhomme, et son union avec Dorval, qui l'est lui-même, se fait du consentement de Dorval, et de celui de la jeune personne. Mais le laboureur Blaise, cru père nourricier de Lucile, vient déclarer qu'elle a été changée en nourrice, et qu'elle est sa propre fille. Cette nouvelle, qui semble devoir rompre le mariage projeté, produit un effet contraire. Dorval n'en aime pas moins la jeune Lucile, et les deux pères sont enchantés de la probité du paysan, qui a fait une déclaration semblable; elle les touche au point d'en faire leur ami, et de passer la conclusion du mariage.

On sent plus le mérite de cette pièce à la représentation qu'à la lecture, parce que le poëme n'est qu'une espèce de canevas pour le musicien, comme devraient être la plupart des ouvrages lyriques. C'est à la musique à développer ce que les paroles ne doivent qu'indiquer.

LUCRÈCE, tragédie de du Ryer, 1637.

Ce sujet est traité par du Ryer, sans aucun changement du fait historique. Sextus, un poignard à la main, demande à Lucrèce le sacrifice de son honneur; mais celle-ci, qui voit que la chose est sérieuse, se défend et s'enfuit dans la coulisse. Bientôt on entend les cris d'une femme, et peu de tems après, Lucrèce paraît en désordre, et apprend aux spectateurs qu'elle vient d'être violée. Cette scène nous peint le théâtre et les mœurs du tems.

LUCRÈCE, tragédie en cinq actes, par M. Arnaud, au théâtre de la Nation, 1792.

L'auteur suppose que Lucrèce aime Sextus, et même le lui fait avouer, ce qui donne quelqu'atteinte à la réputation dont le nom de cette femme réveille l'idée. D'un autre côté, pour rendre dramatique, par une espèce d'opposition, la situation de Collatin, mari de cette femme célèbre, il en fait un partisan de la royauté, tandis que le fils du roi ne songe qu'à imprimer le déshonneur sur son front. Ce qui rend ce dernier moins odieux, sans doute, ce sont les violens transports dont il n'est pas maître; mais la manière dont l'auteur amène le fait principal, quoique puisée en partie dans l'histoire, a excité des murmures. Après des discours qui respirent le délire de la passion, irrité des refus de Lucrèce, Sextus lui déclare qu'il se sent assez de fureur pour poignarder un esclave qui est présent, et pour la joindre elle-même à cette première victime. Il fait aussitôt un geste menaçant; Lucrèce se jette au-devant de l'esclave, et s'évanouit. Enfin Sextus profite de ce moment pour l'enlever entre ses bras.

Le cinquième acte ne remplit pas non plus entièrement l'attente des spectateurs. Lucrèce vient se tuer sur la scène : alors Brutus retire le poignard de son sein, et jure, sur ce fer sanglant, de venger l'innocence et de détruire la tyrannie. Mais la liberté de Rome n'est, pour ainsi dire, montrée qu'en perspective. C'est, d'ailleurs, une règle qui souffre bien peu d'exceptions, que celle de ramener au dénouement les personnages essentiels, pour qu'on soit instruit de leur sort; et, dans cette catastrophe, Sextus ne reparaît pas. Il semble que l'auteur, s'écartant de l'histoire en ce point, aurait pu le faire punir par l'époux outragé, ce qui aurait un peu relevé le rôle de ce dernier personnage.

Il résulte de ces observations que cette tragédie est défectueuse pour la conduite, défaut qui tient beaucoup à la difficulté du sujet; mais on n'en a pas moins reconnu l'auteur de

Marius à Minturnes, pièce qui a obtenu un succès mérité. Plusieurs scènes de cette tragédie marquent le même talent, et peut-être plus d'énergie encore. Le dialogue est brillant et pressé, les pensées grandes, et le style élégant et énergique.

LUCRÈCE, ou L'ADULTÈRE PUNI, tragédie de Hardy, 1616.

Ce sujet n'est point celui qui est si fameux dans l'histoire romaine ; c'est un mari qui trouve sa femme avec un galant ; voici ce qu'il dit avant que de les tuer :

> O cieux ! ô cieux ! la louve à son col se pendant,
> Et de lascifs appas provoque l'impudent ;
> Lui chatouille le sein, lui baisotte la bouche ;
> D'un clin-d'œil au lit l'appelle à l'escarmouche.
> Ma patience échappe, exécrable p.....,
> Tu mourras, à ce coup, tu mourras de ma main.

LUCRÈCE ROMAINE (la), tragédie en cinq actes, par Chevreau, imprimée en 1637.

On rencontre quelquefois de fort bonnes choses dans ces vieilles tragédies, et nos plus grands hommes n'ont pas dédaigné d'y puiser. Qui pourrait croire que l'on trouve dans celle-ci, l'une des plus extravagantes du tems, ces vers que tout le monde se rappellera sans peine ?

> L'inconstante fortune où buttent les humains,
> Tourne aussitôt le dos qu'elle nous tend les mains,
> Et nous pourrions nous voir, par le tour de sa roue,
> Aujourd'hui sur un thrône, et demain dans la boue.

et ceux-ci, qui produisent tant d'effet dans une des plus belles tragédies de Racine ?

> Notre esprit s'entretient en discours superflus ;
> Ils prennent tout le tems, et ne m'en laissent plus.
> Ne nous arrêtons pas à des choses frivoles,
> Témoignons des effets, et non pas des paroles.

Au surplus, voici l'analyse de cette pièce monstrueuse.

Tarquin est devant Ardée, et pousse avec vigueur le siége de cette ville, dont la ruine est nécessaire à la sûreté de Rome. Après avoir fait aux Romains un discours, dans lequel il les engage à seconder ses efforts, il ordonne à Sexte Tarquin, son fils, de partir pour Collatie, et d'instruire la reine, Tullie, du succès de ses armes. Sexte ne s'éloigne qu'à regret ; mais bientôt l'espoir de voir Lucrèce le console, et ce fameux guerrier, qui ne rêvait que gloire, ne pense plus maintenant qu'à séduire la femme de Collatin, son ami, et le plus ferme soutien du trône. Il confie à Maxime son amour pour Lucrèce. Quoi, vous aimez Lucrèce, s'écrie ce dernier :

> O Sexte malheureux !
> Votre propre malheur vous en rend amoureux ;
> Elle est belle, il est vrai ; mais son âme pudique
> Ne saurait endurer un amour si lubrique.

Il lui conseille donc de renoncer au projet de la séduire ; Mais, lui répond Sexte :

> Si Maxime sentait le mal qui me possède !
> Il choisirait la mort, plutôt que ce remède !....

Enfin, Maxime lui représente que l'honneur lui impose la loi de ne point songer à séduire la femme d'un ami, qui expose ses jours pour lui.

> Pensez bien qu'il vous sert, que vous êtes son maître,
> Et qu'en continuant, vous devenez un traître;
> Et que leur couche même, où s'exerce leur foy,
> Serait déshonorée en recevant un roy.

Belle raison, lui répond Sexte, tu trouveras peu de monde de ton avis.

> Beaucoup feignent souvent, sans attirer de blâme,
> De servir le mary, pour visiter la fame.

Après ce long entretien, ils se retirent, et cèdent la place à Collatin, qui ne vient là que pour nous apprendre qu'il envoie Misène, son domestique, à Collatie, pour rassurer Lucrèce, et lui dire que, dût périr tout le peuple romain, et conséquemment lui-même, il la verra le lendemain. Dans cet instant, la trompette sonne, et Collatin vole où la gloire l'appelle. La scène se trouve tout-à-coup transportée à Collatie: c'est faire, comme on le voit, beaucoup de chemin en bien peu de tems; mais n'importe. Sexte renoue son entretien avec Maxime, et devient plus pressant: vainement Maxime cherche à le guérir de sa brûlante passion. Il rétorque ses argumens, et se sert de ses propres armes pour le vaincre : Et, lui dit-il,

> Et toi qui me défend de parler à Lucrèce,
> Tu m'as bien conseillé d'avoir une maîtresse,
> De quitter les combats pour mon contentement,
> Et de vivre avec elle en qualité d'amant.

En effet, il lui a dit, dans l'acte précédent:

> Perdez les sentimens de l'honneur qui vous presse,
> Et ne mourez jamais qu'aux bras d'une maîtresse.

C'est vrai ; mais expliquons-nous, lui répond Maxime :

> J'entends de ces beautés, dont l'humeur est docile,
> Et qui, voyant un prince, auraient l'esprit facile ;
> Mais jamais celle-ci ne faussera sa foy, etc.

Toutes ces raisons, tant bonnes que mauvaises, ne peuvent rien sur l'âme de Sexte. Il prie son confident d'aller trouver Lucrèce, et de la disposer à le recevoir ; et, afin de la rendre plus traitable : Ami, ajoute-t-il, va dire à Lucrèce que son mari est un traître.

> Parais, si tu me veux montrer quelque douceur,
> Le témoin de mon crime, et non pas le censeur.
> Bref, ne saurais-tu, pour achever ma peine,
> De cet objet d'amour faire un objet de haine.

Enfin, Maxime se résout à cette lâcheté ; mais, avant tout, il faut voir la reine. Celle-ci vient fort à propos, et leur évite la peine d'aller au-devant d'elle. Malgré les nouvelles favorables que lui donne son fils, Tullie veut obstinément que tout soit perdu, parce qu'il parle bas à Maxime ; en effet, quoiqu'il vienne de lui dire :

> Madame tout va bien, votre cœur qui soupire
> Ne doit s'entretenir que de sujets de rire.

elle ne voit que des sujets de tristesse. Laissons-la se lamenter ; aussi bien ses ris ou ses pleurs ne font rien à l'affaire. Elle finit pourtant par croire que Tarquin n'a pas été tué ; mais, comme cela pourrait bien lui arriver, elle va conseiller à son mari de ne plus s'exposer davantage. la reine tâche de faire goûter ses raisons à Sexte ; mais celui-ci, d'humeur belliqueuse, n'est pas de son avis. Cependant, l'envoyé de Collatin arrive, et s'acquitte de sa commission. Alors, Cécilie, sa suivante, conseille à Lucrèce de se débarrasser de la tristesse importune qui la rend maussade, et de prendre un air gai. Enfin, lui dit-elle,

> Il est tems de guérir votre extrême douleur ;
> Il faut que votre teint prenne une autre couleur,
> Ranimez vos appas, faites que ce visage
> Lui montre, à son retour, son premier avantage.

L'avis est fort bon ; mais Lucrèce, qui a songé, et qui a vu, dans son rêve, la Déesse d'honneur consumée, et une image qui lui a tendu les bras, et qui a rendu cet oracle :

> Sors du temple, Lucrèce, et, d'un pas assez prompt,
> Répare par ta mort un détestable affront.
> Fais ce que tu pourras, tu seras poursuivie,
> Et tu perdras l'honneur aussi bien que la vie.

Lucrèce, disons-nous, qui a vu toutes ces choses, et beaucoup d'autres semblables, ne saurait être que fort triste. Aussitôt qu'elle a fini de raconter ce rêve, Maxime, comme il en est convenu avec Sexte, vient lui dire que Collatin, dans le dessein de s'emparer du trône, a trahi sa patrie, et qu'il le croit sinon mort, mais bien aventuré ; enfin, qu'il est tombé au pouvoir de Tarquin, qui va probablement le punir de son crime.

Ici, Lucrèce s'évanouit ; alors on la transporte dans sa chambre, où Maxime la suit. La voyant en proie à la plus vive douleur, ce lâche complaisant joue auprès d'elle le rôle de consolateur ; et, tout en ayant l'air de la plaindre, lui conseille d'être sensible à l'amour de Sexte, afin d'intéresser ce dernier en faveur de son mari; mais Lucrèce, qui trouve que ce serait payer ce service trop cher, rejette bien loin la proposition. Bientôt Sexte arrive lui-même. Enfin, après avoir inutilement employé les moyens de douceur, il a recours à la force, et viole Lucrèce en plein théâtre. Lucrèce est violée, et nous n'avons encore parcouru que les trois premiers actes. Voyons maintenant ce qui va se passer, et disons-le en peu de mots. Lucrèce est bien en colère, et, en vérité, elle a sujet de l'être; elle se désole, se désespère, elle a raison; elle veut se tuer, elle a tort: toutefois sa suivante lui représente qu'ayant fait une assez belle résistance, on ne peut lui faire un crime de ce qu'elle a été violée. Lucrèce s'accommode de ces raisons pour un instant, et elle attend, pour se tuer dans les formes, que Collatin, Brute et Lucretio soient arrivés. Ceux-ci apprennent l'aventure, et chassent les Tarquins. Alors, Lucrèce vient elle-même leur raconter son cas, et leur dit, entr'autres choses:

>   Si mon corps est pollu, mon esprit ne l'est pas,
>   Hier je vis dans la nuit ma pudeur immolée,
>   Et pour dire, en trois mots, *Sexte m'a violée.*

Le compte est juste. Enfin, elle les excite à la vengeance, et se tue. Collatin veut en faire autant; mais on lui en empêche: comme il ne savait pas trop ce qu'il faisait, Lucretio parvient aisément à lui faire entendre raison, et le décide à vivre pour venger la mort de Lucrèce.

LULLY (Jean-Baptiste), compositeur de musique, naquit à Florence, en 1633, mourut à Paris en 1687.

Lully fut un homme extraordinaire pour le siècle où il

vivait; avec son génie créateur, il eût été un grand homme dans tous les tems. Avant lui, la basse et les parties du milieu n'étaient qu'un simple accompagnement, et l'on ne considérait, dans les pièces de violon, que le chant du dessus; mais bientôt il fit chanter les parties aussi agréablement que le dessus : il y introduisit des fugues admirables, étendit l'harmonie, et trouva des temps nouveaux, jusque-là inconnus à tous les maîtres. Avec de faux accords et des dissonnances, Lully sut composer les plus beaux endroits de ses ouvrages, où il eût l'art de les placer et de les sauver. C'est lui qui, le premier en France, donna la perfection aux opéra, le plus grand effort et le chef-d'œuvre de la musique. Le caractère de ses compositions est la variété, la mélodie et l'harmonie; enfin, son chant est naturel, doux, insinuant et facile à retenir, pour peu qu'on ait de goût.

Cet artiste étonnant formait lui-même ses musiciens et ses acteurs; mais malheur au violon qui touchait faux : Lully avait l'enthousiasme du génie, et n'était pas le maître de ses mouvemens; son oreille était si fine, que, d'une extrémité du théâtre à l'autre, il le distinguait. Alors, il s'emportait et brisait l'instrument sur le dos du musicien; mais, après la répétition, il l'appelait, lui payait son instrument au-delà de sa valeur, et souvent l'emmenait dîner avec lui. Autant il était violent quand il faisait de la musique, autant il était gai en société; mais excessif en toutes choses, sa gaieté dégénérait souvent en polissonnerie. Molière, qui s'y connaissait, le regardait comme un excellent pantomime, et lui disait souvent: « Lully, fais-nous rire. » Au reste, voici son portrait, que Sénecé nous a tracé, dans une lettre qu'il feignit d'écrire des Champs-Elysées, quelque tems après sa mort.

« Sur une espèce de brancard, composé de plusieurs
» branches de laurier, parut, porté par douze satyres, un
» petit homme d'assez mauvaise mine et d'un extérieur fort
» négligé; de petits yeux bordés de rouge, qu'on voyait
» à peine, et qui avaient peine à voir, brillaient en lui d'un
» feu sombre, qui marquait tout ensemble beaucoup d'es-
» prit et de malignité. Un caractère de plaisanterie était
» répandu sur son visage, et certain air d'inquiétude régnait
» sur toute sa personne. Enfin, sa figure entière respirait
» la bisarrerie, et, quand nous n'aurions pas été suffisam-
» ment instruits de ce qu'il était, sur la foi de sa physio-
» nomie, nous l'aurions pris, sans peine, pour un musi-
» cien. »

Dans son épitre, adressée à M. de Seignelay, c'est de Lully que Boileau entend parler dans ces vers :

<blockquote>
En vain, par sa grimace, un bouffon odieux,
A table nous fait rire et divertit nos yeux;
Ses bons mots ont besoin de farine et de plâtre,
Prenez-le, tête-à-tête, ôtez-lui son théâtre,
Ce n'est plus qu'un cœur bas, un coquin ténébreux;
Son visage essuyé n'a plus rien que d'affreux.
</blockquote>

On prétend qu'en effet c'est le vrai caractère de Lully, qui réussissait parfaitement dans les contes obscènes. Le sévère auteur des vers que nous venons de transcrire, soutenait que Lully avait énervé la musique; que la sienne amollissait les âmes, et que, s'il excellait, c'était sur-tout dans le mode lydien; dans ce mode que Platon banit de sa république, comme capable d'altérer les mœurs. Voici la liste des opéra de Lully : *Cadmus*, *Alceste*, *Thésée*, *Atys*, *Psyché*, *Isis*, *Bellérophon*, *Proserpine*, *Persée*, *Phaëton*, *Amadis*, *Rolland*, *Armide*, les *Fêtes de l'Amour et de Bacchus*, *Acis et*

Galathée, le *Carnaval*, *Achille et Polixène*, le *Triomphe de l'Amour*, l'*Idylle de la Paix*, l'*Eglogue de Versailles*, et le *Temple de la Paix*. Il a fait, en outre, la musique d'environ vingt ballets, pour le roi, comme ceux des *Muses*, de l'*Amour déguisé*, et de la *Princesse d'Elide*. C'est encore de lui qu'est la musique de l'*Amour Médecin*, de *Pourceaugnac*, du *Bourgeois Gentilhomme*, etc. On a aussi, de ce grand musicien, des suites de symphonies, des trio de violons, et plusieurs motets à grand chœur. Lully fut enterré dans l'église des Petits-Pères, où sa veuve lui fit élever un mausolée magnifique. Sur son tombeau de marbre blanc, fut représentée la Mort, tenant d'une main un flambeau renversé, et de l'autre soutenant un rideau au-dessus de son buste. A ce sujet, Pavillon fit les vers suivans, qui se trouvent dans ses œuvres :

  O mort ! qui cachez tout dans vos demeures sombres,
   Vous, par qui les plus grands héros,
   Sous prétexte d'un plein repos,
  Se trouvent obscurcis dans d'éternelles ombres :
   Pourquoi, par un faste nouveau,
   Nous rappeler la scandaleuse histoire,
   D'un libertin indigne de mémoire,
   Peut-être même indigne du tombeau ?
  S'est-il jamais rien vu d'un si mauvais exemple ?
  L'opprobre des mortels triomphe dans un temple,
  Où l'on rend à genoux ses vœux au roi des Cieux.
  Ah ! cachez pour jamais ce spectacle odieux.
   Laissez tomber, sans plus attendre,
  Sur ce buste honteux votre fatal rideau ;
   Et ne montrez que le flambeau,
  Qui devait avoir mis l'original en cendre.

Voici quelques traits qui peuvent donner une idée du caractère de Lully. Lorsqu'il était à l'extrémité et abandonné des médecins, le chevalier de Lorraine le vint voir, et lui donna de tendres témoignages de l'affection qu'il avait pour lui. « Oh! oui vraiment, lui dit la femme de Lully, vous êtes fort de ses amis; c'est vous qui l'avez enivré le dernier, et qui êtes cause de sa mort ». Lully prit aussitôt la parole, et lui répondit : Tais-toi, tais-toi, ma chère femme, M. le chevalier m'a enivré le dernier; mais si j'en réchappe, ce sera lui qui m'enivrera le premier.

On lui donna un prologue d'opéra que l'on trouvait excellent : la personne qui le lui présenta, le pria de vouloir bien l'examiner devant elle; il le parcourut. Eh bien! lui dit l'auteur, qu'y trouvez-vous à redire? « Je n'y trouve qu'une lettre de trop, répondit-il; c'est qu'au lieu qu'il y ait : *Fin du Prologue*, il devrait y avoir : *Fi! du Prologue!* »

Lully s'étant blessé au petit doigt du pied, en battant la mesure avec sa canne, cette blessure, qu'on négligea d'abord, devint si considérable, que son médecin lui conseilla de se faire couper le doigt. On retarda l'opération, et le mal gagna la jambe; alors son confesseur, qui le vit en danger, lui dit, qu'à moins de jeter au feu ce qu'il avait noté de son opéra nouveau, pour prouver qu'il se repentait de tous ses opéra, il n'y avait point d'absolution à espérer : il le fit, et le confesseur se retira. M. le duc vint le voir, et lui dit : Quoi! tu as jeté ton opéra au feu? Que tu es fou d'en croire un janséniste qui rêvait! Paix, monseigneur, paix, lui dit Lully à l'oreille; j'en avais une seconde copie.

Pendant un orage considérable, Lully travaillait à un opéra sur son clavecin. Alors, apercevant un page de la musique, qui se trouvait là, par hasard, il lui dit : Mon ami, fais le signe de la croix pour moi; tu vois bien que j'ai les deux mains occupées, etc.

LULLY (Louis), fils aîné du précédent, a composé seul la musique de l'opéra d'*Orphée*, et, en société avec son frère, celle de *Zéphire et Flore*; avec Marais, *Alcide*, et avec Colasse, les *Saisons*.

LULLY (Jean), frère du précédent, a eu part à la musique de *Zéphire et Flore*, et de plusieurs divertissemens, tels que *Vénus*, *Apollon et Daphné*, et le *Triomphe de la Raison*.

LYONNOIS (mademoiselle) fut une des plus célèbres danseuses de l'Opéra, d'où elle se retira avec la pension de 1000 livres.

Voici des vers qui lui furent adressés, après la représentation de l'opéra de *Zoroastre*, dans lequel elle faisait le rôle de la *Haine*:

> Charmante Lyonnois, dans le triste séjour,
> Où l'art d'Abramane t'entraîne,
> Tu fais de vains efforts pour inspirer la haine;
> Tes yeux n'inspirent que l'amour.
> En monstres tels que toi, si le Ténare abonde,
> Tout va changer dans l'univers;
> Et l'on verra bientôt le monde,
> Chercher les Cieux dans les Enfers.

Ceci rappelle ce quatrain:

> Quand, sous la forme d'un démon
> Lyonnois paraît sur la scène,
> Chacun dit à son compagnon:
> Que le Diable m'entraîne!

LYONNOIS, frère de la précédente, excellent danseur

fut un des professeurs de l'Académie de danse de l'Opéra. Il obtint sa retraite, et une pension de 1,200 livres.

LYSIANASSE, comédie en cinq actes, en prose, par Fontenelle, 1751.

Pour se soustraire à la vengeance de Clisthène, Adraste, roi de Sicione, s'est vu obligé de fuir de ses états. Non content d'avoir usurpé le trône du père, le tyran avait conçu le barbare dessein de sacrifier la fille; mais craignant d'exciter l'indignation d'un peuple, qui aurait pu se repentir des coupables excès auxquels il s'était porté contre son légitime souverain, il a donné la main de Lysianasse à un simple citoyen, nommé Eupolis. Celui-ci a pour la princesse tous les égards qui sont dûs à son rang et à ses malheurs ; enfin, il n'a de l'époux de Lysianasse que le titre. Depuis la chûte d'Adraste, Eupolis habite une maison de campagne, située à trente lieues de Sicione ; c'est-là que la scène se passe. Charmé de l'amabilité et de la douceur de son épouse, reconnaissant des soins qu'elle prend de sa maison, mais vivement affecté de sa tristesse, Eupolis épanche ses tendres inquiétudes dans le sein d'un esclave, son confident et son ami, et lui fait l'aveu de son amour : à l'envi l'un de l'autre, ils font l'éloge des vertus de Lysianasse ; l'esclave sur-tout est étonné de sa patience et de sa résignation, car, dit-il à son maître, quoique vous soyez son mari, elle ne vous traite pas plus mal que les autres ; il croit même entrevoir quelques petits intervalles d'une espèce de gaieté, ce qui lui annonce qu'elle n'est pas tout-à-fait insensible à l'amour de son maître ; mais Eupolis n'oserait s'en flatter ; il craint même qu'elle ne partage pas son amour. Dans cette idée, ce tendre et respectueux époux se désole ; a-t-il raison ? a-t-il tort ? C'est ce qu'on va voir dans la suite de cette analyse. Toutefois il veut que tout le monde de sa maison rivalise de soins et de complaisances pour elle ; et, comme sa sœur est bien loin d'avoir pour Lysianasse les attentions qu'il exige, il va la trouver pour lui en faire des reproches, et s'expliquer avec elle à cet égard. Il se plaint donc qu'elle n'a point assez d'attentions pour Lysianasse ; mais Xénophile prétend, au contraire, qu'elle en a trop; elle va même jusqu'à l'accuser lui-même d'avoir trop de complaisance pour elle. Delà naît une discussion entre le frère et la sœur, dans laquelle celle-ci s'efforce de prouver que Lysianasse, par cela seul qu'elle est née princesse, est, ou doit être fière et orgueilleuse; mais Eupolis lui oppose la conduite de son épouse, qui daigne descendre à tous les détails du ménage. Alors Xénophile lui fait le reproche contraire; mais comme la bassesse ne se concilie pas avec l'orgueil, et la modestie avec la fierté, il suit de là évidemment que Xénophile est en contradiction avec elle-même; c'est aussi ce que son frère lui observe fort judicieusement. Enfin, fatigué de sa résistance, et voyant qu'il n'y a rien à gagner par la douceur et la raison, Eupolis lui dit de se préparer à une séparation. Peu satisfaite, comme on doit le penser, elle cède sa place à Lysianasse, qui vient rendre compte à Eupolis du succès de quelques petites affaires. Ici, ces deux singuliers époux épuisent tout ce que leur étrange position, la délicatesse et le sentiment leur inspirent, et se donnent mutuellement les témoignages du plus tendre intérêt; mais aucun d'eux n'ose parler d'amour ; ils s'aiment passionnément, et craignent de se l'avouer à eux-mêmes. Cependant l'esclave d'Eupolis accourt et met fin à leur tête-à-tête; il leur apporte la nouvelle d'une grande révolution qui vient de s'opérer à Sicione en faveur d'Adraste. Ce monarque est remonté sur son trône, et l'usurpateur, assure-t-on, a été tué par les conjurés. Alors, pour savoir au juste ce qui vient de se passer à Sicione, Eupolis y dépêche un de ses serviteurs dont il attendra le retour, pour y aller ensuite avec Lysianasse : c'est du moins ce qu'il apprend à sa sœur ; mais comme il n'est pas question d'elle dans ce voyage, elle en demande le motif à son frère, qui lui répond qu'elle ne doit pas avoir grande envie de faire un voyage de trente lieues, tête-à-tête avec Lysianasse, dont elle ne s'accommode pas trop. Que dit-il là ? elle s'en accommode beaucoup ; elle va même nous prouver qu'elle s'en est toujours accommodée. Naguère Lysianasse avait, ou devait avoir un caractère fier et hautain ; maintenant c'est le caractère le plus parfait et le plus aimable. Il faut convenir qu'avec d'aussi bonnes dispositions, cette femme est faite pour paraître à la cour et pour y briller; mais voyons l'impression que vient de faire sur Lysianasse ce retour de fortune. Cette princesse n'a jamais été aussi tendre : la joie qu'elle éprouve, elle veut la faire partager à Eupolis, et la seule crainte qu'elle ait, c'est d'être forcée à se séparer d'un époux, qui a tant de droits sur son cœur. Cependant l'esclave vient leur annoncer l'arrivée d'Abantidas, général des troupes d'Adraste, et chef de la conjuration qui vient de le faire remonter sur son trône. Ce même Abantidas allait devenir l'époux de Lysianasse, lorsque la révolution éclata ; il devient aujourd'hui le rival d'Eupolis. C'en est fait, tout est perdu pour ce dernier ; du moins il le croit, et, dans cette idée, il dit un douloureux adieu à la princesse. Celle-ci l'arrête, et lui dit les choses les plus rassurantes; elle lui apprend qu'en effet Abantidas devait l'épouser, et elle a soin d'ajouter qu'elle ne l'a jamais aimé ; ce qui, selon nous, devrait bien le tranquilliser un peu ; mais plus elle lui témoigne d'intérêt, et plus il craint de la perdre. Bientôt Abantidas se présente à Lysianasse, et lui donne des nouvelles de son père : il apperçoit Eupolis, et lui dit : Apparemment, madame, c'est là monsieur votre mari ? Oui, monsieur, lui répond froidement la princesse. Alors il s'adresse à Eupolis, et lui fait des complimens sur la tenue de sa maison, ce qui donne occasion à ce dernier d'apprendre à Abantidas que la propreté qui y règne, est l'effet des soins de la princesse. Voilà, s'écrie-t-il, des soins de princesse bien placés. Enfin, comme cet entretien commence à lui déplaire, Lysianasse lui dit qu'il vaut mieux qu'il aille se reposer dans une petite chambre qu'elle lui indique ; apparemment aussi elle sort pour l'y conduire, car Eupolis reste seul pour nous dire qu'il voit maintenant qu'elle le préfère à Abantidas. Jusque là, il ne s'est rien passé qui puisse l'allarmer ; mais bientôt nous allons le voir aux prises avec son rival. Celui-ci va trouver Xénophile, et la met dans ses intérêts ; il l'engage à parler à son frère, afin de le déterminer à demander une séparation, car le roi ne veut point abuser de son autorité, et les lois veulent qu'on ne puisse rompre un mariage, à moins que l'un des époux n'en fasse la demande. Xénophile lui promet de le servir, et va entamer sa négociation. Tandis qu'elle sort d'un côté, Lysianasse rentre de l'autre, et s'explique avec Abantidas de manière à ne lui laisser aucun espoir. Cependant Xénophile vient trouver Eupolis, et le presse vivement de demander la séparation ; mais il n'en veut rien faire, et vient annoncer son refus à Lysianasse, à qui Abantidas avait presque persuadé que c'était affaire convenue. Enfin, Adraste arrive et fait part à sa fille du motif qui l'amène. Certain qu'Eupolis ne voudra pas consentir à demander la séparation qu'il désire, il engage Lysianasse à le faire ; mais elle s'y refuse à son tour. Ne pouvant obtenir leur consentement, et ne voulant point les séparer malgré les lois, Adraste leur dit qu'il va les quitter, et partir pour Sicione, où il leur défend de venir. Cette disgrace imprévue détermine Eupolis à demander la séparation. Certain d'être aimé, il n'hésite pas à faire le sacrifice de son bonheur, pour rendre à la princesse un père qu'elle va perdre pour lui ; mais ce dernier, vivement touché de ce trait de générosité, et convaincu qu'il en est digne, lui accorde la main de sa fille, et lui donne avec le titre les droits d'époux de Lysianasse.

Tel est le fonds, et telle est aussi l'intrigue de cette pièce, que l'on trouve imprimée dans les *Œuvres de Fontenelle*.

FIN DU CINQUIÈME VOLUME.

DE L'IMPRIMERIE DE ROUSSEAU,
RUE POUPÉE-SAINT-ANDRÉ-DES-ARCS, N° 7.

www.ingramcontent.com/pod-product-compliance
Lightning Source LLC
Chambersburg PA
CBHW051834230426
43671CB00008B/957